CROQUER LA POMME

Du même auteur

Romans et récits

Crin blanc ou l'invention de la Camargue (avec Florian Colomb De Daunant), Actes Sud, 2016.
Un escalier vers le paradis, Jean-Claude Lattès, 2014.
La Planète disneylandisée, pour un tourisme responsable, éditions Sciences Humaines, 2012.
Géographie amoureuse du monde, Jean-Claude Lattès, 2011, Prix Jules Verne (Académie littéraire de Bretagne et des Pays de Loire).
Le Voyage à Timimoun, Jean-Claude Lattès, 2010.
Cavalcades et dérobades, Jean-Claude Lattès, 2008, Prix Pégase (École nationale d'équitation, Saumur).
La Déliaison (avec Ariane Fornia), Denoël, 2005.
Frontières, Denoël, 2003.

Essais et manuels

L'Afrique est-elle si bien partie ?, éditions Sciences Humaines, 2014, Grand Prix du festival de géopolitique de Grenoble.
Géographie amoureuse du maïs, Jean-Claude Lattès, 2012.
Le ciel ne va pas nous tomber sur la tête (maître d'œuvre avec Jean-Robert Pitte), Jean-Claude Lattès, 2010.
Manuel de guérilla à l'usage des femmes, Grasset, 2009.
Nourrir le monde, vaincre la faim, Larousse, 2009.
À qui profite le développement durable ?, Larousse, 2008, Prix Durand-Réville de l'Académie des sciences morales et politiques.
Le Développement durable, PUF, « Que sais-je ? », 2004, 5e éd. 2012.
L'Afrique, Bréal, 2004, Prix Robert Cornevin (Académie des sciences d'Outre-Mer).
Famines et politique, Presses de Sciences Po, coll. « La Bibliothèque du citoyen », 2002, Prix Sciences Po.
La Faim dans le monde, comprendre pour agir, PUF, 1999, Prix Conrad Malte Brun (Société de géographie).
Géopolitique de la faim (maître d'œuvre), PUF, 2001, 2000, 1999.
Ceux qui vont mourir de faim, Le Seuil, coll. « L'Histoire immédiate », 1997.
La Coopération Nord-Sud, PUF, « Que sais-je ? », 1997.
Le Sous-Développement, PUF, « Que sais-je ? », 1996.
Le Sud dans la nouvelle économie mondiale, PUF, coll. « Major », 1995.
Le Gaspillage de l'aide publique, Le Seuil, coll. « L'Histoire immédiate », 1993.
Une tragédie banalisée : la faim dans le monde (avec le concours de l'AICF), Hachette, coll. « Pluriel-Intervention », 1991.
Sahel, Nordeste, Amazonie : politiques d'aménagement en milieux fragiles (maître d'œuvre, avec Nelson Cabral), Unesco-L'Harmattan, 1991.
Tiers-Mondes, controverses et réalités (maître d'œuvre), Economica-Liberté Sans Frontières, 1987.
Asie, Afrique : greniers vides, greniers pleins (maître d'œuvre), Economica, coll. « Économie agricole », 1986.

(Les ouvrages collectifs auxquels l'auteur a participé ne sont pas mentionnés ici.)

www.editions-jclattes.fr

Sylvie Brunel

CROQUER LA POMME

L'histoire du fruit qui a perdu le monde et qui le sauvera

JC Lattès

Maquette de couverture : Atelier Thimonier
Illustration de couverture : ivan-96/Getty Images
Illustrations intérieures de l'auteur

ISBN : 978-2-7096-4754-0

Première édition octobre 2016.

« L'éternité
N'est plus en siècles,
Des siècles,
Mais en jours.
Si tu me donnes un enfant,
Aura-t-il assez de temps
Pour arriver à l'âge d'homme ?
S'il reste seul ici-bas
Avec une fille à son bras,
Trouveront-ils encore des pommes ? »

Maxime le Forestier, *Ça sert à quoi ?* 1972

Sommaire

1.

LA POMME COMME SYMBOLE DU MONDE

« Pomme, je veux
te célébrer,
en m'emplissant
la bouche
de ton nom,
en te mangeant.
[…]
Je veux voir
toute
la population
du monde
unie, réunie,
dans l'acte le plus simple de la terre :
mordre dans une pomme. »

Pablo Neruda, *Ode à la pomme,* 1956

de à la pomme… Pomme de reinette et pomme d'api, pomme d'amour, pomme d'Adam, pomme d'Ève et de Blanche-Neige, New York la grosse pomme, pomme de Newton et pomme d'Apple, pommes d'or du jardin des Hespérides… La pomme est partout.

Au cœur des mythes, des contes de fées, des religions, des civilisations, des passions. De la littérature comme de la peinture. Elle est le fruit du péché – croquer la pomme – mais aussi de la connaissance. Le fruit défendu et convoité qui symbolise autant la chute que le divin. La pomme est la mère de tous les fruits.

Comme la rose, qui appartient à la même famille botanique, la pomme nous vient de la nuit des temps. Les dinosaures connaissaient les pommiers. Peut-être est-ce cette histoire plus ancienne que l'humanité qui a inspiré aux hommes la Genèse. La pomme est gage d'éternelle jeunesse et d'immortalité.

Elle incarne en effet l'aliment santé par excellence. La « pommade » ne soigne-t-elle pas ? La pomme éloigne diabète, obésité et cancer. L'aliment parfait, le plus facile à glisser dans son sac ou son cartable. Une pomme chaque matin éloigne le médecin.

Venue d'Orient, la pomme est retournée en Orient. À l'origine, des pommiers sauvages au cœur de l'Asie. La route de la soie. Et la pomme gagne l'Occident. Mais aujourd'hui c'est en Asie que sa consommation explose : ce fruit du monde tempéré symbolise l'ascension des classes moyennes. Voilà pourquoi tous les pays qui se développent mangent de plus en plus de pommes. Elle est l'emblème végétal d'une mondialisation pacifique, celle du bon goût, de la tarte tatin, des compotes, du goûter idéal, mais aussi du cidre, longtemps considéré comme la boisson miracle. L'aliment par excellence, qui rassasie et rafraîchit. Il faut toujours garder une pomme pour la soif !

Et pourtant… Jamais la pomme n'a été autant attaquée. Le fruit cristallise les peurs. Elle serait le fruit qui reçoit le plus de pesticides, celui dont il ne faut plus consommer la peau, malgré ses vertus, parce que trop contaminée. Voire ne plus en consommer du tout.

Les ennemis de la pomme se multiplient. Ils l'accusent d'être le symbole d'une agriculture dévoyée, chimique. Plaident pour le retour aux pommes d'antan, celles qui « avaient du goût », accusent les producteurs d'être devenus les esclaves d'une agriculture industrielle.

Géographe, j'ai voulu démêler le vrai du faux. J'ai parcouru le monde, sillonné les vergers, regardé travailler les producteurs. Je suis allée dans les stations fruitières, dans les supermarchés, mais aussi dans les grands congrès internationaux où se dessine l'avenir de la pomme.

Et mon sang ne fait qu'un tour face aux accusations injustes dont sont victimes les pommes… et ceux qui les produisent. Car j'ai entendu le rossignol chanter dans les vergers. J'ai vu des agriculteurs amoureux de leurs pommes. Et qui n'ont qu'un souci, qu'une quête : produire la plus belle pomme.

Cette quête du Graal a profondément transformé la pomme. Elle a fait de ses producteurs de véritables orfèvres du végétal. Qui sait que, dans un verger, chaque arbre a sa personnalité ? Comme l'être humain, chaque pommier est unique. Né d'un minuscule pépin, il a son cycle de vie, ses maladies, il vieillit.

Si, par sa symbolique et sa mystique, la pomme est un univers, l'univers de la pomme, celui des planteurs et des vergers, est tout aussi fascinant. Rien n'est plus vulnérable qu'une belle pomme ! Il faut aider le pommier à bien pousser, l'entourer de tous les soins, considérer la pomme comme une reine, du sol qui la voit naître à la bouche de celui qui s'en régalera.

Le producteur de pommes est un chercheur d'or : il veut trouver la pomme idéale. Celle qui est belle à voir, bonne au goût, pleine de santé, facile à cultiver, apte à être conservée et… qui rémunère son travail. Comme la Pink Lady, inventée en Australie, ou la Reine des reinettes, qui revivifie les recettes de grand-mère. Chaque pomme a son histoire, fabuleuse.

Produire de bonnes pommes demande un savoir-faire inégalable. Mais tout se ligue aujourd'hui contre les producteurs de pommes : le climat change et les oblige à repenser leurs méthodes de production, la géopolitique s'en mêle, avec l'embargo décrété par la Russie contre les productions européennes, les marchés alimentaires jouent au yoyo, les remises en cause de leur travail, souvent violentes, se multiplient.

Être agriculteur aujourd'hui, c'est être à la fois stratège, climatologue, géopoliticien, botaniste… et avoir le cuir épais pour résister aux attaques. Aimer tellement son métier qu'on reste dans son verger plutôt que de mettre la clé sous la porte.

Il faudra pourtant nourrir demain le monde d'aliments sains et de qualité, accessibles financièrement à tous, et qui respectent autant l'environnement que le porte-monnaie. À travers la pomme, se dessinent les enjeux alimentaires cruciaux d'une humanité de plus en plus nombreuse, urbaine, exigeante, sur une planète en mutation.

Bienvenue dans le monde incroyable de la pomme, symbole de notre histoire, de notre culture, de nos espoirs et de nos doutes.

2.

PARADIS PERDU

« Dieu prit l'homme,
et le plaça dans le jardin d'Éden
pour le cultiver et pour le garder. [...]
Alors le serpent dit à la femme : "Vous
ne mourrez point ; mais Dieu sait que,
le jour où vous en mangerez, vos yeux
s'ouvriront, et que vous serez comme
des dieux, connaissant le bien et le mal."
La femme vit que l'arbre était bon à
manger et agréable à la vue, et qu'il était

précieux pour ouvrir l'intelligence ;
elle prit de son fruit, et en mangea ;
elle en donna aussi à son mari,
qui était auprès d'elle, et il en mangea.
Les yeux de l'un et de l'autre s'ouvrirent,
ils connurent qu'ils étaient nus. »

La Bible, Le Pentateuque, Genèse.

L'histoire est connue. La Genèse. À l'origine du monde, Dieu. Il crée le jardin d'Éden et place en son centre l'arbre de la connaissance, celui qui permet de distinguer le bien du mal. Dieu autorise l'homme à jouir de tous les fruits du jardin, sauf ceux de l'arbre sacré. Mais Ève, la compagne que Dieu a donnée à Adam, écoute le serpent qui l'incite à transgresser l'interdit. Elle cueille lc fruit et le donne à Adam. Dès qu'il a croqué la pomme, tout change pour Adam. Dieu le chasse du jardin d'Éden. Les hommes ont acquis la connaissance, mais ils sont devenus mortels.

L'histoire de l'humanité commence, sous le sceau du péché originel. La pomme est restée coincée dans la gorge d'Adam, qui devra retourner la terre à la sueur de son front, inventer l'agriculture et le tissage pour couvrir sa nudité honteuse. Ève désormais accouchera dans la douleur. Elle n'en finira pas, au cours des siècles, de payer sa faute. Les femmes devront se soumettre aux hommes, les hommes à Dieu. L'humanité est condamnée à expier en regrettant le paradis perdu.

Et tous ces malheurs à cause d'une pomme.

Bien sûr, les exégèses ont beau jeu de dire qu'il ne s'agissait nullement d'une pomme, mais d'une figue, d'un épi de blé ou d'une grappe de raisin. Qu'Adam s'est enivré et que c'est ce qui l'a perdu.

En réalité, dans de nombreuses langues, le mot pomme et le mot fruit sont identiques : dans l'Ancien Monde, la pomme représentait *le* fruit originel. Le latin utilise ainsi deux mots. D'abord, *pomum*, qui veut dire fruit – Pomone est la déesse des fruits, fruit qui est d'abord et avant tout une pomme. On la décline : pomme de terre et pomme d'amour (la tomate) qui arrivent d'Amérique, pomme de pin… Toujours, au départ, un fruit sphérique. Bref, une pomme.

Mais le latin emploie aussi *malum*, qui désigne le fruit à pépins ou à noyau. On le retrouve dans le nom scientifique du pommier, issu de la famille des rosacées, qui commence toujours par *Malus*. *Malus domestica* : le pommier domestique.

Sauf que *malum* a aussi donné mal… Malheur. Malheureux. Malin, comme le diable. La pomme si belle et si attirante est aussi un démon tentateur. La bonne pomme n'est jamais loin de la mauvaise pomme. D'ailleurs, ses pépins contiennent du cyanure. Les pommes domestiques ont été sélectionnées pour réduire ce danger au maximum. Mais si d'aventure il vous prenait la fantaisie d'en croquer un plein saladier… vous auriez de sérieux pépins.

C'est toute l'ambiguïté de la pomme. Symbole de vie et symbole de mort. Symbole d'amour et symbole de péché. Déchaînant la fureur et les passions. « Croquer la pomme », c'est faire l'amour. Il a croqué la pomme : il a sauté le pas et goûté au fruit interdit. Il a connu le paradis et en même temps, il en a chuté.

En 1964, René Magritte résume cet éternel dilemme dans son tableau *Le Fils de l'homme*, où il représente un homme debout, le visage masqué par une énorme pomme verte en apesanteur. Qu'est-ce qui se cache derrière l'apparence des choses ? Sommes-nous ce que nous prétendons être ? La pomme symbolise cet univers caché et trouble, qui se dissimule derrière l'évidence, le conformisme, l'ordre établi. Le fils de l'homme, même quand il porte le costume du bourgeois respectable, avec ce chapeau melon et ce pardessus dont se moquait aussi Alexandre Vialatte dans ses chroniques, vit en permanence confronté à ce qu'il dissimule, ses secrets, ses péchés, et la conscience de sa fragilité de mortel éloigné du jardin d'Éden. La chute n'est jamais loin. Seule la moitié de l'œil gauche de l'homme apparaît derrière la pomme, avec une expression si indéfinissable qu'elle ajoute au trouble suscité par cette scène sur fond de ciel orageux, comme si la colère de Dieu venait de se déchaîner. L'homme est acculé entre la pomme et le mur de briques, il tourne le dos à la mer. À la liberté. Sa condition de mortel l'écrase et le comprime.

La même année, dans une série intitulée *La Trahison des images*, le peintre du surréalisme peint *Ceci n'est pas une pomme*, qui représente pourtant le fruit dans toute sa splendeur. Ce que l'on voit n'est pas ce que l'on croit. Méfiez-vous de la pomme. Même la plus parfaite peut dissimuler d'inavouables secrets.

Six ans plus tôt, *La Chambre d'écoute* nous adressait le même message. Une monstrueuse pomme verte, prisonnière entre des murs de brique, qui l'enserrent. Seule la lumière d'une fenêtre trop étroite pour qu'elle puisse s'évader jette une lueur d'espoir sur sa condition carcérale, allumant un pâle soleil sur sa peau verte.

La pomme qui sait tout, voit tout, entend tout, est là pour rappeler à l'homme qu'il a perdu à tout jamais le jardin d'Éden.

3.

Pommes d'or et pommes rouges

« Tel un pommier parmi les arbres du bois,
Tel mon bien-aimé parmi les fils.
À son ombre, j'ai désiré m'asseoir
Et son fruit est doux à mon palais.
[...]
Soutenez-moi avec des gâteaux,
Réconfortez-moi avec des pommes,
Car je suis malade d'amour. »

Cantique des cantiques, chapitre II

Dans le *Cantique des cantiques*, le pommier incarne la figure du Christ. L'ombre du pommier apaise l'homme en proie à tous les tourments. Ses fruits le réconfortent.

Les religions du Livre se centrent toutes sur la quête du paradis perdu. Comment l'homme, avec ses insuffisances et ses péchés, peut-il retrouver le jardin originel ? Le mot paradis vient du persan. Il désigne initialement le lieu clos où se trouvent les animaux sauvages. Mais Xénophon l'emploie pour désigner un jardin merveilleux soigneusement ceint de murs, une oasis au milieu du désert, pleine d'arbres fruitiers, où jaillissent les fontaines. Le Coran utilise la même métaphore. Le paradis est un jardin, le jardin d'Éden.

Dans le Nouveau Testament, les deux mots deviennent synonymes. Au jardin d'Éden, poussent les pommes. Sauf que les chérubins gardent férocement le jardin enchanteur. Par sa faute, l'homme a été chassé du paradis et désormais toute sa vie ne sera qu'une quête pour le retrouver. « Quand on songe que le christianisme a pour base une pomme ! » résume Flaubert dans *Bouvard et Pécuchet*.

Les pommes se méritent. Elles sont le fruit défendu dont il faut réussir à s'emparer. Cette cosmogonie est commune à toutes les cultures occidentales. Antiques d'abord. Les pommes d'or du jardin des Hespérides apportent l'immortalité, mais elles sont défendues par un dragon à cent têtes. Hercule ne les obtiendra qu'au prix d'un subterfuge.

Dans les mythologies celtes et germaniques, le pommier est un arbre sacré. Chez les Germains, la déesse Idun garde des pommes d'immortalité dont se nourrissent les dieux. Frigg, déesse de la fertilité, et Bragi, dieu de la poésie, sont représentés tenant des pommes. Pour les Gaulois et les Celtes, Abellio (de *aballo* ou *avallo*, la pomme) était le dieu-arbre, protecteur des arbres fruitiers, le plus important de tous. Dans les Pyrénées, on en trouve encore de nombreux lieux de culte. Et Avallon, en Bourgogne, est la ville des pommiers.

Avalon figure un lieu mythique dans *Les Chevaliers de la Table ronde* et toute la littérature arthurienne qui apparaît au XIIIe siècle. Le roi Arthur, mourant, est conduit près de la fée Morgane, au jardin d'Avalon, où poussent les pommiers d'immortalité. Merlin l'enchanteur dispense son enseignement à leur ombre et en utilise les fruits pour ses expériences magiques. Il existe aujourd'hui, en Angleterre, en Europe du Nord, et bien sûr en Normandie et en Bretagne avec la forêt de Brocéliande, un grand nombre de lieux qui revendiquent être l'authentique jardin d'Avalon. À peu près autant que de maisons de retraite qui ont choisi ce nom, même et surtout quand elles sont des mouroirs. Car chez les Celtes, Avalon est aussi le pays des morts. Ils le situent au-delà des mers, à l'extrême occident du monde. Intituler « Jardin d'Avalon » une maison de retraite, c'est émettre un signal ambigu. Entrer au pays des morts avec l'espoir de conserver l'éternelle jeunesse ?

La pomme symbolise autant le bien que le mal. D'or, elle apporte la vie éternelle, la jeunesse, la beauté. Rouge, elle incarne le danger, comme souvent la couleur rouge dans la nature. Sa séduction parfaite devient suspecte : n'est-elle pas empoisonnée ?

Dans *Blanche-Neige* de Walt Disney, film d'animation sorti en 1937 et qui s'est inspiré des contes de Grimm, eux-mêmes issus de légendes germaniques, la pomme maléfique est offerte par la méchante sorcière, marâtre jalouse de la beauté de la jeune fille. À peine a-t-elle croqué dans la pomme que

Blanche-Neige sombre dans un profond sommeil. Mais elle n'est pas morte. Le morceau de pomme dans sa gorge semble au contraire la conserver éternellement jusqu'au baiser du prince. Blanche-Neige recrache alors la bouchée mortelle et renaît. Au contraire d'Adam, qui la conserve éternellement dans sa gorge. Toujours ces deux faces de la pomme. La vie et la mort. La connaissance et le péché.

Dans les *Métamorphoses* d'Ovide, Vertumne, dieu des jardins et des récoltes de l'automne, est amoureux de la vertueuse Pomone, protectrice des fruits, qui se barricade dans son verger. Désespérant de réussir à l'approcher, il décide, après différents stratagèmes vains, de prendre l'aspect d'une vieille femme. Pomone la laisse entrer sans méfiance et la vieillarde lui plaide la cause de son soupirant. Mais la nymphe reste insensible, exaspérant le jeune dieu. Vertumne décide alors de reprendre sa véritable apparence avant que les choses tournent au vinaigre. En le découvrant dans toute sa splendeur, Pomone a la bonne idée de tomber amoureuse. Le couple désormais indissociable symbolise l'alternance des saisons. À Rome et autour de la ville, Vertumne et Pomone ont leurs lieux de culte. On vient y déposer des pommes pour célébrer le grand cycle végétal de la vie, alliance de mort et de renaissance.

Lors de la grande chasse aux sorcières qui caractérise la fin du Moyen Âge, on prétend que le diable prend possession des âmes damnées grâce à un petit morceau de pomme. Certains peintres ne représentent que la pelure du fruit, en forme de spirale… comme le serpent qui chassa Adam et Ève du paradis terrestre.

La morsure fatale de la pomme renaît aujourd'hui sous une autre forme : celle de la peur profonde, ancienne, ancestrale, que le fruit de la vie soit aussi celui de la mort. Que la pomme la plus belle soit mensongère, parce que sa beauté parfaite résulte de stratagèmes inavouables. Contre ceux qui la mettent sur nos tables, les imprécateurs se déchaînent, modernes inquisiteurs : avouez ! Avouez que votre pomme est empoisonnée !

Produire des pommes, c'est toucher au sacré.

4.

La pomme, fruit de la mondialisation

« Le Pacifique jouera le rôle tenu maintenant par l'océan Atlantique et au Moyen Âge par la Méditerranée : le rôle de la grande route maritime du trafic mondial. »

Karl Marx, *Neue Rheinische Zeitung*, 11 février 1858

Moins de 20 millions de tonnes il y a cinquante ans, près de 80 aujourd'hui, la production de pommes a quadruplé en un demi-siècle ! Une croissance deux fois plus rapide que celle de la population mondiale, passée, elle, de 3 à 7 milliards d'habitants. Mais la pomme a basculé de l'Europe à l'Asie.

Cette ascension et cette réorientation sont des symboles. La pomme a accompagné la montée des classes moyennes du monde et le développement de la Chine. Qui s'enrichit aime manger des pommes ! Quand un pays émerge, il achète des pommes. Le Vietnam, la Thaïlande et le Bangladesh en sont devenus de grands importateurs. Contrairement aux céréales et aux tubercules, qui forment le repas de base du pauvre soucieux de ne pas mourir de faim, la pomme n'est pas nécessaire à la vie. Aliment de plaisir et de santé, elle *est* la vie. En chinois, la pomme se dit *Ping guo*. « Le fruit paisible ». Et le pommier est un symbole de paix.

Partout dans le monde, les classes moyennes agissent de façon similaire. Elles vivent de la même façon et consomment les mêmes produits, culturels et alimentaires. Prennent garde à leur santé et même à leur ligne, et privilégient tout ce qui indique leur appartenance à un univers qui n'est plus celui des pauvres. Manger une pomme, c'est s'offrir une récréation. Glisser dans son sac le fruit idéal pour affronter le petit creux sans basculer dans l'horreur diététique.

La pomme incarne la mondialisation urbaine et l'élévation du pouvoir d'achat de l'humanité. La montée de sa consommation témoigne de l'occidentalisation du monde. En 2014, le tube de l'été en Chine s'appelle *Xiaopingguo*, « Petite pomme » : deux millions de vues sur YouTube pour le clip de ses auteurs, Xiao et Wang. Ils se sont inspirés d'une chanson populaire chinoise pour créer une danse irrésistible, où ils se mettent en scène nus dans un jardin d'Éden délirant. La pomme, le serpent, de la chirurgie esthétique… Ce mix d'influences planétaires fait fureur au point que tout le monde le fredonne en Chine, même l'armée.

Dans les années 1960, deux tiers de la récolte mondiale de pommes se faisaient à l'Ouest. Les

États-Unis, l'Italie et la France tenaient le peloton de tête des producteurs. Aujourd'hui, c'est en Asie. Deux tiers des pommes du monde sont produites à l'Est. Venue d'Orient, la pomme y retourne. Avec 40 millions de tonnes, contre 5 millions seulement il y a trente ans, la Chine récolte désormais la moitié des pommes du monde !

Mais l'Occident continue de produire des pommes. Elle est devenue le fruit ubiquiste par excellence. Très loin derrière la Chine, les États-Unis récoltent 4 à 5 millions de tonnes selon les années, suivis de la Turquie et de la Pologne, qui produisent chacune environ 3 millions de tonnes.

Principaux pays producteurs de pommes en 2014 (en millions de tonnes)

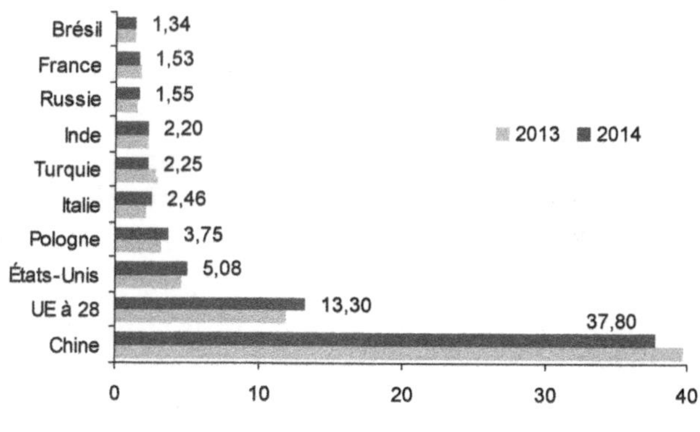

Source : Agrimer

L'évolution de la production mondiale de pommes symbolise l'émergence du nouveau centre du monde qu'est le Pacifique. Karl Marx avait pressenti cette inéluctable évolution dès le milieu du XIXe siècle.

C'est le fameux pivot vers l'Asie qui a dicté la politique étrangère du président Obama. La suprématie orientale n'est historiquement qu'un retour à l'ordre du monde avant le siècle des Lumières. C'était l'empire du Milieu qui régnait alors sur le monde. Le continent émergent a supplanté la vieille Europe même pour les pommes : celle-ci n'assure plus que le cinquième de la production mondiale.

Mais la pomme reste le fruit emblématique du monde tempéré, elle ne supporte ni les trop fortes chaleurs ni les froids intenses. L'Afrique ne représente que 3 % de la production mondiale, l'Amérique 12 %. Là où les vergers restent traditionnels, les rendements moyens sont faibles : 15 tonnes à l'hectare. Au contraire, dans les grands pays producteurs comme l'Autriche, la Suisse, la Nouvelle-Zélande, le Chili, Israël… ou la France, on atteint 50 tonnes ! Tout dépend bien sûr des variétés cultivées. La Golden est plus prolifique que la Reinette.

Pour l'Europe, la pomme reste le fruit phare, celui qu'on consomme le plus : un fruit sur cinq mangé en France est une pomme ! Le reste du monde la relègue en troisième position derrière les agrumes et la banane, mais en Europe, la pomme continue d'occuper la première place devant ses deux grands concurrents. La pomme reste le premier des fruits.

Sur les 12 millions de tonnes que récolte l'Union européenne, la France en assure 1,7 million. Chaque Français mange 15 kilos de pommes chaque année. Une sur quatre est une Golden : la pomme jaune écrase le marché. À elle seule, elle assure près du tiers de la production française ! La rouge Gala vient juste après – une pomme sur cinq. Elles sont suivies de la verte Granny et de la rose Pink Lady.

La France est le troisième producteur européen, derrière la Pologne et l'Italie. Ses pommes, produites avec des critères de qualité parmi les plus exigeants au monde, sont si appréciées qu'elle est le cinquième exportateur mondial. Une pomme sur dix vendue dans le monde est française. Une sur cinq en Europe.

La France exporte le tiers de sa récolte, principalement à ses voisins européens, mais aussi en Algérie, au Proche et au Moyen-Orient, en Russie et en Asie. Chaque année, vendre des pommes rapporte quatre cents millions d'euros nets à l'économie française !

Résumons : 20 % de la production européenne, 20 % des fruits consommés en France, 20 % des pommes vendues en Europe, la pomme en France est une institution. Elle fait même gagner les élections.

Volume de pommes de table récoltées dans les principales régions françaises de production en 2013 et 2014 (en milliers de tonnes)

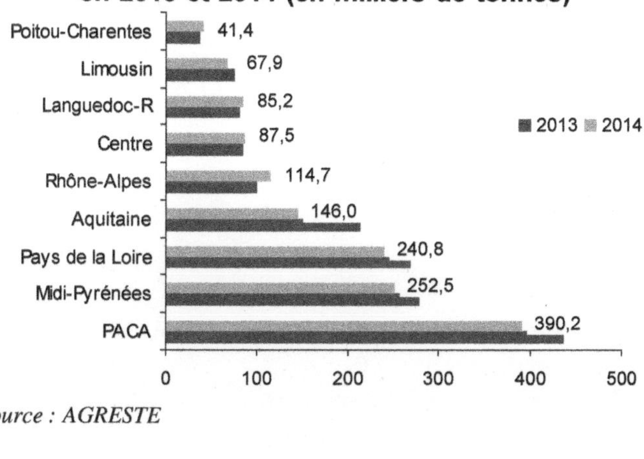

Source : AGRESTE

5.

L'EFFET POMMIER

« Mangez des pommes ! »

Jacques Chirac, lors de la campagne
présidentielle de 1995

Le 9 janvier 1995, pour clore une interview télévisée, Alain Duhamel pose au maire de Paris, Jacques Chirac, une dernière question, qu'il qualifie lui-même de frivole : « Pourquoi *La France pour tous*, le second tome de ses réflexions politiques, qui vient de paraître aux éditions NiL, porte-t-il un pommier sur sa couverture ? Serait-ce sa contribution à l'écologie ? se moque-t-il. Ou bien une intuition artistique ? »

Pris au dépourvu, Jacques Chirac ne se démonte pas pour autant : « C'est d'abord parce que j'aime beaucoup les pommes, je suis un mangeur de pommes. Et ensuite j'ai trouvé que c'était joli, voilà, c'est tout, ça ne va pas plus loin. »

Un geste spontané, donc, conclut Alain Duhamel.

Mais Jacques Chirac, en vrai politique, se ravise. Il vient de se souvenir qu'il est aussi député de Corrèze. Il se lance donc dans une grande déclaration électoraliste : « J'aime bien le cidre aussi. Chez moi, en Corrèze, il y a des pommiers qui ne sont pas de grande qualité, il faut bien le reconnaître, on en fait un petit cidre qui n'a pas non plus de grande prétention, mais que j'aime bien, ça me rappelle un peu cela. »

Bref, une réponse passe-partout du politique qui n'avait absolument pas prévu qu'on lui pose une telle question. Il est visible que le choix du pommier sur la couverture de son livre est tout à fait étranger à Jacques Chirac. Avec *La France pour tous*, qui insiste particulièrement sur la question de la fracture sociale, c'est-à-dire le chômage de masse et les inégalités croissantes, il entend se positionner comme candidat potentiel à la présidence de la République à une période où il se trouve en pleine traversée du désert : une partie de son parti politique, le RPR, l'a trahi au profit d'Édouard Balladur, Premier ministre, dont la cote de popularité est si élevée qu'il annonce quelques jours plus tard sa candidature à la présidentielle.

En réalité, l'émission n'est pas passée inaperçue. Les déclarations de Chirac vont connaître un retentissement inattendu grâce à l'émission satirique de l'époque, *Les Guignols de l'info*, qui passe chaque soir à l'heure de plus grande écoute et rencontre un immense succès auprès des jeunes. Jusque-là, Chirac était représenté en loser. Sa marionnette, qui porte un pantalon remonté jusqu'à l'estomac et une petite cravate large de vieux papy, ne cessait de se plaindre : « Putain, deux ans ». Deux ans à supporter l'ascension de Balladur.

Et soudain tout change. Voilà que la marionnette de Chirac se montre guillerette grâce à son nouvel attribut, une pancarte qui proclame : « Mangez des pommes avec Jacques Chirac. » Et arbore le magnifique pommier de son livre, avec ses beaux fruits ronds, rouges, appétissants.

La saynète donne un coup de jeune, une image drôle et chaleureuse du vieux briscard de la politique, jusque-là perçu comme rigide, ratiocineur, ringard. Claude Chirac, qui conseille son père pour sa communication, comprend aussitôt qu'il faut exploiter le capital de sympathie de la marionnette.

Un mois après, Jacques Chirac annonce sa candidature à l'élection présidentielle. La pomme est devenue son emblème. Elle symbolise l'axe principal de sa campagne, la lutte contre la fracture sociale. Lors de ses meetings politiques, le candidat distribue des pommes. Le pommier figure sur ses affiches de campagne, comme si le visuel du livre *La France pour tous* avait été un choix délibéré, mûrement réfléchi, une sorte de préquelle d'un scénario écrit à l'avance.

Ses conseillers en communication lui ont fourbi les « éléments de langage », comme on dit aujourd'hui. « Le pommier qui figure sur la couverture de mon livre symbolise la vitalité que je souhaite restituer à mon pays », affirme Jacques Chirac. Chaque soir, les Guignols, fiers de leur influence, en rajoutent. Il n'y a plus de Chirac sans pommes. Voilà le candidat vu comme jeune, dynamique, drôle, sympathique. L'hypothèse de son élection à la présidence de la République, encore impensable quelques mois auparavant, devient plausible. Édouard Balladur perd du terrain.

Juste après un meeting de Chirac à Versailles, au cours duquel les pommes ont été une fois de plus largement mises à contribution, les Guignols mettent en scène les marionnettes de deux analystes politiques phares de l'époque, Philippe Alexandre et Serge July. Devant des graphiques montrant l'irrésistible ascension de Jacques Chirac et au contraire la chute brutale de Balladur dans les sondages, ils qualifient doctement d'« effet pommier » le ciseau des deux trajectoires.

Chirac est devenu le roi des pommes. Et l'expression n'a nullement la dimension péjorative de son équivalent féminin. Si la « reine des pommes » désigne usuellement une personne naïve et facilement bernée, comme dans le polar de Chester Himes de 1987 ou le film de Valérie Donzelli de 2009, le roi des pommes, lui, figure au centre du jardin d'Éden de la popularité politique. Il mène sa campagne tambour battant, escorté de pommes. Tout le monde lui en offre, il en offre à tout le monde.

Un mois plus tard encore, en mars 1995, interrogé par des journalistes, François Baroin, le porte-parole du candidat, reconnaît que l'engouement l'a pris au dépourvu. « Personne n'avait mesuré l'ampleur du phénomène de la pomme, dans les campagnes, dans les provinces, dans les banlieues, dans les meetings. » Mais finalement, quoi de plus normal pour Jacques Chirac puisque la pomme,

« c'est un produit du terroir pour un homme de terrain ».

Le politologue Roland Cayrol est plus explicite encore, comme si tout cet enchaînement, né en réalité d'une émission de divertissement, avait été rigoureusement programmé : « Le pommier, c'est un arbre qui symbolise la puissance, les racines, et en même temps le renouvellement perpétuel, les fruits, le printemps. [Ce choix], c'est à la fois les pommiers de toutes les régions de France, un arbre avec ses racines, et en même temps le printemps et la jeunesse. » Magnifique, n'est-ce pas ?

Tout comme lors de la campagne présidentielle de 1981, François Mitterrand avait proclamé son amour du pays profond en choisissant une affiche représentant Sermages, un tout petit village de la Nièvre, avec le slogan « La force tranquille », Jacques Chirac joue à la fois sur l'attachement des Français à leurs campagnes et sur la symbolique très forte du pommier, avec ses fruits rouges, effigies de solidarité et de redistribution.

Au premier tour des élections présidentielles, il bat Édouard Balladur et se qualifie pour le second. En mai 1995, il est élu devant Lionel Jospin. Voilà enfin atteint le but de sa vie, il est président de la République. L'effet pommier a atteint son but.

Les Français consomment alors 16 kilos de pommes par personne et par an. Pour le plus grand bonheur des producteurs, elle est un monument national. Le générique de la Régie française de publicité sur ce qui s'appelle encore Antenne 2 commence par une pomme bleue sur fond rouge, qui se transforme en une grosse fleur tricolore sur un jingle saccadé (*tut-tut-tut-tut-tut*).

Effet magique de la pomme, Jacques Chirac effectuera un second mandat. Selon un sondage réalisé en 2015, il est considéré par une majorité de Français comme le président le plus sympathique de la Ve République.

6.

La pomme d'amour

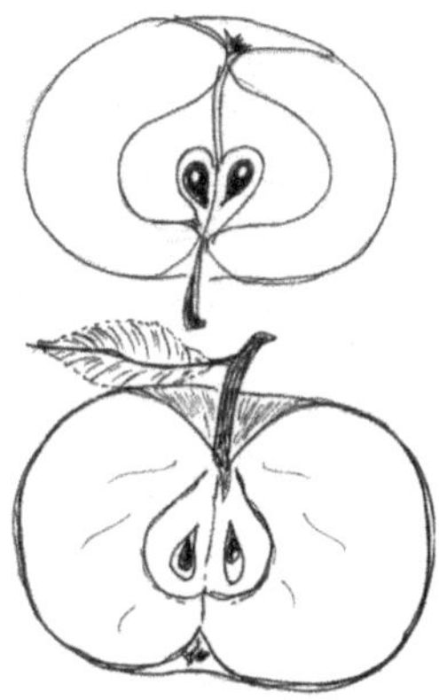

« Les pommes
sont de l'amour
le vrai signe
Heureux celui qui
de la pomme est digne !
Toujours Vénus
a des pommes au sein.
Depuis Adam désireux
nous en sommes :
Toujours la Grâce
en a dedans la main :
Et bref l'amour
n'est qu'un beau jeu
de pommes. »

Ronsard, *Les amours*, 1552

Des fruits vermeils comme la passion vendus par les forains. Ce sont de grosses pommes enrobées de sucre rouge qu'on appelle les pommes d'amour. Il paraît qu'elles rendent fous les dentistes. Quand la tomate est arrivée d'Amérique, elle aussi s'appelait la pomme d'amour. On craignait qu'elle ne fût empoisonnée.

La pomme, c'est l'amour ; l'amour, c'est la pomme. Mais qui dit amour dit aussi haine, possession, jalousie, guerre. Il faudrait un livre entier pour dénombrer les expressions où apparaît le mot pomme, depuis les pommes de Vénus que sont les seins, jusqu'au cheval pommelé, dont la robe porte des taches sphériques. Le ciel aussi est pommelé de nuages. La paume de la main tient la pomme. Les pommettes du visage, lorsqu'elles sont bien roses, font des femmes de « belles pommes ». Cliquez sur le signe pomme, sur les anciens ordinateurs d'Apple, et vous avez accès à la totalité du « menu ».

Jalouse de ne pas avoir été invitée comme tous les autres dieux aux noces de Thétis et Pélée, Éris, déesse de la discorde, jette une pomme d'or issue du jardin des Hespérides sur la table du banquet. Elle porte l'inscription « À la plus belle ». Héra, la femme de Zeus, Athéna, déesse de la sagesse mais aussi de la guerre, et Aphrodite, déesse de la beauté, se la disputent. Voilà le beau berger Pâris, qui gardait tranquillement sur le mont Ida les moutons de son père Priam, roi de Troie, convié à trancher. Sentant venir les embrouilles, il propose de couper la pomme en trois. Mais les déesses refusent. En offrant la pomme à Aphrodite parce qu'elle lui promet l'amour de la plus belle femme du monde, Pâris insulte Athéna et Héra. Il en résultera l'horrible et interminable guerre de Troie, qu'Homère met en scène dans *L'Iliade*. Pâris vole Hélène, femme du roi de Sparte, et s'enfuit à Troie. La pomme de discorde déclenche le meurtrier siège de la ville, qui dure dix ans. Pâris en mourra, mais aussi Achille, Hector, Patrocle…

Offrir une pomme, c'est dans bien des cultures signifier son désir à l'être convoité. La corbeille de pommes aux jeunes mariés leur promet longue vie et fécondité. On lui confère des pouvoirs divins, bénéfiques ou maléfiques parce qu'elle figure le fruit par excellence, symbole de connaissance, mais aussi de tentation. Le fruit interdit qui renvoie au péché originel mais garantit aussi l'abondance. La pomme mûrit en automne, le temps de Saturne, dieu de la mélancolie qui dévore ses propres enfants, mais aussi divinité de la fête : pendant les Saturnales, à Rome, tout devient permis. Pour les poètes latins Virgile et Ovide, Saturne ouvre l'âge d'or.

La rondeur de la pomme en fait le fruit parfait, l'origine du monde. Dans l'histoire de la peinture, la pomme est partout. C'est le motif le plus représenté de tous. Au Moyen Âge, l'art de l'enluminure, voué à l'iconographie religieuse, met en scène, comme dans *Les Très Riches Heures du duc de Berry*, Adam et Ève chassés du paradis. Le lapis-lazuli broyé et la feuille d'or illuminent les miniatures. L'or est la couleur du jardin d'Éden, que l'on situe en Orient. L'Orient, lieu de naissance du papier. Et, on le sait aujourd'hui avec certitude, celui de la pomme. Marie est représentée tenant la pomme qui symbolise l'univers. Parfois, c'est son enfant dans ses bras qui la brandit. Le souverain qui dirige le Saint-Empire romain germanique brandit l'orbe, qui se dit en allemand « la pomme de l'empire » (*Reichsapfel*), montrant par ce symbole, une pomme dorée surmontée d'une croix qu'on appelle un globe crucifère, qu'il représente le Christ sur la terre et règne sur le monde.

Les Trois Grâces peintes au tout début du XVIe siècle par Raphaël brandissent chacune une pomme rouge. Dans ce tableau extraordinaire, peint par un jeune homme de vingt et un ans, les influences antiques et chrétiennes se mêlent. Trois jeunes femmes nues incarnent les canons de beauté de l'époque : rondes et charnues comme de belles pommes. Trois, comme les trois vertus théologales, la foi, la charité et l'espérance. Leur nudité, soigneusement dissimulée par des voiles légers et le mouvement de leurs bras, n'a rien de choquant : elle est virginale. Mais les trois Grâces dans l'Antiquité, qui étaient filles de Zeus et d'Eurynomé, issue d'Océan et de Thétis, symbolisaient la beauté, la chasteté et… la sensualité. De nouveau toute l'ambiguïté de la pomme.

Thétis, déesse jalouse, vole à Aphrodite la pomme d'or qu'elle a reçue des mains de Pâris. Alors que la déesse de la beauté marche sur une plage, un triton la lui dérobe. Quand Nicolas Poussin peint *Le Printemps ou Le Paradis terrestre* au milieu du XVIIe siècle, il représente Ève tenant Adam par le bras au milieu d'un verger et pointant un doigt tentateur en direction des fruits mûrs au-dessus de leurs têtes. Encore la pomme. Poussin est normand. La légende dit que le triton a dispersé les pépins de son larcin en Bretagne et en Normandie, ce qui y expliquerait l'abondance des vergers. On aurait juste envie de faire remarquer au peintre que, au printemps, les pommes ne sont encore que de minuscules bourgeons…

Mais justement, au paradis terrestre, les pommes poussent en toutes saisons. Il faut les croquer sans tarder car elles sont gage de l'éternelle jeunesse. Avec le risque d'« avaler un pépin »… c'est-à-dire de tomber enceinte. Le pépin, comme le trognon, ne sont pas anodins. Le premier est utilisé dans certaines cultures comme un instrument de divination. Quant au second, il apparaît dans de nombreuses peintures. Quand vous avez bien croqué dans la pomme et mangé le fruit défendu, il ne vous reste que le trognon. Vos désillusions.

7.

Ève a eu raison de préférer la pomme au paradis !

« Une pomme chaque matin éloigne le médecin… pourvu que l'on vise bien. »

Winston Churchill (1874-1965)

Ève avait raison : les pommes sont les meilleures amies des femmes. Il valait bien mieux croquer la pomme que rester au paradis. Au regard de toutes les vertus médicinales du fruit, en être chassée était un inconvénient bien mince.

Les qualités de la pomme pour préserver la santé sont répertoriées depuis l'Antiquité. Au Moyen Âge, les onguents étaient bien souvent des « pommades ». L'adage anglais qui affirme qu'une pomme chaque matin éloigne le médecin (« *An apple a day keeps the doctor away* ») semble ainsi frappé au coin du bon sens, même si Winston Churchill le tourne en dérision. Grand amateur de cigares maniaco-dépressif, adepte du « *drinking, smoking and no sport* », Churchill vécut certes jusqu'à quatre-vingt-dix ans, mais ses problèmes récurrents de santé, liés à ses habitudes de vie et à son régime alimentaire, constituèrent pour lui un lourd handicap : des attaques cérébrales à répétition et une certaine confusion mentale, qui faisait dire à Roosevelt, « Churchill a cent idées par jour... dont quatre seulement sont bonnes. Mais il ne sait jamais lesquelles. »

Avoir banni la pomme de son régime alimentaire faisait manifestement partie des mauvaises idées de Churchill. Un livre entier ne suffirait pas pour énumérer toutes les qualités sanitaires et nutritionnelles du fruit miraculeux. Que les femmes soient jeunes ou moins jeunes, les pommes sont pour elles des atouts plus sûrs que leurs maris. Ève a préféré avoir accès à la connaissance et préserver sa santé plutôt que de vivre avec Adam dans l'ignorance sans aucune garantie de longévité. Elle avait déjà tout compris.

Résumons. La pomme n'apporte que 50 calories aux 100 grammes. Pauvre en graisse, elle comble pourtant la faim grâce à sa teneur en sucre, essentiellement du fructose, dont l'index glycémique est très bas tout en ayant un fort pouvoir sucrant. La pomme est ainsi un coupe-faim idéal, d'autant qu'elle est surtout, en réalité, composée d'eau (85 %). Manger une pomme revient à boire un verre d'eau. D'où l'adage qui dit qu'« il faut toujours garder une pomme pour la soif » ! Source d'énergie aisément transportable et à action rapide, la pomme est la meilleure alliée du sportif comme de l'écolier qui redoutent le coup de pompe ou la fatigue musculaire. Un verre de jus de pomme apporte jusqu'à 20 grammes de sucre, mais aussi 15 mg de calcium, 300 mg de potassium, 3 mg de sodium.

On le sait depuis longtemps, mais comme il est plus rentable de vendre des préparations coûteuses en pharmacie ou en grandes surfaces que de proposer des pommes, l'information n'est pas toujours diffusée comme il se devrait : en améliorant le transit intestinal et en procurant plus rapidement une sensation de satiété, la pectine que contient le fruit en fait un allié précieux dans le cadre d'un régime amaigrissant. Le meilleur atout minceur, c'est la pomme ! Non seulement la pectine n'est pas assimilée par l'organisme, mais elle possède des vertus thérapeutiques qui la rendent utile face aux toxiques. Après la catastrophe de Tchernobyl, les enfants de Biélorussie exposés à la contamination radioactive qui ont pu bénéficier de compléments alimentaires à base de pectine ont vu baisser fortement le taux de césium 137 contenu dans leur organisme.

La pomme contient aussi beaucoup de fibres, dans sa pulpe comme dans sa peau. Les polyphénols de sa pulpe limitent le stockage des graisses et agissent contre l'ostéoporose. Riche enfin en antioxydants, le fruit protège contre le cancer colorectal ou pulmonaire, et contre celui du sein. En réduisant les risques d'asthme, elle est aussi bénéfique pour les femmes enceintes et le bébé qu'elles portent. Enfin, des études américaines ont montré que la consommation régulière de pommes prévient le déclin cognitif lié à l'âge. Contre la redoutable maladie d'Alzheimer, la pomme, en aidant à combattre les troubles de la mémoire, est un allié précieux.

Pour les femmes, la pomme tient donc du miracle. Consommer une pomme par jour serait pour la moitié de l'humanité un remède souverain. Inutile de savoir viser. Non seulement la pomme réduit les troubles liés à la ménopause, mais elle fait baisser le « mauvais » cholestérol dans le sang. (En réalité, il n'existe pas de bons ou de mauvais cholestérols, mais des graisses utiles ou au contraire excédentaires, selon des taux qui dépendent de chaque individu.) Sa consommation régulière aide ainsi à lutter contre le diabète. Une étude italienne (qui d'autre que les Italiens pouvait mener de telles recherches ?) montre même que les femmes qui mangent une pomme chaque jour éprouvent des orgasmes de meilleure qualité ! Ève en réalité voulait rendre heureux Adam le benêt, qui refusait de toucher au fruit du péché.

Souveraine pour le transit intestinal, la pomme aide à combattre les soucis de constipation qu'éprouvent beaucoup de femmes. À l'inverse, donner de la pomme râpée ou de la pomme cuite à des enfants atteints de diarrhée leur est bénéfique. Pauvre en sel, mais exceptionnellement riche en potassium, contenant aussi calcium, magnésium, vitamines C et A, ainsi que des traces de lithium, de brome, de zinc, de chrome et de sélénium, la pomme est un carburant idéal pour l'organisme, une véritable mécanicienne pour nos organes, qui renforce nos défenses immunitaires. Elle calme l'insomnie et prévient les crises de spasmophilie, dont souffre une femme sur dix. Quand arrivent les sensations de fourmillement et de vertige, il suffirait souvent d'un grand verre de jus de pomme pour éviter la tétanie et l'angoisse qui l'accompagne.

Au bilan, on peut se demander si l'atout santé de la pomme n'est pas aussi de rendre moins bêtes ceux qui en croquent régulièrement : s'ils tiennent absolument à siffler des verres ensemble au bar du coin en dissertant sur la prétendue stupidité des blondes, certains piliers de bar n'auraient-ils pas intérêt à remplacer leurs boissons avinées par un cidre doux ? Une troisième mi-temps aux pommes nous épargnerait bien des errances verbales et alcooliques…

Certes, tous les fruits et légumes présentent semblables vertus, à des degrés divers. Mais la pomme surpasse ses rivaux. Aucun autre fruit n'a une telle teneur en polyphénols, ce qui lui confère des qualités antioxydantes exceptionnelles. Seule la pomme unit l'avantage de qualités nutritionnelles complètes et une commodité d'utilisation qui en fait le fruit idéal : peu chère, facile à trouver, facile à transporter, facile à glisser dans un sac, facile à consommer ! Le Programme national nutrition-santé, lancé en 2001 par le gouvernement français pour promouvoir la consommation de 5 fruits et légumes par jour, a sauvé la pomme dont la consommation déclinait : manger des fruits était enfin adoubé officiellement… Lequel était plus commode que la pomme ?

Et comme les personnes âgées et les enfants n'ont pas toujours la possibilité de mordre à pleines dents dans une grosse pomme, les producteurs ont développé des systèmes dits en agroalimentaire de quatrième gamme, où le fruit est conditionné en tranches prédécoupées vendues en sachet. En France, c'est une entreprise de Dordogne, Fraîche Cut, qui a mis au point le procédé. Dans les enseignes de restauration rapide, souvent accusées de malbouffe, au bar des TGV, quand les grèves ne les laissent pas à quai, les consommateurs peuvent désormais choisir le fruit comme dessert. Quel soulagement pour les mères de famille qui ont mauvaise conscience de donner à leurs enfants les nuggets, les frites et les burgers qu'ils réclament à grands cris : « Oui, mais ils finissent par une pomme ! » Cette innovation a fait faire un bond à la consommation aux États-Unis.

En pointe dans la croisade anti-obésité lancée en 2010 par les autorités sanitaires américaines, dans un pays où un enfant sur trois est en surpoids, Michelle Obama s'est affichée en train de manger des pommes. Elle a aussi demandé que, comme en France depuis 2005, les snacks et autres friandises des distributeurs présents dans les écoles soient remplacés par des pommes et des briques de lait, ce qui a d'ailleurs fait grincer quelques dents. Un mouvement issu d'une prétendue spontanéité enfantine hautement suspecte a même émergé, #BringBackOurSnacks, d'un goût douteux puisqu'il détournait l'appel lancé après l'enlèvement des lycéennes du nord du Nigeria par Boko Haram, #BringBackOurGirls, largement relayé par la première dame américaine. Depuis, la chanteuse Beyoncé et des rappeurs connus ont participé à la campagne « Let's Move » lancée par la First Lady, invitant les enfants à manger des pommes et à faire du sport.

Mme Obama semble une grande adepte du fruit : en 2009, les Suisses se félicitent qu'elle applique sur sa peau une crème hors de prix, fabriquée à partir d'une vieille pomme de Thurgovie, aujourd'hui totalement oubliée en raison de son acidité, la Uttwiler Spätlauber. Sans aucun intérêt gustatif, la variété présente une particularité qui l'a empêchée de disparaître : celle de se conserver particulièrement longtemps. Une pomme de jouvence en quelque sorte.

Migros, la chaîne de grande distribution nationale, met ses chimistes maison sur le coup. Depuis, on trouve dans les rayons des supermarchés suisses des pots de cosmétique fabriqué à partir des cellules souches de la pomme miraculeuse.

Exactement comme pour le cidre, la grande question est de savoir comment développer des aliments et des produits à base de pomme qui puissent inverser une tendance à la baisse de la consommation dans les vieux pays producteurs. La compote en gourde, par exemple. Elle apparaît en 1998, grâce à – cocorico patriotique ! – la vieille société Materne après son rachat par Danone. Née en 1881 sous le nom de Confiturerie de la Thiérache, au cœur des pommeraies de l'Aisne, dans le Nord, Materne a une longue tradition de confitures et de compotes. Les faire rentrer dans de petits flacons à bouchon sous le nom évocateur de Pom'Potes, c'est l'idée géniale qui vous permet de trouver votre place dans ce qu'on appelle aujourd'hui le snacking. Très vite, les ventes du produit, facile à trouver, facile à téter, décollent. Et pas seulement chez les enfants.

Une décennie plus tard, la petite gourde traverse l'Atlantique et fait un malheur aux États-Unis où ses ventes connaissent une croissance exponentielle. Elle s'appelle désormais – ne me demandez pas pourquoi – GoGo Squeez. Dans la famille Obama, demandons maintenant les filles. Sasha et Malia en raffolent, paraît-il. La compote française, comme la fameuse vache qui rit, issues du pays où les femmes ont la réputation d'être plus minces et plus élégantes qu'ailleurs, deviennent des musts. Materne construit en 2014 une seconde usine au cœur d'une grande région productrice de pommes, l'Idaho. Elle vend ses gourdes au Mexique, au Canada, et dans une trentaine de pays à travers le monde. Les Pom'Potes se déclinent désormais en d'autres saveurs, pomme-myrtille, framboise, mangue… et en version « sans sucre ajouté », ce qui permet d'occuper plus de linéaires en grandes surfaces et d'attirer de nouveaux consommateurs. Bien évidemment, les multinationales américaines ont depuis lancé des produits concurrents, accroissant encore le marché de consommation.

Faire rentrer une grosse pomme dans une petite gourde, voilà le secret, non de la vie, mais des ventes éternelles.

8.

La pomme d'api au tapis

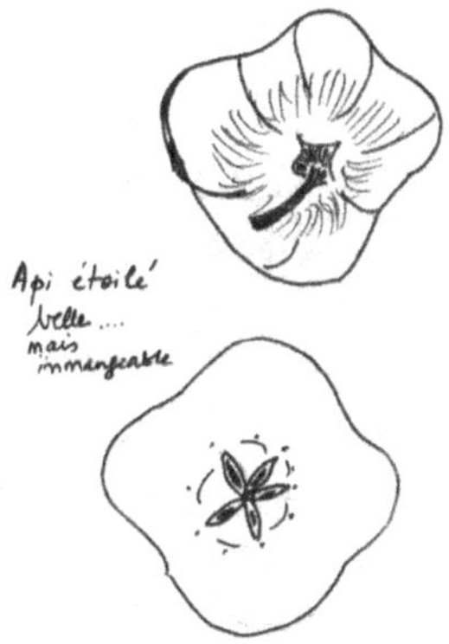

> « Pomme de reinette
> et pomme d'api
> D'api d'api rouge
> Pomme de reinette
> et pomme d'api
> D'api d'api gris. »
>
> Comptine enfantine
> du XVIe siècle

mniprésente dans la mythologie, l'histoire, les contes, la peinture, la pomme reste un fruit mystérieux dont l'origine est sujette à controverses : il en existe des milliers de variétés à travers le monde, toutes différentes. Depuis l'Antiquité, elle est représentée dans toutes les cultures et toutes les langues de l'Ancien Monde. Pline en dénombre déjà plus de vingt variétés, distinguant les pommes à cidre des pommes à croquer, qu'on appelle aujourd'hui pommes à couteau ou à dessert.

D'où vient la pomme ? Du paradis terrestre certes, mais encore ? La pomme d'api des comptines, que cite déjà Pline, est devenue rare, malgré les efforts de ses amoureux pour la conserver. Elle était connue pour sa robe bicolore, rouge d'un côté, verte de l'autre. Il existait des pommes d'api d'autres couleurs, jaunes, blanches, grises, et même presque noires. La pomme d'api est si oubliée aujourd'hui que « d'api » est devenu « tapis » dans la bouche des enfants et dans les livres de comptines. « Tapis tapis rouge, tapis tapis gris ! »

Ce n'est pas surprenant : la pomme d'api a disparu des marchés. Elle eut pourtant son heure de gloire entre le XVIe et le XVIIIe siècle. Mais la mondialisation a mis la pomme d'api au tapis. Petite, tout aplatie, une drôle de forme en pentagramme pour certaines variétés, qui ressemblaient à de grosses étoiles de mer (comme la disposition des cinq pépins quand on coupe une pomme en deux), personne ne la choisirait sur un étal aujourd'hui, sauf si elle redevenait « tendance », le fruit du terroir qu'on paie cher au nom de l'authenticité. Ou la décoration parfaite pour un intérieur raffiné…

La pomme d'api, comme *Apfel*, la pomme en allemand, ou *apple*, la pomme en anglais, ne peut plus rivaliser avec nos grosses pommes modernes, dont quelques variétés seulement trustent les échanges internationaux. Golden, Gala, Red Delicious, Granny Smith, Fuji, Elstar, Braeburn, Jonagold… C'est la nouvelle comptine de la mondialisation. Les autres pommes existent certes, mais elles ne font plus le poids. Pour vendre au-delà des mers, il faut des fruits dont l'aspect est parfait, les rendements élevés, la conservation optimale, et dont le goût puisse plaire au plus grand nombre, même si chaque pays a ses particularités. Il existe ainsi des milliers de variétés de pommes – on parle de six mille ! – mais beaucoup ne résistent que sur des marchés locaux. Même la Reine des reinettes a failli disparaître. Pourtant, cette grosse pomme fait partie du patrimoine national français. C'est même une des plus anciennes : un horticulteur nommé Charles Estienne la mentionne dès 1540. Mais cette variété est tellement exigeante et produit si peu que, en France, ses vergers ont diminué de moitié en dix ans.

L'agriculture moderne a ainsi dû se focaliser sur des variétés emblématiques, construire autour d'elles des filières performantes et des stratégies marketing qui les rendent chères au cœur des consommateurs. C'était la condition de leur perpétuation. Chaque marché de consommation a ses préférences : les pays du nord de l'Europe veulent de petites pommes, ceux du sud plutôt des grosses. Ariane, pomme que les Français adorent, ne se vend pas en Angleterre, dont beaucoup de consommateurs attendent d'une pomme qu'elle soit… verte.

Pour répondre à toutes ces attentes contradictoires, il a fallu mener une longue sélection variétale et mettre en place des procédés de production et de commercialisation qui soient d'une constance et d'une régularité indiscutables. Mais les variétés obtenues paient leur homogénéité d'un tribut bien connu en agriculture : elles sont vulnérables aux attaques de ravageurs, aux champignons, aux insectes, aux maladies. Deux sont particulièrement craintes : la redoutable tavelure, un champignon qui la couvre de taches et la rend difficile à vendre, et le bien connu ver de la pomme, qui a donné lieu à tant de récits.

Mais ver et tavelure ne sont pas seuls : les prédateurs de la pomme sont innombrables. Comme nous, la nature adore les belles pommes. Ceux qui les cultivent doivent faire face à cette fragilité qui les oblige, quel que soit le type d'agriculture pratiquée, à trouver des parades, des traitements, à défendre leur production contre la quantité d'attaques dont les pommiers sont l'objet tout au long de leur vie.

Chaque terroir produit ses pommes. Elles reflètent un sol, un climat. Avec une constante : le pommier est un arbre qui pousse d'abord et avant tout dans la ceinture tempérée et continentale du globe. Dans le monde sans hiver des Tropiques, le pommier n'existe pas, sauf si on peut le planter en altitude, car il retrouve alors les climats contrastés qui lui conviennent : l'altitude efface la latitude, les géographes le savent bien.

Comme l'homme, chaque pommier est unique. Il naît d'un seul pépin, issu lui-même de la rencontre entre deux arbres. « Chaque pomme est une fleur qui a connu l'amour », résume le poète québécois Félix Leclerc dans *Le Calepin d'un flâneur*. Mais planter un pépin pour avoir un pommier, c'est risquer un résultat incertain. Les pommes peuvent être délicieuses, mais elles sont plus souvent petites, âcres, immangeables. Pour être sûr d'obtenir la variété attendue, on pratique la reproduction non pas sexuée, mais végétative, en greffant les pommiers, c'est-à-dire en implantant celle qu'on souhaite sur un porte-greffe. L'arbre sera identique au greffon. Et pour obtenir les meilleures pommes, il faut une pollinisation croisée.

Le cycle de vie du pommier ressemble à celui d'une vie humaine. Jeune, il se contente de fabriquer du bois. Quinquagénaire, le pommier commence à vieillir, à se fragiliser, demandant des soins délicats. Il ne donne plus de pommes. À son apogée au contraire, il peut crouler sous les fruits. S'il en porte 600, il s'épuise. S'il n'en porte que 100, il épuise l'arboriculteur, voué à la faillite à cause d'une production insuffisante pour rémunérer son travail. Dans un verger moderne, chaque arbre donne à l'automne environ 200 pommes, soit une quarantaine de kilos de fruits. C'est le travail dont on entoure le pommier qui lui permet de pleinement s'épanouir. La bonne pomme n'a rien de spontané. Elle demande des soins constants pour bien éclore au printemps et arriver à maturité à l'automne.

Le fruit du pommier est un miracle d'équilibre et de beauté, que des milliers de peintres se sont essayés à représenter, autant dans l'iconographie religieuse que dans les scènes amoureuses et les natures mortes. Arcimboldo dans son tableau *L'Automne*, Chardin, Cézanne, Matisse, Magritte, Picasso, Claude Lalanne, Andy Warhol, Li Lihong ou Gu Dexin pour les artistes chinois, ont représenté la pomme éclatante, symbole d'éternelle jeunesse, mais aussi le fruit altéré, allégorie de la sénescence.

Les pommes furent à l'origine d'une longue amitié entre Paul Cézanne et Émile Zola, qui furent tous deux internes au collège Bourbon d'Aix-en-Provence. D'origine italienne, souffreteux et, hélas pour lui, très bon élève, Zola subit les brimades de ses condisciples, jusqu'à ce que Cézanne décide de prendre sa défense. Pour le remercier, Zola lui offre des pommes. Ils resteront très proches toute leur vie, même si Émile Zola créera un personnage de peintre maudit, Claude Lantier, dans son roman *L'Œuvre*, paru en 1886, qui évoque Cézanne et sa difficulté à voir reconnue son œuvre. L'histoire prétend que Zola aurait dit « Cézanne, ce n'est que trois pommes sur une assiette », mais je n'en ai pas retrouvé trace…. Les trois pommes de Cézanne lui ont en tout cas apporté l'immortalité de la postérité. Quant aux écrivains, ils ont visiblement autant besoin de pommes que de chats. « Mangez des pommes ! » disait Frédéric Schiller, qui ne pouvait travailler sans poser sur son bureau des pommes, dont l'odeur l'inspirait. Même injonction de la part d'Agatha Christie, qui mangeait des pommes en prenant son bain pour mieux imaginer Miss Marple.

9.

Pomologie

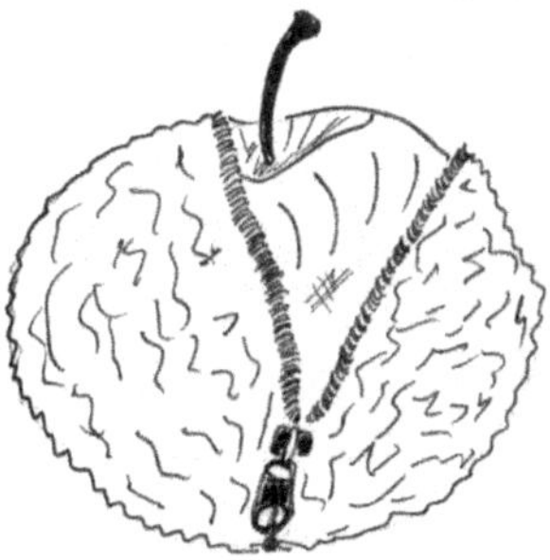

« Temps pommelé,
Femme fardée,
Pomme ridée,
Courte durée. »

Proverbe

La plus belle pomme se flétrit facilement. Heurtée, elle se gâte. Cueillie et laissée à l'air libre, elle vieillit, se transforme, finit par pourrir et tomber en poussière. Quand elle est encore sur l'arbre, la fraîcheur lui donne les joues roses, mais le froid mordant fendille son fragile épiderme. Sa chair est si convoitée qu'une pomme ne passe pas l'été sans être attaquée. Insectes, oiseaux, champignons, rongeurs, elle suscite toutes les convoitises… Il faut la préserver et la cueillir avant qu'elle chute et se gâte. Pour un pomiculteur, dès qu'une pomme tombe de l'arbre et touche le sol, elle est perdue. Sauf s'il fait du cidre.

Les producteurs de pommes ont donc dû sélectionner les pommes sur lesquelles ils voulaient fonder leur activité. À la fois productives – un verger demande tant de main-d'œuvre que produire peu de pommes ne vous permet pas d'en vivre – mais bonnes aussi. Des pommes qui, par leur beauté, leur goût, leur aptitude à se conserver, leur fermeté et leur croquant, puissent séduire. On désigne souvent les pommes à dessert ou pommes à croquer sous le nom de pommes à couteau. Analogie brutale, mais qui rappelle qu'il ne suffit pas qu'une pomme soit belle à regarder, encore faut-il que sa chair soit ferme, juteuse, goûteuse, et qu'elle ne s'altère pas trop rapidement. La meilleure pomme est toujours celle qu'on vient de cueillir. Mais dans les villes, les mangeurs de pommes n'ont pas de vergers sous la main. Il faut pouvoir leur procurer des pommes aussi belles que si elles sortaient tout juste du verger.

En effet, il ne suffit pas de produire des pommes, encore faut-il les vendre. Et en obtenir un prix qui rémunère votre travail. Même si la pomme est le troisième fruit consommé au monde, les marchés sont volatils, les consommateurs infidèles et versatiles. Une pomme cesse soudain de plaire. Il faut en proposer une autre. Répondre à des attentes contradictoires. Belle, d'un aspect parfait, et saine, cultivée le plus naturellement possible. Les Japonais emmaillotent ainsi individuellement leurs pommes dans de petits filets pour les préserver. Les Américains les enduisent de cire pour qu'elles ressemblent à des bougies, brillantes… et solides aussi, afin de pouvoir les manipuler sans les endommager. Les Chinois utilisent parfois des procédés moins avouables, des substances soupçonnées d'être cancérigènes, pour lustrer artificiellement leurs pommes, qui étincellent au soleil.

La pomme ne doit pas seulement être magnifique, elle doit aussi être bonne. Sucrée, mais pas écœurante. Un peu acidulée, mais pas trop. Ferme, mais pas dure. Douce, mais pas farineuse. Bref, de la personnalité… mais pas trop. Pour aboutir aux pommes les plus aptes à être commercialisées dans les circuits exigeants de la mondialisation, il a fallu mener une sélection variétale de deux cents ans. Au XIXe siècle, fleurissent les « sociétés de pomologie », qui regroupent des passionnés de pommiers, particulièrement en Bretagne et en Normandie. Flaubert les ridiculise dans *Madame Bovary* avec la figure pontifiante du pharmacien Homais. Mais ces sociétés savantes vont effectuer un travail considérable au service des pommes. Ainsi la Société pomologique de France, créée en 1856, s'attache pendant près d'un siècle à créer un « état civil du verger français ». En 1873, le *Dictionnaire pomologique* de Leroy dénombre 527 variétés de pommes. Elles existent toujours, mais si une cinquantaine de variétés sont commercialisées à l'echelle de la France, le marché est monopolisé par les plus connues, Golden, Gala, Granny Smith, Pink Lady… Qui connaît encore l'Argilière, la Delflopion ou la Transparente de Bois Guillaume, qui ne se conservent qu'un mois ? Ces pommes pourtant, tout comme l'Api étoilé, la Bedan, la Croque de l'Ain, la Pay Bou, la Patte de loup ou la Violette de Montbéliard, ont leurs passionnés. Et les sociétés de pomologie n'ont pas disparu, bien au contraire. Leur dynamisme est mis au service de la sauvegarde d'un patrimoine et d'une mémoire menacés. La Société pomologique du Berry cherche ainsi à réintroduire des variétés anciennes dans les vergers amateurs ; l'Association bisontine de pomologie, établie à Besançon, s'est donné pour but de mettre en valeur les savoirs fruitiers de sa région...

Dans chaque département français, il existe aussi des associations de croqueurs de pommes, qui militent pour la sauvegarde de variétés oubliées. Chaque automne, au moment des récoltes, des fêtes de la pomme sont organisées dans de nombreux villages de France, événements festifs autour de fruits que seule l'obstination d'arboriculteurs passionnés a permis de préserver. Les pommiers font vivre des territoires entiers : à Saint-Just, dans l'Hérault, près de Lunel, la Fête de la pomme, qui se déroule à la fin du mois de septembre, au moment de la récolte, exalte autant la culture de la « bouvine », cet art du taureau et du cheval camargue, que la coopérative fruitière locale, principal employeur d'une région en grande difficulté économique. On danse autour des vergers, on croque des pommes, on chante le fruit qui a ressuscité les paysages et sauvé les familles en permettant à tous, même jeunes, même non qualifiés, de trouver un emploi.

Et puis il existe aussi un tourisme de la pomme. Dans le Loiret, une « route des pommes » serpente à travers les vergers, de Baule à Beaugency. Une autre relie le pays de Caux au pays de Bray, en Seine-Maritime. Dans le Limousin, où on trouve la seule pomme de France qui ait obtenu une appellation d'origine protégée, la route de la pomme va de Limoges à Brive-la-Gaillarde et se veut à la fois gourmande, festive, culturelle et gastronomique. Dans le Calvados enfin, la route du cidre du pays d'Auge vous fait parcourir cinquante kilomètres dédiés à la boisson miraculeuse. Que ce soit au printemps, quand les pommiers exultent avec leurs délicates fleurs blanches, qui rappellent qu'ils appartiennent à la même famille que les roses, en été, quand les pommes jettent des éclats de lumière sur le vert des feuillages, ou bien en automne, quand les vergers se parent de teintes mordorées, les paysages de la pomme sont toujours magnifiques. Même l'hiver, les vergers bien taillés, mis en ordre de marche pour préparer le printemps, ont quelque chose de hiératique. Une armée de vaillants soldats qui fourbissent secrètement leurs futurs bourgeons dans le vent et les frimas.

Surfaces et volumes de production de pommes de table en France

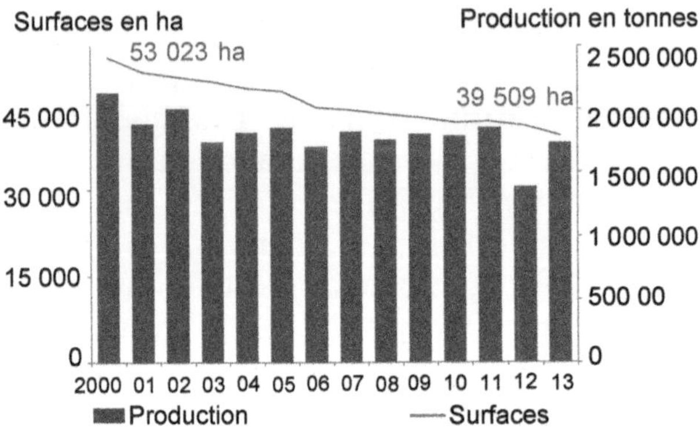

Source : Agrimer

Hélas, en France, ces vergers ont tendance à se réduire comme peau de chagrin. Le déclin de la pommc française tient en quelques chiffres : 60 000 hectares de vergers en 1990, 40 000 aujourd'hui. 2 millions de tonnes produites en 1990, entre 1,5 et 1,7 million aujourd'hui. Et surtout, 10 000 pomiculteurs en 1990, 7 600 aujourd'hui. Première exportatrice mondiale de pommes en 1990, la France a depuis rétrogradé au sixième rang.

Entre-temps, les fossoyeurs de la pomme se sont déchaînés, sans s'apercevoir que leur combat était mortifère, pour les producteurs de pommes, pour les paysages, et même pour la pomme, fruit miraculeux devenu maudit.

10.

Si tu ne peux pas la manger, bois-la !

« Que la nature est prévoyante ! Elle fait pousser les pommes en Normandie, sachant que les indigènes de cette province ne boivent que du cidre. »

Henry Monnier (1799-1877),
Monsieur Prud'homme

Avant la pomme, il y eut… le cidre. Si, si. Il y a dix millions d'années, l'homme trouve au sol des pommes sauvages. Tombées de l'arbre, elles sont abîmées, pas forcément très attirantes, mais elles nourrissent. Et miracle, il se rend compte que, lorsqu'elles fermentent, c'est encore mieux. L'homme habitue ainsi son organisme à consommer de l'alcool, que peu d'animaux tolèrent.

Des recherches récentes, menées en Floride par les biologistes Matthew Carrigan et Steven Brenner, ont pu ainsi montrer que, grâce à une mutation génétique intervenue chez nos ancêtres il y a une dizaine de millions d'années, l'espèce humaine a acquis la capacité d'assimiler l'éthanol. Nous le supportons – plus ou moins bien d'ailleurs car le gène est mal activé chez certaines populations, comme les insulaires du Pacifique – parce que nos lointains aïeuls ont mangé des pommes pourries pour survivre, à une époque où la Terre se refroidissait.

Et puis, il y a environ dix mille ans, survient l'agriculture. Les hommes cultivent des céréales et plantent des vergers… dont ils apprennent à faire fermenter les produits. Les tavernes sont nées. Et tout ce qui accompagne la consommation d'alcool en société. La convivialité, le plaisir, mais aussi l'ébriété et les dégâts causés par l'alcoolisme, sur la santé, la société, les explosions de violence. Celui qui boit trop de cidre s'abrutit et « tombe dans les pommes ».

Mais le cidre a longtemps occupé une place à part dans cette longue histoire qui unit l'homme à la bouteille. Parce qu'un gramme d'éthanol apporte deux fois plus de calories qu'un gramme de sucre et que les boissons alcoolisées se conservent mieux, tout en procurant à celui qui les consomme une ivresse jugée plaisante, il a été considéré très précocement comme une boisson anti-famine quand les céréales venaient à manquer. Les pommes sauvages, souvent âcres ou acides, donnent une fois fermentées une boisson dont les vertus sont connues et appréciées depuis des millénaires. Selon certains nutritionnistes, consommer du cidre pendant les repas augmente la sensation de satiété. Et il contient du bêtacarotène, un antioxydant qui permet de lutter contre le vieillissement. En outre, comme avec la pomme, la richesse du cidre en pectine protège le système intestinal et permet de réduire le cholestérol. Le vinaigre de cidre lui-même était un remède de grand-mère bien connu. Les médecins le préconisaient contre les maladies des reins et notamment la gravelle, ces calculs rénaux dont souffrait Montaigne. Son acidité lui confère aussi des vertus antiseptiques et anti-infectieuses. On dit que le mélanger avec du miel et du thym est un antidote souverain contre les maux de gorge.

Les peuples européens ont très vite compris l'intérêt que présentaient ces pommiers sauvages, qui poussaient spontanément un peu partout dans la zone tempérée, quand on ramassait leurs fruits tombés à terre, qu'on les broyait et qu'on laissait fermenter le jus ainsi obtenu dans un grand tonneau. Introduit précocement au Pays basque puis dans l'ouest de la France et en Angleterre par les marins, le cidre a connu un essor particulièrement marquant lorsque le pressoir à pommes a été inventé, à partir du XIIIe siècle. Dès lors de nombreux métiers sont fondés sur sa fabrication, qui demande un savoir-faire élaboré : charpentiers, menuisiers, charretiers, tailleurs de pierre pour produire les grosses meules servant à broyer les pommes… Les moines sont les premiers à planter des vergers. Dans certaines régions comme la Normandie, le cidre est d'abord réservé aux nobles, à l'aristocratie, tandis que le peuple doit se contenter de bière ou de piquette. Puis sa consommation se généralise, au point qu'il est la deuxième boisson consommée en France au

XIXe siècle, avec plus de 40 litres par habitant et par an ! Dans de nombreux musées villageois de l'ouest de la France, on peut encore admirer les anciens pressoirs, des machines impressionnantes. La Normandie et la Bretagne restent les deux principales régions productrices en France, avec des cidres détenteurs de labels de qualité. Leurs vergers produisent des pommes destinées à cet usage, qu'on ramasse au sol, ce qui demande des vergers enherbés de façon spécifique.

Si toutes les pommes peuvent en théorie donner du cidre, les producteurs privilégient aujourd'hui des variétés spécifiques, élaborant de subtils mélanges pour conférer à leurs cidres des arômes et une typicité remarquables. Nous sommes bien loin des breuvages produits hier dans les campagnes, qui permettaient de valoriser les pommes de second choix, sauvages ou bien gâtées, et faisaient dire à Victor Hugo, réfugié en 1855 à Guernesey après avoir été proscrit par Napoléon III, que le cidre local était une « boisson indigne du palais d'un homme normal »...

Le goût, la qualité et l'intérêt nutritionnel du vin de pomme fermenté dépendent étroitement des fruits qui ont été utilisés pour le fabriquer. Produit n'importe comment avec n'importe quoi, il peut occasionner de sérieux maux de ventre, voire être toxique. En fonction de la variété de pomme, de sa teneur en sucre et de la durée de fermentation, on va obtenir des cidres doux, à teneur alcoolique peu élevée (moins de 2 degrés), qui sont généralement les plus appréciés lors des consommations festives, des cidres demi-secs, ou des cidres bruts, qui peuvent titrer entre 8 et 18 degrés.

Les calvados normands et les lambigs bretons sont, eux, des eaux-de-vie tirées de la distillation du cidre. Aujourd'hui de qualité, avec des appellations d'origine et une reconnaissance internationale, ils se déclinent à travers le fameux trou « normand », ce petit verre servi au milieu d'un repas plantureux pour, dit-on, faciliter la digestion. Mais ces alcools forts descendent des terribles tord-boyaux que, au XIXe siècle, des vendeurs ambulants distillaient dans des alambics artisanaux, passant de village en village. Les fermiers qui disposaient du privilège de bouilleur de cru élaboraient des breuvages qui pouvaient atteindre plus de 70 degrés ! Les intoxications alcooliques étaient légion. C'est contre ces types de cidres que les Ligues de tempérance se mobilisent dans les années 1820 aux États-Unis, incitant les agriculteurs à se réorienter vers les pommes à couteau. Et que les sociétés de pomologie qui éclosent partout en France au XIXe siècle, particulièrement en Bretagne et en Normandie, se piquent d'amélioration des pommiers dans l'optique de promouvoir un cidre de qualité, « boisson curative et revigorante ».

Il existe ainsi à la fois des cidres fermiers ou artisanaux, parfois exquis, parfois rustiques et âpres, d'autres qui sont au contraire des merveilles d'équilibre, des grands crus de cidres, avec des millésimes, des œnologues spécialisés – et les prix à l'avenant. Et puis toute une gamme de cidres produits avec des pommes de second choix, qui, par leur calibre, leur aspect, ne peuvent être destinées à la consommation directe. « Si tu ne peux la manger, bois-la », dit l'adage. On les appelle les « pommes industrie ». Elles vont servir à faire des jus, des compotes, des confitures, de la pectine.... Et du cidre. Des boissons vendues en grande surface, qui sont surtout consommées de façon occasionnelle, à la Chandeleur avec les traditionnelles crêpes, lors de l'Épiphanie pour faire passer la galette dite des rois, ou encore l'été.

Pour revitaliser la consommation et donner d'autres débouchés à leur production, les industriels ont inventé le « Brut de pomme », boisson pétillante conditionnée en canettes comme la bière et les jus de fruits, le cidre rosé, fabriqué à base de pommes rouges, les cidres aromatisés aux fruits... Et surtout l'incontournable Champomy au jus de pomme, boisson pétillante sans alcool créée en 1989 par le groupe Orangina-Pampryl, histoire d'habituer les enfants dès leur plus jeune âge à sabler à chaque fête un ersatz de champagne...

Tous ces efforts n'ont qu'un seul but : relancer la consommation d'une boisson oubliée, la rajeunir et la dynamiser. Pour beaucoup, le cidre conserve en effet une image un peu vieillotte, un breuvage de paysan qui fleure bon le terroir, authentique certes, mais passé de mode, et même anachronique. Depuis cinquante ans, la consommation a été divisée par deux. Nous sommes tombés à moins de 5 litres par an par habitant... contre plus de 40 litres pour le vin et 30 litres pour la bière. Seules résistent la Normandie et la Bretagne, qui continuent de boire beaucoup de cidre, et quelques grands noms qui « vinifient » un cidre de luxe (et des poirés) destinés aux restaurants et aux boutiques haut de gamme.

Pourtant, en Allemagne, en Angleterre, en Espagne et dans bien d'autres pays, le cidre reste une boisson usuelle, régulièrement consommée à table, comme le jus de pomme, d'ailleurs, souvent servi sous une forme pétillante. Au Québec, les producteurs utilisent le froid de l'hiver pour fabriquer du « cidre de glace », à teneur en sucre élevée. Ils récoltent les pommes gelées sur les arbres et les font fermenter pour élaborer des cidres uniques, appréciés dans le monde entier. Dans les îles de l'estuaire du Saint-Laurent, Micheline Hotyat, biogéographe reconnue, ancienne rectrice de l'académie de Caen, a eu la surprise de découvrir des pommiers sauvages qui descendaient des arbres introduits dans le Nouveau Monde par les colons français ! L'insularité les avait préservés d'une hybridation massive. Le cidre de glace des Québécois, aujourd'hui unique et mondialement connu, puise ainsi ses lointaines racines dans les expéditions de Jacques Cartier. Confronté au scorbut, à la faim, le navigateur parti de Saint-Malo qui découvre le Québec au XVIe siècle a ouvert de nouveaux voyages à la pomme…

11.

Jeannot Pépin de pomme

« All day long, keep an eye open for Johnny Appleseed himself. »

Brochure 2015 du festival annuel Johnny Appleseed, Fort Wayne, Indiana.

En France, qui connaît John Chapman ? Personne ou presque. Il fait pourtant partie du panthéon national outre-Atlantique, avec des statues et des mémoriaux dans de nombreuses villes des États-Unis. Depuis 1975, un festival se tient chaque année à sa gloire, dans la ville de Fort Wayne (Indiana) où il vécut, célébrant celui qui permit, en plantant des pommiers, de faire reculer la fameuse Frontière, consacrant la conquête du territoire américain par les colons européens.

John Chapman naît en 1774 dans le Massachusetts. Quand il meurt en 1845, il est déjà devenu une légende vivante. Sur sa tombe, dans le parc qui porte son nom à Fort Wayne, on peut lire : « *Johnny Appleseed. John Chapman. He lived for others.* » Ces mots sont surmontés d'une pomme. La firme Apple est souvent appelée de façon métaphorique « Johnny Appleseed Inc ».

Dans une série consacrée aux légendes américaines, Walt Disney lui a consacré un film d'animation hagiographique en 1948. Il le met en scène comme une sorte de Blanche-Neige ou de Cendrillon de la nature, cueillant ses pommes en haut des arbres, entouré d'oiseaux bleus et d'abeilles, avant de partir sur les chemins avec sa bible, son sac de pépins et sa casserole. On lit aussi çà et là qu'il aurait fait venir des pommiers d'Europe afin d'implanter des vergers dans de nombreux États de la côte Est, Ohio, Indiana, Illinois, Pennsylvanie, Ontario…

La réalité historique est comme toujours un chouïa moins idyllique. Lorsqu'ils émigrent vers le Nouveau Monde, un siècle avant la naissance de Jeannot Pépin, les puritains anglais ont pris soin d'emporter des plants de pommiers à cidre dans le ventre de leurs navires. Le premier verger aurait été planté à Boston en 1625 par William Blaxton, sur Beacon Hill. Un quart de siècle plus tard, Pieter Stuyvesant se flatte, lui, d'avoir été le premier à planter un pommier à la Nouvelle-Amsterdam… ainsi que s'appelait New York, la grosse pomme, jusqu'en 1664.

Et notre Jeannot Pépin de pomme ? Orphelin, il avait reçu une formation de pépiniériste. Le folklore le décrit remplissant ses poches de pépins ramassés au fil de ses déplacements dans les campagnes pour les planter et en faire des vergers, soigneusement protégés des divagations du bétail. Cet acte admirable était surtout très malin. À l'époque, les pionniers qui repoussaient la Frontière vers l'ouest devaient, pour se voir attribuer des terres, matérialiser leur occupation foncière. Planter des pommiers était pour eux l'acte de mise en valeur le plus rapide et le plus visible qui soit. Chapman précédait la conquête territoriale. Lorsque les pionniers arrivaient, décidés à s'installer, il pouvait leur vendre de jeunes pommiers prêts à être plantés.

S'il vécut pour les autres, Johnny Appleseed vécut donc surtout *des autres*. Ce qui d'ailleurs, dans la culture américaine, n'est pas forcément préjudiciable…. Semeur de pépins, Chapman en profitait pour les enrober de sermons moralisateurs. Missionnaire itinérant d'une église évangélique d'origine suédoise, The Swedenborgian Church of North America, qui prône une foi exigeante et dépouillée, il se déplaçait pieds nus, en haillons, prêchant sans relâche le renoncement aux biens de ce monde, y compris aux Indiens, qui le laissaient tranquille car ils voyaient en lui un doux illuminé frappé par le Grand Esprit. On dit que le prédicateur arriva même à en convertir quelques-uns.

Comme Newton, la pomme le conduisit à une stricte chasteté puisqu'il ne se maria jamais. Curieux destin que celui de ces farouches défenseurs du fruit défendu qui poussent leur dévouement jusqu'à jamais n'y toucher eux-mêmes…

Certains considèrent Chapman comme un des premiers apôtres du mouvement de la conservation, au même titre que Henry David Thoreau, John Muir ou Ralph Waldo Emerson. Il professait un strict respect de la vie, allant même jusqu'à épargner les insectes, ce qui n'est pas sans rappeler les préceptes du jaïnisme. Il était en tout cas strictement végétarien, probablement même vegan.

À sa mort, les vergers de M. Pépin de pommes avaient fructifié et sa famille hérita de plusieurs centaines d'hectares... qu'elle perdit tout aussi rapidement, faute d'en comprendre l'intérêt.

Aujourd'hui, l'héritage strictement pomologique de John Chapman s'est poursuivi par les travaux menés par les sélectionneurs américains. Malgré ce que prétendent ceux qui voudraient en faire le père des grandes variétés de pommes américaines, Golden, Starking, Red Star, l'intérêt des pommiers chapmanesques sur le plan botanique était en réalité très limité car il se contentait de semer les pépins glanés sans les greffer, de peur, religion oblige, de faire souffrir les arbres. De ce fait, Chapman ne fournissait aux pionniers que de médiocres pommiers à cidre, qui correspondaient certes à la demande de l'époque, mais avaient bien peu à voir avec les belles pommes à dessert d'aujourd'hui. Présenté par Disney comme le père de la bonne cuisine américaine à base de pommes, tourtes, compotes et autres *apple pies*, Chapman fut surtout, involontairement sans doute, un ardent propagateur de l'alcoolisme.

Et la « Big Apple », New York ? Elle ne prit en réalité ce nom qu'au XXe siècle. Big Apple, c'était une façon pour les immigrés qui y débarquaient de désigner la ville de tous les possibles, où chacun peut réaliser ses rêves. « Croquer la pomme à pleines dents » – transposition de l'expression anglaise *crunch the apple*. La pomme est un motif récurrent dans l'histoire de New York. Au XIXe siècle, la ville abrite un grand nombre de maisons closes, discrètement signalées par le fruit du péché. Dans les années 1920, un chroniqueur hippique du *Morning Telegraph*, John Fitzgerald, qui a entendu des palefreniers désigner New York sous le nom de grosse pomme, décide d'intituler sa chronique des champs de course « *Around the Big Apple* ». Dans les années 1930, les musiciens de jazz utilisent la même expression. New York est alors la ville du jazz. Il existe de nombreuses scènes où se produire, surtout à Harlem où les night-clubs arborent une pomme comme enseigne. Jouer à New York, c'est décrocher la grosse pomme. On dit aussi que l'expression désigne la boule d'angoisse qui étreint la gorge des artistes au moment de monter sur scène dans cette ville si prestigieuse.

Finalement, c'est une campagne publicitaire lancée par l'office de tourisme de la ville dans les années 1970 qui a consacré l'usage. « *I love New York* » avec une grosse pomme à la place du O. Il s'agissait de relancer le tourisme d'une ville perçue comme tentaculaire et dangereuse. Dans une société où les références à Dieu occupent une place centrale, la symbolique ambiguë de la pomme n'a sous doute pas été choisie par hasard : New York, c'est à la fois le jardin d'Éden, la ville des lumières et des fabuleux gratte-ciels qui impressionnent encore le monde à l'époque, mais aussi la Sin City, la ville du péché. Pour les Américains, peuple de pionniers puritains, la ville reste le lieu de perdition. Au contraire de la rassurante campagne que le pionnier affectionne, elle incarne la luxure, le démon tentateur, Gotham City, la ville qui ne dort jamais et où tout peut arriver.

Quand cette publicité pour la ville apparaît, New York est sinistre en effet, en proie à l'insécurité, aux hurlements des sirènes. La grève des éboueurs la transforme en poubelle géante, parcourue de blattes et de rats. Times Square, où je crois bon de loger en 1979, est sordide et terrifiant, un coupe-gorge, où vous risquez de sérieux… pépins.

Big Apple, Gotham City… Ceux qui se laissent imprudemment prendre aux lumières de New York peuvent en mourir ou devoir se contenter d'un trognon. Toujours l'ambiguïté de la pomme.

12.

Mauvaise foi

« C'est uniquement dans les champs
qu'on apprécie les produits acides
et amers de la nature. »

Henry David Thoreau, *Les Pommes sauvages*, 1862

Beaucoup considèrent le naturaliste américain Henry David Thoreau, avec son mentor Ralph Emerson, comme l'un des pères fondateurs de l'écologie politique. Son ouvrage majeur, *Walden ou la Vie dans les bois*, publié en 1854, raconte sa retraite dans une cabane au bord d'un étang, dans le Massachusetts, il continue aujourd'hui de faire référence.

En 1862, dans *Les Pommes sauvages*, Thoreau déplore la disparition de ce qu'il appelle les « pommiers aborigènes de la Nouvelle-Angleterre ». Les vergers anciens sont laissés à l'abandon, les producteurs leur ayant préféré des variétés sucrées. Thoreau, lui, juge vulgaires et sans intérêt les grosses pommes vendues sur les marchés, qui n'ont, écrit-il, ni le « piquant » ni le « mordant » des petites pommes glanées dans les champs dans le froid de novembre.

Alors que « la plupart des fruits qu'on apprécie et consomme dépendent totalement du soin qu'on en prend », les pommiers sauvages, rabougris, aux formes tourmentées, sont au contraire pour lui des « princes déguisés » qui expriment la résistance et la noblesse de la nature. Ils ont dû pour exister faire preuve d'une opiniâtreté admirable, vaincre les intempéries et l'appétit des vaches qui broutent les jeunes pousses.

Exposées au vent, à la pluie, aux insectes, aux maladies, leurs pommes sont certes ratatinées, difformes, rébarbatives à regarder, âcres, véreuses, mais c'est justement ce qui leur donne à ses yeux leur saveur incomparable. Quand Thoreau déniche ces petites pommes miraculeuses au gré de ses promenades et qu'il s'en remplit les poches, il se sent comme Hercule terrassant le dragon à cent têtes pour emporter les pommes d'or du jardin des Hespérides.

« J'extirpe le fruit, tout mouillé et luisant, grignoté en partie par les lapins, perforé par les criquets [...], la pomme a encore un bel éclat et elle a l'air aussi mûre et bien conservée, sinon mieux, que celles récoltées dans les barils. »

Que la pomme sauvage ait exactement « le goût de la punaise de la courge » ne décourage nullement notre naturaliste, qui éprouve un « sentiment de triomphe » à la savourer : contrairement aux fruits greffés, si fades avec leur écœurante facilité sucrée, la petite pomme acide et difforme est merveilleuse parce qu'elle incarne la nature sauvage.

Ce genre de discours trouve aujourd'hui encore ses adeptes. Des personnes qui s'obstinent à vous affirmer que les fruits d'avant, ou bien ceux qui poussent spontanément, sont infiniment meilleurs, tant au niveau nutritionnel que gustatif, que les pommes cultivées, prétendument affadies et dégénérées. Bien sûr, tout est affaire de goût, mais en ce qui concerne les vertus nutritionnelles, aucune étude scientifique n'a jamais pu confirmer la prétendue supériorité des fruits petits et moches sur les belles pommes commerciales. La Gala, la Golden, la Reinette, la Pink Lady et toutes les autres, bien cultivées, n'ont rien à envier aux pommes de nos ancêtres ou à celles qu'on glane dans les vergers abandonnés, bien au contraire. Leurs qualités nutritionnelles et leurs vitamines sont bien mieux préservées que celles de la pomme qui pourrit dans un pré, moisit dans une cave ou se dessèche dans un grenier.

D'ailleurs, Thoreau, dans un souci d'honnêteté, reconnaît que la merveilleuse « pomme du flâneur » n'est bonne finalement que « consommée dans le vent ». Rapportée dans l'« air confiné des maisons », elle perd tout intérêt. « Si d'aventure, j'en croque une dans ma chambre, je la trouve, de manière inattendue, bien grossière, assez acide pour agacer les dents d'un écureuil et faire pousser des cris à un geai. » Ce que nous dit Thoreau finalement, c'est : *O.K., les pommes sauvages sont immangeables et ne se conservent pas, mais je les préfère aux vulgaires pommes domestiques parce qu'elles au moins sont naturelles*. Cette mauvaise foi dont le naturaliste, mort à quarante-quatre ans de maladies non soignées, fait preuve à propos des pommes et de la nature en général, on la retrouve souvent dans le discours écologiste d'aujourd'hui lorsqu'il se dévoie en se radicalisant. Une forme d'élitisme qui prône les milieux difficiles, peu accessibles, contre les paysages humanisés, et fait l'apologie d'une nourriture rare et de mauvaise qualité, réservée à un petit nombre de prétendus esthètes, contre la nécessité de produire des aliments sûrs, bons et en quantité suffisante pour que même le pauvre puisse se les offrir. Le mépris du peuple, aux goûts forcément vulgaires, trouve toujours de nombreux adeptes, qui conspuent le tourisme de masse parce qu'ils ont les moyens de privatiser les voyagistes à leur service exclusif, et accablent les enseignes de restauration rapide sans jamais être entrés dans un McDonald's. À la fin du XIXe, Thoreau nous tient des propos de privilégié qui vit dans la nostalgie d'un passé toujours idéalisé, lui qui avait refusé de s'abaisser à travailler et d'aliéner sa liberté « pour un plat de lentilles », préférant passer de longues heures chaque jour à contempler le merveilleux spectacle de la nature. Un luxe de rentier oisif.

Misanthrope, solitaire, poursuivi et incarcéré par les autorités parce qu'il ne voulait pas payer ses impôts, il avait théorisé sa radinerie dans un ouvrage, *La Désobéissance civile*, dénonçant l'esclavagisme du gouvernement américain et la guerre civile contre le Mexique. On dit que cet ouvrage aurait influencé Martin Luther King et Gandhi, qui y voyaient une apologie de la résistance passive.

Les motivations profondes en paraissent en réalité assez discutables et on peut penser que plutôt que de vivre en parasite, il aurait été plus judicieux de la part de Thoreau de mener un véritable combat politique. Mais sa défense acharnée d'une vie contemplative dans une nature parée de toutes les vertus, opposée aux actions forcément nuisibles de l'homme, continue de produire une armada de disciples.

Pourtant, les pommiers « aborigènes », tant vantés par Henry Thoreau comme symboles de l'authenticité face aux dévoiements de la modernisation, n'avaient rien de naturel : ils descendaient des pommiers apportés d'Europe par les premiers colons, qui avaient opté pour des variétés à cidre car ils souhaitaient pouvoir disposer d'un breuvage nutritif et facile à conserver pendant l'hiver. Ceux dont Johnny Appleseed propageait les pépins au gré de ses prédications. Ce sont les combats des Ligues de tempérance des années 1820, inquiètes de la montée de l'alcoolisme, qui poussent les agriculteurs à les abandonner au profit des pommes à croquer. Face à ce qu'il considère comme un dévoiement du plus noble des fruits, Thoreau invente une nature idyllique, un paradis terrestre dont l'homme n'aurait jamais dû sortir.

Cette illusion que la nature produit forcément le meilleur et qu'il faut à tout prix revenir à la pureté originelle, aux écosystèmes naturels que l'on croit équilibrés, mène à bien des errances. Dans les îles tropicales, l'idée que tout ce qui était là « avant » est forcément mieux, et qu'il faut retrouver les espèces prétendument endémiques contre ce qui a été importé, conduit à décimer des populations entières d'oiseaux, de plantes, et même de mammifères, qui ont juste eu le tort d'avoir été introduits plus tardivement, mais ne sont finalement pas moins légitimes que les strates jugées authentiques – qui elles-mêmes ont probablement pris la place d'occupants antérieurs. Dans les campagnes du monde entier, on chasse les paysans de leurs terres pour créer des parcs « naturels », dans l'optique erronée de conserver des paysages qui ne sont en réalité que l'héritage d'un patient travail agraire. Aux États-Unis, patrie des pères de la conservation, les premiers parcs naturels ont été ainsi, au nom de la sacralisation de la *wilderness*, la nature sauvage, installés sur les terres que les Indiens entretenaient depuis des siècles. Jusqu'à ce que de gigantesques incendies montrent les limites de ces pratiques de sanctuarisation.

Cet angélisme et cette mauvaise foi ont, hélas, semé leurs pépins jusqu'à aujourd'hui. Les pommes sauvages continuent de sécréter, en même temps que le miellat des pucerons et la tavelure qui les rongent, leurs nostalgiques, persuadés qu'il faut à tout prix retrouver la vérité de la pomme originelle.

Mais quelle pomme originelle ? À quel moment immobilise-t-on le curseur, puisque Thoreau déjà vit dans la nostalgie du passé ? Les premiers pommiers ne valaient rien. Leurs fruits avaient la taille de cerises, et ils étaient immangeables.

Depuis dix mille ans, l'agriculteur est d'abord un sélectionneur. Aujourd'hui, pour résister face à la concurrence, la montée des charges, la difficulté de vivre décemment de son travail au quotidien, dans un monde où l'agriculture est trop souvent vilipendée, les producteurs de pommes exportent dans le monde entier. Mais pour satisfaire les attentes des différents marchés, il leur faut trouver des pommes qui plaisent, se conservent et se vendent. En Australie, en Amérique, en Asie et en Europe, le monde de la pomme rassemble des hommes et des femmes qui ne cessent de remettre leur ouvrage sur le métier, réfléchissant chaque jour à la façon d'améliorer leurs pommiers.

La pomme unit ainsi l'Ancien et le Nouveau Monde, les pratiques d'antan et la modernité la plus avancée. Elle trace un pont entre notre histoire, celle de l'Occident privilégié, où la pomme fait tellement partie du quotidien que nous avons oublié à quel point sa perfection banale tenait du miracle, et celle d'un monde qui aspire désormais à vivre mieux et plus longtemps, ces classes émergentes qui souhaitent, comme nous, vivre dans un univers où consommer une pomme n'a plus rien d'un privilège.

13.

LA POMME DE NEWTON

Gotlib © DARGAUD, 2016

> « Des milliers de gens ont vu tomber une pomme, Newton est le seul qui se soit demandé pourquoi. »
>
> Dicton populaire

Il a nourri mon adolescence de son humour extraordinaire, Marcel Gotlib. Le créateur du magazine de bandes dessinées *Fluide Glacial* avait fait de Newton son personnage fétiche dans ses fabuleuses Rubrique-à-brac. Newton, sa pomme et… sa coccinelle, petit personnage récurrent présent dans chacune des bulles du dessinateur, comme si Gotlib avait déjà compris, bien avant tout le monde, que qui dit pommier dit coccinelle : on les appelle aujourd'hui les insectes auxiliaires et ils sont considérés comme indispensables à l'écosystème du verger…

La légende dit que le père de la loi de la gravitation universelle, Isaac Newton, eut l'intuition, à vingt-trois ans, du principe fondamental de la physique en regardant tomber une pomme dans un verger, montrant une fois de plus que le fruit de la connaissance ne peut être décisif que lorsqu'il chute.

Nous sommes en 1665, dans le Lincolnshire, au nord de Londres. Fuyant l'université de Cambridge, où sévit une épidémie de peste qui a déjà tué des milliers de personnes, Newton s'est réfugié dans la propriété familiale de Woolsthorpe.

La suite, il faut laisser le soin au physicien Jean-Marie Vigoureux de la raconter. C'est le soir. Newton est adossé à un tronc de pommier et se repose. La Lune se lève dans le ciel, et une pomme tombe. Cette concomitance des deux mouvements intrigue Newton. Pourquoi la Lune ne tombe-t-elle pas sur la terre comme la pomme ?

Ce que découvre Newton, c'est que la Lune comme la pomme ont toutes deux le même mouvement de chute, mais la pomme réussit à atteindre la Terre en touchant le sol, alors que la Lune attirée par la Terre comme la pomme l'est par le sol ne réussit jamais à l'atteindre et tourne indéfiniment autour d'elle. La loi est la même. « Toutes les masses présentes dans l'univers s'attirent et tombent les unes sur les autres. » Le principe de gravité. La loi de la gravitation universelle énonce qu'entre deux corps s'exerce une force d'attraction proportionnelle à leur masse et inversement proportionnelle au carré de la distance qui les sépare.

En 1687, Newton publie son ouvrage fondamental, *Principes mathématiques de la philosophie naturelle*. Une simple pomme aura été le déclencheur de la loi la plus essentielle de la physique. Newton découvrira aussi que la lumière blanche du soleil résulte de la superposition de toutes les couleurs de l'arc-en-ciel. Cet arc-en-ciel que Steve Jobs, le fondateur d'Apple, choisira d'inclure dans sa pomme croquée, symbole de la marque.

Mais détenir la connaissance ne fait pas de vous un être sociable. Bien au contraire, juché sur les épaules de ses illustres prédécesseurs, Galilée, Copernic et Kepler, Newton, comme Steve Jobs, se coupe de ses semblables. Cueillir le fruit de la connaissance et remettre en question le principe d'un ordre régi par Dieu lui a donné un orgueil immense. Profondément pieux, son savoir le rend inquiet, reclus, solitaire. La science expérimentale qu'il développe s'oppose à la religion. Le Soleil ne tourne pas autour de la Terre. Attirée par le Soleil, la Terre décrit autour de lui une orbite elliptique. Toutes les connaissances de l'époque en sont bouleversées.

En France, Newton peine à convaincre. Descartes, qui défend la théorie dite des tourbillons, s'oppose à lui. Il faudra que le physicien Halley montre que l'application des lois de Newton permet de calculer avec précision la trajectoire d'une comète – devenue depuis la comète de Halley – pour que ses travaux soient enfin reconnus : elle revient dans le ciel pile à la date annoncée, en 1759, après avoir décrit une orbite elliptique autour de la Terre. Newton devient l'emblème des Lumières.

La gravitation pousse les corps à devenir sphériques. Les planètes, les montagnes érodées, la pomme. Il existe bien une unité du monde. Il ressemble à une pomme. La pomme est un univers en miniature. Les peintres du Moyen Âge et de la Renaissance avaient raison de représenter Marie tenant dans sa main une pomme. Le fruit de la connaissance a chassé les hommes d'un monde régi par Dieu. Désormais, les voilà arbitres de leur destin et paniqués par l'avenir.

Voltaire, qui avait assisté aux obsèques de Newton en grande pompe à Londres en 1727, se fera le propagateur de ses travaux en lui consacrant deux essais. La marquise du Châtelet, elle, s'attelle à la traduction en français des *Principes mathématiques*, mais ils ne paraîtront qu'en 1759, dix ans après sa mort en couches – reflet tragique d'une époque où enfanter était toujours pour les femmes une aventure à hauts risques –, soixante-douze ans après leur publication en anglais. Comme toujours, l'histoire ne retiendra que le nom de Voltaire.

Son esprit caustique le pousse, pour mieux marquer les esprits, à inventer la fable de la pomme tombée *sur la tête* de Newton dans ses *Éléments de la philosophie de Newton mis à la portée de tout le monde*, publiés en 1738.

Tout le monde a accès aujourd'hui au manoir de Woolsthorpe, qui a construit une attraction touristique autour du savant. On peut visiter la maison où il vécut, reconstituer ses expériences, et même se rendre dans le verger où le fameux pommier aurait, dit-on, vaillamment résisté plus de trois siècles… Ce qu'on ne dit pas en revanche, c'est que le savant génial avait croqué le fruit de la connaissance, mais pas celui du péché : selon son médecin, la mort l'aurait cueilli vierge à l'âge de quatre-vingt-quatre ans.

14.

Le paradis des pommes

> « Dans le jardin d'Éden poussent
> les pommiers sauvages. »
>
> Catherine Peix

D'où sont venues les pommes ? Il existe dans le monde tempéré des milliers de variétés. Depuis la nuit des temps, les hommes mangent des pommes sauvages. L'histoire des pommes et celle des hommes sont intimement liées.

Et pourtant, tous les pommiers cultivés aujourd'hui dans le monde proviennent d'un seul et unique endroit ! Il a fallu attendre 2010 et le décodage du génome de la pomme pour en avoir enfin la certitude : le berceau des pommes se trouve en Asie centrale. Plus précisément dans les monts Tian, les Montagnes célestes, aux confins de la Chine, du Kirghizistan et du Kazakhstan. Longtemps fermées au monde, aujourd'hui toujours sous haute surveillance en raison de leur position stratégique de frontière dans une zone ultrasensible, les Montagnes célestes portent bien leur nom : elles sont un paradis. Non pas pour les peuples qui y vivent, persécutés par les grandes puissances rivales qui se disputent leur territoire, mais pour les pommes.

Les monts Tian, ou Tian Shan, comme on le désigne sur les cartes chinoises, sont le seul endroit au monde où l'on trouve d'immenses forêts de pommiers sauvages, poussant librement depuis des millénaires ! Au point que certains arbres séculaires atteignent des tailles qu'aucun pommier domestique ne pourrait égaler : trente mètres de haut. Avec des troncs de deux mètres de circonférence pour les plus monumentaux. Des géants âgés de plusieurs siècles, dignes de la forêt tropicale, dans une région du monde où les températures oscillent entre le froid et la chaleur extrêmes : moins quarante degrés l'hiver, plus quarante degrés l'été ! Et malgré tout, des colosses aux formes incroyables, des millions de pommiers, et d'une diversité telle que ceux qui y pénètrent, à pied ou à cheval tant les forêts sont touffues, peuvent y trouver aussi bien des fruits acides et minuscules, tout juste bons à faire du cidre, que des pommes si grosses et si belles qu'elles ne dépareraient pas sur les marchés des grandes métropoles du monde.

Les généticiens spécialistes des pommes ont prouvé que tous les pommiers domestiques du monde descendent de ceux du Kazakhstan, pays des aigles, des ours, des léopards des neiges… et des pommes. Le nom de son ancienne capitale, Alma-Ata, signifie d'ailleurs en kazakh « grand-père des pommes ». Alma-Ata a été rebaptisée Almaty, « riche en pommes ».

Voilà d'où vient le fruit originel. D'un jardin d'Éden, convoité par tous les pays qui se partagent cette longue chaîne de montagnes, parce qu'il est un véritable coffre-fort géologique, farci non seulement de pétrole et de charbon, mais de toutes les ressources rares auxquelles le monde aspire à l'heure du développement durable. À deux cent cinquante kilomètres au nord-est d'Almaty se trouvent les plus grandes forêts de pommiers fossiles d'Asie centrale. Elles poussent de façon endémique dans les Jungar Alatau, les « montagnes colorées », en kirghize.

Comment un tel prodige est-il possible ? Parce que cette région, issue du choc entre la plaque indienne et la plaque eurasiatique, est longtemps restée un isolat, peuplé par des nomades qui ne pratiquaient pas l'agriculture. Les Montagnes célestes abritent des forêts primitives où les arbres fruitiers poussent depuis le temps des dinosaures ! Soixante millions d'années d'évolution, qui ont produit les variétés les plus diverses et sélectionné les pommiers les plus solides. On les appelle les *Malus Sieversii*, du nom de l'explorateur qui les découvrit pour la première fois dans les montagnes de l'Altaï, en 1793, Johann August Carl Sievers.

Ces pommeraies sauvages ne craignent ni les températures extrêmes, ni – et ce point est essentiel – la principale maladie de la pomme qu'est la tavelure, ce champignon qui en défigure l'épiderme. La plupart des pommiers Sieversii sont indemnes de tavelure ! On imagine combien cette particularité peut aujourd'hui intéresser les agronomes et les sélectionneurs, confrontés à la vulnérabilité des pommes cultivées.

Pendant longtemps, le berceau des pommes est resté inaccessible. Rares étaient ceux qui voyaient un lien entre ces pommeraies primitives et les vergers cultivés dans le monde. Un seul homme se battait pour ces pommes, un biologiste kazakh du nom d'Aymak Djangaliev. Mais il n'avait pas la possibilité d'approcher ses confrères de l'autre côté du rideau de fer. C'était l'époque de la guerre froide, personne ne se rendait dans les Monts célestes, défendus autant par l'Union soviétique que par la Chine.

Pour lever le voile, il a fallu que le Mur tombe, que l'espace devienne mondial avec la disparition de l'Union soviétique en 1991, entraînant la fin (provisoire...) de la guerre froide, et l'indépendance du Kazakhstan. Des agronomes ont pu alors se rendre dans les pommeraies sauvages des Tian Chan. Le département de l'Agriculture des États-Unis a financé des expéditions au Kazakhstan, en Ouzbékistan et au Tadjikistan pour rapporter des échantillons de pommiers sauvages. Et en 2002, le généticien Barrie Juniper, de l'université d'Oxford, a pu à son tour en collecter, à huit cents kilomètres au nord-est d'Almaty. De retour en Angleterre, l'analyse moléculaire lui a permis, en comparant l'ADN de nos pommiers domestiques à celui des pommeraies Sieversii du Kazakhstan, de montrer à quel point ils étaient proches. On avait retrouvé le jardin d'Éden.

La réalisatrice Catherine Peix, agronome de formation, a consacré un documentaire magnifique à cette quête, *L'Origine de la pomme*. En 2006, elle est partie à cheval dans les montagnes interdites et a pu rencontrer Djangaliev. Le film est très émouvant car il donne la parole à cet homme, mort en 2009 à l'âge de quatre-vingt-seize ans, qui a mis toute sa vie au service des pommiers sauvages des monts Tian.

L'histoire de Djangaliev est incroyable : né en 1913, ce jeune orphelin kazakh – il a perdu ses parents et ses frères aînés dans la guerre contre les Russes – est admis à l'École supérieure d'agronomie de Moscou, où il passe son doctorat. À l'époque, le botaniste phare de l'Union soviétique, célèbre dans le monde entier pour ses travaux sur l'origine et la sélection des plantes cultivées, est Nikolaï Vavilov, membre du Soviet suprême, président de la Société de géographie d'URSS. Vavilov collecte et sauvegarde des milliers de variétés de plantes au cours de ses expéditions. L'une d'elles, particulièrement éprouvante, l'amène à traverser les Tian Chan. Il découvre alors leurs immenses forêts de pommiers sauvages. En étudiant leurs spécificités, il est le premier à émettre l'hypothèse que les pommiers cultivés dans le monde proviendraient de ce berceau originel. Vavilov dirige alors l'Institut de génétique de l'Académie des sciences d'URSS.

Mais l'URSS de Staline considère la génétique comme une pseudoscience bourgeoise. Elle ne jure que par les théories fumeuses d'un technicien agricole, Lyssenko, promu héros national. En 1940,

Vavilov est démis de ses fonctions et condamné à mort, peine commuée finalement en vingt ans de prison. Il meurt de faim et d'épuisement en 1943, oublié et déconsidéré, après avoir pourtant, par ses recherches sur l'amélioration des blés, sauvé des millions de Russes de la famine.

Mais Djangaliev a été très marqué par les travaux de Vavilov. Revenu en héros de la Seconde Guerre mondiale, il prend en 1950 la direction de l'Institut de viticulture et des plantes cultivées d'Alma-Ata, où il crée un jardin expérimental. Pendant que Lyssenko conduit l'agriculture soviétique au désastre, Djangaliev, lui croit à la génétique et aux vertus de la sélection variétale. Mais ses travaux ont le grand tort de ne pas s'inscrire dans l'idéologie officielle. En 1960, alors que des millions de paysans meurent de faim dans les campagnes chinoises à cause du « Grand Bond en avant » décrété deux ans plus tôt par Mao, qui a mis en œuvre les théories de Lyssenko, celles du « grand frère russe », Djangaliev, dénoncé par ses propres étudiants, est destitué et ses travaux sont détruits.

Dix ans plus tard, en 1970, l'année où le père de la Révolution verte, l'agronome américain Norman Borlaug, reçoit le prix Nobel de la paix pour la mise au point de ses variétés de blé et de maïs à hauts rendements, Djangaliev est réhabilité. Il reprend son poste et reconstitue son jardin… Las ! En 1980, parce qu'il a de nouveau déplu, il reperd son poste et ses travaux sont encore une fois détruits.

En 1989 enfin, Djangaliev est autorisé à recréer son Conservatoire pour la troisième fois. Son objectif est de constituer une banque de gènes, dans l'espoir de sauver les pommeraies sauvages victimes d'arrachages massifs. La grande fièvre de modernisation kazakhe fait peu de cas des Sieversii.... Les forêts les plus proches d'Almaty sont rasées et ne subsistent plus qu'à l'état de lambeaux. Les pommes vendues sur les marchés kazakhs sont désormais chinoises. Mais des réserves sont créées, au Kazakhstan comme en Chine, où une partie des Tian Chan a été classée au patrimoine mondial de l'Unesco en 2013.

Depuis la mort de Djangaliev, son œuvre se poursuit non seulement grâce à son épouse, Tatyana Salova, et à Catherine Peix, toutes deux agronomes, mais aussi dans le monde entier. Car la question est vitale pour l'avenir de l'humanité : et si les pommiers sauvages des Monts célestes détenaient la clé de l'arboriculture durable ?

15.

La tavelure et les crottes d'ours

« Pomme pourrie gâte la compagnie. »

Dicton populaire

Dans la pomme, le ver. Comme tous les fruits et légumes, la pomme est vulnérable aux attaques des prédateurs et aux maladies. Insectes, acariens, virus, bactéries aiment autant les pommes que nous ! Mais ce qui rend la pomme particulièrement sensible, c'est la longueur de son cycle végétatif : il dure plus de six mois. Sous nos latitudes, les premiers bourgeons pointent en mars, le pommier fleurit en avril, et les pommes sont récoltées à la fin de l'été, voire, pour les variétés les plus tardives, au milieu de l'automne, juste avant les gelées.

Pendant toute cette période, les ravageurs des récoltes s'en donnent à cœur joie, obligeant l'agriculteur à une vigilance constante : même si un mouvement citoyen vise aujourd'hui à réhabiliter les fruits « moches » ou abîmés, aucune filière de grande distribution, aucune industrie agroalimentaire, aucune coopérative n'accepte de se voir livrer des récoltes qui ne soient pas parfaites. Les fruits déformés, de calibre insuffisant, véreux ou tachés sont impitoyablement éliminés.

Le militantisme en effet résiste mal, au quotidien, à l'épreuve de la réalité : face à un cageot de fruits dans un magasin, même si on vous propose une ristourne sur le prix, allez-vous choisir de gaîté de cœur les pommes moins tentantes ? Non ! Non seulement vous prenez les plus belles, mais si on vous laisse faire, vous n'avez aucun scrupule à retourner tout le présentoir pour aller débusquer tout au fond celles qui vous plaisent… quitte à abîmer toutes les autres.

Donc, il faut de belles pommes. Deux fléaux sont particulièrement craints : la tavelure et le bien connu ver de la pomme, qui a donné lieu à tant de récits. Sauf que ver et tavelure ne sont pas les seuls. Comme nous, la nature adore les belles pommes. Les pires ennemis des pommes, comme de la majorité des plantes cultivées, sont les champignons : la moniliose, le chancre, l'oïdium et surtout, surtout, la redoutable tavelure, qui transforme la pomme en lépreuse, s'attaquant aux feuilles, au bois, à la fleur et pour finir au fruit, pour le défigurer de taches, de lésions noirâtres, certes inoffensives au départ, mais inesthétiques au possible, et qui constituent autant de portes d'entrées pour d'autres attaques, beaucoup plus dangereuses, elles, comme les mycotoxines. Quand la tavelure n'est pas combattue et gagne, elle peut compromettre toute la récolte. La moitié des traitements des pommes, si souvent incriminés, sont liés à la tavelure !

Les attaques de la tavelure commencent dès le début du printemps. Il suffit qu'il fasse doux et humide pour que la tavelure déboule avec la pluie, commençant son insidieux travail de destruction. C'est une règle : avec l'humidité arrive la pourriture. Sauf là où il ne pleut pas, comme au Chili, grand producteur de pommes grâce à son désert côtier.

Tous les arboriculteurs, quelles que soient leurs méthodes de culture, sont donc confrontés à la tavelure, aux maladies cryptogamiques. Et tous les agriculteurs doivent trouver des réponses, même lorsqu'ils ont opté pour l'agriculture biologique. Il existe certes des méthodes de prophylaxie préventive, comme broyer les feuilles à l'automne dans les vergers pour limiter les milieux favorables à la prolifération des champignons. On peut aussi poser des bâches sur les vergers pour arrêter la pluie. Outre leur aspect inesthétique et leur coût, elles posent un problème : il se trouve que le pommier, comme tous les fruitiers, a besoin d'eau. Bâcher et irriguer ? Faisable, mais compliqué et coûteux. L'idéal serait donc de pouvoir cultiver des pommes qui résistent à la tavelure. Comme les Sieversii des Tian Chan. Djangaliev avait découvert que beaucoup de pommes sauvages des Monts célestes présentaient cette particularité très intéressante : elles étaient indemnes de tavelure.

Comment ont-elles acquis cette capacité à faire face à leur principal agresseur ? Pour Djangaliev, ce sont les ours des montagnes, de grosses bêtes végétariennes aujourd'hui hélas menacées de disparition, qui ont au fil des siècles joué le rôle involontaire de sélectionneurs. Les ours du Tian Chan raffolent des pommes. Chaque automne, avant d'hiberner, ils en font bombance. En choisissant de se gaver des meilleures, les plus belles, les plus grosses, les plus juteuses, pas celles tout abîmées par la tavelure, les ours ont contribué à sélectionner les pommiers.

Comment ? Dans une crotte d'ours des montagnes, on trouve des centaines de pépins. Les pépins des meilleures pommes. Vous avez compris : les ours ont contribué à disséminer les pommiers donnant les meilleurs fruits grâce à leurs excréments. Si les Sieversii se caractérisent par de magnifiques pommes, grosses, colorées et sucrées, qui ressemblent aux fruits que nous trouvons sur nos étals, alors que dans le reste du monde les pommiers sauvages donnent généralement des fruits petits, amers, non comestibles, c'est grâce à eux.

Ensuite, des marchands sont passés par les montagnes. Les Tian Chan étaient un poste essentiel le long de la très ancienne route de la soie. Les caravansérails venant de Chine, qui apportaient en Occident leur précieuse marchandise, contournaient le désert du Taklamakan par les Monts célestes. Ils faisaient escale dans des villes oasis, au pied des montagnes, où ils trouvaient de quoi se restaurer.

Quoi de plus commode à consommer et à transporter que des pommes, gages de vitamines, atouts contre la soif ? Venue des Tian Chian, la pomme s'est ainsi diffusée dans le monde, gagnant l'Europe, puis l'Amérique dans le ventre des caravelles.

Cette histoire est si belle qu'elle ressemble à une légende, un conte de fées qui, une fois de plus, mettrait la pomme au cœur de l'intrigue. Mais il se trouve qu'elle est vraie. La génétique en a corroboré l'authenticité. Dès 2002, les travaux de Barrie Juniper, de l'université d'Oxford, montrent donc que tous nos pommiers cultivés sont de lointains descendants du Sieversii. Dans le monde entier ! Et en 2010, le décryptage du génome de la pomme confirme définitivement l'intuition de Vavilov et de Djangaliev : nos variétés de pommes si courantes et si connues, à commencer par la Golden ou la McIntosh, si communes en Amérique, descendent toutes de leur ancêtre sauvage d'Asie centrale !

Alors que les forêts du Kazakhstan disparaissent peu à peu, laminées par l'ouverture des montagnes qui conduit à la déforestation et à l'hybridation des derniers pommiers sauvages, placés en 1998 par l'Union mondiale pour la nature sur la liste des espèces végétales vulnérables, l'œuvre de Djangaliev se poursuit, plus vivace que jamais : à Angers en France, à Oxford en Angleterre, à Cornell aux États-Unis, des jardins expérimentaux étudient et préservent des cultivars de pommiers Sieversii, dans l'espoir de trouver de nouvelles variétés qui allieraient les qualités des pommiers anciens aux caractéristiques requises pour les variétés modernes. Des spécialistes des maladies des pommes, l'Anglais Barrie Juniper, le Français François Laurens, l'Américain Herbert Aldwinckle, leur ont consacré leur vie. Quant à Catherine Peix, passionnée par son aventure, elle a créé avec Tatiana Salova, l'épouse de Djangaliev, une association visant à sauver les pommiers des forêts célestes. Son nom : Alma bien sûr. Comme « pommes » en kazakh. Alma pour Association des amis d'Aymak Djangaliev pour la sauvegarde des *Malus Sieversii*. Toutes nos pommes modernes sont filles, certes lointaines mais bien attestées, d'une souche unique.

Mais la sélection visant à produire des fruits aptes aux grands marchés de consommation a fragilisé les pommes, les rendant plus sensibles aux maladies. Les croisements multiples, la consanguinité en quelque sorte, les ont affaiblies. Aujourd'hui, les instituts de recherche génétique essaient de faire sans les ours. Ils n'ont plus des millénaires devant eux : le changement climatique et la mondialisation font sortir virus, bactéries et ravageurs de leurs écosystèmes initiaux et la pression parasitaire sur les pommes s'intensifie, rendant la question de leur vulnérabilité plus cruciale encore, surtout quand les consommateurs deviennent de plus en plus sensibles à la question des traitements, tout en redoutant les manipulations génétiques. Il faut agir vite et trouver des réponses : multiplier les traitements en renforçant les résistances ne convient plus à personne.

Croquer la pomme

Comment innover sans cesse ? Comment inventer la plus belle pomme ? Produire des pommes c'est risquer de voir chaque jour son travail remis sur le métier, c'est chaque jour devoir se remettre en question.

16.

L'AMOUR DE LA POMME

« Une pierre donnée par un ami
est une pomme. »

Proverbe marocain

L'amour de la pomme ne s'explique pas, mais il est puissant et contagieux. Il existe ainsi des dynasties de pomiculteurs.

Yves Gazeau, un taiseux en chemise à carreaux qui déteste parler de lui, finit par m'avouer son coup de foudre pour la Reinette clocharde de Parthenay. En Poitou-Charentes, les pommiers bordent les routes. Le père d'Yves déposait sa récolte au pied des arbres, sur des fagots de bois recouverts de paille. Les grossistes venaient de Paris et achetaient ses tas de clochardes à vue de nez, sans autres formalités. Son fils cultive désormais 200 hectares de vergers en Biélorussie.

Les vergers de Marc se trouvent eux au nord de Sisteron, dans les Alpes-de-Haute-Provence. Il m'affirme que les pommes d'altitude, celles qui poussent entre 600 et 1 000 mètres d'altitude, sont les plus belles du monde. « Je produis la quintessence de la pomme. Les acheteurs se mettent à genoux pour m'acheter ma production. » Les vergers de Savoie bénéficient d'une indication géographique protégée. Leurs pommes sont uniques en raison de l'alternance entre froid nocturne et chaleur de la journée, qui confère une couleur rosée à leur peau et de la fermeté à leur pulpe.

Rémy Foissey est agriculteur dans le Gard. Il m'explique qu'il a toujours voulu être paysan, « mais en Champagne-Ardenne, à hauteur du cul des vaches ». Seulement son épouse vient de Beaucaire et voudrait revenir au pays. Ils apprennent qu'un agriculteur qui part à la retraite laisse un verger de 43 hectares. Quand Rémy le reprend, il n'a que vingt-sept ans. Sa passion : la Reine des reinettes, la plus délicate. « Chaque arbre est unique. Je dois l'éclaircir au ciseau. Le pédoncule des pommes est si court qu'en en enlevant une, on risque de toucher une autre. » La récolte exige des passages tous les cinq jours. « Rater une pomme prête à être cueillie, c'est risquer de la retrouver farineuse la fois suivante. » Rémy est fier de ses vergers, que fréquente assidûment cet oiseau extraordinaire qu'est le rollier. Il tient un blog, « Une saison au jardin d'Éden », qui raconte la vie de ses pommiers. Un site plein de bourgeons, de fleurs et de pommes. Mais que de travail au pied des arbres !

La Reine des reinettes est si fragile que les consommateurs avaient fini par s'en détourner, lassés d'acheter des pommes de qualité médiocre. Elle était en train de disparaître du patrimoine fruitier français. Pour la sauver, les producteurs ont décidé de lancer en 2010 la « Reine des Reinettes Gourmande », un fruit qui renoue avec les traditions du passé… grâce à des méthodes d'avenir : stations météo, confusion sexuelle des carpocapses, irrigation intelligente, etc. Aujourd'hui, cette « variété française de terroir » a retrouvé sa place sur les étals, mais au prix d'un savoir-faire exigeant et d'une vaste mobilisation des producteurs et des distributeurs. Seul son prix élevé permet d'amortir le coût de sa production. Le producteur s'y retrouve, le consommateur aussi, assuré d'acheter une pomme qui a conservé le bon vieux goût d'antan.

La tradition, Yves Gargouil y tient. Installé dans l'Allier, il appartient de père en fils à une dynastie de pomiculteurs, qui produit non seulement des pommes d'une qualité exceptionnelle en culture raisonnée, rouges Rubinette, jaunes Belchard, bicolores Pinova, vertes Granny Smith, rustiques Goldrush…, mais aussi des compotes, des vinaigres et des jus de pomme, savants assemblages de fruits aux saveurs complémentaires, qui sont broyés, pressés, pasteurisés une première fois, décantés, pasteurisés une seconde fois, avant d'être embouteillés et stockés au froid. De purs jus élaborés écologiquement, sans l'adjonction d'aucun produit de synthèse.

Yves Gargouil, comme tous ceux que je rencontre, est fier de ses pommes et ne supporte plus de voir son travail attaqué : ses vergers incarnent la quintessence de ces « infrastructures agro-écologiques » ardemment promues par la nouvelle Politique agricole commune. Ils créent de la biodiversité, fabriquent des paysages exceptionnels dans une région en déprise rurale, tout en contribuant à lutter activement contre les gaz à effet de serre. « Comment peut-on nous attaquer avec tant de violence sans même être entré dans nos vergers ? »

Comme Yves, tous les arboriculteurs que je rencontre sont en colère. Ils se défoncent pour leurs pommes, fiers de les voir transformées en petits pots pour bébés, fiers d'incarner une agriculture française de tradition, où la qualité prime plus que tout. L'arboriculteur français se sent investi d'une mission. Il vous parle de ses pommes avec passion. Nous sommes dans un système de cultures qui reste de petite taille, très humain. Aux États-Unis, au contraire, la moitié de la production part pour l'industrie. Les pommes sont le plus souvent récoltées mécaniquement, sauf quand les travailleurs à bas coût venus du Mexique sont mobilisés. Les États-Unis veulent des pommes efficaces. En quantité, pas chères et pratiques. Ils cirent leurs pommes à dessert. Elles sont si parfaites qu'on les croirait fausses. Cire alimentaire et insecticides composent un cocktail qui interdit leur exportation en Europe (jusqu'à la signature du Traité transatlantique ?), mais pas en Chine, où on apprécie l'excellente conservation de ces pommes. L'empire du Milieu en revanche refuse les pommes du sud de la France à cause de la mouche méditerranéenne, qui pond dans le fruit et le fait pourrir.

La répartition des exportations françaises de pommes le montre : la France vend ses pommes dans le monde entier, rendant encore plus injustifiable la suspicion dont certains Français accablent les arboriculteurs tricolores, qui doivent, pour conquérir les marchés, respecter des cahiers des charges d'une implacable sévérité. Résultat : une pomme sur dix vendue dans le monde est française !

Les ventes de pommes françaises dans le monde

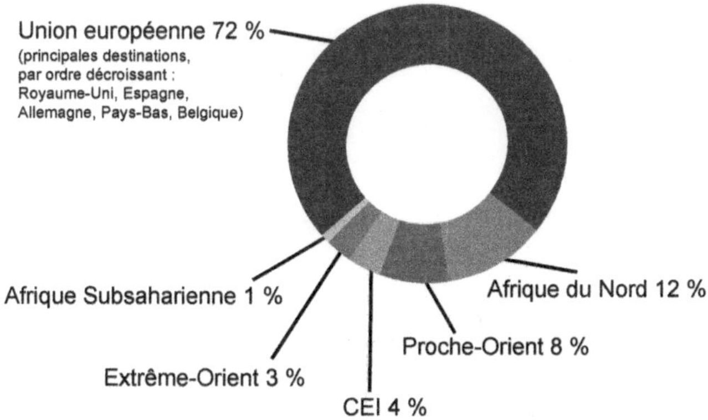

Source : Agrimer

17.

Baleine bleue

« Les Fruiticulteurs de Blue Whale sont fous de pommes et vous le prouvent. »

Hervé, Françoise, Martin, Olivier, Eric, Lise, Eloi, Albert

Savez-vous quel est le premier exportateur mondial de pommes ? Cocorico, il est français ! Et même installé dans la ville des *Tontons flingueurs*, Montauban. Superbe petite ville de briques rouges d'ailleurs, méconnue, alors qu'elle joue un rôle crucial pour l'économie française : à Montauban, se trouve aussi le syndicat des producteurs de semences de maïs, dont la France est également le premier exportateur mondial. Et le leader mondial du calibrage des pommes, la société Maf Roda.

Et quel nom ont choisi ces exportateurs de pommes bien de chez nous, établis dans une ville bien de chez nous ? Blue Whale ! L'explication est à la fois simple et curieuse : quand les producteurs de pommes décident au milieu des années 1960 de se lancer à la conquête des mers pour vendre leurs fruits, les bateaux qui chargent la cargaison dans leurs soutes – nous sommes avant le temps du conteneur – sont de gros cargos ventrus de couleur bleue. L'Union des coopératives fruitières de la Garonne a trouvé son nom. Il évoque à la fois la ligne bleue de l'horizon et il est anglais, ce qui fait plus moderne quand on veut partir à la conquête du monde. Étrangement, un cygne a été dessiné au cœur de la baleine. Il disparaîtra très rapidement (inutile sans doute d'évoquer le chant du même oiseau, expression peu encourageante pour une toute jeune entreprise). Tout cela se passe en 1969. À l'époque, la célèbre ONG qui met aujourd'hui toute son énergie à disqualifier les producteurs de pommes au lieu de défendre les baleines n'existe pas encore : elle sera créée deux ans plus tard, en 1971. Sans doute ne s'est-elle jamais remise d'avoir vu son cœur de cible initial préempté par des arboriculteurs.

Comment devient-on leader français de l'exportation de pommes ? En commençant petit. Dans les années 1950, l'association des producteurs du Tarn-et-Garonne se constitue. Elle pratique une arboriculture artisanale et de proximité. Mais voilà qu'après les accords d'Évian de 1962, les rapatriés d'Algérie arrivent en France. S'ils ignorent tout des pommes, ils sont très calés en revanche sur les techniques d'arboriculture pour produire des agrumes. Ce savoir, ils le dupliquent en créant d'immenses pommeraies de plusieurs centaines d'hectares. Pommes rouges, Granny, Golden… Cinq ans plus tard, d'énormes quantités de pommes déferlent sur le marché français. 2,2 millions de tonnes (la

France en produit aujourd'hui environ un tiers de moins !). Des montagnes de fruits. Personne ne sait plus où les mettre. Même ce qu'on appelle le « retrait » (les pommes retirées du marché pour être détruites, données à des éleveurs, transformées en compost...) ne suffit pas.

Il faut absolument trouver des acheteurs. Les producteurs cherchent tous azimuts. Vont démarcher la Libye qui achète des pommes américaines et est intéressée : la Méditerranée est un espace de proximité entre les deux pays. Un ancien de Blue Whale, Daniel Corbel, me raconte qu'il se rend en 1974 à Djeddah, en Arabie saoudite, puis en Iran où il signe un contrat d'État avec le Shah portant sur une livraison de 50 000 tonnes de fruits. En Irak, Saddam Hussein l'accueille à bras ouverts. Il préférerait acheter aux Français plutôt qu'aux Turcs. Un navire complet est affrété, 5 000 tonnes de pommes dans les soutes, et déchargé au Koweït. Une noria de camions part pour Bassora. Bagdad est livrée par trains réfrigérés. Les producteurs du Lot-et-Garonne soufflent.

Sauf que la guerre entre l'Iran et l'Irak éclate. Fin des contrats. Il faut se tourner vers d'autres débouchés. Le marché commun européen crée des opportunités mais avive aussi la concurrence. Au Portugal ou en Espagne, qui intègrent l'Union en 1986, les frais de personnel, salaires plus charges, qui représentent les deux tiers du prix de la pomme, sont deux fois moins élevés qu'en France. En Pologne, qui la rejoint en 2004, trois fois moins. Même l'Allemagne, qui utilise des travailleurs turcs, est plus compétitive que la France, en tout cas sur les prix. Comme aux Pays-Bas, ses consommateurs ont beau aimer les pommes françaises, il faut jouer sur l'image de marque, car les prix pratiqués par les producteurs polonais et turcs défient toute concurrence. Les enjeux sont essentiels : l'Allemagne est le deuxième importateur mondial de pommes derrière la Russie.

La compétition mondiale est sans pitié. L'histoire de la pomme verte l'illustre. Dans les années 1970, Blue Whale réussit à vendre des Granny Smith aux États-Unis. Les perspectives sont énormes : pas un seul pommier de Granny sur le sol américain ! La pomme est née par hasard en Australie à la fin du XIXe siècle.

La première année, les Américains envoient un inspecteur voir travailler les Français. L'atmosphère est très sympathique, très détendue. L'homme se montre impressionné par le professionnalisme des arboriculteurs.

Et puis les Américains se mettent à planter chez eux des Granny Smith. Et au fur et à mesure que leurs vergers poussent, la réglementation sanitaire des États-Unis concernant les importations françaises se durcit. Les inspecteurs deviennent de plus en plus tatillons. En 1987, un bateau part de Port-Vendres, dans le Roussillon. Il a été agréé carton par carton par les contrôleurs américains. Lorsqu'il arrive aux États-Unis, l'inspection sanitaire le retoque. Il doit faire demi-tour.

La France ne vendra plus une seule Granny Smith aux Américains. Désormais ils produisent sur place. « Les États-Unis se présentent comme un marché libre, mais les protocoles phytosanitaires qu'ils instaurent sont l'arme de protectionnisme la plus efficace qui soit », conclut Daniel Corbel.

Et la Granny Smith, pourquoi ne fait-elle son apparition aux États-Unis que tardivement, en 1972 ? La légende raconte qu'une vieille dame australienne, Mme Smith, jette un trognon de pomme dans un coin de son jardin en revenant du marché. Un pommier sauvage jaillit. Et ses pommes sont délicieuses. Nous sommes en 1868 et la Granny (comme « grand-mère ») Smith est née. De l'Australie, où l'on continue à la fêter chaque année près de Sydney, la pomme verte gagne la Nouvelle-Zélande, puis l'Angleterre dans les années 1930, magie du Commonwealth. Les Beatles la choisiront comme emblème pour leur maison de disques, Apple Records : Paul McCartney, qui adorait Magritte, le peintre de la pomme verte, possède une vingtaine de ses toiles, dont *Le Jeu de mourre*, qui inspirera leur logo… et leur vaudra d'interminables contentieux avec l'autre firme à la pomme, Apple.

La vieille Mme Smith devait être une redoutable propagandiste. Sélectionneuse affûtée, capable de conquérir les marchés mondiaux… En réalité, on peut raisonnablement penser que les services australiens de l'agriculture, qui inventeront un siècle plus tard la Pink Lady, se sont attelés à stabiliser une variété venue d'Europe, croisement d'un pommier sauvage et d'un pommier domestique. Acide et bourrée d'antioxydants, la Granny est récoltée et vendue verte. Mais si vous l'oubliez dans un coin de votre grenier, vous obtiendrez une grosse pomme jaune d'or, avec même des joues roses. En France, la Granny arrive désormais en deuxième position avec près de 10 % des superficies de vergers. Et les États-Unis en sont devenus un grand exportateur.

Le container a changé le commerce de la pomme. Hier, on affrétait un bateau. La quantité minimale était un demi-chargement, ce qui représentait entre 1 500 et 2 000 palettes. L'expéditeur prenait un vrai risque. Il devait être prudent dans ses choix. Quelques exportateurs tenaient le marché. Aujourd'hui, n'importe qui peut vendre un container de 20 tonnes au Carrefour de Dubaï. Les stratégies de conquête des marchés deviennent plus pointues. Il faut vendre des pommes de qualité, bien conditionnées, et rien n'est jamais gagné. Le marché est devenu mondial. Se montrer, convaincre, séduire deviennent des nécessités. Les producteurs de pommes sont des grands voyageurs qui cherchent à séduire le monde entier.

Mais entre le moment où on plante un verger et le moment où la production permet d'amortir la mise de fonds initiale, il peut s'écouler dix années. Contrairement au maraîchage ou à l'horticulture, où la production est immédiate, l'arboriculture demande du temps. Planter un verger, c'est faire un pari sur l'avenir. Le choix des variétés, le démarchage des clients sont primordiaux. Blue Whale regroupe aujourd'hui six grandes coopératives fruitières et produit douze variétés de pommes. En tête la Gala. Et puis des Granny Smith, des Fuji, des Golden, des Canada, des Chantecler… Elle n'a plus rien d'artisanal. Sa grande fierté : avoir conquis récemment le marché du Bangladesh, où elle occupe la première place.

La production mondiale s'est éparpillée. L'univers de la pomme est devenu un marché mondial où la concurrence est féroce. Alors les pomiculteurs ont des rendez-vous obligés, des salons internationaux de la pomme, où il leur faut être présents, pour vanter leur production, avec l'espoir de décrocher des marchés. Moscou, Dubaï, Hong Kong…

L'univers impitoyable de la pomme a sorti les arboriculteurs des vergers. Elle en fait des traders, des hommes d'affaires, des publicitaires avisés.

18.

La pomme d'or du Limousin

« Parcourez la pittoresque route
de la pomme du Limousin AOP
par ses deux côtés : GOURMANDE
ou DÉCOUVERTE ! »

www.pomme-limousin.org

Ceux qui critiquent la Golden en y voyant le symbole de la pomme industrielle sans âme et sans saveur n'ont jamais goûté la pomme d'or du Limousin ! Les hauts plateaux chers à Jacques Chirac sont même la seule région productrice de pommes en France qui ait obtenu une appellation d'origine protégée, une AOP.

AOP, c'est le terme européen de ce que nous appelons en France les AOC, les appellations d'origine contrôlée. Ce label désigne une production d'exception sur des terroirs d'exception, cultivée selon un cahier des charges non seulement très exigeant, mais aussi très contrôlé.

Les Limousins ont bien raison d'appeler cette Golden leur pomme d'or. Elle fait vivre une région rurale où les opportunités économiques sont limitées, en dehors de ce que la terre peut offrir. Une région qui attire les touristes en les emmenant sur la route de la pomme, passant de vergers en châteaux pour déguster de délicieuses spécialités gastronomiques… à base de pommes, bien sûr.

Et cette pomme merveilleuse est une Golden ! La grosse pomme jaune créée aux États-Unis au début du XXe siècle sous le nom de Golden Delicious a connu un tel succès à travers le monde qu'on la prend souvent en exemple pour dénoncer les aberrations d'une agriculture dévoyée. Elle produit beaucoup, elle est souvent récoltée mécaniquement, mais si certains pays mettent sur le marché des fruits cueillis trop tôt qui sapent son image, la Golden du Limousin n'a rien d'insipide ni de farineux, bien au contraire. Et comme les Pommes d'or du jardin des Hespérides, gages d'immortalité, elle a donné un nouveau souffle de vie à une région que l'on croyait déclassée.

Dans le Limousin, les vergers existent depuis le Moyen Âge. On y fait alors du cidre. Dans les caves, on entrepose à l'automne, à côté des noix et des châtaignes qui assurent l'alimentation paysanne, les récoltes de pommes. Celles du Limousin sont réputées car elles se conservent longtemps, à une époque où la faim tenaille les campagnes. Certaines variétés restent consommables jusqu'en mai ! Elles ont des noms délicieux, Blandurette, Vigneronne, Court pendu gris, Museau de lièvre…

Contrôleur général des finances de Louis XVI, Turgot apprécie particulièrement l'une d'elles, la pomme de l'Estre, qu'on appelle aussi Reinette à cul noir ou Sainte Germaine. Il a été intendant de la généralité de Limoges, en a présidé la Société d'agriculture. On dit que, pris dans une violente tempête (limousine….), il dut s'arrêter chez un fermier, qui lui offrit de partager son repas. Au dessert, on lui servit tout simplement la pomme de l'Estre, la pomme de la fenêtre (*estre* en occitan), celle qu'on peut cueillir en tendant la main et qu'on met à sécher dans les greniers. Il l'apprécia tellement qu'il décida d'en emporter des pépins et des greffons pour la faire connaître au roi. Et si Louis XVI a perdu sa tête, l'Estre, elle, a résisté au temps.

Trois siècles et demi plus tard, elle existe toujours, vendue dans les Causses et les Cévennes par des producteurs de pommes qui se sont spécialisés dans les variétés anciennes. L'Estre a ses inconditionnels, parce qu'elle est goûteuse sans être acide et qu'elle se conserve toujours aussi longtemps, même si son goût évolue au fil des mois pour, disent certains, évoquer la banane.

Aujourd'hui, pommes de qualité et Limousin sont synonymes. Les terroirs et les climats de la région rappellent assez ceux du berceau géographique des premières pommes, les Monts célestes, avec des hivers rudes, des étés chauds, des terres acides à châtaigniers où se plaît aussi le pommier.

Au début du XXe siècle, les producteurs du Limousin exportent 20 000 tonnes de pommes dans toute la France, l'Angleterre, l'Allemagne et même l'Afrique du Nord. Pour la protéger, elle est enveloppée dans de la paille. Mais les ventes périclitent : l'agriculture française ne fait plus le poids face à ses concurrents.

Et puis, après-guerre, alors que la région sombre dans le marasme économique, deux self-made-men particulièrement entreprenants, Guy Chauffaille et André Michon, décident de miser à nouveau sur la production de pommes en important la Golden d'Amérique. Construction d'entrepôts frigorifiques, prospections dans toute l'Europe, leur affaire prend racine…

Las ! En 1973, un gigantesque orage de grêle anéantit la récolte. Qu'à cela ne tienne, les vergers sont équipés en filets anti-grêle. Et surtout, des coopératives sont créées pour réunir les pomiculteurs jusque-là isolés. Perlim et Coop de Pompadour en Corrèze – d'où vient la moitié de la production régionale –, Meylim en Dordogne, Limdor en Haute-Vienne… Structurés au sein de l'association Pommes du Limousin, créée en 1989, les producteurs peuvent désormais faire reconnaître leur travail.

Ils décrochent l'AOC en 2005, l'AOP deux ans plus tard. Leur pomme est reconnue comme unique : autant en agriculture biologique qu'en agriculture conventionnelle, les producteurs du Limousin appliquent la charte environnementale très exigeante des « vergers écoresponsables », dont s'est doté le syndicat des pomiculteurs au niveau national. 700 hectares de vergers dans les années 1930, moitié moins en 1960 quand arrive la pomme américaine, mais plus de 3000 aujourd'hui, produisant 100000 tonnes de pommes… Grâce au miracle d'une pomme d'or, l'histoire de la Golden en Limousin est celle d'une résurrection !

Sauf que, en 2015, un reportage télévisé attaque violemment les producteurs du Limousin. Un réquisitoire accablant. Quoi ? La pomme est *traitée* ? Quelle découverte incroyable ! La région productrice se voie qualifiée de « triangle de la mort » par des journalistes qui viennent faire un coup médiatique en se prenant pour de grands redresseurs de torts l'espace de quelques heures.

Face à cette mise à mort qui les cloue au pilori, les arboriculteurs sont accablés et découragés : tant d'efforts économiques, sociaux et environnementaux depuis si longtemps pour en arriver là ? Pour se faire traiter de pollueurs et d'empoisonneurs par des gens qui ne comprennent rien à la culture de la pomme, et se fichent totalement des paysages dont ils compromettent la pérennité, comme des emplois qu'ils condamnent ? Il y a de quoi hurler de colère face à tant d'impunité, d'inconscience, d'irresponsabilité !

Un peu plus loin dans ce livre, je reviendrai sur ces accusations, sur cette notion de « traitement », perçue à chaque fois comme négative et qui ne veut en réalité rien dire. Je vous expliquerai pourquoi vous pouvez croquer dans une pomme labellisée sans le moindre souci – à vous de ne pas acheter n'importe quoi non plus !

Mais permettez-moi auparavant de vous dire pourquoi avoir de si belles pommes sur nos étals est une immense victoire et une grande chance.

19.

La pomme philosophale

« Il n'est pas pauvre celui
qui rentre ses pommes. »

Proverbe normand

L'histoire de la pomme épouse celle de la mondialisation. Partie d'Asie, apportée en Occident par les marchands de la route de la soie, elle se diffuse dans le monde au gré des échanges. Sa première mondialisation est méditerranéenne, autour de l'Empire romain. Sa deuxième est atlantique, avec les grandes découvertes. Puis elle devient pacifique, avec l'émergence de la Chine. Partie d'Asie, la pomme est revenue en Asie, où sont récoltées aujourd'hui deux pommes sur trois dans le monde.

Et partout, toujours, les hommes ont cherché à produire les meilleures pommes qui soient. Ils ont couru le monde à la recherche de la pomme parfaite, qui allait leur apporter la sécurité de leurs récoltes et la richesse.

Comme celle du vin, la saveur de la pomme dépend du terroir qui l'a vue naître, du nombre de fruits que comptait l'arbre qui l'a portée, du climat sous lequel il a poussé, de la météo l'année où elle a mûri, des soins dont le verger a bénéficié. Tous les producteurs de pommes sont comme des chercheurs d'or, en quête de la variété idéale. Une pomme bonne et belle, et qui leur permette de vivre de leur travail. La pomme philosophale, en quelque sorte.

Installée à Gardonne, en Dordogne, la société Castang cultive le premier verger privé de France : 400 hectares ! Une superficie digne des pays neufs sur des terres anciennes, pour une entreprise vieille d'un demi-siècle qui récolte, conditionne et vend chaque année 35 000 tonnes de pommes. Dix autres arboriculteurs, qui totalisent ensemble 200 hectares, lui livrent leur production. 600 hectares de pommiers, dont la fameuse Golden du Limousin, ce n'est pas rien. Castang vend aujourd'hui presque toutes les variétés commercialisables de pommes, de l'incontournable Gala à la Chantecler ou la Reinette du Canada.... Dont le nom agace nombre de pomiculteurs, qui ont à cœur de vous rappeler que, avant d'être canadienne, la Reinette était et reste avant tout une pomme française ! Née en France, partie en Angleterre, emmenée par les colons outre-Atlantique, puis revenue chez nous après un important travail d'amélioration variétale... qui n'empêche pas la grosse pomme grise de présenter une peau caractéristique, épaisse, irrégulière et un peu rugueuse – les Anglais appellent ça le *russeting*. La peau de cuir.

Je rencontre Philippe Herman, troisième génération de la dynastie de pomiculteurs qui a fondé Castang. Il me raconte l'histoire de son grand-père, Gilbert. Elle est exemplaire des mutations de la pomme.

En 1946, Gilbert Herman achète une ferme en Dordogne. Il arrive de Belgique, où il a connu les horreurs de la guerre. Son objectif est simple : il veut protéger sa famille et, pour lui assurer un avenir meilleur, il a décidé de se lancer dans la production de pêches, dans cette belle région de France où le travail de la terre et l'élevage jouent un rôle de premier plan. Le plan Marshall apporte à une France dévastée des semences, des tracteurs, des engrais. Comme tous les paysans français, Gilbert découvre avec stupéfaction à quel point l'agriculture outre-Atlantique n'a plus rien à voir avec les fermes européennes, où les rendements sont faibles et incertains, où on continue de labourer et de moissonner avec les chevaux. Les pommiers français sont vieillissants, peu productifs. Gilbert comprend qu'il doit investir dans de nouvelles variétés et de nouveaux produits de traitement. Le verger américain a commencé à se moderniser entre les deux guerres, à généraliser l'irrigation, à employer des méthodes de production que la France, au stade artisanal, ne connaît pas encore, et qui ont donné aux pommes américaines une longueur d'avance sur les marchés mondiaux.

Abandonnant femme et enfants, Gilbert part pour l'Amérique. Il veut savoir comment font ces *farmers* dont la production commence à inonder le monde.

Il y restera une année entière. Quand il revient, il change tout dans la ferme familiale. La pomme sera son salut. Pour pouvoir créer ses propres vergers en Dordogne, il a acheté des licences aux Américains. Les variétés choisies sont celles qui ont conquis les marchés outre-Atlantique : des Gala, des Golden, des Fuji... Mais l'innovation ne s'arrête pas là. Il a rapporté un matériel d'arboriculture nouveau, totalement inconnu alors dans la vieille Europe. De grandes caisses en plastique qu'on appelle les palox. Des échelles en aluminium. Des sacs destinés à permettre aux cueilleurs de ramasser les pommes sans les abîmer, les *picking bags*... Aujourd'hui, pas un verger où ils ne soient pas utilisés, mais à l'époque cet équipement paraît révolutionnaire. En 1961, Gilbert construit sa première station d'emballage. Elle est toujours en service aujourd'hui. En 1981, Pierre, son fils, introduit les chaînes de précalibrage, qui permettent de trier les pommes dès leur arrivée à la station fruitière. Philippe poursuit aujourd'hui l'œuvre entreprise par son grand-père et son père. Il a développé les pépinières où l'on produit les cultivars de pommiers nécessaires aux arboriculteurs qui veulent implanter un verger. Au verger initial, en Dordogne, s'en est ajouté un autre, dans les Pyrénées-Orientales. La société a adopté la variété Ariane, créée par l'Institut national de la recherche agronomique. Comme le font aujourd'hui tous les producteurs qui offrent des pommes de qualité, chaque fruit vendu par Castang porte un petit autocollant, signe d'une pomme sélectionnée.

Grâce à la démarche d'un pionnier il y a plus d'un demi-siècle, Castang est aujourd'hui une entreprise florissante, qui a su traverser avec succès les cinquante dernières années. Par amour pour la pomme, un père a délaissé ses enfants, prenant le risque de tout perdre. Il leur a au contraire garanti un meilleur avenir. Et Philippe Herman remercie son grand-père d'avoir eu ce courage.

Le travail des sélectionneurs est d'améliorer les pommiers ou d'effectuer des croisements visant à concevoir de nouvelles variétés. Toute l'histoire de l'agriculture est celle de la sélection variétale, qui peut se faire au champ ou en laboratoire. Le pépin ou la pipette. Des bibliothèques génétiques ont été constituées partout dans le monde. Elles permettent de puiser dans des centaines de variétés de pommiers pour tester de nouveaux croisements. Chaque variété a sa propre histoire et elles sont passionnantes. Certaines sont le fruit d'une démarche délibérée, comme la Pink Lady dont je parle plus loin, d'autres au contraire naissent par hasard, comme l'Ambrosia.

Brevetée au Canada en 1990, Ambrosia est issue d'un pommier spontané apparu en Colombie-Britannique, dans un verger de pruniers où avaient été plantées auparavant des Golden et des Starking Delicious. Et voilà qu'un pépin germe et qu'un pommier pousse au milieu des pruniers. Personne ne l'arrache. Il grandit et se met à donner de superbes pommes bicolores, jaune et rouge, au goût de miel. Les cultivars obtenus se révèlent stables. Et voilà, Ambrosia désormais existe et possède sa carte d'identité. Et elle occupe aujourd'hui la première place sur les marchés de Hanoï au Vietnam.

Une bonne pomme doit avoir du goût, être ferme, belle d'apparence, avoir une couleur attirante, une forme parfaite, et elle doit aussi se conserver pour pouvoir être distribuée dans de bonnes conditions. Certains fruits, comme la cerise, ont une saisonnalité marquée. Au contraire, tout le monde s'attend à manger des pommes en toutes saisons. Mais pour conserver les pommes, il faut un savoir-faire exigeant. Sinon, on mange des fruits gâtés… ou on boit du cidre.

Créer une nouvelle variété de pommes est toujours un risque : comment la faire connaître ? Va-t-elle être aimée, créer autour d'elle une attente ? Les pomiculteurs doivent ainsi construire autour de leurs fruits des filières efficaces et des stratégies commerciales qui les rendent chères au cœur des consommateurs. C'est la condition de leur survie. Elle nécessite des moyens financiers importants. Il faut, pour installer les habitudes, une production régulière. La nouvelle pomme doit répondre à des critères précis. D'aspect, de goût, mais aussi de taille. Ni obèse ni malingre. Ni monstrueuse ni naine. Bien calibrée et toujours identique.

Tous les producteurs rêvent de trouver la variété idéale, celle qui séduira le consommateur tout en assurant une récolte de qualité et en quantité suffisante. Celle qui saura résister aux ennemis si nombreux de la pomme, le ver, les pucerons et surtout la tavelure, qui mobilise à elle seule la moitié des traitements… Une pomme défigurée par le champignon de la tavelure est invendable. Les centres de recherche ont donc mis au point des variétés tolérantes : Ariane, Juliet, Goldrush, Choupette, Antarès, ou bien Story, la dernière-née, magnifique pomme rouge à la chair juteuse... Mais pour qu'une nouvelle pomme puisse s'imposer, il faut aussi qu'elle réponde aux attentes du marché. Des pommes idéales sur le plan agronomique sont boudées par les consommateurs. Ou bien des problèmes apparaissent car la tolérance de la nouvelle variété est liée à un seul gène. La nature est si ingénieuse qu'elle trouve très rapidement un moyen de contourner le gène de résistance. Après avoir considérablement diminué les traitements, l'arboriculteur voit son verger de nouveau attaqué. Encore une fois, il lui faut trouver une parade, innover.

Dans la nature, il existe des pommes qui ne sont pas attaquées par la tavelure. Identifié dès le milieu du XXe siècle, le gène de résistance présent dans la variété *Malus floribunda* – qui ne produit que de toutes petites pommes immangeables – a été inoculé à des variétés hybrides. Mais le champignon a muté. Des résistances sont apparues. Ou bien la pomme obtenue a montré une autre vulnérabilité. Aboutissement de soixante années d'expérimentations, Ariane, magnifique pomme résistante à la tavelure mise sur le marché français en 2002 grâce aux recherches de l'Institut national de la recherche agronomique (INRA), s'est révélée très sensible aux attaques de pucerons ! Les traitements qu'on évite contre une maladie sont contrebalancés par d'autres. Il faut continuer à chercher. Alors Story, petite sœur d'Ariane, est née en 2006. Plantée pour la première fois en 2011, elle compte aujourd'hui près d'un millier de pommiers... En 2014, on a fait les premières récoltes d'une nouvelle variété, Désirée, issue des travaux de Jean-Marie Lespinasse, un chercheur de l'INRA à la retraite. Une pomme jaune, rustique, qui pousse toute seule, n'a pas besoin d'être éclaircie, ni de porte-greffe, et qui résiste à de nombreuses maladies. Une solution pour un agriculteur souhaitant s'orienter vers le bio ? Oui... mais pour combien de temps ? Il faut sans cesse innover.

Quant aux pommiers sauvages du Kazakhstan, leur cohabitation plurimillénaire avec la tavelure fait que certains d'entre eux abritent des souches très virulentes et ultrarésistantes de la maladie, qui présenteraient un risque majeur pour les pommes cultivées du monde entier si d'aventure elles sortaient d'Asie centrale. En agriculture, le combat contre toutes les manœuvres que la nature imagine pour voler sa pitance à l'homme ne s'arrête jamais. Une solution miracle ne dure pas longtemps.

Alors chaque producteur est en quête de sa propre pomme philosophale. La Reine des reinettes, considérée comme l'une des pommes phares de la pomiculture française, n'est plus cultivée que par une centaine d'arboriculteurs, localisés surtout dans la Sarthe, en Maine-et-Loire et dans le Languedoc. Il y a quelques années, celui qui en était le premier producteur de France, Jean-Luc Leydier, établi à Candillargues, en Languedoc, en possédait

17 hectares. Il arrivait qu'il n'en dorme pas la nuit. « C'est stressant de produire de la Reinette. On est à la merci du temps : le vent, la pluie, et les fruits chutent. Alors qu'on ne produit que 30 tonnes à l'hectare, moitié moins que les autres variétés ! Et que la récolte dure deux mois, avec six à sept passages dans le verger. Quant à l'éclaircissage, en juin, il nécessite 150 heures de travail à l'hectare. Pour maintenir cette variété, il faut juste être passionné. Certains disent dingue. »

Il faut surtout pouvoir la vendre suffisamment cher à des consommateurs en quête de l'excellence. Jean-Luc Leydier, lui, a compris qu'il ne s'en sortirait pas. Et il a vendu son verger à un maraîcher. Qui l'a arraché. Fin de l'histoire, fin d'un paysage. À quand la fin des Reinettes ?

Répartition des achats des ménages en pommes de table par variétés en 2013 (en sommes dépensées)

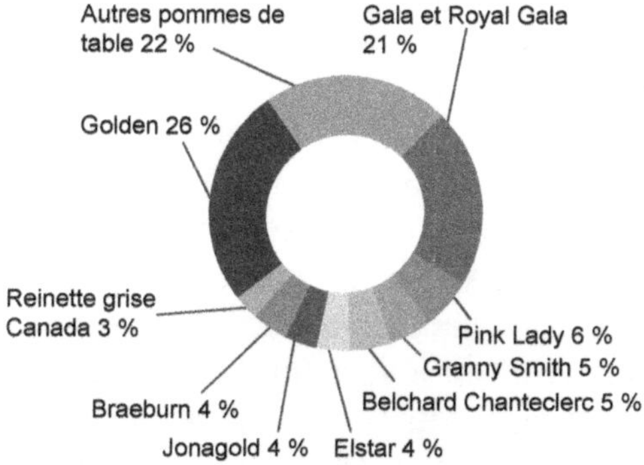

Source : Agrimer

Heureusement pour cette pomme d'exception, elle renaît donc depuis 2010 sous la marque Reine des Reinettes Gourmande, initiée par la coopérative Cofruid'Oc, en partenariat avec deux groupes de producteurs du Val de Loire, Sica Gerfruit et Verger de la Blottière, qui se sont donné pour objectif de sauver la pomme à la française, caractérisée par sa typicité bien éloignée des canons internationaux.

Si les Français veulent absolument garder leurs pommes anciennes et leur donner une nouvelle vie, sans que leur perpétuation passe par un travail des arboriculteurs de chaque instant pour les défendre contre une pression parasitaire sans cesse accrue, ils doivent faire preuve de cohérence et accepter, d'une part, d'en payer le prix, d'autre part que la génétique la plus avancée puisse être mobilisée. S'ils ne veulent plus de traitement, il faut pouvoir créer de nouvelles variétés résistantes. La Granny par exemple est sensible à la fois à la tavelure, au mildiou et au feu bactérien. Et pourtant, elle est issue d'un pommier sauvage qui avait muté ! La nature n'est pas toujours la meilleure conseillère et elle n'apporte pas forcément les solutions.

Mais les plantes génétiquement modifiées suscitent en France des oppositions d'une violence inouïe, au point que, contrairement à ce qui se passe dans d'autres pays, le législateur les a interdites. Les essais sont saccagés. Les producteurs soupçonnés de vouloir les tester voient leurs champs ou leurs vergers détruits. Le procès est instruit et les plants tronçonnés sans même que les saccageurs cherchent véritablement à se renseigner sur ce qu'ils détruisent. Comme en 2014, ce verger de Corrèze, dont les 1700 jeunes pommiers de deux variétés, Evelina et Opal, *naturellement* résistantes à la tavelure, ont été anéantis en une nuit par des justiciers anonymes ! Un préjudice financier colossal pour un agriculteur de cinquante-cinq ans, amoureux de son métier, qui avait planté les arbres en vue de transmettre son exploitation à son fils. Un jeune plant de pommier coûte environ 6 euros, hors main-d'œuvre. Dans un grand élan de solidarité, les pomiculteurs de France ont lancé une collecte nationale au sein de leur profession pour aider leur confrère. Pourtant, les pommiers plantés n'étaient même pas génétiquement modifiés. Il s'agissait d'hybrides sélectionnés au prix de recherches longues et coûteuses…

La France a vu bien de ses généticiens s'exiler à l'étranger pour pouvoir mener leurs travaux sans être constamment attaqués, mais elle reste en pointe pour les recherches sur la pomme. À Angers notamment, où se trouve le pôle de compétitivité Végépolys, l'INRA pilote un projet international de recherches sur la pomme et la pêche. Il est dirigé par un généticien spécialiste des pommes, François Laurens, le père d'Ariane et de Story. La mission de son équipe : créer des variétés de pommes qui soient au goût des consommateurs, cultivables par les arboriculteurs, mais aussi suffisamment solides pour faire face aux maladies comme au changement climatique. François Laurens s'est rendu au Kazakhstan, il a rencontré Aymak Djangaliev et utilisé les pommiers Sieversii pour créer de nouvelles variétés comme Ariane ou Story.

Mais le changement climatique pose de nouveaux défis. Les Japonais ont observé que la modification du climat rendait leurs pommes, de variété Fuji et Tsugaru, plus sucrées mais moins croquantes. Alors que les pratiques culturales n'avaient pas changé, leur texture s'était modifiée. Au sud du Tyrol, grande région productrice où les pommiers poussent au milieu des maisons, les vergers occupent 19000 hectares et approvisionnent la moitié du marché italien (15 % du marché européen). Les études du chercheur Reinhold Steiner, de l'institut de Laimburg, aboutissent à des conclusions similaires : depuis cinquante ans, les pommiers autrichiens fleurissent plus tôt en raison de l'élévation des températures, ce qui rend les fleurs d'autant plus sensibles aux coups de gel tardifs.

Ce réchauffement global accentue les attaques de champignons et d'insectes et permet à une troisième génération de carpocapses de se reproduire. Les fruits mûrissent plus rapidement et leur taux d'éthylène augmente. Ils se ramollissent et pâlissent. Quant aux fenêtres de récolte, elles sont de plus en plus précoces et de plus en plus courtes. Trouver des variétés qui puissent affronter ces changements sans perdre leurs qualités organoleptiques devient urgent. En 2030, les glaciers des Alpes auront perdu une partie de leurs réserves, et les averses brutales qui se multiplieront aux saisons intermédiaires, sans aucun bénéfice pour les pommiers, obligeront les arboriculteurs à repenser la gestion de l'eau : il faudra des variétés précoces, adaptées à l'élévation des températures estivales, qui deviendront parfois tropicales, et des systèmes d'irrigation moins gourmands. La constitution de réservoirs d'eau de sécurité devra devenir systématique. En France, la création du réservoir de Sivens déclenche la guerre.

Pourtant, anticiper s'impose, sous peine de disparaître. D'autant que le réchauffement climatique n'est pas forcément négatif : il peut au contraire représenter une opportunité pour les producteurs de pommes, notamment ceux de montagne, car il leur permettra d'implanter leurs vergers à des altitudes plus élevées en bénéficiant d'un ensoleillement et d'une chaleur accrus.

Mais la conduite de l'exploitation ne sera plus la même. Celui qui regarde vers le passé est condamné à décliner. Face aux défis qui attendent les producteurs, il faut au contraire faire preuve d'audace et d'innovation, investir dans la recherche, ne pas craindre le recours à la génétique, tout en puisant dans le capital infini des variétés passées pour en tirer le meilleur. C'est ce défi qui mobilise les chercheurs, tandis que, dans leurs vergers, les arboriculteurs attendent anxieusement et impatiemment le résultat de leurs expérimentations.

Une course de vitesse s'est engagée entre le climat et les agriculteurs, mais aussi entre les pouvoirs publics, qui, pour répondre aux attentes sociétales, ne cessent d'allonger la liste des molécules interdites dans les traitements chimiques des plantes contre les ravageurs et de réglementer une agriculture de plus en plus encadrée, et les organismes qui travaillent à l'élaboration de nouveaux produits. Les nouvelles molécules de traitement doivent être à la fois sélectives et respectueuses de l'environnement, tout en se montrant efficaces contre les parasites qui se multiplient dans les vergers. Les nouvelles variétés devront répondre à des attentes autant économiques que sociales et environnementales. Produire des richesses, être aisément cultivables, respecter le milieu.

La quadrature du cercle tandis que le ciel menace.

20.

GÉOPOLITIQUE DE LA POMME

« *An apple a day keeps Poutine away.* »

Dicton polonais

Istanbul, juillet 2014. Congrès mondial des producteurs de pommes et de poires. La Turquie est devenue le troisième producteur mondial de pommes, très loin derrière la Chine, qui écrase le monde de ses 40 millions de tonnes, la moitié de la production mondiale. Les États-Unis, avec dix fois moins, ne peuvent pas rivaliser. Ils sont pourtant les deuxièmes producteurs mondiaux. Juste derrière eux, les Turcs et les Polonais, qui produisent 3 millions de tonnes chacun. La France, avec moitié moins, se situe dans le peloton de tête.

Les Polonais sont furieux. La Russie, premier importateur mondial de pommes, leur achète chaque année la moitié de leur production. Un formidable débouché qui assure au pays des recettes significatives. Seulement voilà : les Européens ayant décrété des sanctions contre la Russie en raison de sa position sur le conflit syrien, et notamment de son soutien à Bachar El-Assad, Poutine, en guise de rétorsion, vient de mettre en place un embargo sur les importations de produits alimentaires en provenance d'Europe. Que les premiers pénalisés soient les Polonais, qui lui ont fait l'affront de se tourner vers l'Ouest en intégrant l'Union européenne, n'est pas pour lui déplaire. Hormis ce qui s'échange sous le manteau, en passant notamment par la Biélorussie, plus rien ne passe. Les Russes se serrent la ceinture comme s'ils étaient revenus au bon vieux temps des étals vides de l'URSS. Et les Polonais se demandent que faire de leurs belles pommes, qui s'accumulent dans les frigos.

Une campagne nationale est lancée. « Mange des pommes et bois du cidre pour lutter contre Poutine », proclament les journaux. Le hashtag #mangedespommes fait fureur sur les réseaux sociaux. Des milliers de Polonais se photographient en train de croquer une pomme. Il s'agit d'éviter la faillite des producteurs, qui risque d'entraîner avec elle l'économie nationale tant le fruit est important pour le pays. Planté et cultivé initialement par les moines au Moyen Âge, il fait vivre les campagnes.

Mais si la cuisine polonaise met la pomme à toutes les sauces, les Polonais en consomment finalement assez peu et destinent leur production à l'exportation. L'embargo russe change la donne : voilà la pomme consacrée symbole national. Manger des pommes devient dans le pays un acte patriotique. « *An apple a day keeps Poutine away !* » proclament les Polonais, qui ont toujours entretenu avec l'ours russe des rapports de méfiance, tant leur pays a souffert au cours de l'histoire de sa proximité avec ce belliqueux et envahissant voisin.

En l'espace de quelques semaines, la consommation de pommes en Pologne explose. Et comme nous sommes en Pologne, celle de cidre aussi : la boisson, jusque-là plutôt délaissée, suscite un nouvel engouement. Comme la Pologne a perdu ses marchés d'exportation, le pays tout entier se mobilise. La pomme devient pour les Polonais le signe de la résistance et du patriotisme. Tous se mettent à manger plus de pommes. Un kilogramme par semaine et par personne !

Miracle : les stocks sont éclusés en quelques semaines. Face aux Polonais, Poutine, une fois de plus, a perdu. Et la Pologne a aussi réorienté ses ventes vers l'Allemagne, l'Europe du Sud, la France. Elle s'en est à peu près sortie parce que ses prix sont très bas, sa mobilisation interne massive, que ses producteurs ont bénéficié d'aides publiques et qu'elle a eu recours au marché « gris », contournant l'embargo grâce à des pays amis.

Le Congrès d'Istanbul réunit deux cent vingt délégués de tous les pays européens. C'est la première fois qu'il a lieu en Turquie, dans le bel hôtel Hilton Bomonti, une tour juchée sur sa colline, dans un quartier en pleine transformation, qui se couvre de gratte-ciels à vue d'œil. En pleine campagne présidentielle, la ville est écrasée par la propagande d'Erdogan. Ses affiches sont partout, immenses, et ses calicots, et ses publicités, sur les abris de bus et les camions. Nous ne voyons pas une seule fois ceux des concurrents. Comment Erdogan pourrait-il perdre ce qui est organisé comme un plébiscite ?

Au pied de l'hôtel, incongrus au milieu des palissades de chantiers, une vieille maison basse, un petit jardin pelé, un cheval attaché. Son cavalier peut-il seulement le sortir de chez lui, avec les rampes d'accès et les voies rapides qui labourent l'espace urbain tout autour de l'ancienne ferme où il tente de résister ?

Au petit-déjeuner, badge autour du cou, les délégués font consciencieusement la queue devant le distributeur de jus de pomme, ignorant celui qui ose proposer des oranges. Étrangement, la grande salle de conférences du Hilton arbore en guise de lustres d'immenses soleils composés de milliers de sphères argentées. Nous parlons de pommes sous une représentation métaphorique des pommes.

L'atmosphère ne rayonne pas autant. Les récoltes de l'année précédente s'entassent encore dans les frigos. Les 12 millions de tonnes de l'Union européenne peinent à trouver preneur. La fermeture du marché russe a obligé tous les exportateurs à se rabattre sur d'autres marchés. La récolte a presque été trop bonne l'année précédente, en raison de la chaleur et de l'humidité de l'été. Les pommes ont beaucoup grossi. Le nord de l'Europe ne veut que des petites pommes. Alors il faut exporter au sud, qui préfère les grosses. En matière de pommes, chaque pays a sa prédilection. La belle Ariane ne se vend que sur le marché français, les Anglais n'en veulent pas.

Les arboriculteurs sont confrontés à un immense défi : comment s'en sortir sans la Russie, premier importateur mondial, avec un risque de contamination en dominos si les pommes initialement destinées au marché russe inondent d'autres marchés ? La grande incertitude et donc la fébrilité des acteurs provoquent l'effondrement des cours : pour beaucoup de variétés, les prix payés aux producteurs sont inférieurs à leurs prix de revient.

En 2016, l'Union européenne décide de reconduire pour une année les sanctions contre la Russie. Les difficultés des agriculteurs n'ont pas été prises en compte. Au bilan, les producteurs de pommes paient un très lourd tribut à une question géopolitique qui leur est étrangère. L'Union européenne propose bien quelques mesures cosmétiques de soutien, mais elles sont totalement inadaptées car elles ne prennent en compte que le coût de la récolte.

Pour les producteurs de pommes, la situation prend un tour dramatique : depuis qu'elle est en guerre, la Libye non plus n'achète plus de pommes et la crise économique qui tarit les recettes de l'Algérie, avec l'effondrement des cours du pétrole, n'est pas propice aux ventes.

Seule la Pologne qui bénéficiait d'un statut spécial en raison de son bas niveau de revenu s'en est à peu près sortie, en tout cas en 2014. Mais la deuxième année d'embargo, 2015, s'est avérée plus compliquée pour les Polonais : l'enthousiasme des consommateurs s'épuise, les voies parallèles se tarissent, et les marchés extérieurs découvrent que la pomme polonaise ne répond pas aux standards de qualité espérés. Même moins chère, elle n'évince pas les pommes traditionnelles.

En juin 2016, immense soulagement : le président polonais conclut un grand accord de coopération avec son homologue chinois. La nouvelle route de la soie est ferroviaire : le train China Express apportera désormais les pommes polonaises à l'empire du Milieu, qui en fait une consommation massive. Les agriculteurs polonais respirent. Les agriculteurs français, eux, doivent continuer à se battre pour ouvrir de nouveaux marchés, tout en subissant dans leur propre pays une concurrence redoutable.

Provenance des importations françaises de pommes de table en volume en 2014/15

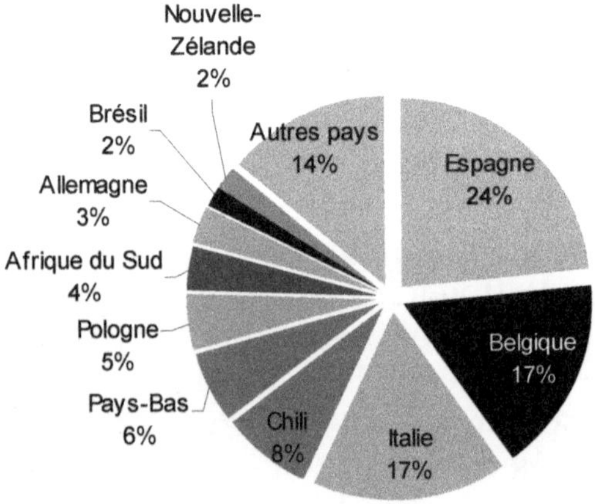

Source : France Agrimer

21.

Des pommes par brassées à Milan

> « Après une pénurie de pommes de quatre semaines, nous sommes heureux de pouvoir présenter à nouveau aux visiteurs la star du pavillon : la rondelle de pomme séchée suisse ! »
>
> Nicolas Bideau, ambassadeur de la Suisse

Été 2015. « Nourrir la Planète, énergie pour la vie. » L'Exposition universelle de Milan bat son plein, sorte de gigantesque Disneyland voué à l'alimentation, avec parades musicales dans l'allée centrale, bateleurs à tous les carrefours, personnages habillés en fruits et en légumes. Je serre la main d'une grosse pomme suisse rouge vif. L'échange tourne court : fidèle à l'usage de Disney, qui veut qu'on ne puisse pas entendre la voix de ceux qui endossent le costume des personnages de dessin animé, elle ne prétend pas prononcer un seul mot. J'hésite à la transformer en rondelles séchées.

Une pommeraie a été installée devant le pavillon polonais. Les visiteurs se voient chacun remettre une pomme. Curieux et fascinant spectacle que de voir déambuler dans les allées des centaines de croqueurs de pommes ! Au-delà du signe de bienvenue que représente ce cadeau, il s'agit surtout pour le pays de vider ses entrepôts frigorifiques. Bien sûr, certaines pommes polonaises ont retrouvé le chemin de la Russie en passant par la Biélorussie, non soumise à l'embargo, mais la Pologne a perdu son principal marché et elle n'est pas la seule à souffrir. Partout en Europe, les producteurs se battent pour ne pas faire faillite. La perte des débouchés russes donne lieu à des trésors d'ingéniosité pour maintenir les ventes. Des campagnes nationales de consommation sont lancées, comme en Autriche, en Allemagne et aux Pays-Bas, où les réseaux sociaux se sont passé le mot d'ordre : consommez une pomme par jour et vous sauverez nos agriculteurs tout en préservant votre santé. Les hôpitaux autrichiens sont invités à mettre plus de pommes dans les menus… Partout, la solidarité nationale joue à plein, sans suffire pourtant à liquider les stocks. La récolte a été exceptionnellement bonne. Alors on demande cet été-là aux producteurs de ne pas cueillir les pommes de second choix et de les laisser choir dans les vergers. L'Union européenne met en place des aides exceptionnelles : les pommes sont envoyées dans des unités de méthanisation et de compostage, on en donne aux animaux, on en distribue gratuitement dans les écoles, les maisons de retraite, les prisons.

Partout, la solidarité.

Partout, sauf en France, où les producteurs en plein marasme doivent affronter des attaques d'une violence extrême, au sein même de leur pays. D'un côté, les pouvoirs publics lancent quelques opérations phares, comme « Une pomme à la récré », destinée à sensibiliser les écoliers et les lycéens aux vertus de la pomme au goûter, meilleure pour leur santé que les friandises bourrées de sucre, tout en écoulant les stocks nationaux ; de l'autre, des campagnes de publicité dénoncent les traitements que reçoit la pomme, des émissions de télévision instruisent un procès à charge contre l'agriculture conventionnelle, accusée de tous les maux, polluer, empoisonner, saccager l'environnement. Les Français ont déclaré la guerre, non à Poutine, mais à leur agriculture. Ils conspuent leurs producteurs et voudraient les voir tous se convertir à la seule forme de production qui trouve grâce à leurs yeux : le bio, formule magique dont ils ne savent d'ailleurs concrètement pas grand-chose.

Les producteurs vivent ces accusations dans la douleur. Ils se sentent méprisés et incompris. Le monde entier achète les pommes françaises, considérées comme parmi les meilleures au monde, et les Français les vilipendent. Certaines organisations jettent leurs flèches, vraiment empoisonnées, elles, contrairement aux pommes, précisément au moment où les arboriculteurs traversent une crise grave. La profession attaque les pourfendeurs en justice, lancent des contre-campagnes de publicité dans l'espoir de relancer la consommation.

Mais la situation est rendue plus difficile encore par le fait que le marché français subit doublement le contrecoup de l'embargo russe. Non seulement il a perdu une partie de ses débouchés à l'export, mais la fermeture des débouchés de la Russie a déclenché entre les pays producteurs une véritable guerre des marchés et des prix : la Golden et la Granny d'Italie débarquent sur les marchés français, moins chères, avec des stratégies agressives d'installation.

Pourtant, ceux qui attaquent la pomme française, ceux qui prétendent que la production en France s'est uniformisée ne connaissent pas la réalité des exploitations, tout le travail mis en œuvre par les pomiculteurs pour respecter l'équilibre de leurs vergers. Ils ignorent aussi qu'il existe en réalité des centaines de variétés. Autant de pommes différentes que de fromages, à l'image de la diversité de nos « pays » et de nos climats. Celles qu'on appelle les pommes de terroir, destinées à la consommation locale, comme la Reinette d'Armorique ou la Belchard-Chantecler, ont leurs marchés, leurs débouchés. À côté des poids lourds nationaux que sont les variétés Gala, Golden et autres Granny, on trouve partout des vergers où des amoureux cultivent par passion les variétés anciennes, qui ne peuvent trouver leur place sur des marchés mondialisés parce qu'elles produisent peu et se conservent mal, mais qui témoignent de l'époque où la diffusion de la pomme était essentiellement locale, chaque région offrant sa spécificité.

La pomme est le reflet de son terroir. Il y a autant de « pays » que de pommes, et partout, des passionnés de variétés locales. Les Français adorent préserver les anciennes variétés de pommes. Le nombre de producteurs qui cultivent pour le plaisir les pommes d'antan ne se compte plus. Notre pays abrite ainsi des centaines de conservatoires, véritables musées des traditions passées. Et perdues, car pour qu'une variété résiste il faut que non seulement elle trouve son marché, mais aussi qu'elle puisse être transportée, conditionnée, conservée sans s'autodétruire. Le consommateur a beau se proclamer militant du bon vieux goût d'antan, il regarde d'abord l'aspect et le prix. Difforme et abîmée, une pomme peut se révéler délicieuse en compote ou en tarte, elle ne résistera pas longtemps.

Peu importe, des légions d'inquisiteurs ont décidé de s'en prendre à la pomme et d'y traquer le plus petit signe qui indiquerait qu'étrangement, elle ne pousse pas toute seule dans les vergers.

22.

LES FOSSOYEURS IRRESPONSABLES DE LA POMME

« Vous avez vu comme les incantations journalistiques de ces derniers temps m'ont mis les nerfs en boules !! »

« Une saison au jardin d'Éden »,
blog de Rémy Foissey

Manger des pommes pour rester en bonne santé. Manger des pommes parce qu'elles constituent l'incontournable pilier d'un programme national visant à combattre l'obésité et les maladies de la sédentarité, de l'abus de graisses et d'aliments transformés… Oui, en théorie.

Sauf que… la pomme est devenue suspecte. Accusée d'être le fruit le plus traité de tous, la pomme hier synonyme de santé est aujourd'hui présentée par certains mouvements, certains journalistes, comme la victime d'une agriculture industrielle dévoyée. Un fruit chimique. À la grande consternation des producteurs de pommes, qui ont vu monter dans la société la défiance envers leurs pommes : les plus catégoriques proposent tout simplement d'en proscrire la consommation.

Si les pommes ne sont pas toujours totalement bannies, il faudrait de toute façon ne les choisir que « biologiques ». Sinon, les aborder avec toute la suspicion requise. « Au moins pelez-les ! » La menace se précise : si la pomme est toxique, c'est surtout à cause de sa peau qui concentrerait les poisons. S'il faut vraiment se résoudre à en manger, un geste de sauvegarde élémentaire serait donc de la peler, malgré les atouts reconnus de l'épiderme du fruit. « Oui, la pomme, l'enveloppe de la pomme sont excellentes pour la santé... à condition qu'elle ne vienne pas de l'agriculture conventionnelle », martèlent certaines organisations dites de défense de l'environnement, avec tant de conviction, tant de moyens, que la pauvre pomme non bio a beaucoup de mal à s'en relever.

J'ai décidé de mener l'enquête. Je suis allée dans les vergers, j'ai parlé avec les producteurs de pommes, j'ai examiné de près qui menait les campagnes de dénigrement, l'audience dont elles bénéficiaient, qui les relayait.

Ce que j'ai découvert m'a consternée : certaines personnes, certaines associations ont fait du marché de la peur leur fonds de commerce, les médias les invitent car ce sont de bons clients, qui éructent, accusent, créent le scandale, donc assurent l'audience. L'ignorance et l'audimat font le reste et leur donnent des tribunes inconsidérées. Tout ce mouvement, ce buzz comme on dit aujourd'hui, sème le trouble et l'inquiétude dans l'opinion publique.

Pourtant, de telles assertions sont criminelles. D'abord parce qu'elles sont fausses et mensongères, ceux qui les assènent truquent les données et les chiffres, et ne sont visiblement jamais entrés dans un verger. Ensuite elles ont des conséquences désastreuses, sur le plan économique, social, mais aussi environnemental, contrairement à ce que l'on pourrait croire. Non seulement elles nuisent à tout un pan de l'économie, mais elles détruisent des paysages français. En faisant au passage beaucoup de mal à tous ceux qui, par inquiétude ou par application d'un principe de précaution erroné, se privent, privent leurs enfants ou leurs vieux parents d'un aliment santé idéal.

Comment oser jeter de façon aussi irresponsable l'opprobre sur ceux qui cultivent les pommes ? Comment oser faire peser sur eux une suspicion intolérable, face à laquelle ils se sentent impuissants à rétablir la vérité, parce que des moyens considérables sont déployés pour disqualifier leur travail, parce que les campagnes de dénigrement donnent des œillères à ceux qui croient enquêter et arrivent dans les exploitations pétris de partis pris et de mauvaise foi ? Ce sentiment d'être David contre le Goliath d'une opinion publique manipulée pousse chaque année un grand nombre d'agriculteurs à la dépression, au découragement, et accule les exploitations agricoles à mettre la clé sous la porte. En dix ans, les vergers français ont perdu la moitié de leur superficie !

Pourquoi des imprécations aussi violentes ? Pourquoi de telles campagnes de dénigrement contre les pommes ? Les accusations sont-elles fondées ou relèvent-elles d'une calomnie dictée par de sombres impératifs mercantiles et médiatiques ?

Contrairement à ce que l'on croit souvent, les promoteurs de l'agriculture biologique ne sont plus seulement de petits artisans courageux, dont les efforts ont besoin d'être reconnus et soutenus. Il en existe encore, certes, mais le bio est devenu une industrie, soutenue par de puissants professionnels de la communication et du marketing. Certaines organisations de défense de l'environnement ont à tout prix besoin de scandales pour exister. C'est ainsi que des mouvements dictés par le seul souci de gagner des parts de marché agitent des épouvantails de façon totalement irresponsable, pour assurer leur audience, justifier leur existence et recueillir des financements, au détriment des pommes, des producteurs de pommes, mais aussi de notre santé, de notre économie, de nos paysages, de nos emplois.

23.

J'AI ENTENDU LE ROSSIGNOL CHANTER DANS UN VERGER

Au-dessus de moi, j'ai entendu le rossignol chanter dans un verger. Je crois que jamais je n'avais entendu aussi distinctement ce chant mélodieux et incroyablement varié. Oui, le rossignol était là, il lançait dans le ciel bleu son hymne à la joie de vivre.

Quel superbe démenti à tous ceux qui prétendent que pommiers riment avec herbicides, que tout est mort là où mûrissent les pommes ! Moi, j'ai vu, de mes yeux vu, et entendu de mes oreilles exactement l'inverse.

Non seulement le rossignol chante au milieu des pommiers, mais l'éclair bleu des rolliers, sans doute le plus bel oiseau d'Europe, traverse la frondaison. La chouette effraie niche dans les arbres, ainsi que la mésange, insectivore le plus efficace que la nature ait inventé.

Quand je me suis assise dans l'herbe pour savourer la lumière du printemps, araignées et coccinelles se sont lancées à l'assaut de mon corps en quelques secondes. Qui ose dire que les vergers sont des espaces morts ? Que la biodiversité les a désertés ? Postez-vous dans un verger et attendez.

J'aurais pu me trouver en Normandie, dans le Vexin. Ou dans le Limousin. Ou encore dans les Alpes, qui produisent des Golden d'altitude à qui le froid donne de belles joues roses. Ce jour-là, j'étais en Petite Camargue, entre Lunel et La Grande Motte. Là où beaucoup croient que seul le tourisme offre encore des opportunités d'emploi, alors que l'agriculture y reste vigoureuse, offrant à des personnes souvent non qualifiées, de tous âges et de toutes origines sociales, la possibilité de trouver du travail, non seulement dans les fermes, mais dans les coopératives. Quand le djihadisme s'empare de la jeunesse désabusée de ces petites villes du Sud comme Lunel, savoir qu'un verger offre un emploi à temps plein par hectare n'est pas anodin… Même s'il ne faut pas idéaliser le travail agricole, comme ont tendance à le faire ceux qui rêvent de renvoyer les jeunes dans les campagnes en promouvant des systèmes de culture à forte intensité de main-d'œuvre, comme le sont par exemple l'agriculture biologique ou la permaculture : pendant des millénaires, l'humanité a fui le dur labeur des champs pour se réfugier en ville et mener une vie urbaine, c'est-à-dire pleine d'urbanité, synonyme d'un certain savoir-vivre, opposé à la rudesse du monde rural.

Beaucoup d'exploitations agricoles se sont reconverties dans l'arboriculture quand la vigne du Languedoc a subi les terribles campagnes d'arrachage des années 1960. Invitée aux cinquante ans d'une coopérative fruitière, Cofruid'Oc, j'y ai rencontré des arboriculteurs passionnés par leur métier, heureux de leurs produits, des hommes et des femmes pour qui l'amour du travail bien fait tient lieu de viatique, dans un monde où ils subissent pourtant, jour après jour, les accusations les plus terribles. « Empoisonneurs », « pollueurs », « producteurs de pommes immangeables tant elles sont bourrées de pesticides », voilà ce qu'ils entendent toute la journée, dans les médias, à la télé. Voilà ce que leurs gosses leur racontent en rentrant de l'école. « Ne mangez plus de pommes ! » clament désormais maints hérauts autoproclamés de notre santé.

Il est d'autant plus facile de taper sur les petits producteurs agricoles qu'ils sont souvent mal organisés pour se défendre, maîtrisent mal l'art de la communication, seuls dans leurs vergers, se contentant de subir en silence, accablés, les critiques et les invectives lancées en permanence contre leur métier. Les arboriculteurs se sentent profondément humiliés et désemparés face à cet opprobre collectif : comment se défendre quand on passe sa journée dans son exploitation ? Quand on a un œil sur le ciel (et de plus en plus sur la station météo, qui analyse l'humidité de l'air et les risques d'intempéries, qui peuvent dévaster la plus belle récolte en quelques minutes), l'autre sur les pommiers ?

Beaucoup souffrent de cette injustice profonde. Certains finissent par mettre la clé sous la porte. En 2010, Pierre Priolet, arboriculteur désespéré de ne pas pouvoir vendre ses pommes à un prix qui rémunère son travail, pleure en direct sur les ondes et émeut la France. Puis il arrache ses 15 hectares de vergers devant les caméras et prend sa retraite. Cinq ans plus tard, il cultive des légumes et quelques figues sur l'unique hectare qu'il a conservé, se lève à l'aube pour les vendre au marché et assure avoir trouvé sa voie : certes, son activité ne lui rapporte que 6000 euros par an, mais ils lui suffisent pour vivre. Et l'agriculteur repenti d'exhorter ses confrères à l'imiter. Un bon client pour les médias, qui l'adorent car il tient le discours qu'ils ont envie d'entendre, celui qui présente le petit producteur courageux comme la voie à suivre pour l'agriculture française, et fait de la petite production artisanale de proximité, vendue à des prix qui la réservent à des privilégiés à fort pouvoir d'achat, la planche de salut pour sauver les campagnes. Que Pierre Priolet, qui a largement dépassé la soixantaine, perçoive une retraite et vivote en pratiquant en réalité ce que les Anglo-Saxons qualifient de *hobby farming* (jardinage amateur), comme le prônent aussi l'Ardéchois Pierre Rabhi ou d'autres néo-prophètes du retour à la terre, poètes attachants mais parfaitement irréalistes quant aux impératifs de la sécurité alimentaire collective, ne paraît pas devoir être pris en compte.

Le drame de l'agriculture française, c'est que deux tiers de ceux qui y exercent aujourd'hui ont dépassé la cinquantaine. Et qu'ils ont du mal à trouver des repreneurs, sauf dans des logiques d'agrandissement des exploitations, ce dont précisément les citadins ne veulent pas entendre parler. Peu désireux de se voir à leur tour mis au ban de la société, beaucoup d'enfants d'agriculteurs refusent de reprendre l'exploitation de leurs parents. De magnifiques outils de travail se perdent ainsi.

Producteur dépité, verger décapité : désormais abandonnées, de belles pommeraies sont arrachées pour ne pas tuer les exploitations voisines en créant des foyers où se concentrent pucerons, carpocapses, araignées rouges et autres ravageurs de la pomme. Les terres soignées d'hier se transforment en friches ou en lotissements. Tout un patrimoine agraire disparaît dans l'indifférence. Anéantis, les paysages magnifiquement travaillés, où les promeneurs aimaient profiter de la beauté parfaite des arbres fruitiers, de l'éclosion éclatante de leurs fleurs au printemps, des couleurs festives de leurs fruits pendant l'été, de leurs feuilles roussies de l'automne, et même de la forme parfaite de leurs branches durant l'hiver.

Ceux qui vilipendent les producteurs de pommes ne savent pas de quoi ils parlent. Ils ignorent la réalité des exploitations arboricoles aujourd'hui. Ils ignorent combien il faut de passion et de dévouement pour produire au moment voulu des fruits beaux et bons, les livrer aux centrales de distribution dans un parfait état de mûrissement et d'apparence – car s'ils ne sont pas impeccables, personne n'en voudra, quand bien même leurs qualités nutritionnelles et sanitaires seraient irréprochables. Ils ignorent le travail qui a été mené pour réussir à produire ces fruits parfaits tout en réduisant drastiquement les produits de traitement.

Afin de respecter les exigences des distributeurs, qui dépassent largement des exigences légales déjà extrêmement pointilleuses, les producteurs de pommes sont devenus des as de l'agriculture de précision ! Pour se protéger des éventuelles critiques, pour se démarquer de ses concurrents, chaque grande surface, chaque distributeur, en France comme à l'étranger, crée son propre cahier des charges, souvent bien plus draconien encore que les exigences légales. Les producteurs n'ont d'autre choix que de s'adapter s'ils veulent conserver leurs débouchés.

Vous voulez faire fortune aujourd'hui ? Ne devenez surtout pas arboriculteur ! Créez plutôt un organisme de certification : pour délivrer le label qui permettra au producteur de vendre, donc de survivre, vous facturerez vos contrôles au prix fort. Ou bien prenez la tête d'une grande ONG de l'environnement : les médias adoreront vous entendre lancer contre les prétendus empoisonneurs des imprécations qui vous vaudront non seulement notoriété et distinctions, mais aussi ces crédits publics et ces subventions qui vous rendront plus puissant encore. Et vous permettront de tonner contre l'agriculture subventionnée.

24.

Une orange à Noël, des pommes toute la vie

« Des mains rampantes ramassent
les trognons de pommes. »

Colette, *Claudine à l'école*, 1900.

Moi qui ne savais pas, moi qui, influencée comme nous tous par le discours ambiant, avais fini par regarder une pomme avec suspicion, tant j'avais entendu proférer d'horreurs sur leur compte, je vais vous décrire ce que j'ai vu. Je vais vous dire précisément comment agissent les producteurs de pommes pour réussir à maintenir notre pays dans les tout premiers exportateurs au monde, malgré l'avalanche de critiques qu'ils essuient.

Dans le monde entier, les classes moyennes en émergence ne cessent de réclamer les produits irréprochables dont la France devrait s'enorgueillir, au lieu de faire de ceux qui les cultivent des boucs émissaires. Qui sait qu'une pomme française sur trois franchit toujours les frontières pour être vendue à l'étranger ? Jusqu'en 2002, nous occupions la première place à l'exportation. Nous ne l'avons plus car les arboriculteurs vivent désormais dans une grande précarité.

En France, 7600 exploitations produisent des pommes sur 40200 hectares. C'est peu comparé aux 29 millions d'hectares mis en culture dans notre pays. Le verger français a perdu le cinquième de sa superficie depuis dix ans. Les lotissements et la broussaille ont remplacé les pommiers. Avec le risque des trois F : les friches, la fermeture des paysages, le feu. Quand le paysan déserte, ce n'est pas la nature qui reprend ses droits, mais un territoire incertain, vite transformé en no man's land, en n'importe quoi. Les zones qui entourent de plus en plus nos villes et qu'on qualifie de périurbaines deviennent des banlieues sans fin, sans âme, sans vision d'ensemble, avec leurs publicités aussi laides qu'agressives et leurs voies bétonnées bien trop larges, qui appellent la vitesse et l'accident, et provoquent des inondations car les pluies ne peuvent plus s'infiltrer dans le sol. Pour les arboriculteurs, une friche constitue en outre une catastrophe environnementale : les réseaux d'irrigation ne sont plus entretenus, la broussaille envahit tout, les rats et les parasites prolifèrent. Un verger abandonné doit être arraché sous peine de menacer les arbres des plantations voisines.

Économiser et passer sa vie à rembourser un prêt pour avoir la joie de vivre à la campagne et se retrouver dans un pavillon cerné de grandes surfaces, de zones industrielles et de parkings, voilà ce qui arrive à bon nombre de néo-ruraux aujourd'hui quand les agriculteurs mettent la clé sous la porte, lassés d'être attaqués sans cesse, de subir des agressions verbales, et parfois même physiques, quand ils traitent leurs pommes pour que nous ayons la chance de pouvoir en acheter en toutes saisons. Sans compter les vols croissants dont ils sont victimes, de leur matériel comme de leur production. Qui s'acharnerait à travailler dans de telles conditions ? C'est ainsi que l'agriculture française disparaît peu à peu de nos campagnes. Quand nous nous réveillerons, quand le dernier agriculteur aura quitté sa terre, lassé d'être maltraité, nous achèterons à l'autre bout du monde des fruits sans même savoir dans quelles conditions ils auront été produits. Et nous regretterons le temps où la France pouvait s'enorgueillir d'avoir la meilleure agriculture du monde.

Si la pomme est aujourd'hui le symbole de la mondialisation, le sort des arboriculteurs peut être vu, lui, comme le symbole des attaques que subit l'agriculture française aujourd'hui de la part de citadins qui ont oublié la peur de manquer, disposant désormais de tant de nourriture, si peu chère, si variée et à tout moment, qu'ils ont oublié l'orange à Noël comme cadeau suprême. Nos grands-parents la gardaient si longtemps sans oser la manger, cette précieuse et unique orange, qu'elle finissait par pourrir. Nous avons oublié aussi les tickets de rationnement du pain, quotidien des familles après la Seconde Guerre mondiale, quand on souffrait de la faim en France et que l'espérance de vie ne dépassait pas soixante ans. Alors que, avec plus de quatre-vingts ans, nous comptons désormais parmi les pays qui s'enorgueillissent de la plus longue longévité au monde ! Grâce aux progrès de la santé et de l'hygiène bien sûr, mais surtout grâce aux progrès de la nourriture, qui nous permettent de vivre bien plus longtemps et en bien meilleure santé que dans un passé récent, quand les Français ne dépassaient pas 1,70 mètre en moyenne et mouraient massivement de cancers de l'estomac dus à une alimentation déficiente.

Être agriculteur en France aujourd'hui est devenu un sacerdoce. Le comble ! C'est pourtant à eux que nous devons le formidable redressement économique de notre pays après la guerre. Eux qui ont retroussé leurs manches et bouleversé leurs méthodes de travail, pour procurer à leurs concitoyens une nourriture enfin abondante, de bonne qualité, et peu chère. Qui pourrait regretter, sinon les nostalgiques d'un âge d'or idéalisé, confortablement installés en ville ou dans des campagnes dotées de tous les services, le temps de la ferme du coin de la rue, où l'on venait se procurer le lait et les œufs en slalomant entre le tas de fumier et les flaques de boue, auprès de paysans et de paysannes prématurément vieillis car usés par un labeur harassant ? La pénibilité des travaux des champs et de la ferme a poussé les femmes à quitter les premières en masse les campagnes, laissant les hommes confrontés à la solitude dans des exploitations délaissées. De 5 millions au début du XXe siècle, le nombre de paysans a été divisé par dix. Ils sont moins de 500 000 aujourd'hui. Et pourtant ils nous nourrissent. Avec moins d'exploitations, mieux gérées, bien équipées, mais aussi plus grandes, car sinon on ne peut vivre du travail agricole.

En un demi-siècle, que de progrès ! Que de changements ! Plus personne ne cultive aujourd'hui dans les campagnes comme le faisaient nos grands-parents. Après la révolution économique des années d'après-guerre, quand il fallait produire à tout prix pour nourrir un pays affamé et dépendant de l'extérieur, est venu, au tournant des années 1990, une nouvelle révolution, écologique celle-là : le défi de la production ayant été relevé, il était temps de passer à celui de l'environnement. Les paysans ont été les pionniers du développement durable, qu'ils aient agi de leur plein gré pour certains, des précurseurs, ou qu'ils y aient été contraints par l'évolution des mentalités et des attentes de la société à leur égard. Tous ont radicalement changé leurs méthodes de travail. L'histoire de la pomme en est un des plus beaux exemples.

25.

Des pommiers aimés comme des enfants

« Quand tu manges le fruit,
pense à celui qui a planté l'arbre. »

Jean Nougaillac

La soixantaine, Jean Nougaillac est devenu producteur de pommes par passion, après une carrière dans les télécoms. Son grand-père était mécanicien, son père cultivait des pêches, sa mère était fonctionnaire. Il lui a fallu attendre d'avoir cinquante ans pour faire ce qu'il aime vraiment : des pommes. « J'aurais préféré être agriculteur dès le début. Mais mon exploitation n'aurait pas pu nourrir ma famille. »

Il m'explique à quel point s'installer est devenu difficile aujourd'hui pour un jeune, tant la mise de fonds initiale est élevée. Le prix du foncier d'abord, environ 15 000 euros l'hectare dans sa commune, près de Montpellier. Il en faut une dizaine pour que l'exploitation soit rentable. Le coût de la plantation ensuite : l'achat des jeunes arbres greffés, qu'on appelle des scions, chez le pépiniériste, le palissage, l'irrigation – produire de belles pommes suppose de pouvoir assurer leur approvisionnement en eau, tâche toujours délicate, surtout quand le changement climatique rend les précipitations plus irrégulières, plus erratiques. La récolte ne sera possible qu'à la troisième année. 35 000 euros auront déjà été dépensés par hectare, 45 000 si l'arboriculteur a équipé son verger de filets de protection, destinés à éviter qu'une grêle subite ne ravage la récolte en quelques minutes. Nous sommes déjà à 50 000 euros dépensés par hectare au bas mot. Avant même de pouvoir produire ! En année de pleine production, un hectare de verger coûte plus de 15 000 euros par an. La moitié de cette somme vient des salaires et des charges sociales. Inutile de préciser que le prix de vente des pommes conditionne l'équilibre de l'exploitation. Certaines années, le producteur ne gagne pas plus qu'un ouvrier agricole. Si la situation se prolonge, il doit mettre la clé sous la porte.

Contrairement à d'autres activités agricoles, en particulier les grandes cultures céréalières qui peuvent être aisément mécanisées, cultiver des pommes demande beaucoup de main-d'œuvre : dans la grande majorité des cas, le robot, la machine ne peuvent remplacer la main de l'homme. Entre le verger et la station de conditionnement, un hectare de verger, c'est l'équivalent d'un emploi à temps plein.

Le rôle du cueilleur est essentiel : c'est lui qui examine la pomme et évalue à sa couleur et à son aspect si elle mérite d'être ramassée et si elle est suffisamment mûre. C'est lui qui décide de la laisser sur l'arbre ou de la jeter à terre, parce que rapporter à la station fruitière des pommes abîmées ou trop pâles fait juste perdre de l'argent au producteur, en main-d'œuvre, en transport, en réfrigération, en élimination. Autant jeter tout de suite la pomme au pied de l'arbre : ça nourrit le sol et évite des coûts inutiles.

Se rendre dans un verger au moment de la récolte, c'est parfois découvrir au sol un tapis de pommes. Dès qu'un fruit touche le sol, il est perdu. Parfois, des éleveurs de chevaux ou de cochons s'entendent avec le producteur pour remplir des camions et nourrir leurs bêtes. Mais cet enlèvement demande une véritable logistique. Le plus souvent, la pomme est broyée dans le verger. Elle sert d'engrais et enrichit la biodiversité. C'est ainsi que le vingtième, parfois même le dixième, de la récolte finit par terre, ou plus encore, quand les cours sont si bas que le producteur n'a même pas intérêt à ramasser ses pommes. Contrairement à d'autres filières agricoles, la pomme ne bénéficie d'aucun prix garanti ou régulé : le prix se fait sur un marché mondial, au jour le jour, sans aucun engagement des acheteurs sur la quantité achetée et le prix payé. Et les aides européennes ou régionales que reçoivent les producteurs dépendent de leurs bonnes pratiques, la plantation de haies ou d'autres lourds investissements, comme l'équipement en une station météorologique.

Être arboriculteur, c'est jouer à la fois les stratèges et les géopoliticiens, il faut anticiper en permanence : quel sera le marché ? Comment les pommes se vendront-elles ? Quand les frigos de l'industrie sont déjà pleins à ras bord, quand Poutine ferme son marché à la pomme française ou polonaise, récolter coûte plus cher que laisser la pomme sur l'arbre !

Et s'il n'y avait que la récolte ! Le verger est un organisme vivant. Tout au long de l'année, le producteur doit intervenir pour assurer son bon développement, faire des choix. Il y met toute son âme, son intelligence.

« Il faut respecter l'équilibre de l'arbre. Lui assurer un bon développement. Avoir une vision d'ensemble de sa structure, de son architecture. Le respecter. » Quand Jean me parle de ses pommiers, j'ai l'impression qu'il me parle de ses enfants.

26.

Qui peut imaginer combien de travail demande un verger ?

> « La pomme ne tombe jamais
> loin de l'arbre. »
>
> Dicton populaire

Les arboriculteurs sont de véritables orfèvres du végétal : leurs arbres sont fragiles, vulnérables. Ils doivent veiller à leur santé, à leur croissance. Aucune machine ne peut le faire à leur place. Un verger demande du travail toute l'année, la taille en hiver, la pollinisation puis l'éclaircissage au printemps, le mûrissement des pommes l'été, la récolte en automne. Chacune de ces étapes est cruciale. Le pomiculteur vit au rythme des saisons.

En hiver, moment de la taille, l'arboriculteur décide de la forme qu'il va donner à son arbre, quelles branches vont être conservées, quelles autres éliminées. Avant, les pommiers ressemblaient à des sapins, aujourd'hui ils sont taillés en cylindre. Il ne faut privilégier que les branches utiles, les

« brindilles couronnées » de l'année précédente qui vont porter les pommes sur les branches fruitières. La taille de l'année conditionne la récolte de l'année suivante. Une taille sauvage ou juste mal conduite compromet la récolte. Une taille insuffisante, et le pommier fabrique du bois, des branches et des rameaux pour rien. Une taille excessive, et il risque de développer ces branches inutiles qu'on appelle des gourmands, et qui concurrencent la production de fruits.

Au printemps, la période de la floraison est tout aussi cruciale : c'est le moment de l'éclaircissage. Les arboriculteurs suppriment les boutons floraux excédentaires, fragiles, ou qui seront de toute façon à l'ombre, pour permettre au pommier de ne porter que les plus belles pommes. Chaque bourgeon porte au moins 5 fleurs, les laisser toutes, c'est s'exposer à avoir de petites pommes. Il faut choisir celles qui seront conservées, en enlevant toutes les autres : c'est l'opération d'éclaircissage des fleurs. Une erreur d'éclaircissage et le bouquet entier de fleurs tombe ! Une branche porte environ 25 bourgeons floraux de 5 fleurs chacun. Mais le producteur ne veut que 25 fruits par branche, pas 125, qui épuiseraient l'arbre en pure perte.

Jean me raconte tout cela avec passion. Il adore son métier. Lui, il cultive à la fois des Golden et de belles pommes qu'on appelle les Cripps Pink, des pommes qui poussent bien, avec de gros rendements, ce qui ne veut pas dire pour autant qu'il peut faire n'importe quoi. Mais sa chérie, celle qu'il a choisi de cultiver par amour, c'est la Reine des reinettes. Elle mérite bien son nom : c'est la pomme la plus compliquée de toutes. Elle produit peu, 35 à 40 tonnes à l'hectare, contre le double pour la Granny – avec environ 50 tonnes, la Gala se situe entre les deux. Un pommier donne environ 250 pommes à la récolte, 30 à 40 kilos de fruits par arbre. La Reinette ne permet qu'une pomme par bouquet floral, et comme sa queue est très courte, il faut faire très attention, quand on l'éclaircit comme quand on la cueille, à ne pas la blesser, ni elle ni ses voisines. Elle demande aussi de fréquents passages dans le verger au moment de la récolte, car elle tombe facilement de l'arbre, ou bien sa chair devient farineuse. Pas question de se fier au seul éclaircissage chimique, trop aléatoire : c'est à l'homme de décider quelles pommes il conserve sur l'arbre, les mieux placées. « Produire de belles pommes, c'est très technique, résume Jean. Quand ils mangent un fruit, les gens ne pensent jamais à ceux qui ont planté et soigné les arbres. »

Au printemps toujours, quand les fleurs commencent à éclore, elles doivent être pollinisées. Jean n'est pas seulement arboriculteur. Il est aussi apiculteur. Ses vergers comptent trois ruches à l'hectare environ. Quand les sacs qui contiennent le pollen (les agronomes les appellent les anthères), situés à l'extrémité des étamines de la fleur de pommier, brunissent, c'est que l'abeille a fait son travail : la fleur a été pollinisée, elle va pouvoir se transformer en fruit. Il existe dans chaque verger des arbres destinés à fournir le pollen, souvent leurs fruits à eux sont petits : ils n'ont pas pour mission de donner les pommes.

Jean m'explique que le varroa, un acarien qui parasite les abeilles et provoque un syndrome d'effondrement de leurs colonies, fait beaucoup de dégâts sur ses ruches. Je lui parle des pesticides. Il hausse les épaules : « Il faudrait être fou pour utiliser des produits qui tueraient les abeilles : sans elles, nous sommes morts. » Une pomme mal pollinisée présente souvent un aspect difforme. On sait aujourd'hui que, pour que les abeilles soient dynamiques, elles doivent partager leur aire avec des pollinisateurs sauvages. Les arboriculteurs laissent donc se développer dans l'environnement des vergers des abris naturels pour ces insectes, dans des haies par exemple, quand ils n'installent pas de véritables petites maisons destinées à les accueillir : les osmies sont de petits hyménoptères qui nichent dans toutes sortes de cavités et jouent un rôle essentiel dans la pollinisation du verger. Ils veillent à leur bonne santé.

Pour répondre aux attentes des consommateurs et de la société, de plus en plus soucieuse d'environnement, les méthodes de production n'ont donc cessé de se transformer. Mais elles demandent de plus en plus de vigilance, de présence, de soins qui se font le plus souvent à la main. Tout cela coûte cher. Même si Jean adore son métier, il se sent en permanence sur la corde raide. Les charges de structure de son exploitation sont très élevées.

Croquer la pomme

Entre la taille, l'éclaircissage, la cueillette, le conditionnement, un verger demande beaucoup de main-d'œuvre. C'est bien pour l'emploi mais, pour le producteur, cela veut dire que l'équilibre économique de son activité est fragile.

27.

La nature les engage

La sculpture géante d'un bras jaillissant de terre en brandissant une pomme. Impossible de l'ignorer, toute la petite ville de Saint-Just, dans l'Hérault, vit grâce à la coopérative, Cofruid'Oc, et tient à le faire savoir. La pomme se dresse sur le premier rond-point, à l'entrée de la commune. Elle symbolise l'arbre ancré dans le sol qui se transforme en main pour offrir le fruit convoité. Son auteur, qui vit aux Saintes-Maries-de-la-Mer, est le sculpteur Ben K, très apprécié en Camargue pour son œuvre autour des chevaux et des taureaux de la bouvine. Il a aussi créé le Pescalune, symbole de Lunel. À Saint-Just, sa pomme rend hommage au rôle économique et social de premier plan tenu par la coopérative dans la commune. La pomme a sauvé Saint-Just.

Jean Nougaillac préside Cofruid'Oc, à Saint-Just. Une coopérative fruitière comme il en existe dans presque toutes les régions propices à l'arboriculture et au maraîchage en France. Dans l'Ouest et le Sud-Ouest, en Bretagne, en Normandie, en Charente et en Aquitaine, dans le Centre et dans le Nord, et surtout en milieu méditerranéen, où la chaleur estivale, les printemps précoces et la douceur des automnes s'unissent pour permettre la culture de fruits d'une qualité organoleptique exceptionnelle.

Pénétrer dans les locaux de Cofruid'Oc est un bonheur visuel : du rose, du rouge, du violet... Toute la coopérative est aux couleurs de la pomme. Ce jour-là, je porte une écharpe rose. Didier Crabos, qui travaille chez Cofruid'Oc depuis 1989, est heureux : « Tu as revêtu nos couleurs ! » Je ne l'ai pas fait exprès mais son bonheur fait plaisir à voir. Dans son bureau, la pomme est représentée partout, des bougies, des sculptures, des tableaux... On sent que, comme Jean, il aime son métier. Je lui pose la question. « Les pommes, c'est impossible de ne pas développer d'affect avec elles. » Comme tous ceux qui se sont approchés du fruit défendu, Didier est tombé amoureux des pommes. Quand il est arrivé à la coopérative, il n'avait que vingt-sept ans. Près de trente ans plus tard, il aime autant son métier, qui le conduit aujourd'hui dans le monde entier. Les pommes de Saint-Just sont devenues universelles. Thaïlande, Hong Kong, Bornéo, Singapour, Brésil, Israël… innombrables sont les pays où désormais elles s'exportent.

Une croix du Languedoc dans une pomme verte, ce fut pendant un demi-siècle l'identité visuelle de Cofruid'Oc. Au printemps 2013, le logo se modernise. La coopérative veut désormais afficher un symbole qui aille au-delà de son origine géographique occitane. L'ouverture vers d'autres bassins de production et de consommation la pousse à choisir un arbre-main ouvert, symbolisant à la fois l'alliance entre l'homme et la nature, sans laquelle la pomme n'existerait pas, et le cadeau de la pomme au monde. Les couleurs sont plus vives, plus éclatantes.

L'ancien patron de la coopérative, Jean Suquet, regrette l'ancien logo, mais il reconnaît aussi la nécessité de s'adapter aux évolutions mondiales. C'est lui qui a fondé Cofruid'Oc il y a plus d'un demi-siècle et l'a présidée pendant quarante ans. Un visionnaire, comme l'agriculture française en a connu dans ces années cruciales où il a fallu abandonner les méthodes anciennes pour s'engouffrer dans le grand vent de la modernisation. Sans le vaste mouvement coopératif qui bouleverse alors les campagnes françaises, la France ne serait pas devenue l'une des plus grandes puissances agricoles mondiales avec seulement 5 % des superficies cultivées de la planète.

Hiver 1956. Jean Suquet vient de s'installer et de planter 20 hectares de jeunes ceps. La température descend à moins dix-huit degrés en Languedoc. La vigne, pourtant pilier principal de l'économie régionale, n'y résiste pas. « Si tu peux voir détruit l'ouvrage de ta vie, et sans dire un seul mot te mettre à rebâtir… » En émule de Rudyard Kipling, le jeune agriculteur arrache ses ceps tués par le gel et décide de replanter. Des pommiers. Il convainc ses voisins de l'imiter. Ensemble, ils construisent un grand bâtiment, avec un hangar équipé d'une calibreuse commune et d'un entrepôt frigorifique partagé. Leur association, ils la baptisent Coopérative de conservation de fruits. Les coopérateurs sont des pionniers que le ministère de l'Agriculture et celui du Commerce extérieur encouragent et soutiennent : l'agriculture est en train de devenir le pétrole doré de la France, sa grande force à l'international. La législation comme l'administration sont d'une bienveillance inimaginable aujourd'hui. Les Français aiment les pommes et en demandent.

Il faut imaginer l'époque. Les pommes récoltées dans des caisses en bois. Rangées à l'escabeau dans des frigos qu'on isole à la main de polystyrène. Des camions et des wagons où la paille sert encore à protéger les fruits. Un matériel végétal qui ne convient pas vraiment au climat méditerranéen et oblige les producteurs de pommes à bricoler des porte-greffes plus appropriés. Des traitements radicaux qui ne s'embarrassent pas vraiment des pollinisateurs comme des peurs sociétales. Une irrigation menée si généreusement grâce à la toute jeune Compagnie d'aménagement du Bas-Rhône qu'elle ennoie parfois les pommiers.

Et puis la production qui explose, parce que les rapatriés d'Afrique du Nord s'installent par milliers dans le sud de la France et remplacent leurs oranges par des pommes. En 1986, l'Espagne rejoint le marché commun européen. Le marché français sature. Il faut trouver d'autres débouchés. Se lancer dans l'exportation de pommes n'a rien d'évident. Au début, tout est compliqué. Il faut voyager, convaincre, se professionnaliser. « Quel dommage que je n'aie pas vingt ans de moins, j'ai encore plein d'idées, de projets ! » soupire Jean Suquet, qui fête gaillardement ses quatre-vingt-cinq ans et continue de soigner ses pommiers.

En 2002, il s'est décidé à céder la place, non sans regret. Mais sa coopérative a continué de grandir. Elle est sortie du bastion languedocien qui l'avait vue naître et s'est lancée dans d'autres productions, même si la pomme représente toujours le cœur de son identité. Cofruid'Oc fait travailler aujourd'hui des centaines de personnes et exporte les trois quarts de sa production dans plus de quarante pays à travers le monde, de l'Afrique du Nord à la Russie, du moins jusqu'à l'embargo mis en place par l'Europe contre Poutine, mais aussi le Moyen-Orient, l'Asie et l'Amérique du Sud.

Les méthodes employées n'ont plus rien à voir avec celles des débuts. Les palox, ces grandes caisses en plastique, ont remplacé les cageots de bois. Les palettes ont permis de passer de l'escabeau au chariot élévateur. Les entrepôts frigorifiques à l'atmosphère contrôlée n'ont plus rien à voir avec les chambres froides des débuts, qu'on isolait comme on pouvait. Le calibrage électronique par sélection optique des pommes apportées dans les stations fruitières renvoie à la préhistoire de l'agriculture leur tri manuel d'hier, source de manipulations indésirables et d'approximations.

Tout a changé. Mais les hommes et les femmes sont restés. Non seulement Georges, Jean ou Didier, mais Saïd, qui s'occupe des expéditions depuis quarante-deux ans et ne veut pas penser à la retraite malgré ses soixante-deux ans. Ou Ali, presque aussi ancien à son poste que Saïd, qui gère les pommes de second choix, destinées à l'industrie. Ou Chérif, le frigoriste, qui a formé Mickaël avant de prendre sa retraite, à soixante-dix ans. Ou encore Maryse, Emmanuelle, Cathy et Isabelle, depuis des décennies à leur poste, l'une à la comptabilité, l'autre à l'accueil des chauffeurs, la troisième veillant sur le travail posté, la quatrième… Une coopérative, ce sont des centaines de salariés, des équipes qui travaillent à flux tendu, sur des produits fragiles, avec les exigences des distributeurs, des consommateurs qui ne laissent aucune place à l'improvisation ou à l'amateurisme.

L'agriculture de précision, où chaque intervention sur le verger est mûrement réfléchie, a renvoyé aux oubliettes de l'histoire les tâtonnements initiaux. En tout cas pour les producteurs, car l'opinion publique, elle, continue de se représenter l'agriculture comme une activité artisanale et bon enfant. Les containers ont supplanté les camions et les wagons. Expédier par mer un container, soit vingt tonnes de pommes, permet de tester un nouveau marché. Si ça marche, on peut en remplir dix, vingt, cent... et les charger sur des bateaux pour le Vietnam ou la Thaïlande. Les variétés anciennes et locales, comme la Reinette du Vigan ou la Sainte Germaine, ont laissé place aux nouvelles pommes de la mondialisation. Des fruits bons et d'une qualité constante rassurent les acheteurs, ces nouvelles classes moyennes mondiales qui veulent se nourrir avec des aliments sûrs, élaborés de façon saine, dans une traçabilité et une transparence rigoureuses.

Mais il ne faut pas pour autant renoncer à son identité : celui qui croque dans une pomme goûte un terroir et une histoire. Pour conquérir de nouveaux marchés, il faut de bons produits qui s'enracinent dans une authenticité historique, fût-elle renouvelée. On ne parle plus de variétés, mais de marques. La Pink Lady, la Reine des Reinettes Gourmande. Ou les Sauvageonnes, qui ne sont pas des pommes, mais des asperges vertes, et les Célestines, asperges blanches, ramassées alors qu'elles n'ont pas encore sorti la tête de leur écrin de sable, et vendues dans des caisses en bois revêtues de toile de jute, manière de rappeler à l'acheteur qu'il acquiert aussi un petit morceau du sol français. Les produits de Cofruid'Oc encensent la Camargue où ils sont nés, ce territoire emblématique qui continue d'incarner le dernier espace naturel d'Europe, alors que la prétendue nature sauvage du delta du Rhône n'existerait pas sans les agriculteurs, qui ont su maîtriser l'eau et ont créé les grands espaces nourriciers propices à la multiplication des oiseaux. Les touristes fascinés par la beauté des paysages s'imaginent être dans un espace sauvage, alors que les coulisses du grand spectacle de la nature sont occupées par d'efficaces machinistes : les riziculteurs qui dessalent, les saliniers qui créent les milieux saumâtres propices aux flamants roses, les éleveurs qui soignent les chevaux blancs et les taureaux noirs... et les arboriculteurs qui déclinent le rose des flamants et des casiers de sel avec celui des pommes. Sans les rizières, les vergers, les pompes hydrauliques, les vannes et les roubines, il n'y aurait pas de nature en Camargue.

Pour Cofruid'Oc, tout se joue autour de l'étang de l'Or, immense plan d'eau littoral qui unit autour de ses berges vergers, bois et garrigues. Classé espace naturel remarquable dans tout un millefeuille de réglementations dont l'Europe a le secret (Natura 2000, convention Ramsar sur les zones humides, Zone naturelle d'intérêt écologique, faunistique et floristique...), l'étang de l'Or est en réalité d'abord une mosaïque de terres cultivées, où les véritables gardiens de la nature sont les paysans. Leurs haies, leurs vergers, leurs champs, leurs prairies offrent aux rolliers, aux outardes, aux chevêches et aux hulottes, aux cistudes, aux crapauds, aux couleuvres, aux cigales et aux libellules, et même aux ratons laveurs qui s'appellent ici des ragondins et ennuient tout le monde par leur prolifération incontrôlée, bref à une interminable liste d'hôtes, qui forment ce qu'on appelle aujourd'hui la biodiversité, des habitats soigneusement entretenus et préservés.

« La nature nous engage », proclame Cofruid'Oc. Comment mieux résumer le pacte que le paysan passe avec son territoire ? La première sentinelle de la nature, c'est lui, qui vit à son contact, qui la connaît mieux que quiconque, parce qu'il dépend d'elle, de ses humeurs, de sa formidable capacité créatrice, mais aussi de sa terrible énergie destructrice. Si le citadin profite des bienfaits de la nature, le paysan, lui, en dépend entièrement. Plus de la moitié des paysages français sont issus de la façon dont le paysan entretient la nature, voire la crée. En Provence, sans paysan, finis les champs de lavande en terrasses, le flamboiement des tournesols, l'ondulation des blés, la beauté des vergers. Dans le Marais poitevin et dans la Dombes, comme en Petite Camargue, finis les étangs, les poissons d'eau douce, les promenades en barque, la douceur d'un paysage humanisé.

Cofruid'Oc vend au monde entier des pommes qui sont, par leur aspect comme par leur goût, des miracles de perfection. Mais cette alchimie parfaite demande un travail, une attention, une technicité aussi, que personne ne peut imaginer tant qu'il n'a pas vu les arboriculteurs à l'œuvre.

En parlant avec Georges Fandos, qui œuvre depuis un quart de siècle à la préservation de la biodiversité des vergers, avec Didier Crabos, qui dirige la coopérative, avec Jean Nougaillac qui la préside et produit lui-même ses pommes, j'ai d'abord vu des passionnés, des gens fiers de leur métier, qui ont consacré la majeure partie de leur vie à la pomme.

28.

En trente ans, tout a changé

> « Quand on est face à un arbre
> avec un sécateur, c'est lui le patron. »
>
> Claude Tronel

« Travailler avec la nature, c'est notre métier, m'explique Claude. En trente ans, tout a changé. Dans les années 1970, les pommiers ne produisaient qu'au bout de cinq ans. On les taillait à deux mètres cinquante de hauteur et on les laissait développer toute leur structure avant de les mettre en récolte : le tronc la première année, puis la charpentière, puis la sous-charpentière, puis les rameaux porteurs. Quand les branches fruitières arrivaient enfin, on avait perdu quatre ans. Aujourd'hui, les arbres produisent au bout de trois ans : inutile de tailler le tronc d'un pommier, il s'épuise à faire du bois pour rien. Quand on ne le taille pas, les rameaux porteurs peuvent partir directement du tronc. Les arbres sont plus rapprochés dans les vergers. Ils s'organisent en petites structures longitudinales qui facilitent le travail des cueilleurs.

Quand on est face à un arbre avec un sécateur, c'est lui le patron. »

Claude Tronel est ingénieur agronome. Il dirige le volet technique du Centre d'expérimentation horticole de Marsillargues (CEHM), qui a été créé en 1976 pour améliorer les productions du Languedoc. Il existe en France trente-cinq stations régionales de fruits et légumes. Elles font l'interface entre les chercheurs et les producteurs. Créées pour la plupart au tournant des années 1970, elles expérimentent en plein champ les solutions trouvées en laboratoire et essaient de trouver des réponses aux problèmes qui se posent aux agriculteurs : les ravageurs, la santé des pommiers, le rendement du verger... Pour se financer en partie, elles commercialisent leurs productions. Le CEHM vend ainsi 400 tonnes de pommes à Cofruid'Oc chaque année.

Claude travaille aussi sur l'asperge, le melon, la vigne, les productions du terroir. Les agronomes spécialistes des pommes comme lui réfléchissent en permanence à la physiologie du verger. Les producteurs de Cofruid'Oc doivent pouvoir tous garantir le même niveau de qualité, non seulement du fruit, mais aussi des conditions dans lesquelles il a été produit. Voilà pourquoi la coopérative ne travaille qu'avec des vergers dits « écoresponsables ».

La charte des vergers écoresponsables, mise en place par l'Association nationale des producteurs de pommes et de poires, dresse une liste de méthodes de production à respecter. Pour mériter le label et devenir « pomiculteur agréé », il faut appliquer son cahier des charges, qui demande un grand professionnalisme fondé sur le respect. Respect du fonctionnement de l'arbre, mais aussi respect du verger en tant qu'écosystème et respect de l'environnement dans lequel il se trouve. Le travail du CEHM, c'est de prendre des risques à la place des producteurs, qui ne peuvent pas se permettre de perdre une récolte, pour tester les meilleures méthodes de production, celles qui sont à la fois économiquement viables, socialement soutenables, environnementalement durables.

Aujourd'hui, les attentes de la société concernent surtout les questions liées à l'environnement. Comment réduire au maximum les traitements sans compromettre la récolte, ni grever inconsidérément les charges des exploitations par des coûts de main-d'œuvre insupportables, telle est l'équation compliquée que le CEHM doit résoudre. Il faut trouver des solutions qui ne nécessitent pas un personnel tel que la pomme serait produite à perte. Ce serait la mort assurée du producteur, d'autant que les citadins, grands écoresponsables sur le papier, se muent une fois dans les supermarchés en consommateurs sourcilleux, qui regardent d'abord une donnée essentielle à leurs yeux : le prix.

Mais en France, pas question, comme en Allemagne, de payer au lance-pierre une main-d'œuvre immigrée ! Il existe un salaire minimum à respecter, des charges sociales à payer, un code du travail à appliquer. Je l'ai déjà dit, pour chaque hectare de verger, il faut compter en moyenne un emploi salarié à temps plein. La Reinette, si bonne dans les tartes avec son goût acidulé, mais fruit délicat, produit peu et demande sept à huit passages dans le verger, pour ne prélever que les fruits à maturité pendant une période de près de deux mois. Elle en a failli être bannie des étals. À quoi bon continuer de produire des Reinettes si elles coûtent trop cher pour trouver acquéreur ? En lançant le projet Reine des Reinettes Gourmande, la coopérative a permis de relancer cette pomme qui risquait de tomber en désuétude, malgré ses qualités gustatives et culinaires.

Tous ceux qui déplorent la disparition des pommes anciennes et encensent avec justesse ceux qui les cultivent avec amour ne doivent pas oublier que, pour produire durablement, il faut aussi pouvoir gagner de l'argent, donc avoir des débouchés. Quand les pommes sont trop fragiles, la récolte trop aléatoire, la conservation difficile, les pomiculteurs doivent se résoudre à les délaisser, sauf à faire faillite.

Partout, quand j'explique que je prépare un livre sur les pommes, la même réaction : « Allez voir M. Untel ! Il a conservé des variétés anciennes. Son travail est magnifique ! » J'en suis convaincue. Il existe ainsi des centaines de conservatoires de la pomme en France. Des passionnés qui entretiennent avec amour des musées de la pomme ancienne sans compter leurs heures de travail. Ils vendent peu et cher, à une clientèle essentiellement locale, suffisamment aisée pour pouvoir payer le prix du travail déployé. Certains médias adorent les donner en exemple, mettre en avant leur spécificité, sans voir qu'elle n'est pas généralisable. Les pommes sont compliquées à produire, elles ne se conservent pas. Comment nourrir les mégalopoles émergentes avec des fruits réservés à une élite ? Rien qu'en France, si le prix de la pomme était multiplié par deux, des millions de gens ne pourraient plus se les payer.

Il faut bien comprendre que, si les producteurs français se sont concentrés sur une cinquantaine de variétés – ce qui est déjà énorme –, c'est parce qu'il ne suffit pas de produire, il faut vendre. Et pour trouver des débouchés non seulement réguliers mais rémunérateurs, il faut avoir trois certitudes. D'abord, que la récolte sera bien au rendez-vous, en quantité et qualité suffisantes. Ensuite, que quelqu'un l'achètera au juste prix. Enfin, que ce débouché ne sera pas occasionnel, mais régulier. C'est chaque année qu'il faut écouler la récolte, pas une fois de temps en temps au gré du bon vouloir des consommateurs.

Cultiver des variétés oubliées, c'est soit le faire pour son plaisir, soit être sûr de pouvoir compter sur des acheteurs qui vont payer le prix et être fidèles au rendez-vous. Qui est prêt à prendre le risque de dépendre du bon vouloir de quelques réseaux militants ? Certains amoureux des pommes, qui ont du temps à consacrer à leur communication et savent qu'ils vont pouvoir compter sur des fidèles.

Ce n'est pas sur cet équilibre précaire que peut reposer une profession entière.

29.

UN AN POUR FABRIQUER UNE BELLE POMME, DIX SECONDES POUR L'ANÉANTIR

Les pommes sont attaquées de toutes parts. « Ne mangez plus de pommes ! Elles sont bourrées de produits chimiques », affirment sur tous les plateaux télés quelques croisés, d'une violence verbale telle qu'ils finissent par ébranler même les plus sceptiques. Les agnostiques se contentent de peler la pomme, puisque ce serait la peau qui concentrerait l'ensemble des substances toxiques. Ils se privent ainsi d'éléments nutritifs essentiels parce qu'on leur serine tous les jours que Blanche-Neige n'a même plus besoin de la méchante sorcière pour s'empoisonner.

Première remarque : ceux qui pensent qu'il faut absolument laver les pommes avant de les manger n'ont jamais visité de station fruitière. Sinon, ils sauraient qu'elles prennent une dizaine de bains avant d'arriver sur nos étals.

Comment faire en effet pour éviter que la pomme ne porte des traces de choc ? Pour que sa peau reste impeccable, condition essentielle pour que le consommateur ne la boude pas ? La calibrer, la transporter, la trier, la ranger *dans de l'eau.* Une station fruitière ressemble à une entreprise d'aquaculture, sauf que les grands bacs qu'elle comporte sont remplis de pommes, et non de crevettes ou de truites. C'est le moyen que les arboriculteurs ont trouvé pour ne pas abîmer leurs pommes, les garder belles et bonnes jusqu'à notre assiette. L'eau transporte la pomme en douceur. Et miracle, la pomme flotte ! Contrairement à la poire qui coule net, elle reste en surface, oscillant doucement au gré du courant, en rappelant ces petits canards que pêchent vos enfants dans les foires avec l'espoir de vous rapporter un pauvre poisson rouge.

La dernière fois que j'ai visité la station fruitière de Cofruid'Oc, dans l'Hérault, j'ai été émerveillée.

Imaginez des piscines entières de pommes, c'est une vision d'une beauté surréaliste. La passer sous le robinet après cette thalassothérapie systématique a quelque chose d'assez incongru. Sauf si le client du supermarché, en quête de la plus belle pomme, n'a cessé de tripoter celles qui lui étaient présentées sur un plateau. C'est souvent le cas, hélas, au grand dam des arboriculteurs, à qui on impose des conditions d'hygiène draconienne, dans la cueillette, le transport, le tri, le conditionnement : une pomme abîmée est une pomme refusée.

Jean Nougaillac me raconte son désespoir chaque fois que, dans un hypermarché, il voit un vendeur vider les cageots de pommes sur les présentoirs, en vrac, sans s'embarrasser de précautions particulières. Ainsi maltraitées, les pommes vont forcément s'abîmer. Ce sont des fruits à la fois résistants, parce qu'ils se conservent bien, ce qui permet de les consommer toute l'année, mais aussi très fragiles, dans la mesure où tout choc est fatal à leur perfection satinée et déclenche le processus qui les gâte. En quelques secondes, le vendeur peut gâcher un an de travail !

C'est aussi ce que font tous les imprécateurs qui s'en prennent à la pomme comme si elle était le symbole du fruit chimique. En une phrase, ils anéantissent un an de travail. Un an pour fabriquer une belle pomme, dix secondes pour la réduire à néant !

Prétendre que les arboriculteurs n'emploient aucun produit de traitement pour préserver leurs pommes serait un mensonge éhonté. Les petites bêtes, comme les grosses, adorent les pommes. Les principaux ennemis de la pomme, quand ils ne sont pas sur les plateaux de télévision, s'appellent pourriture, rouille, chancre, oïdium, feu bactérien, tavelure, moniliose, acariens jaunes, pucerons… C'est le carpocapse qui pond le fameux ver. Et quand le ver est dans la pomme, la pomme est fichue. Invendable. Même les militants les plus acharnés du tout bio ne vont pas dépenser de l'argent pour acheter une pomme pleine de vers, nature ou pas.

Il a fallu trouver des solutions qui répondent aux attentes environnementales de la société. Claude Tronel m'explique comment s'est organisée la lutte biologique contre le carpocapse, premier fléau des vergers. Quand le papillon fait son apparition, dans les années 1970, les réponses sont chimiques. À l'époque, les paysans ne s'embarrassent pas de précautions : la société leur demande de produire pour rendre l'Europe autosuffisante, les méthodes et les produits employés sont ceux que l'époque autorise, voire préconise. Pour pouvoir exporter sa production, il faut respecter les règles des marchés les plus exigeants sur le plan phytosanitaire. Pas question de propager en Europe des maladies et des ravageurs indésirables ! Aussi, chaque fois qu'un problème se présente, on traite. Il existe des tas de produits autorisés. Peu de personnes se posent la question de leur innocuité.

Mais très vite des résistances apparaissent. Au milieu des années 1990, les carpocapses ont gagné. Il faut arracher les vergers. Les centres d'expérimentation se mettent au travail pour trouver des solutions.

Celles qui sont mises en œuvre aujourd'hui sont le résultat de deux décennies de recherche. Des chercheurs mexicains ont trouvé un virus qui ne s'attaque qu'au carpocapse, celui de la granulose. Importé en Europe, on le pulvérise désormais sur les vergers. Le virus de la granulose est agréé en agriculture biologique. Même avec quinze ans de recul, il ne semble pas présenter de dangers pour l'environnement. Excepté pour le carpocapse bien sûr. Mais les chercheurs restent vigilants quant à ses conséquences éventuelles. « Ce n'est pas parce qu'une méthode est naturelle qu'elle est forcément bonne, m'explique Claude, parfois il vaut mieux un bon vieux pesticide. »

Le bio a aujourd'hui la faveur du citadin, persuadé que produire bio, c'est produire naturel. Pourtant, croire que les pommes bios ne sont pas traitées relève de l'aveuglement, de l'idéologie ou de la naïveté. Les ravageurs de la pomme ne lisent pas les journaux qui tentent de nous faire croire que le bio vit dans un isolat indemne de toute menace. C'est même souvent l'inverse : pour l'instant, beaucoup de producteurs bénéficient de la protection relative que leur apporte l'agriculture conventionnelle, qui contient les infestations à un niveau supportable par des actions ciblées. Si toute l'agriculture française passait au bio, il faudrait plaindre les arboriculteurs, qui seraient confrontés à des attaques très difficiles à contrer.

Aujourd'hui, l'agriculture biologique utilise du cuivre, du soufre, du sulfate de cuivre, du bicarbonate de potassium, du pyrèthre, et bien d'autres molécules autorisées, dont l'innocuité n'est nullement garantie. Mais les études menées contre l'utilisation de ce qui est désigné souvent par le terme générique de « pesticides » (qui inclut en réalité les fongicides et les insecticides) ne ciblent que les produits chimiques de synthèse, comme s'ils incarnaient le mal. La fréquence des traitements est pourtant souvent *plus élevée* en bio qu'en production fruitière classique, où le recours à des traitements chimiques de synthèse est plus efficace car il résiste plus longtemps au lessivage par la pluie. Contrairement à une idée martelée par leurs disciples, certaines molécules autorisées en bio, comme le sulfate de cuivre, les produits à base de pyrèthre ou de soufre, ou bien l'huile de Neem, sont loin d'être anodines pour l'environnement, d'autant que leur action n'est pas sélective. On les retrouve dans les sols et les nappes phréatiques. Certaines ONG environnementales, persuadées de pouvoir donner des leçons de nature aux paysans, préconisent même l'emploi de produits qui ne sont pas autorisés en France, comme la poudre de Derris, à base de roténone, interdite en raison de sa toxicité, autant pour l'homme que pour l'environnement !

Il est important que les produits de traitement des pommes n'aient pas un spectre trop large, ce qui n'est pas le cas par exemple du pyrèthre, arme de destruction massive. Les arboriculteurs responsables savent bien qu'il ne faut au contraire cibler que les menaces identifiées sur le verger, une attitude bien plus judicieuse, plutôt que de traiter de façon préventive et indifférenciée. Depuis quinze ans, deux tiers des molécules utilisées en agriculture ont été retirées par l'Union européenne. Tous les producteurs dignes de ce nom sont engagés aujourd'hui dans une agriculture de précision, qui vise à n'employer que des produits dûment homologués, à des doses les plus réduites possible, et au bon moment.

Au lieu de pousser des cris d'orfraie, il vaudrait mieux faire preuve de réalisme : se passer de produits de traitement est suicidaire. Même en agriculture biologique – surtout en agriculture biologique ! –, il faut se défendre contre les prédateurs. Des insectes, des maladies, des champignons qui ravagent les récoltes, les agriculteurs du monde entier en souffrent au point de perdre parfois la totalité de leur travail. On estime qu'en moyenne un tiers des récoltes mondiales est détruit par les ravageurs.

Confondre traitement et toxicité est une erreur fréquemment commise. Pourtant, ne pas traiter aboutit souvent à ne pas manger. Agir s'impose… Même s'il faut le faire avec discernement.

30.

LA VAINE LIBIDO DES CARPOCAPSES

Les producteurs de pommes ne sont ni indifférents ni inactifs face aux attentes de la société et à leurs propres contraintes culturales. Ils ne cessent de réfléchir aux méthodes employées, de se remettre en question et d'innover.

Le ver de la pomme en offre un exemple emblématique. Une pomme véreuse est une pomme fichue. Et pendant l'été, dans le verger, le ver a largement le temps de passer avant vous. Le responsable : un petit papillon, même pas joli d'ailleurs, le carpocapse. C'est la femelle qui pond subrepticement ses œufs dans la belle pomme que vous vous apprêtez à croquer. C'est elle qui est responsable de cet affreux ver de la pomme, qui est en réalité une chenille... dont vous ne trouvez plus que la moitié après avoir mordu à pleines dents dans votre goûter.

Enfin, *c'était*. Avouez que vous ne trouvez plus beaucoup de vers dans les pommes, en tout cas dans celles achetées au supermarché. Ce qui était accepté hier ne l'est plus aujourd'hui, et même si votre grand-père se moque de vous parce que les petites bêtes n'ont jamais mangé les grosses, il est difficile de vendre aux Thaïlandais des pommes véreuses.

Face au fléau des carpocapses, une révolution majeure issue des recherches en matière de biocontrôle a bouleversé les vergers : la confusion sexuelle. Préconisée comme un remède miracle par ceux qui accusent aujourd'hui les producteurs de pommes en croyant leur apprendre leur métier, elle est en réalité utilisée depuis près de vingt ans dans les vergers.

Promenez-vous au milieu des pommiers. Vous verrez de drôles de serpentins attachés au sommet des arbres, des tubes de caoutchouc poreux d'environ cinq centimètres de long. Il y en a cinq cents à l'hectare, ce qui d'ailleurs présente un coût non négligeable. Des répliques innombrables du serpent qui a tenté Ève ? Presque, sauf qu'ils ne cherchent pas à séduire Adam, mais M. Carpocapse. Les serpentins diffusent des phéromones femelles. La femelle carpocapse, minuscule, a besoin d'émettre un signal pour attirer les mâles, sinon ils ne la trouveraient jamais. Ce signal est désormais reproduit en laboratoire et diffusé à grande échelle dans les vergers. Tout tourneboulés par cet air saturé de composés grisants, les mâles n'arrivent plus à rencontrer les femelles. Leur insatiable libido s'épuise en vain. Et comme les papillonnes ne sont plus fécondées, elles ne pondent plus. La pomme peut respirer. Et l'arboriculteur aussi.

Dans les arbres, vous verrez aussi des pièges à carpocapses. L'arboriculteur s'en sert pour contrôler la densité des papillons dans son verger. La confusion sexuelle marche bien en préventif, comme la plupart des méthodes de biocontrôle. Mais quand l'infestation est avérée, pas d'autre choix que de traiter. Pourtant, on ne le fait plus préventivement. Mettre le moins de produits possible est devenu l'obsession des producteurs de pommes. Pour une raison pratique d'abord : ils coûtent cher, en main-d'œuvre mais aussi à l'achat, le prix des produits de traitement utilisés en agriculture a explosé au fur et à mesure que le nombre des substances autorisées diminuait. Commerciale ensuite : les consommateurs ne veulent plus en entendre parler. Mais tout comme il serait stupide de bannir les médicaments quand on est malade, il est impossible de se passer totalement des produits de soin. Essayez de faire pousser des pommes dans votre jardin : généralement, elles tombent avant d'être mûres, ou bien elles pourrissent sur l'arbre, envahies de bestioles diverses.

Mais si les vers agacent les jardiniers amateurs, ils ne remettent pas en question leur métier. Le producteur de pommes, lui, est directement menacé par la tavelure, le carpocapse, la pourriture, le feu bactérien, le puceron… et à travers lui, l'économie française. Le producteur risque de perdre son année et de devoir mettre la clé sous la porte. Pour l'économie française, ce sont des emplois, des marchés et les revenus qui vont avec.

Alors le pomiculteur traite quand le besoin s'en fait sentir, pour prévenir une infestation. Mais il ne le fait qu'à bon escient et après une observation minutieuse de son verger. Et il essaie de mettre le moins de produits possible, de peur qu'ils ne soient allergènes ou qu'ils ne perturbent l'environnement.

La granulose et la confusion sexuelle ont considérablement allégé la pression chimique. La protection biologique intégrée joue aussi beaucoup de ce qu'on appelle les auxiliaires, les insectes et les araignées qui se nourrissent ou parasitent les ravageurs des cultures. Face aux pucerons, qui peuvent infester un verger en quelques jours, la coccinelle est efficace bien sûr, mais aussi deux petites guêpes, le syrphe et l'Aphélinus Mali, qui pond ses œufs directement dans le corps des pucerons lanigères. Et puis des araignées, les philodromus et les Anyphaena accuentata. L'araignée rouge, elle, a un prédateur naturel que les arboriculteurs introduisent dans le verger lorsqu'il n'est pas présent, un acarien appelé typhlodrome. Tous ces insectes auxiliaires, indispensables à la bonne santé du verger, le pomiculteur en prend grand soin : pas question de les détruire par des pulvérisations chimiques !

La révolution écologique a gagné les campagnes. Les techniques utilisées intègrent la physiologie de l'arbre, l'équilibre du verger, l'ensemble de l'écosystème, mais aussi les contraintes de l'exploitation. Des brise-vent ont été plantés pour abriter les auxiliaires, oiseaux, insectes, osmies, qui aident l'arboriculteur à polliniser et à combattre les ravageurs. Le verger d'hier ressemblait à un golf semé d'arbres plantés au garde-à-vous. Celui d'aujourd'hui est de plus en plus un aimable fouillis végétal, une jachère fleurie, d'où jaillissent les pommiers, avec des nids d'oiseaux et des gîtes à chauve-souris. La strate herbacée comme les haies sont indispensables aux araignées, aux carabes, qui s'attaquent aux pucerons et autres indésirables. Le verger vit.

Le travail du producteur de pommes est ainsi devenu plus élaboré, plus fin. Il est passé d'un écosystème simple et pauvre à un écosystème complexe et riche. Être paysan aujourd'hui, c'est être une sentinelle. Du changement climatique. De la biodiversité. Et un pionnier de nouvelles méthodes qui rompent avec l'ancienne habitude de tout résoudre par la chimie. Personne ne peut imaginer tout ce à quoi le producteur a recours pour réussir à produire les plus belles pommes : pulvériser de l'eau sur le verger en cas de gel printanier de façon à provoquer sur les fleurs et les jeunes fruits la formation d'une fine pellicule de glace protectrice, saupoudrer en été les pommes de talc si le soleil est trop ardent, pour leur éviter l'insolation, tendre au-dessus des pommiers des filets de protection pour éviter que la grêle ne dévaste la récolte, et même, comme au Japon, emmailloter chaque pomme d'une petite coiffe pour la protéger des ravageurs !

Intervenir n'est pas forcément traiter, et traiter n'est pas forcément utiliser des produits préjudiciables. Alors, quand on vous raconte qu'il faut trente traitements par an dans un verger, demandez-vous de quoi on parle. Quand vous vous levez le matin, vous vous brossez les dents (enfin, en principe), vous vous nettoyez le visage (idem), vous appliquez une mousse à raser ou une crème de jour, du maquillage, vous vous brossez les cheveux et peut-être même y vaporisez-vous de la laque ou du gel, et puis vous buvez un café. Si vous vous sentez fatigué, vous prenez des remontants. Si vous avez mal quelque part, un antalgique. Bref, vous vous « traitez » en permanence et c'est pourquoi d'ailleurs vous restez en bonne santé.

Et on n'aurait pas le droit de faire aux pommes ce qu'on fait aux hommes ?

31.

ÉPHÉMÉRIDE : UN AN DANS LA VIE D'UNE POMME

« L'aspect gracieux que présentent au mois de mai nos [...] riantes collines couvertes de pommiers [aux] fleurs blanches, neige odorante du printemps, excite l'admiration des étrangers. »

A. Pannier, Société d'horticulture de Normandie, Lisieux, 1866.

Comme l'être humain, le pommier naît, grandit, mûrit, décline et meurt. Comme l'être humain, il lui faut neuf mois pour donner un fruit. Pour que le fruit parvienne à maturité, passe d'un simple bourgeon sur une branche à une pomme magnifique et parfaite, qui puisse être cueillie et savourée, il lui faut traverser de nombreuses étapes, toutes difficiles et risquées. Mais si la pomme est un don de la nature, elle n'est pas forcément un don de la nature à l'homme. Il faut à ce dernier beaucoup de travail, beaucoup de patience, beaucoup de savoir-faire pour que le bourgeon devienne pomme.

Chaque jour, dans le monde entier, des milliers d'hommes et de femmes veillent à nous apporter les meilleures pommes qu'il soit possible de produire. Pour comprendre ce qu'ils vivent, il faut comprendre ce que signifie un an dans la vie d'une pomme. Éphéméride de la vie parfaite de Mme Pomme.

La naissance

Tout commence avec l'arbre. Mais pas n'importe quel arbre : comme une vigne, un pommier est sélectionné en fonction d'un terroir, d'un climat, d'un sol, d'une exposition au soleil. C'est par le pépiniériste que se joue l'avenir de la pomme. Il lui faut sélectionner des arbres vigoureux, qui puissent produire régulièrement, dans la durée, des pommes de qualité là où ils seront plantés. Pas question de laisser faire la nature, sous peine de se retrouver avec de petites pommes ridicules, acides, minuscules, dures, âcres !

Un pommier se compose d'un porte-greffe et d'un greffon. Chaque arbre dispose d'une véritable carte d'identité, certifiée et identifiée par le ministère de l'Agriculture. La traçabilité est ainsi devenue un maître mot de notre sécurité alimentaire. La variété choisie doit être parfaitement adaptée à la terre qui va l'accueillir.

Il faudra trois ans à un jeune arbre pour devenir adulte et commencer à produire. Comme un enfant en croissance, le verger est l'objet de soins attentifs.

Hiver

Même quand la nature semble en sommeil, l'arboriculteur veille : la période de dormance des arbres est capitale pour la production à venir car c'est à ce moment-là qu'intervient la taille. Une bonne taille se fait toujours manuellement. Elle conditionne l'équilibre de l'arbre, sa production de fruits et sa santé. Comme ce sont les branches de deux ans d'âge qui donnent les meilleurs fruits, il faut préserver celles de la future récolte, tout en éliminant les indésirables : celles qui poussent à l'intérieur de l'arbre, où la lumière doit pouvoir pénétrer, ou bien verticalement. Enlever comme sur un rosier tous les gourmands, qui captent la sève inutilement.

Printemps

Partout les vergers exultent, arborant les exubérantes boules de neige de pommiers en pleine floraison. La fleur de pommier est belle et fragile comme une minuscule rose. Les abeilles butinent, le vent transporte le pollen, fécondant les futurs fruits. Dès que la fleur est pollinisée, le pistil brunit, les pétales tombent. Le fruit est déjà là, en gestation, minuscule encore.

Autour de ces naissances invisibles, l'arboriculteur se met en ordre de bataille dans le verger : c'est au printemps que débarquent les voleurs de pommes. Le retour de la douce chaleur et des pluies du printemps sonne la charge des parasites et des ravageurs, qui tous convoitent le fruit défendu. Les rongeurs prolifèrent, l'herbe pousse dru au pied des pommiers, concurrençant l'arbre dans la conquête de l'eau et de la matière organique. Il faut faucher entre les rangées pour permettre au pommier, et à lui seul, de s'épanouir.

À cette période de l'année, l'ennemi le plus redoutable de la pomme est la tavelure. Le petit champignon s'attaque d'abord aux feuilles du pommier, puis aux fruits, défigurant l'épiderme délicat de la jeune pomme en la rendant laide et difforme.

Alors, sentinelle sans repos, l'arboriculteur guette. Il observe. Et s'il le faut, il traite. Sinon la récolte ne sera pas au rendez-vous. Broyer dès l'automne les feuilles tombées dans les vergers limite le risque, mais dès que la chaleur et l'humidité sont au rendez-vous, la tavelure les accompagne. Le changement climatique rend la menace encore plus inquiétante, multipliant les ravageurs. L'arboriculteur passe ainsi une grande partie de son temps à observer son verger. Il compte les insectes emprisonnés dans les pièges à carpocapses afin de déterminer si le seuil d'infestation est atteint ou non. Il observe l'arrivée des pucerons et des araignées rouges en espérant que les mésanges et les auxiliaires en viendront à bout.

Et il s'occupe des fleurs. Si, pour le promeneur innocent, le pommier en fleur exulte, toutes les fleurs ne doivent pas devenir fruits, sous peine d'épuiser l'arbre et de fournir des pommes imparfaites, dont les acheteurs ne voudront pas. Au printemps, l'arboriculteur doit donc ne retenir qu'une seule fleur par bouquet. Mais pas question de laisser faire la nature ! Pour avoir de beaux fruits, il faut sélectionner au cœur de chaque bouquet la fleur centrale, la mieux placée, celle qui donnera la plus belle pomme. En veillant soigneusement à ne pas la saboter. Seule une main experte peut procéder à ce délicat exercice.

À l'éclaircissage manuel s'ajoute l'éclaircissage chimique, qui consiste à apporter à l'arbre un supplément d'hormone. Pas question de laisser se développer une charge de fruits telle qu'elle épuiserait l'arbre en pure perte ! C'est au producteur d'optimiser sa production en sélectionnant le nombre de fruits idéal. L'éclaircissage chimique commence dès la floraison, jusqu'au stade où la pomme a la taille d'un petit pois.

Été

Les beaux jours arrivent. À la mi-juin, les pommes sont déjà bien formées. Mais il faut veiller à ce qu'elles parviennent à maturité dans les meilleures conditions. Le pommier va naturellement se délester de certains fruits. Il produit une hormone qui le débarrasse des « pommes en trop », celles qui l'épuiseraient. Mais une fois de plus, le producteur intervient pour sélectionner le nombre de fruits idéal. Il pratique donc un nouvel éclaircissage, manuel cette fois. Des équipements d'éclaircissage mécanique sont cependant testés sur des vergers conduits en murs fruitiers.

Cette opération est essentielle : une surcharge de l'arbre l'épuiserait et l'année suivante il ne donnerait que très peu de fleurs, donc très peu de pommes.

Pour que les pommes choisies mûrissent dans les meilleures conditions alors que la chaleur de l'été commence à peser sur le verger, il faut aussi apporter l'eau nécessaire. Chaque arbre a son goutte-à-goutte au pied du tronc. Dix à quinze litres d'eau sont nécessaires par jour et par pommier, apportés en trois fois dans la journée, durant une heure de temps. Voilà pourquoi l'arboriculteur stocke les eaux du printemps et de l'hiver : l'irrigation intelligente consiste à restituer à la terre, quand il fait sec, l'eau qui s'est déversée sur elle de façon excessive aux saisons intermédiaires. Il ne fait pas sec parce qu'on irrigue, on irrigue parce qu'il fait sec ! Dans les vergers, de drôles de personnages métalliques aux bras levés accueillent les visiteurs : ce sont des stations météo.

L'arboriculteur pilote l'irrigation au plus juste, guettant le ciel grâce à ces machines perfectionnées qui lui envoient régulièrement des informations sur le temps, mais aussi sondant l'état du sol, et mesurant les micro-variations de la croissance des branches : si elle faiblit, c'est que l'arbre a soif. Il faut apporter l'eau nécessaire, mais on ne le fait jamais à mauvais escient. Le pommier est délicat, et il craint autant l'excès que le manque.

La gestation de la pomme est, là encore, un moment critique. Tant de dangers la menacent ! Une canicule et il faut lui talquer délicatement les joues pour la protéger d'un soleil trop ardent. Un orage de grêle et voilà le verger dévasté, les fruits invendables... Alors les arboriculteurs investissent dans de coûteux filets paragrêle, qu'ils déploient de la floraison à la récolte.

Automne

Le jour de la cueillette est arrivé ! Après une année entière de soins, d'inquiétudes, d'observations et d'attentions, arrive enfin le temps de la récolte. Selon les variétés, elle s'échelonne entre septembre et décembre. Les Gala, les Reines des reinettes sont les plus précoces. Viennent ensuite les Golden et les Granny Smith, puis les Fuji et les Pink Lady. Pour chaque variété, les cueilleurs passent deux à trois fois sur chaque arbre, car tous les fruits ne mûrissent pas en même temps, et il faut donc échelonner la récolte, en fonction de la couleur du fruit.

Ce n'est pas une sinécure que de produire le « fruit paisible », comme les Chinois appellent la pomme...

32.

Cueillir une pomme, c'est tout un art

« À la Saint-Jerôme,
hoche tes pommes. »

Dicton populaire

La cueillette des pommes demande une véritable dextérité. Ne croyez pas qu'il suffit d'attraper le fruit à pleines mains, n'importe comment, n'importe où, et de tirer. Sacrilège ! Cueillir une pomme, c'est tout un art.

D'abord, on commence toujours par le bas du pommier. Sinon les pommes du haut risquent de blesser celles du bas en tombant. Et on remonte progressivement, en démarrant toujours par l'extérieur de la branche avant de progresser vers le tronc. Pour chaque grappe, il faut d'abord cueillir les fruits du dessus, seul moyen de ne pas abîmer le bouquet.

Ensuite, on ne cueille pas une pomme avec les doigts, mais avec la paume de la main : les doigts laisseraient des empreintes qui meurtriraient sa peau délicate. Il faut au contraire prendre la pomme à pleine main, sans exercer de points de pression.

On ne tire pas la pomme vers le bas, mais on la bascule vers le haut, ce qui brise net le pédoncule en le préservant : observez un plateau de pommes, elles ont toujours leur queue !

Pas question de jeter les pommes dans le panier : le cueilleur tient en bandoulière ce qu'on appelle un *picking bag*, c'est-à-dire un sac muni d'une jupe en plastique. Il y glisse chaque fruit avec délicatesse pour qu'elle rejoigne les autres sans heurt.

Une fois que son panier est plein, le cueilleur se rend au centre de l'allée, là où se trouvent les grandes caisses appelées palox. Il retourne la jupe de son sac, ce qui permet de faire glisser délicatement les pommes, et il les étale de façon à ce qu'aucun fruit ne dépasse. Sinon les pommes du dessus seront abîmées quand les palox sont posés les uns sur les autres avant d'être transportés jusqu'à la coopérative.

Le cueilleur a une responsabilité importante : celle de ne déposer dans le palox que les fruits qui présentent la coloration, le calibre et l'aspect optimaux. Sinon, il aura travaillé pour rien : les pommes seront déclassées à la coopérative, envoyées vers l'industrie et tous les marchés de transformation, voire données à des éleveurs pour les plus abîmées. Leur prix de vente ne couvrira pas les frais de tri ni de stockage, et le producteur aura payé la cueillette et le transport en vain.

Difforme, trop pâle, trop petite, abîmée, véreuse, la pomme doit rester dans le verger, soit sur l'arbre si elle n'est pas encore prête, et il y aura un nouveau passage d'ici quelques jours, soit jetée au sol si elle ne mérite pas d'être cueillie.

Pour chaque pomme, le cueilleur doit ainsi prendre une décision : celle de prendre le fruit, de le laisser sur l'arbre ou de le jeter au sol. Chaque pomme est le résultat d'un choix.

Plus tard, quand la pomme aura été amenée à la station fruitière, quand elle aura été sortie du palox et vérifiée, elle subira une nouvelle sélection, un nouveau tri. Abîmée, elle sera éliminée. Rejetée, parce que le cueilleur a commis une erreur en sélectionnant un fruit qui ne présente ni la couleur ni le calibre souhaités, ou qu'elle a subi des attaques d'insectes, de champignons ou des coups de soleil, et que le consommateur l'écartera avec dédain, elle finira au mieux en jus ou en compote. Même si devant les caméras tout le monde se déclare prêt à acheter les « fruits moches », la réalité est tout autre, et les producteurs ne peuvent compter dans le meilleur des cas que sur huit fruits sur dix pour assurer leur revenu – et parfois sur moins d'un sur deux seulement.

Si elle est agréée en revanche, parce qu'elle a une belle couleur, un bon calibre et le taux de sucre souhaité, toutes choses que les employés de la station fruitière analysent avant de l'accepter, notre pomme commence alors un long voyage. Le bain des piscines de calibrage d'abord, puis le tapis roulant, qui permet aux emballeuses de la disposer dans les plateaux, couchée sur le côté pour présenter son plus beau profil, le rouge au-dessus, la queue sur le côté.

Le conditionnement des pommes, en barquettes, en vrac, en sachets, en plateaux, est toujours manuel. Que d'emplois, pour des personnes qui acquièrent ainsi une qualification précieuse et un salaire !

Juste après la récolte, la pomme qui n'est pas immédiatement conditionnée pour être vendue en France ou exportée est entreposée dans de grands entrepôts frigorifiques dits à atmosphère contrôlée : leur teneur en oxygène est progressivement abaissée et la température maintenue entre zéro et deux degrés. Malgré le froid, son parfum entêtant sature l'air ambiant. Mais vous ne risquez pas d'en profiter : la chambre froide ne contient plus assez d'oxygène pour qu'on puisse y pénétrer. Même dans son sarcophage, la pomme continue de vivre. Elle sortira de l'entrepôt au fur et à mesure des commandes, voyagera dans un camion, et, si elle a été vendue à l'autre bout du monde, prendra le bateau, puis un autre camion, avant de parvenir enfin dans un magasin. Pour desservir les lointains marchés d'Asie, il lui aura fallu cinq semaines de voyage !

Et là un vendeur négligent la déversera peut-être sans égard dans un rayon. Avant que nous venions la tripoter négligemment. Retournant les fruits, les pressant de nos doigts sales, les bousculant sans égard, sans savoir qu'avant de parvenir jusqu'à nous ils auront connu un si long chemin et vaincu tant d'obstacles. Chaque pomme, sélectionnée au verger, à l'arrivée dans la station fruitière et par l'emballeuse, est un miracle !

Croquer la pomme

On devrait prendre le temps d'observer chaque pomme avant de la croquer. Rendre hommage au long travail qui nous a permis de la savourer. Et à ceux qui l'ont amoureusement soignée pour le bonheur de notre palais.

Produire des pommes, c'est un tel métier de patience et de savoir-faire ! Il faut y mettre du respect, de la délicatesse, et même de la tendresse. Comment supporter de voir tant d'efforts méprisés, méconnus, insultés ?

33.

La pomme de discorde...

« N'achetez pas de pommes. »

Biocoop, 2014

En lettres majuscules, injonction. À côté, une pomme verte dégorgeant de machines et de substances diverses, noirâtres et effrayantes. Partout en France, de grandes affiches. Juste en dessous de l'accroche en lettres majuscules, écrit entre parenthèses et en caractères plus réduits « traitées chimiquement ».

Sous ce visuel explicite, la chaîne de produits biologiques Biocoop nous annonce en 2014 que 87 % des pommes françaises contiennent une quarantaine de traitements : herbicides (1,8), insecticides (15,7), fongicides (28,8). Et la firme d'exhorter le consommateur à se tourner vers elle, dont le slogan figure en gros : « Achetons responsable. »

Désireux de revitaliser sa chaîne de magasins, qui souffre de son côté austère et vieillot, le directeur de Biocoop, issu de la grande distribution, a fait appel à une agence de communication branchée, Diesel et Carambar. Elle sait comment marquer les esprits : faire peur, choquer, éternelles recettes qui ont toujours fait leurs preuves.

Alors qu'ils sont en pleine récolte, les arboriculteurs vivent cette campagne comme une agression et demandent à la justice de suspendre en référé une campagne qui ruine leur travail et leur image. Mais les juges de première instance refusent, précisant dans l'exposé de leur décision que « le consommateur n'ignore rien des risques liés à l'emploi de substances chimiques de synthèse dans l'agriculture dont l'exposition de ses dangers fait l'objet de fréquentes campagnes dans les médias ; qu'il a ainsi nécessairement à l'esprit ces risques lorsqu'il est mis en présence des visuels dont il s'agit [...]. La pomme, fruit le plus consommé en France, est aussi celui qui nécessite le plus grand nombre de traitements de pesticides. »

Bref, comme souvent désormais, les juges de première instance ont réagi non en appliquant le droit, censé interdire les discriminations et calomnies, mais en mettant en œuvre une justice émotionnelle : puisque les médias attaquent régulièrement la pomme, rien n'empêche une entreprise de les imiter. Il serait intéressant de transposer cet argumentaire à d'autres cibles favorites des humoristes et de l'opinion publique : pourquoi ne pas lancer une campagne insultante contre ceux que ne protège encore aucune loi, par exemple les gros, les petits, les Belges, les blondes ou les roux ? Rien ne l'empêche puisque tout le monde dit régulièrement du mal d'eux...

Sur son site, Biocoop se félicite de cette décision de justice. Elle y voit un hommage à son combat depuis sa création, il y a vingt-cinq ans, pour « promouvoir une consommation responsable qui respecte l'environnement dans une démarche d'économie solidaire ». Vent debout contre les risques d'une agriculture industrielle, la chaîne se présente comme un modèle précurseur de changement durable des habitudes de production et de consommation, agissant dans la transparence, l'équité et la coopération. Pour elle, cette victoire judiciaire est celle de la liberté d'expression face au danger des pesticides dans l'agriculture.

Bien. Ébranlée, je collecte les données scientifiques concernant les différents systèmes de production des pommes, celle qui serait bonne et responsable, la bio, et l'autre, la mauvaise, celle de l'agriculture conventionnelle. C'est précisément une des missions de notre Institut national de la recherche agronomique. Une étude publiée en 2013 explique que la consommation d'énergie fossile et les émissions de gaz à effet de serre sont deux fois plus importantes en agriculture biologique qu'en agriculture conventionnelle parce qu'il faut multiplier les passages dans les vergers pour lutter contre les ravageurs : moins de chimie, mais plus de machines, de carburant, de main-d'œuvre. Rapportée à la production obtenue, moitié moins importante en bio (18 tonnes de Golden à l'hectare en moyenne contre 41 tonnes en conventionnel), l'agriculture biologique polluerait deux fois plus ! Biocoop a raison de rappeler qu'il faut acheter responsable. Mais la solution ne réside peut-être pas dans le fait de courir dans ses magasins, où une partie de la nourriture vient de l'autre bout du monde parce que, l'offre de bio en France étant très inférieure à la demande, il faut aller chercher des pommes au Chili, en Argentine ou en Bulgarie, sans garantie aucune que ces pays évitent d'employer des produits proscrits en France. Elle ne réside pas non plus dans le fait de devoir faire ses courses beaucoup plus fréquemment, parce que les fruits produits en bio, outre de coûter plus cher en raison des frais de main-d'œuvre et des rendements moindres, ne se conservent pas et pourrissent ou sont véreuses très rapidement, occasionnant un gaspillage bien irresponsable.

La réalité, une fois encore, est que le capitalisme a trouvé un nouveau champ d'épandage : le marché de la peur permet dc faire payer plus cher leur nourriture à des consommateurs inquiets. Contrairement à l'image qu'elles se donnent, de petits artisans travaillant en circuits courts – ce qui reste vrai pour certaines associations loin de disposer des moyens financiers de Biocoop –, les filières du bio sont devenues industrielles, d'énormes machines de guerre mues par des professionnels du marketing sortis d'écoles spécialisées. Et ces petits jeunes aux dents longues ont parfaitement compris qu'il y avait un filon à exploiter pour gagner des parts de marché, même s'il se fait sur le dos des paysans et passe par la précarisation de milliers de petits exploitants.

Pourtant, cet argument ne suffit pas s'il faut effectivement choisir entre sa santé ou la planète, c'est-à-dire choisir le bio pour ne pas être contaminé par des pesticides ou le conventionnel pour épargner le climat. Les pommes produites par l'agriculture biologique sont-elles vraiment meilleures pour la santé que celles qui viennent des autres vergers ? Est-il possible de tenir sur cette question un discours non militant, qui ne vise pas à salir l'autre camp, à le calomnier, à remplacer la nécessaire recherche de la vérité par les imprécations, les invectives, la culpabilisation ? La plupart des émissions de débat consacrées à la question se terminent en pugilat. Et quand il s'agit d'un documentaire, c'est encore pire, car l'équipe qui filme part souvent de la volonté de dénoncer un prétendu scandale, qu'elle cherche à démontrer en ne sélectionnant que les informations et les images qui abondent dans son sens, isolant une phrase ou un geste censé démontrer la culpabilité de l'arboriculteur sans le replacer dans son contexte. Si un producteur de pommes répond à un journaliste : « Quand mon champ est infesté de parasites, bien sûr je traite » et, voulant bien faire, montre une campagne de pulvérisation – d'un produit dosé au plus juste, bien loin chronologiquement de la récolte puisque tous les traitements s'arrêtent en juin, alors que les pommes sont récoltées en octobre –, mais que l'émission ne montre plus que la pulvérisation et le « bien sûr je traite » du pomiculteur, sans expliquer ni le calendrier ni la situation, voilà le producteur vilipendé, accusé. Piégé. C'est affreux pour lui qui a accueilli les journalistes en toute bonne foi et découvre avec consternation, lors de la diffusion de l'émission, que sa parole a été travestie, sans avoir la possibilité de s'expliquer, de justifier la nécessité de son geste. Le montage des émissions à charge tue beaucoup plus sûrement que la pomme. Une accusation est toujours facile à lancer, une réponse qui se veut précise et juste demande toujours plus de mots. Surtout quand on est un arboriculteur dans son champ, pas un spécialiste de la communication. Alors le paysan refuse désormais de recevoir des journalistes. Et comme il refuse, il est accusé de vouloir cacher des choses gênantes. Comment sortir de ce piège ?

En juin 2015, après Biocoop, c'est Greenpeace qui s'attaque aux producteurs de pommes. « Pommes empoisonnées », titre son rapport, qui dénonce la présence de plus de cinquante pesticides dans les sols et les eaux des vergers européens. 85 échantillons ont été analysés, dont 11 en France. Des résidus ont été trouvés. Il faut mettre fin à la contamination des vergers en choisissant une agriculture écologique, conclut l'ONG, dont bien évidemment la presse reprend aussitôt les accusations.

Une fois de plus, voilà la pomme attaquée. Pour faire bonne mesure, les militants de Greenpeace emploient leurs traditionnelles méthodes en s'enchaînant aux portes du ministère des Finances le 1er juillet. L'ONG exige des distributeurs qu'ils paient plus les paysans afin de les inciter à de bonnes pratiques. Demande vertueuse, mais qui passe préalablement par leur démolition en règle.

Indignés, maraîchers et arboriculteurs se penchent sur ledit rapport. Très vite, il s'avère qu'il ne tient pas la route : les traces sont infinitésimales, très loin en dessous des normes autorisées. Et elles se trouvent dans le sol et l'eau, pas dans les pommes elles-mêmes. (Pourquoi ne pas avoir analysé les fruits ? De peur de ne rien trouver ?) Quant aux méthodes préconisées par l'ONG, et notamment la confusion sexuelle du carpocapse, elles sont en réalité mises en œuvre depuis près de vingt ans, notamment dans les vergers dits écoresponsables (1 500 producteurs en France). Bref, l'ONG accuse à tort et à travers et enfonce par ses préconisations des portes depuis longtemps ouvertes.

Mais voilà, la flèche est partie. Et le fonctionnement de l'information est devenu tel que n'importe quel scandale fait les choux gras de la presse. « Mieux vaut une connerie d'avance qu'une information de retard », résume Hubert Huertas, ancien patron du service politique de France Culture. Il faut occuper l'antenne en permanence, créer l'événement. Pour exister et recevoir des financements, les ONG doivent constamment chercher des os à ronger qui légitiment leur utilité. Pour battre la concurrence, les médias doivent taper plus fort et plus vite que leurs concurrents. Que l'ONG publie un rapport au titre bien senti, même s'il est totalement faux puisque les pommes n'ont pas été analysées, et certains médias s'engouffrent dans le scandale qui assure de l'audience et les ventes.

Le résultat est désastreux pour ceux qui sont victimes de cette mise au pilori, face à laquelle les démentis ultérieurs, les explications, la rationalité ont toujours moins d'impact que l'effet d'annonce initial. Que la justice rétablisse la vérité quelques mois, voire quelques années plus tard, ne sert plus à rien : le mal est fait. Quand je vois les efforts que les pomiculteurs français mettent en œuvre pour produire les plus belles pommes avec le moins de traitements possible tout en maintenant un prix abordable, je suis atterrée par la façon dont la filière est attaquée, menaçant sa pérennité. Pour moi, la véritable irresponsabilité est là. Que la grande majorité des producteurs de pommes se soient engagés dans la voie d'une agriculture raisonnée et de précision devrait inciter leurs détracteurs à moins de violence. Affoler les consommateurs avec des discours terrifiants ne mène à rien de constructif.

Mais les imprécateurs sont de bons clients pour les médias. Et le producteur de pommes qui cherche à expliquer sa démarche a beaucoup de mal à résister aux slogans vengeurs sous lesquels il est enseveli.

34.

Verdissement

« Si tu veux que la pomme tombe,
secoue l'arbre. »

Dicton populaire

Bien sûr, il est légitime que des citoyens, des chercheurs, des médecins souhaitent connaître la vérité, d'autant que les solutions d'hier, quand il s'agissait de nourrir la France affamée, visaient d'abord l'efficacité et la productivité. Produire des pommes passait par l'application d'un calendrier de traitement fourni par les sociétés phytosanitaires, que l'agriculteur appliquait du premier au dernier jour sans se poser de questions.

Mais ce qui était vrai dans les années 1970 ne l'est plus aujourd'hui : le contexte a changé. Dans les vergers d'abord, parce que des résistances sont apparues, l'araignée rouge et le ver plaçaient le producteur dans une impasse. Bien avant le consommateur, le producteur a commencé à se poser des questions sur l'équilibre de son verger, à redécouvrir ce qu'il savait en réalité depuis longtemps : il fallait agir différemment, de façon moins radicale.

Dès le début des années 1990, les réponses des années 1970 n'étaient plus de mise : non seulement la France se nourrissait, mais elle affrontait la surproduction. Il fallait détruire les montagnes de nourriture produites à grands frais. Alors les producteurs ont commencé à introduire d'autres méthodes, moins agressives, non seulement pour des questions d'efficacité, mais aussi pour des raisons de coût, refusant de poursuivre l'escalade des traitements. Pour le ver de la pomme par exemple, les Américains avaient synthétisé les phéromones permettant de créer la confusion sexuelle. Des mesures prophylactiques ont été introduites comme le broyage des feuilles enlevées. La conduite du verger est devenue plus fine, plus subtile. L'alchimie du pommier mieux comprise. L'agriculteur a accompagné l'évolution des attentes de la société parce qu'il est lui-même un citoyen, qu'il ne vit pas dans une bulle, mais dans un monde où les interrogations sur la santé, la responsabilité de chacun face à la nature sont devenues collectives et impérieuses.

Le contexte a changé : le développement durable s'est imposé dans les mentalités, particulièrement après le Sommet de la Terre de Rio de Janeiro, en juin 1992, quand l'effondrement de l'Union soviétique et l'émergence de la Chine ouvrent un espace mondial de négociations internationales, où les ONG ont désormais leur mot à dire. Avec la fin de la guerre froide, qui coupait le monde en deux, préserver l'environnement devient aussi important que produire de la richesse – même si la question du développement reste loin d'être résolue pour des millions d'êtres humains. Mais les ONG de défense de l'environnement, soutenues par des États développés inquiets de voir s'enrichir tant d'anciens pauvres, qui prétendent désormais vivre et consommer comme eux, occupent désormais le devant de la scène. Et leur discours surfe sur la peur. Peur du nombre, peur de manquer, peur de voir la Terre se dégrader : « Nous n'avons pas de planète de rechange. » Ou encore le ressassé « La Terre n'est pas ce que nous avons hérité de nos ancêtres mais ce que nous avons emprunté à nos enfants. » Les atteintes à la biodiversité, la montée des pollutions, le changement climatique mobilisent des citadins qui veulent désormais que leur environnement soit protégé, préservé. La campagne n'est plus le lieu répulsif que l'on fuit pour trouver en ville une vie meilleure, mais l'espace d'une nature idéalisée, qui doit être belle et sûre pour qu'on puisse s'y promener et savourer le spectacle de la beauté du monde en toute sécurité. Dans les pays pauvres pourtant, les paysans continuent d'y vivre misérablement et de souffrir de la faim. Les aider à produire plus et mieux reste un impératif. Mais dans les pays riches, les agriculteurs sont désormais perçus comme les gardiens de la nature.

Au début des années 1990, la Politique agricole commune de l'Europe a imposé des jachères, le verdissement des exploitations est devenu l'objet de ce qu'on a appelé les aides du second pilier, qui n'ont depuis cessé de se renforcer. Désormais, les politiques agricoles mettent l'accent sur ce qu'on appelle la transition agro-écologique : il s'agit de mettre en œuvre une agriculture dite climato-intelligente, où l'agriculteur ne se contente pas de produire, mais est devenu le prestataire de « services écosystémiques », le créateur d'« infrastructures agro-écologiques »… Tout ce jargon de spécialistes a le mérite de reconnaître enfin que, en nourrissant ses concitoyens, celui qui cultive la terre agit aussi sur l'environnement et rend des services à la collectivité, comme l'entretien des chemins, des haies, des prairies, la création de réservoirs d'eau, et que ces actions profitent à tous : haies, zones humides, prairies sont des gisements de biodiversité, qui produisent, pour l'agrément de tous, des paysages agréables, et rendent les territoires mieux à même de faire face au changement climatique. Les pomiculteurs les plus engagés dans le verdissement ont ainsi adopté une charte de qualité qui garantit aux consommateurs que les pommes qu'ils achètent viennent d'un verger écoresponsable. Ceux qui respectent tout un ensemble de bonnes pratiques bénéficient du label.

Seulement, planter une haie, entretenir un verger, coûte cher, et ces services que les agriculteurs rendent à la collectivité doivent être rémunérés. Comment ne pas comprendre la colère paysanne quand la pomme coûte environ 40 centimes d'euros à produire par kilo, et que le producteur ne peut la vendre que dix fois moins cher parce que l'embargo russe a laissé les frigos pleins, alors que la nouvelle récolte arrive et que trois quarts des achats de pommes des collectivités publiques se font à l'étranger ? Mieux vaut financer l'agriculteur pour qu'il continue de créer et d'entretenir des paysages humanisés, où l'on peut se promener parce que les chemins sont ouverts et débroussaillés et que la friche n'a pas tout envahi, plutôt que de le considérer comme un être malfaisant dont le seul but serait d'empoisonner ses concitoyens ! Certes, la société attend désormais des agriculteurs qu'ils mettent en œuvre une agriculture fondée sur le respect de la nature, même si elle fournit moins de nourriture et demande plus de main-d'œuvre. Très bien. Mais qu'elle soit cohérente dans cette attente ! Les questions de pénibilité du travail, de coût de la main-d'œuvre, le citadin les ignore. Il veut juste qu'on lui garantisse que ce qu'il mange a été produit dans le plus grand respect de la biodiversité et de l'environnement. Est-il prêt à payer plus cher pour les produits issus de cette agriculture de jardin ? Oui, quand il fait preuve de militantisme et qu'il est aisé. Certains agriculteurs bénéficient ainsi de filières rémunératrices fondées sur des circuits courts, ou très exigeants, qui leur permettent de gagner correctement leur vie malgré une production plus faible et des coûts de main-d'œuvre qui justifient des prix de vente élevés. Ils s'en sortent bien parce qu'ils peuvent vendre cher à un petit nombre.

Le système est-il généralisable ? Non, il ne fonctionne que tant qu'il concerne une minorité. La hausse du prix de la nourriture et sa raréfaction risquent d'exclure de nombreuses personnes de l'accès à une alimentation sûre et de qualité.

D'autant que bien des citadins oublient leur casquette de militant lorsqu'ils doivent faire leurs courses au quotidien pour se muer en acheteurs sourcilleux. Ne plus se focaliser que sur le prix les conduit alors à privilégier des produits bon marché, issus de pays où les normes sociales et environnementales sont bien loin de celles qu'ils exigent des producteurs français. Travail des enfants, pulvérisation de produits interdits, le prix bas passe par l'emploi de méthodes bien peu respectueuses du développement durable.

35.

Le retour de la belle-mère

« La pomme est pour le vieux singe. »

Dicton populaire

En Europe, et particulièrement en France, qui transpose les directives européennes en les alourdissant, l'agriculture obéit à un grand nombre de normes extrêmement exigeantes. Les premières sont sanitaires. La santé des consommateurs reste la première priorité. Les contrôles en agriculture conventionnelle sont draconiens. Aucune coopérative, aucune entreprise agroalimentaire ne transige avec les contrôles qualité. Quand le camion ou le tracteur contenant la récolte se présente à la porte du centre de collecte ou de la centrale d'achat, son contenu est instantanément analysé. Toute infraction à la réglementation, toute marchandise qui ne respecte pas les normes exigées entraîne le refus du chargement *dans sa totalité*.

Personnellement, après avoir vu comment fonctionne le système dit conventionnel, je préfère désormais mille fois consommer des produits issus de cette filière-là que les aliments bios, pour lesquels j'éprouve toujours une certaine forme de suspicion. Non seulement ils coûtent plus cher, mais l'incertitude persiste sur la façon dont ils ont été produits et vérifiés, surtout en circuits courts, et sur ce qu'ils contiennent : je préfère prendre en photo un champ de blé bio envahi de coquelicots que d'avoir à manger de ces blés moissonnés en même temps qu'une plante toxique. En 1954, la ville de Pont-Saint-Esprit bascule dans la folie après une épidémie collective liée à l'ergot du seigle, un champignon toxique que contenait la farine. Nos ancêtres mangeaient tous bio, ou du moins le bio que le citadin imagine, c'est-à-dire sans traitements, la culture livrée totalement à la nature, celle qui donne des rendements misérables dans les pays pauvres. Ils vivaient peu de temps, affligés de nombreuses maladies indésirables.

En réalité, le bio d'aujourd'hui est aussi technique et exigeant que le conventionnel… mais il n'est pas toujours aussi contrôlé. Le dernier grand scandale sanitaire en Europe, plusieurs dizaines de morts pendant l'été 2011, imputé d'abord, à tort, à des concombres « tueurs » espagnols, venait d'une ferme bio du nord de l'Allemagne, qui avait vendu des graines germées contaminées par la redoutable bactérie E.coli. Je n'aime pas manger une pomme un peu moisie, abîmée ou véreuse. Et il arrive, quand je rentre dans certains magasins bios, que l'odeur de la patuline me prenne à la gorge.

La patuline ? Une mycotoxine fongique que développe la pomme lorsqu'elle moisit. Elle peut paraître saine et avoir commencé à se dégrader de l'intérieur. La patuline commence alors à sporuler, c'est-à-dire à émettre des spores. Certains croient bon de vous affirmer que c'est la nature et que cela ne peut pas vous faire de mal. Mais c'est faux. L'amanite phalloïde, le dendrobate, la ciguë ou le mamba noir font partie de la nature. Et ils vous tuent. La patuline est toxique, hautement toxique. Elle provoque nausées, vomissements, risque d'atteinte aux reins et de tumeurs, mais aussi malformation de l'embryon chez la femme enceinte exposée de façon chronique à la patuline, même à faible intensité. Croire que l'on peut faire de la compote ou du jus de pomme avec des pommes abîmées et qui ont commencé à moisir est tout simplement criminel. C'est pourtant ce qui arrive parfois dans les familles les mieux intentionnées du monde, ou bien chez le fermier amateur, persuadé de produire au plus près de la nature parce qu'il fabrique chez lui, loin de toute structure officielle, le « jus de pomme brut fait maison », qui est en réalité un cocktail digne de la belle-mère de Blanche-Neige…

Les producteurs de pommes conventionnels connaissent parfaitement ce risque et sont extrêmement vigilants dans leur collecte de pommes et dans leur conservation : leurs entrepôts frigorifiques sont conçus de façon à permettre le mûrissement des pommes en limitant le risque de dégradation des fruits. Ils nécessitent de gros moyens… précisément toute cette agriculture « industrielle » que condamnent ceux qui croient que la modernisation de l'agriculture était superflue, dégradante, inutile.

Il faut avoir connu les contaminations bactériologiques qui continuent d'empoisonner dans les pays pauvres – le touriste imprudent en fait souvent l'expérience à ses dépens – pour comprendre pourquoi la France a mis en place un système de sécurité sanitaire qui est un des plus exigeants au monde. Ce qui explique que nos exportations agricoles soient si prisées en Europe, en Asie et dans les pays émergents, mais aussi pourquoi le repas français a été inscrit au patrimoine mondial immatériel de l'Unesco. Le Vietnam, la Malaisie, la Thaïlande, devenus de grand pays importateurs de pommes au fur et à mesure qu'ils sortaient de la pauvreté et du sous-développement, ne veulent pas manger de pommes chinoises, alors que la Chine est non seulement le premier producteur mondial, avec la moitié de la récolte, mais aussi le pays le plus proche d'eux géographiquement. Bien plus proches que les traditionnels exportateurs européens, américains, australiens... Les pommes chinoises brillent trop pour être honnêtes – on murmure que, pour obtenir cet aspect flamboyant, elles seraient trempées dans un mélange des plus douteux... Non, l'Asie du Sud-Est préfère les pommes françaises. Comme les Anglais, les Espagnols, les Allemands, les Néerlandais, qui sont nos principaux acheteurs. Croyez-vous vraiment qu'ils soient plus bêtes que ces prétendues sentinelles de notre santé qui tirent à boulets rouges sur les producteurs de pommes ?

36.

Tempête pour un seau d'eau

« Il y a peu à choisir entre
deux pommes pourries. »

Shakespeare, *La Mégère apprivoisée*

Abordons ce qui mobilise particulièrement les contempteurs de la pomme prétendument industrielle : une technique de conservation appelée SmartFresh, qui nous vient, comme beaucoup d'innovations, des recherches menées par les États-Unis, première puissance mondiale, pour garantir leur sécurité alimentaire.

Depuis les grandes tempêtes de poussière (*dust bowl*) des années 1930, qui provoquèrent la ruine des *hookies*, ces petits cultivateurs des grandes plaines, et leur exode vers la Californie, les États-Unis ont mis en place des programmes publics de restauration des sols, de recherche agronomique et de protection de leur secteur agricole qui n'ont aucun équivalent dans le monde. Les pommes, dont ils sont le deuxième producteur mondial, y figurent en bonne place. La variété la plus connue et la plus vendue au monde, la Golden, a été créée aux États-Unis au début du XXe siècle. Elle n'a été cultivée en France que cinquante ans plus tard.

Pour pouvoir exporter des pommes, il faut garantir leur bon état de conservation. Or, comme tous les fruits et légumes, les pommes produisent naturellement, lorsqu'elles mûrissent, un gaz appelé éthylène. La pomme en émet tellement qu'elle vous asphyxie si vous restez avec une récolte dans une pièce sans aération. L'odeur si forte et si caractéristique de sa maturation vous prend à la gorge...

Après la cueillette en effet, une pomme continue à vivre. Plus elle est cueillie tardivement, moins elle se conserve et plus elle « respire ». Non seulement les hormones végétales qu'elle contient commandent sa seconde vie, celle qui commence après qu'elle a été détachée de l'arbre, mais la pomme échange des informations avec ses voisines. Elle émet des centaines de substances chimiques, dont l'éthylène. Voilà pourquoi on dit que mettre des pommes dans un compotier avec des avocats permet de les faire mûrir.

Toutes les variétés ne réagissent pas de la même façon. La Granny respire peu. Il ne faut pas la cueillir trop tôt, sinon elle reste acide. La Reine des reinettes craint le froid, contrairement à la Golden ou à la Pink Lady. Elle ne supporte pas une température inférieure à quatre degrés. C'est pour ça qu'on n'en trouve déjà plus en novembre, au moment où arrive la Pink Lady qui supporte le froid et se conserve longtemps. La pomme qu'on laisse à l'air libre en revanche devient poisseuse.

Elle change de couleur, se flétrit, attire les moisissures. « Pomme qui pourrit gâte la compagnie. » Pline préconisait de les tremper dans de l'eau de mer pour les conserver. Nos aïeuls les plaçaient à distance les unes des autres, sur des clayettes dans des pièces sombres, caves, celliers, greniers, en espérant réussir à leur faire passer l'hiver. Certaines variétés régionales pouvaient effectivement être conservées jusqu'en mai.

La mondialisation, les attentes des consommateurs des pays lointains, les exigences sanitaires internationales demandent aujourd'hui des pommes qui restent belles et saines. Le froid et l'absence d'oxygène des entrepôts frigorifiques où elles sont entreposées après la récolte sont indispensables mais pas suffisants. Les industriels ont imaginé de nombreux procédés pour les conserver, depuis l'irradiation jusqu'aux emballages physiologiques en polyéthylène, mais les réglementations sanitaires des différents pays importateurs ne les acceptaient pas toujours.

Voilà pourquoi des chercheurs de Caroline du Nord ont découvert et breveté sous le nom de SmartFresh une molécule très similaire à l'éthylène, le 1-méthylcyclopropène (1-MCP), capable de limiter le dépérissement de la pomme en bloquant les récepteurs de l'éthylène présents dans le fruit. Un seau d'eau contenant une seule cuillère de ce produit suffit à protéger un entrepôt tout entier, sachant que, dès qu'on sort la pomme de l'entrepôt, elle reprend son processus de mûrissement. Chaque fois qu'une expédition importante vers une destination lointaine quitte une coopérative fruitière, celle-ci prend grand soin de conserver quelques fruits-témoins. Elle saura ainsi en regardant son échantillon comment évoluent ces pommes qui parcourent la planète.

Certaines organisations dénoncent le procédé. Pourtant, empêcher la pomme de se dégrader est un impératif pour pouvoir livrer des pommes non moisies, donc saines, à ces consommateurs qui veulent désormais pouvoir disposer en toutes saisons de fruits et de légumes de qualité. Bien sûr, rien ne vaut le fruit frais tout juste cueilli sur l'arbre, mais quand l'hiver s'abat sur le monde tempéré et que plus rien ne pousse, ou quand le citadin vietnamien, à l'autre bout du monde, veut consommer un fruit de qualité, trouver des parades intelligentes s'impose.

Hier, les humains se serraient la ceinture pendant les périodes de soudure. Ils perdaient jusqu'à dix kilos. Les femmes gravides ou allaitantes, les enfants, les personnes fragiles en mouraient. Disposer à tout moment d'une nourriture saine, suffisante, accessible financièrement et de qualité est la base même de la sécurité alimentaire. Quand une personne sur deux vit en ville et qu'elles seront deux sur trois dans trente ans, nous avons besoin de la meilleure agriculture qui soit. Surtout quand celle-ci ne cesse de se remettre en question et d'innover.

Le SmartFresh a été homologué dans le monde entier, sans qu'aucune autorité le soupçonne de la moindre incidence toxicologique. Il pallie avec efficacité la disparition en Europe d'un antioxydant, la Diphénylamine, qui permettait d'éviter le brunissement des récoltes en cours de stockage ou chez le consommateur, avec des pommes qui prenaient soudain une couleur chocolat (échaudure). La Diphénylamine a été retirée du marché en 2012.

Que préconisent ceux qui s'insurgent contre le SmartFresh ? Faire pousser un verger sur sa terrasse et consommer des pommes entre septembre et janvier au grand maximum ? Revenir au passé, avec des substances jugées aujourd'hui dangereuses ?

L'agriculteur français produit en préservant, et sa santé, et celle du consommateur, et l'environnement. L'Europe se veut chef de file d'une agriculture durable, écologiquement intensive, et la France est un des pays les plus exigeants au monde quant aux normes et aux contrôles. Concernant les pommes, la production y est désormais, dans sa quasi-totalité, « raisonnée », ou « intégrée » : elle vise à limiter les interventions dans le verger, à ne les faire que si elles sont absolument nécessaires, au bon moment et à bon escient. Les molécules autorisées sont beaucoup plus rares que par le passé (et infiniment plus chères). Les autres pays, y compris nos proches voisins, n'ont pas forcément les mêmes préventions. Mais le consommateur continue à regarder d'abord le prix et l'aspect. Et il n'a aucun scrupule à délaisser les pommes produites dans les meilleures conditions pour la planète et la santé si leur aspect ne les rend pas suffisamment appétissantes... et plus encore si elles sont trop chères.

Pour mettre fin à ces polémiques contre les producteurs de pommes, qui conduisent tant d'entre eux à mettre la clé sous la porte, l'INRA vient de lancer, en association avec la filière pommes et différents instituts de recherche, Sustain'Apple, une étude sur la durabilité de la filière. Il est urgent de disposer de données indiscutables, tant la pomme est devenue la cible toute trouvée des procureurs autoproclamés.

Quant à l'Amérique du Nord, elle avance, comme toujours. En 2015, le département américain de l'Agriculture homologue une nouvelle variété de pommes, Artic. Génétiquement modifiée, la pomme Arctic, mise au point par une société canadienne, Okanagan Specialities Fruits, ne possède plus le gène responsable du brunissement du fruit quand on le coupe. Dans une pomme « normale », les enzymes du fruit mis au contact de l'oxygène de l'air se dégradent et provoquent la formation de mélanine. Comme nous, la pomme bronze... Mais cette propriété entraîne un gaspillage énorme : toute pomme coupée et non consommée est une pomme à jeter. Sauf si elle est génétiquement modifiée pour conserver sa peau blanche.

Les pommes « améliorées » seront bientôt commercialisées. L'industrie agroalimentaire qui voit monter la consommation de pommes prédécoupées, en *snackings*, en goûters, ou dans les menus enfants de la restauration rapide, attend beaucoup de ce procédé. Il suscite évidemment outre-Atlantique une levée de boucliers... mais très modérée. On n'ose imaginer ce qui se serait passé en France si une société avait osé demander l'homologation d'une pomme génétiquement modifiée ! Le consommateur américain est pragmatique. Des OGM, cela fait vingt ans qu'il en consomme. Comme nos animaux domestiques en Europe d'ailleurs, hypocrisie de la réglementation qui autorise dans les importations ce qu'elle interdit dans la production nationale.

Un nouveau défi à relever pour la filière pommes en France : devoir affronter une fois de plus la concurrence de pays qui n'ont pas à subir les mêmes contraintes et les mêmes limitations que les producteurs hexagonaux…

Je vous l'ai dit : produire des pommes en France est un sacerdoce.

37.

Avoir un pommier dans son jardin vous rend humble

> « Prépare-toi à tirer une pomme sur la tête de ton fils, mais je te conseille, vise bien, car si tu n'atteins pas ou la pomme ou ton fils, tu périras, Tell. »
>
> E. L. Rochholz, *Tell und Glesser in Sage und Geschichte*, 1877

« Achetez des pommes cultivées en agriculture biologique », ne cessent de seriner la filière bio comme les ONG de défense de l'environnement, comme s'il existait un fossé infranchissable entre de « bonnes » pommes, les bios, et de « mauvaises » pommes, les autres. Problème : impossible de les distinguer au goût lors d'une dégustation à l'aveugle. Les pommes bios ne sont meilleures ni au goût ni en ce qui concerne leurs prétendues qualités organoleptiques. Toutes les études scientifiques les plus sérieuses sont formelles : consommer bio n'est pas meilleur pour la santé.

Et quand on procède à des analyses, impossible là encore de distinguer une pomme qui serait « pure », car exempte de tout traitement, d'une pomme cultivée selon les méthodes de l'agriculture conventionnelle. Tout simplement parce que la majorité des traitements réalisés dans les vergers… ne concernent pas les pommes.

Tavelure et pucerons demandent d'intervenir avant le mois de juin. Les pommes ne sont encore que de minuscules cerises. Les produits employés auront depuis longtemps disparu au moment de la récolte. Voilà pourquoi on ne trouve rien dans les pommes, ou si peu que les substances sont à peine détectables. Notre monde a fait appel à la chimie pour combattre les infestations qui ont empêché l'humanité de vivre plus de quarante ans pendant des millénaires. La sécurité sanitaire et alimentaire nous a permis de doubler cette espérance de vie. Elle suppose que nous nous soignions, que nous nous lavions les dents, les cheveux, le corps. Nous adorons utiliser des produits qui sentent bon. Absorber des cocktails de vitamines, des poudres de perlimpinpin censées nous donner une meilleure santé. Mais l'agriculteur, lui, devrait cultiver comme son arrière-arrière-grand-père qui atteignait péniblement soixante ans, était perclus de rhumatismes et n'avait plus de dents ?

« Les pommes sont traitées ! » hurlent les contempteurs de l'arboriculture. Oui, et alors ? Elles sont traitées en bio comme en conventionnel, parce qu'il le faut. C'est la condition pour pouvoir en avoir. Vous ne vous traitez jamais, vous ?

« Oui, mais les pommes détiennent le pompon : vingt-cinq traitements en moyenne ! » Mais qu'est-ce que ce chiffre veut dire ? Traitement ne veut pas dire toxique. Nourrir le fruit en calcium, aider le pommier au moment de l'éclaircissage, lutter contre les vers et les champignons, ce sont des traitements. Ont-ils tous la même finalité, le même impact ? Sont-ils superflus ? Vous préférez vous nourrir de trois pommes ratatinées et noirâtres qui vous ont demandé de dormir dans le verger pour chasser les insectes ? Ou bien pouvoir aller acheter des fruits beaux et sains à tout moment de l'année sans y laisser votre salaire ? Traiter ne veut pas dire tuer mais protéger, soigner. Le paysan sait exactement quand il faut le faire, ce que le jardinier amateur ignore souvent. Un traitement mal maîtrisé effectué à quelques jours de la récolte peut avoir des conséquences indésirables, quel que soit le type d'agriculture !

J'en ai assez de voir des émissions où l'on donne en exemple de braves gens dans des micro-jardins qui vous montrent avec fierté les trois arbres où ils ont réussi à obtenir une récolte magnifique cette année, sans l'aide de rien ni de personne, parce qu'ils ont passé leur année à arpenter leur « verger ». Qu'on arrête de donner en exemple à l'humanité le jardinage amateur, que les Anglais appellent le *hobby farming* : ce n'est pas comme ça qu'on nourrira l'humanité, les mégalopoles ! La sécurité alimentaire, c'est avoir à tout moment, pour toute personne et en tous lieux une nourriture saine, suffisante, et de qualité !

Est-ce que ceux qui accablent les arboriculteurs conventionnels réalisent qu'ils sont manipulés par des financiers qui acquièrent de gigantesques propriétés pour produire une nourriture chère, labellisée bio, qui tue tous les petits exploitants, bios ou non bios ? Que les marges en bio sont énormes parce que le consommateur paie le prix de sa peur et que, sauf en circuit court, le producteur n'en voit pas la couleur, ou si peu ? Arrêtons de jeter des anathèmes ! Toutes les agricultures sont nécessaires, mais dans toutes, le producteur doit être correctement rémunéré pour un travail de qualité. C'est un véritable pacte de responsabilité entre les agriculteurs et la société : je respecte de façon impeccable vos attentes, j'applique un cahier des charges que nous avons déterminé ensemble, mais en retour vous rémunérez dignement mon travail.

Les ennemis naturels de la pomme sont si nombreux qu'un arboriculteur doit en permanence surveiller son verger et agir contre tout ce qui le menace, qu'il soit en bio ou non. L'agriculture biologique est bien obligée, comme l'autre, de les combattre. Le virus de la granulose est ainsi homologué en agriculture biologique, de même que le soufre ou le sulfate de cuivre. Ou même le bacille Bt (*Bacillus thuringiensis*), naturellement présent dans la nature, et si longtemps combattu pourtant par les militants anti-OGM – ils se sont calmés aujourd'hui car l'agriculture biologique, pour éviter de recourir aux pesticides, fongicides, insecticides, emploie elle-même de plus en plus de variétés génétiquement modifiées pour résister à leurs agresseurs.

La nature n'ignore rien des parades chimiques et des mutations génétiques ! La pomme, quand elle est attaquée, sécrète des substances pour se protéger, face aux pucerons par exemple. Les pommiers Sieversii des Monts célestes ont muté pour résister à la tavelure. Alors comment oser considérer le recours à la chimie comme un danger, quand c'est elle qui nous a sauvés de tant de prédateurs, dans notre santé, notre environnement, notre alimentation ? Comment pouvons-nous absorber la célèbre petite bouteille mondialisée de cola, fumer, boire et consommer tant de substances licites (ou illicites), dont beaucoup de militants de la vie naturelle sont de grands utilisateurs, surtout lorsqu'ils se retrouvent en réunion, soigner nos enfants et nettoyer notre corps et nos maisons à l'aide de produits qui ont fait la preuve de leur efficacité pour nous éviter bien des maladies qui ruinent la vie des populations pauvres… et juger absolument scandaleux et inadmissible qu'un fruit soit protégé de tout ce qui menace son existence ?

Sans protection, les pertes sont colossales, engendrant un gaspillage énorme et des désastres économiques et sanitaires dont on peut observer les conséquences dans les pays pauvres. Pour moi qui voyage régulièrement en milieu tropical, les contaminations bactériologiques restent un fléau, pour les producteurs comme pour les habitants, occasionnant de nombreuses maladies, des épidémies de gastroentérites, des flambées de choléra, une espérance de vie réduite, une incidence importante de la morbidité. Dans les pays développés, nous avons oublié ces dangers parce que nous les avons éliminés depuis longtemps, à la fois par une bonne hygiène mais aussi par le recours à la chimie, qui nous a permis de bannir bien des pestes. Et nous voudrions revenir à ce passé, pourtant pas si lointain ? En 1960, 4000 personnes mouraient chaque année en France d'intoxications alimentaires !

Et le changement climatique augmente le nombre de ravageurs, qui adorent proliférer quand on leur offre le cocktail parfait chaleur plus humidité. Les arboriculteurs réfléchissent en permanence à employer les méthodes les plus appropriées et les moins coûteuses possible, autant sur le plan environnemental que sanitaire et économique. Comment oser les accuser d'être des pollueurs et des empoisonneurs quand ils réussissent le miracle quotidien d'apporter sur notre table en toute saison des fruits beaux, bons et sains, alors que n'importe lequel d'entre nous constate, lorsqu'il s'essaie au potager, que les limaces et les vers finissent toujours par avoir le dessus ? « Avoir un pommier dans son jardin vous rend humble », résume l'écrivain Robert Solé.

Comme Guillaume Tell face à l'arrogant bailli Gessler, condamné à viser juste pour épargner la tête de son fils et devenu le héros de l'indépendance suisse, Daniel Sauvaître, le président de l'Association nationale Pommes Poires, lutte sans relâche : « Quand je produis une pomme, je me sens comme un chevalier. Mon travail est un combat.

Pour réussir, je dois triompher de tous ceux qui essaient de m'enlever ma pomme : un carpocapse, les pucerons, verts, cendrés, lanigères, la tavelure, la tordeuse de la pelure, l'araignée rouge, le merle, la grêle, le gel… Et quand j'ai réussi, je dois en plus essuyer l'opprobre de gens qui ne connaissent même pas mon travail ! Qui sait quels défis les producteurs de pommes doivent relever pour franchir le chemin qui sépare l'arbre du compotier ? »

On imagine le désarroi des pomiculteurs face aux attaques dont ils sont victimes. Le consommateur conçoit-il quelles victoires se cachent derrière la belle pomme dans laquelle il croque avec insouciance ?

Nous avons l'immense chance de vivre dans le seul endroit au monde où traçabilité et transparence ne sont pas de vains mots. Où le climat est tempéré, comme la société, la démocratie poussée à son plus haut point, l'espérance de vie record. Pourquoi nous comporter comme si nous étions en danger de mort ? Pourquoi décourager ceux qui ont réussi à faire de notre agriculture la plus belle du monde ?

38.

LA DEMOISELLE ROSE QUI CONQUIERT LE MONDE

« Pink Lady, tellement plus
qu'une pomme. »

Campagne de publicité

Mon gendre a une drôle d'habitude. Partout où il passe, il décore son environnement de petits autocollants roses en forme de cœur. Il y en a sur le tableau de bord de sa voiture. Sur son ordinateur. Et même sur la coque de son téléphone portable. Même quand je retrouve ma propre voiture agrémentée des petits cœurs parce que je viens de la lui prêter, je ne m'en formalise pas : cette curieuse habitude est une déclaration d'amour. À ma fille certes, mais aussi et surtout à une pomme.

Le petit sticker est celui que porte chaque pomme de la marque Pink Lady. Marcel est allemand et, contrairement à la plupart de ses compatriotes, plutôt tournés vers la banane, il ne jure que par sa pomme fétiche, joufflue et rose, éclatante de santé, croquante à souhait. C'est un des rares postes financiers sur lequel il ne transige pas : comme beaucoup d'étudiants, il roule à vélo, fait son ménage lui-même, veille à ne pas gaspiller... mais qu'on ne lui demande pas de se priver de sa Pink Lady quotidienne, dont l'emblème viendra rejoindre la farandole de ses consœurs !

L'histoire de la Pink Lady est un conte de fées sans méchante belle-mère ni pomme empoisonnée. Elle s'apparente plus à la grande mythologie des pommes d'or qui apportent richesse et immortalité à ceux qui parviennent à les cueillir.

Il était une fois un agronome anglais qui avait étudié l'horticulture dans son pays et qui, faute de trouver du travail, s'était exilé en Australie. John Cripps, tel était son nom, fut plus chanceux chez les Aussies que chez les Rosbifs : en 1957, le voilà embauché par les services agricoles de l'Australie occidentale.

Installé à Perth, Cripps, au nom prédestiné (le mot veut dire « croquant », « juteux », en anglais), est affecté à l'amélioration des pommes. L'Australie possède des vergers dans la partie sud de son territoire, caractérisée par un climat tempéré. Il nourrit une grande ambition : produire la plus belle pomme du monde. Alors il tâtonne, croise des variétés, fait des essais. Près de vingt ans s'écoulent. La sélection variétale avant la génomique est une affaire de patience.

En 1973, miracle, une nouvelle variété semble se dessiner. Elle a des parents talentueux : côté maternel, Cripps a choisi la Golden, parce qu'elle est belle, juteuse, croquante ; côté paternel, il a opté, nationalisme d'adoption oblige, pour une pomme australienne rouge, Lady William, tout aussi aussie que son ancêtre, la Granny Smith, et à la peau certes épaisse comme du cuir, mais qui présente l'immense avantage de se conserver… deux ans !

Cette nouvelle variété, John Cripps la nomme modestement Cripps Pink. Le ministère australien de l'Agriculture dépose le brevet : la pomme obtenue est vraiment une réussite. Belle d'abord. Sa peau très rose, semée de minuscules perles vertes comme des taches non de rousseur, mais de nature, ressemble à une joue resplendissante de santé. Sa forme est parfaitement ronde. Et puis elle n'a pas seulement cet aspect parfait, la fermeté de sa chair, sa saveur à la fois croquante, acidulée et sucrée en font le fruit idéal. John Cripps a trouvé sa pomme philosophale. Mais il ne sait pas encore à quel point il a visé juste.

Pendant vingt ans, il continue de travailler sur sa variété, qu'il introduit dans les vergers australiens, puis en Europe. En 1991, devant le succès que rencontre la nouvelle venue, le ministère australien de l'Agriculture dépose officiellement un nom de marque. La Pink Lady est née. John Cripps aurait emprunté ce nom au cocktail que savoure le personnage principal de son roman préféré, *La Mer cruelle*, de Nicholas Monsarrat, publié au Royaume-Uni en 1951. Tous les pays qui voudront cultiver la pomme d'exception devront travailler sous licence. La Pink Lady n'est pas une variété, mais une marque, avec une propriété intellectuelle et un cahier des charges.

Pour avoir l'autorisation de la cultiver, il faut être adoubé par les Australiens.

En 1995, Pink Lady Europe est créée. Des producteurs et des distributeurs décident de se lancer dans l'aventure. 50 producteurs français plantent 50000 arbres dans leurs vergers. Parmi eux, le fondateur de la coopérative Cofruid'Oc, Jean Suquet, toujours à l'affût des innovations. Les terres de Petite Camargue semblent propices à la grosse pomme rose.

La Pink présente une particularité culturale : première à fleurir, elle est la dernière à être cueillie. C'est la seule pomme dont le cycle de mûrissement dure sept mois, ce qui demande un travail considérable dans le verger : 700 heures par hectare. Produire une tonne de Pink Lady mobilise autant de personnes que produire une voiture sur une chaîne de montage ! Voilà pourquoi les vergers de Pink Lady en France ne dépassent pas un hectare par exploitation en moyenne. La demoiselle nécessite des soins exclusifs et personnalisés pour consentir à délivrer sa richesse aromatique.

Bien évidemment, toute sa production est placée sous le signe du respect de l'environnement, même si elle n'est pas forcément labellisée en bio. Confusion sexuelle, recours aux auxiliaires de cultures par l'installation de haies, travail sur l'équilibre minéral des sols... La production fruitière intégrée de la Pink Lady est un art. Au printemps, les arboriculteurs installent des ruches dans les vergers pour assurer la meilleure pollinisation, ils sélectionnent les fleurs les mieux exposées à la lumière. L'été, ils enlèvent les fruits imparfaits, mais aussi les feuilles qui feraient de l'ombre aux pommes sélectionnées, veillent à apporter l'eau nécessaire aux pommiers. Au milieu de l'automne, mi-novembre, alors que l'hiver frappe déjà à la porte, arrive le temps de la récolte. Il faut effectuer trois passages, avec des cueilleurs formés à détacher la pomme de l'arbre en la soulevant et en la tournant d'un quart de tour, pour ne pas abîmer son pédoncule.

Un verger au moment de la récolte ressemble à un champ de bataille : au sol, toutes les pommes tombées de l'arbre, abîmées, véreuses. Celles dont le cueilleur n'a pas voulu aussi. Souvent les arboriculteurs s'entendent avec des éleveurs : les chevaux, les cochons, les vaches adorent les pommes !

La vie du verger, plein d'herbes, d'insectes, d'oiseaux, toute une biodiversité magnifique, doit aussi être régulée car elle est source de champignons, de pourriture, d'attaques virales et microbiennes. C'est pourquoi l'arboriculteur doit absolument éliminer ces pommes au sol en les broyant après la récolte. Mais leur humus nourrit la terre. Il prend garde à son système d'irrigation au goutte-à-goutte, pour que chaque pommier reçoive exactement ce dont il a besoin.

Et ce n'est pas terminé ! Quand la demoiselle arrive dans la station fruitière, la cadence des lignes de tri doit être ralentie d'un tiers, afin de ne sélectionner que les fruits parfaits. Puis ce sont les emballeuses elles-mêmes qui doivent exercer un nouveau contrôle et éliminer ceux qui ne peuvent concourir au titre de plus belle pomme du monde.

Une emballeuse prend entre 1 500 et 2 000 décisions par heure, autant que de pommes qui défilent devant ses yeux. Pour chacune des 300 kilos de pommes qu'elle saisit en une heure, elle doit décider si elle la range dans son alvéole, dans la cagette prête à partir, la pomme bien couchée sur le flanc, la face rouge au-dessus, la queue visible, ou bien si le fruit ne mérite pas qu'on le retienne.

Résumons : le producteur, le cueilleur, le calibreur, l'emballeur. Et pour parachever le tout, des bataillons d'inspecteurs extérieurs, qui s'assurent de la conformité du processus de fabrication au cahier des charges à chacune de ces étapes !

Donc la Pink Lady coûte cher. Beaucoup plus cher que ses concurrentes. Toute la production est « valorisée sur un segment haut de gamme », comme on dit en marketing. Ce qui veut dire que la qualité supérieure se mérite. Et pourtant, comme Marcel, les consommateurs la plébiscitent, acceptant de payer beaucoup plus cher que les autres variétés cette Lady qui met le respect de l'environnement au premier plan de ses campagnes de production.

La demoiselle poursuit son ascension. De l'Australie puis l'Europe, elle a gagné les États-Unis, l'Afrique du Sud. En 2003, Pink Lady est sacrée pomme au meilleur goût d'Europe. En 2001, l'Angleterre en consommait un million ; en 2006, deux millions. La pomme se vend désormais au Japon, en Uruguay, au Brésil, en Argentine, au Chili. La croissance de sa production a été exponentielle.

Partie de zéro, elle atteint 170 000 tonnes en 2003, 450 000 tonnes aujourd'hui.

Marque mondiale, la Pink réussit le prodige d'être en même temps le produit d'un terroir. Venue d'Australie, elle a conquis l'Europe, qui représente, avec 5 000 hectares, son premier verger mondial et 95 % de ses ventes.

2 800 producteurs, 10 000 emplois directs, 14 pays, 100 millions de consommateurs, la filière Pink Lady est une success story. Les producteurs et les distributeurs agréés savent que leur travail sera rémunéré à sa juste valeur. De l'équitable mondialisé qui attire de jeunes agriculteurs.

Bien sûr, la demoiselle rose cible des consommateurs à pouvoir d'achat élevé. Elle s'est positionnée sur une niche qui concilie un discours environnemental fort à une stratégie de publicité offensive. Mais elle s'impose sans avoir besoin de discréditer ses concurrentes. Elle n'utilise pas de méthodes déloyales. Son succès vient de ses qualités, pas de son agressivité.

La réussite de cette pomme est emblématique : elle montre que l'alliance d'un fruit exceptionnel, produit dans des vergers écologiquement et socialement responsables, et de campagnes de communication au ton toujours positif, avec leurs pommes aux couleurs éclatantes, a réussi à installer un fruit, né du rêve d'un botaniste australien, dans les habitudes de consommation. Pink Lady s'est imposée par sa qualité et la force de son message : « Respect du travail des hommes, Respect du temps. Respect de la terre… Socle nourricier sur lequel s'épanouit une pomme d'exception. » Pour que la greffe prenne, il a fallu du volontarisme, de l'innovation, de la communication. Pink Lady est devenue, selon Serge Michels, expert en marketing, la pomme « bonne à manger et bonne à penser ». Bref, « tellement plus qu'une pomme ». Si chaque pomme est un univers, la demoiselle rose a recréé l'Olympe des pommes. Une filière européenne, responsable, solidaire et équitable, gérée par des producteurs.

Et devinez qui préside Aple – oui, Aple comme « Association pour la Pink Lady Europe » évidemment –, créée en 1995 pour porter l'ascension de la demoiselle rose ? Didier Crabos. Mais si, Didier, le directeur de Cofruid'Oc, ce passionné de pommes qui s'est mis à leur service il y a vingt-sept ans et leur a déjà consacré la moitié de sa vie !

L'Aple de Didier, la ferme pomme. L'Apple de Steve, la firme pomme. Les échelles n'ont certes rien à voir, mais les histoires de pommes sont toujours des succès.

39.

Le signe pomme

« Think different. »

Steve Jobs

Le petit cube carré trône encore dans mon bureau. Mon premier Macintosh, payé une véritable fortune au milieu des années 1980. Une révolution inouïe dans l'informatique, qui renvoyait au rang de dinosaures les monstres énormes ronflant dans une chambre froide qui tenaient lieu d'ordinateurs à l'école de commerce où je me suis égarée au début de mes études. Il fallait apprendre leurs programmes informatiques complexes, fortran et cobol. J'étais nulle.

Et puis est arrivé le Macintosh. De petites fenêtres, une corbeille, et puis une touche portant le signe pomme, le plus important de tous. Il permettait de sauvegarder les fichiers, d'afficher le menu. Nul besoin d'être Einstein pour accéder à l'informatique. Des machines hors de prix, mais pratiques, ludiques, belles. Rien n'était compatible avec leurs logiciels, mais elles changeaient le monde, suscitant autour d'elles l'engouement de disciples inconditionnels. Comme il y avait les partisans des Beatles et ceux des Rolling Stones, la communauté de la marque à la pomme ne frayait pas avec celle des IBM et autres Microsoft.

Le fruit croqué aux couleurs de l'arc-en-ciel, logo que portaient les Macintosh, a depuis été épuré et stylisé. Le monde entier identifie immédiatement aujourd'hui la fameuse petite pomme qui orne les iPad, les iPhone et autre Apple Watch. En quarante ans d'existence, Apple est depuis longtemps sorti de son garage initial pour devenir une multinationale pesant 234 milliards de dollars, bien plus que le PIB du Portugal. En 2015, elle a vendu près de 50 millions de smartphones ! La Chine est son deuxième marché derrière les États-Unis où se réalisent toujours quatre ventes sur dix. L'empire du Milieu est passé devant l'Europe. Chaque nouvel iPhone crée l'émeute chez ceux qui veulent à tout prix posséder le dernier modèle : devenue la reine de l'obsolescence programmée, la firme change toute sa connectique à chaque innovation, obligeant ses aficionados à renouveler leur matériel.

Si Steve Jobs a choisi la pomme croquée portant un arc-en-ciel comme logo d'Apple, la firme à la pomme, c'est en hommage à l'inventeur longtemps méconnu de l'ordinateur, Alan Turing. Turing, auquel deux films récents ont été consacrés, dans une grande entreprise de réhabilitation salutaire mais tardive, joua un rôle considérable au cours de la Seconde Guerre mondiale en décodant les messages cryptés envoyés par les nazis. Il avait construit le tout premier ordinateur, intitulé

Colosseus, qui déjoua les codages d'Enigma, la machine allemande, ce qui permit d'épargner la vie de nombreux soldats britanniques – pas assez cependant au gré du génial inventeur, car l'armée britannique, redoutant que les nazis ne découvrent trop rapidement que le secret des communications allemandes avait été éventé, sacrifia quelques navires de guerre, alors que Turing avait intercepté des messages annonçant qu'ils allaient être coulés par les sous-marins ennemis.

Dans l'incrédulité et les sarcasmes de ses contemporains, Alan Turing fut le précurseur des premiers ordinateurs. Mais ce héros de guerre ne fut guère récompensé pour les services qu'il avait rendus non seulement à la nation, mais aussi aux Alliés, et de façon plus globale à l'humanité tout entière : on n'ose imaginer ce qui serait advenu si les nazis et les fascistes l'avaient emporté. Il dut en effet subir une castration chimique en raison de ce que le droit britannique considérait alors comme un crime : son homosexualité.

Devenu l'ombre de lui-même, victime de l'opprobre collectif, Alan Turing se suicida à l'âge de quarante ans en croquant une pomme de la variété McIntosh, qu'il avait préalablement empoisonnée au cyanure. Créée par John McIntosh dans l'Ontario, au Canada, au début du XIXe siècle, cette variété était la plus vendue en Amérique. Philippe Langenieux-Villard, qui a consacré un extraordinaire récit à celui qu'il qualifie de génie sacrifié, raconte (vérité ? invention ?) qu'Alan Turing adorait le dessin animé de Walt Disney, *Blanche-Neige et les Sept Nains*, sorti en 1938 en Angleterre, et qu'il l'avait visionné de nombreuses fois. Il l'imagine juste avant la bouchée fatale : « Ma pomme préférée, c'est la Macintosh avec ses larges côtes souvent difformes. Elle a l'épiderme dur, lisse et épais. Sa chair vert blanchâtre est fine, juteuse et sucrée. C'est une Macintosh que j'ai choisie pour ce soir. C'est la pomme que la sorcière avait préparée pour Blanche-Neige. »

Quand Steve Jobs créa ses premiers ordinateurs, il choisit de les appeler des Macintosh. Dans sa biographie, Walter Isaascson dit qu'il ne se nourrissait que de pommes pendant des semaines entières et que c'est pourquoi il nomma sa société Apple, un manifeste pour le végétarisme qu'il professait. L'écrivain Éric Plamondon ajoute que Steve Jobs venait de passer l'été à travailler dans un verger de l'Oregon. Apple était considéré comme un bon nom car il précédait Atari, une des compagnies rivales, dans l'annuaire.

La démarche des fondateurs d'Apple me paraît beaucoup plus élaborée : en choisissant une pomme croquée comme emblème, ils s'inscrivent dans la lignée des inventeurs géniaux qui, bravant leur époque, font progresser la connaissance. C'était Isaac Newton qui était représenté sur le tout premier logo d'Apple Computer, au moment de sa création, le 1er avril 1976. Newton assis au pied de son arbre, juste avant que la pomme chute sur sa tête. Le logo avait été créé par Ronald Wayne, l'un des trois cofondateurs de la marque, avec les deux Steve, Job et Wosniak. Une phrase ornait le dessin en noir et blanc : *Newton... A mind forever voyaging through strange seas of thought… alone.* (« Newton, un esprit voyageant pour toujours à travers les mers étranges de la connaissance… seul. »)

Mais le visuel ne convient pas à Steve Jobs, qui le trouve vieillot. La même année, il sollicite un graphiste de Palo Alto, Rob Janoff, en lui demandant de le rajeunir. La pomme croquée aux couleurs de l'arc-en-ciel régnera douze ans, jusqu'en 1998. L'histoire officielle prétend que la pomme est croquée pour qu'on ne la confonde pas avec une tomate, et que c'est un jeu de mots entre *to bite* (« mordre ») et *byte* (« unité informatique »). Quant aux couleurs de l'arc-en-ciel, on dit aujourd'hui que Steve Jobs avait souhaité quelque chose de moderne, de coloré. Cette version est plausible quand on sait qu'il avait fait de multiples séjours dans des ashrams indiens et consommait régulièrement du LSD. *Lucy in the sky with diamonds*, comme le chantaient les Beatles, dont le label Apple Records, créé en 1968, affichait une pomme verte, la Granny Smith. Logo dont elle se verra en partie dépossédée, certes contre une indemnisation royale, en 2007, mais après vingt ans de procès contre celle qui se veut désormais la seule firme à la pomme. Intérêt pour les mélomanes branchés : tout le répertoire des Beatles intègre enfin le fonds musical proposé par les petites machines d'Apple. Mais la firme à la pomme, qui défend farouchement ses intérêts, a tout mis en œuvre pour empêcher l'autre firme à la pomme, celle des Beatles, de continuer à utiliser le fruit fétiche.

Quant à l'arc-en-ciel, franchement… Il ne faut pas oublier que très rapidement les tenues vestimentaires de Steve Jobs se sont limitées à une austère tenue noire de *clergyman*, ce qui rend peu plausible la thèse de Steve Jobs adepte de l'explosion de couleurs sur sa pomme. Le personnage était froid comme une porte de prison et connu pour son irascibilité, ses accès de colère. Comment ne pas penser que le choix de la pomme croquée aux couleurs de l'arc-en-ciel n'était pas d'abord un hommage à Turing, le père méconnu et outragé de l'ordinateur, génie sacrifié à cause de son homosexualité ? Jobs, qui pensait à tout, planifiait tout, ne laissant aucune place à l'improvisation, aurait-il coloré sa pomme d'un emblème si connu dans la communauté homosexuelle de San Francisco, une ville où il résidait ? Il suffit de se promener dans le quartier gay de la ville, Castro, là où se trouve la fameuse maison bleue sur la colline chantée par Maxime le Forestier, pour voir le drapeau arc-en-ciel arboré à chaque fenêtre. Il a éclos dans le monde entier, y compris sur la tour Eiffel, après le terrible attentat commis en juin 2016 en Floride contre la boîte de nuit gay Pulse.

« *Think different* », proclame Steve Jobs lorsqu'il fait son grand retour chez Apple en 1997 (il en avait été évincé en 1985). Comment penser la différence et l'appel au prosélytisme ? La petite histoire prétend qu'il demandait à ceux qu'ils voulaient embaucher s'ils étaient puceaux et s'ils avaient déjà prix du LSD. Répondre oui à la première question et non à la seconde était rédhibitoire.

Choisir Apple, c'est militer pour l'intelligence artificielle, mais aussi goûter au fruit défendu, celui de la connaissance. Et du « péché ». Steve Jobs soutenait activement les organisations LGBT (Lesbiennes-Gays-Bisexuels et Transgenres) et Apple a toujours figuré en tête des entreprises *gay friendly*, massivement présentes dans la Silicon Valley.

En 1998, la firme qui entend percer en Chine, où l'on ne plaisante pas avec les mœurs, adopte un logo monochrome, plus passe-partout. Plus respectable ? Le capitalisme triomphant ne prend aucun risque qui pourrait freiner ses ventes.

Steve Jobs meurt en 2011 à l'âge de cinquante-six ans, d'un cancer foudroyant du pancréas, nous dit-on. Mais la petite pomme multicolore n'appartient pas au passé. En octobre 2014, Tim Cook, son successeur, fait son coming out dans le magazine américain *Businessweek* : « Je suis fier d'être gay et je considère que c'est le plus beau cadeau que Dieu m'ait fait. »

Aussitôt, le mémorial dédié à Steve Jobs qui avait été dressé à sa mort dans la cour de l'université des Sciences de Saint-Pétersbourg est démantelé. Comme la Chine, la Russie ne plaisante pas avec l'homosexualité.

En Chine en revanche, l'ascension foudroyante d'Apple a provoqué l'explosion urbaine d'une ville-champignon dans le Henan, Zhengzhou, rebaptisée Apple City. 300000 ouvriers payés au lance-pierre travaillent à fabriquer des iPhones pour une classe de bourgeois enrichis à laquelle ils n'ont pas (encore ?) l'heur d'appartenir. Apple City, hélas, n'a plus aucun pommier.

À l'Apple de Steve, je préfère décidément l'Aple de Didier.

40.

QUAND LA POMME SAUVE LA PLANÈTE...

Le verger produit de l'air pur et des paysages enchanteurs, en toute saison. Une pomme préserve notre santé et nos goûters.

Un compotier rempli de belles pommes est la plus belle décoration qui soit dans une maison.

Mais la pomme a d'autres vertus insoupçonnées. Elle contribue activement à cette économie circulaire devenue une priorité depuis l'avènement du développement durable. Un ingénieur italien vient d'en apporter la démonstration.

Il porte comme souvent un nom magnifique, Alberto Volcan. Oh, sa tâche n'a pas été facile ! Comme la maison de disques des Beatles, comme tous ceux qui osent arborer l'emblème de la pomme, il s'est retrouvé en procès pendant une décennie avec la redoutable firme mondiale – qui ne semble tomber sur de sérieux pépins qu'en Chine, où elle vient de rencontrer plus fort qu'elle : les Chinois accusent Apple de contrefaçon et lui interdisent de commercialiser dans leur pays les derniers modèles de ses célèbres téléphones... Voilà l'arroseur arrosé, ce qui ne peut que réjouir secrètement tous ceux qui trouvent légèrement impérialiste l'attitude de la firme, qui semble avoir oublié qu'elle a été créée dans un garage. Et par un homme qui n'a pas eu le moindre scrupule à « emprunter » à toutes les entreprises informatiques de l'époque leurs connaissances pour démarrer son petit business, devenu un rouleau compresseur mondialisé.

Donc Alberto Volcan, un inventeur italien d'origine allemande, s'acharne à trouver une utilisation utile à tout ce qui n'est pas consommé dans la pomme destinée à l'industrie et qui engendre des quantités colossales de pelures et de trognons, sous-produits contenant une quantité massive de cellulose qu'il serait stupide de jeter sans les recycler. Là encore, une jolie histoire : alors qu'il va sur la tombe de ses parents, près de Bolzano, Alberto est pris à la gorge par une odeur infecte. Ce sont les immondices rejetés par l'usine de pommes voisine (on est en Italie). Il se dit que vraiment ce n'est pas possible et il se met à réfléchir. Il a déjà fait le coup avec les algues de la lagune de Venise.

Et voilà qu'Alberto, quatre-vingts printemps, découvre qu'on peut fabriquer tout un tas d'objets avec cette matière végétale de premier choix, imperméable, saine et résistante : chaussures, vêtements, sacs, papiers-toilette et autres rouleaux essuie-tout, colle, carreaux isolants, fourrage, fertilisants… Tout cela labellisé écologique évidemment. Toutes les entreprises transformant de grandes quantités de pommes sont aujourd'hui engagées dans semblable processus. Plus question de ne pas valoriser un sous-produit présentant autant de qualités dans un souci d'économie circulaire !

Mais, et c'est le grand atout ignoré du fruit (ce qui est assez compréhensible étant donné l'apparition relativement récente de l'utilisation massive de pétrole), notre Volcan a aussi montré que les déchets de pommes séchés avaient un incomparable effet absorbant. En cas de marée noire, il suffirait d'épandre leur poudre sur les dépôts d'hydrocarbures qui souillent la mer pour les absorber intégralement, et sans dommages environnementaux liés aux produits utilisés.

Alberto Volcan commence par fabriquer du papier. Son « Cartamela » devient le papier à lettres officiel de la province autonome de Bolzano, où il vit. L'évêque local y voit d'ailleurs un juste retour au jardin d'Éden. Ensuite, il (pas l'évêque, M. Volcan) utilise les bas de son épouse pour les remplir de déchets de pommes et les plonger dans une eau mazoutée – la façon dont les inventeurs parviennent à faire progresser la science me plonge toujours dans des abîmes de perplexité. Le lendemain, le bas est devenu monstrueux, mais l'eau est propre. Un seul kilo de déchets de pommes séchés a absorbé cinq litres de pétrole. Les pompiers de Bolzano testent le dispositif. Ça marche. Il reste à généraliser le procédé à une échelle industrielle.

On ne connaît pas en revanche la réaction de l'épouse.

Épilogue

Croquons la pomme !

« Et la pomme en tournant
évoque le pommier le Paradis
terrestre et Ève et puis Adam
[..] et le péché originel et les
origines de l'art et la Suisse
avec Guillaume Tell et même
Isaac Newton plusieurs fois
primé à l'Exposition de la
Gravitation Universelle [...]
Et Picasso mange la pomme et
la pomme lui dit Merci. »

Jacques Prévert, « La Promenade
de Picasso », *Paroles*, 1949

Le fruit par excellence, quel est-il ? La pomme !

Dans un monde triste, la pomme est gaie. Face à des sociétés inquiètes, désabusées, qui ont peur de tout, la pomme au contraire rayonne. Elle incarne notre civilisation. Ève nue tenant une pomme à la main symbolise l'Occident et sa liberté, face à tous ceux qui voudraient enfermer les femmes et les couvrir de la tête aux pieds.

La pomme est le symbole de la connaissance face à la montée de l'obscurantisme. Newton et Darwin contre le créationnisme.

La pomme incarne la réussite. Apple. New York. En France, elle fait même gagner les élections : que serait devenu Jacques Chirac sans son pommier ?

La pomme est gage de santé. « Une pomme chaque matin éloigne le médecin » ; tout le monde connaît cet ancien dicton, que les études scientifiques et les nutritionnistes confortent aujourd'hui.

La pomme est symbole de biodiversité nourricière. Parce que le verger est une assemblée d'arbres qui captent le CO_2, la pomme produit de l'air pur. Contrairement aux accusations dont sont victimes ses producteurs, elle est cultivée dans le plus grand respect de l'environnement. La planète comme l'humanité ont tout à gagner à la production de pommes !

Tandis que le climat s'échauffe, que la morosité guette, que la violence gagne le monde, la pomme résiste. Elle éclate de santé. De plus en plus belle, toujours meilleure, elle est le résultat d'une quête permanente pour améliorer la nature.

La pomme philosophale, voilà l'idéal de ceux qui vouent leur vie au fruit parfait. Belle à voir, bonne à manger, facile à transporter, solide face à l'adversité.

La Chine ne s'y est pas trompée, qui exige des quantités croissantes de pommes et sauve ainsi l'économie des Polonais. Le pommier, symbole de paix, y incarne la montée des classes moyennes, de plus en plus adeptes du « fruit paisible ».

Emblème d'une mondialisation pacifique, la pomme reflète ainsi l'émergence des Suds, le basculement de l'économie mondiale vers une Asie qui a fait du fruit rond le symbole de sa réussite. Le fruit qui a perdu le monde est en train de le sauver.

Savourons la vie, savourons la pomme. Et respectons ceux qui la cultivent avec amour : ce sont des médecins de l'âme et du corps. Des chevaliers de la nature, qui ont triomphé du ver, de la pourriture et des préjugés pour poser sur notre table le fruit parfait.

Quelques titres essentiels sur la pomme (sans nulle prétention à l'exhaustivité !)

Marchenay Philippe, Bénard Laurence (2008), *Des pommes*, Gulf Stream Éditeur.

Peix Catherine (2010), *L'Origine de la pomme ou le jardin d'Éden retrouvé*, DVD, Kri-Kor films, www.originedelapomme.com

Torcy (de) Claire (2013), *La Pomme dans l'art, mystique et érotique*, Eyrolles, préface de Michel Pastoureau.

Triomphe Robert (1999), *Le Signe de la pomme, Amour, mystique et politique, la pomme dans tous ses états*, Presses Universitaires de Strasbourg.

Wasserman Henry (dir) (1998), *La Pomme, Histoire Symbolique Botanique Diététique Cuisine*, éditions Sang de la Terre, préface de Jean-Marie Pelt.

Et aussi....

ANPP, *Produire des pommes*, DVD, Section nationale pomme, MIN, Angers (pas de date).

Chirac Jacques (1975), *La France pour tous*, Nil Éditions.

Gotlib Marcel (1970), *Rubrique-à-brac*, Dargaud.

Lacroix Jean (2013), *Une histoire d'hommes, les 50 ans de Cofruid'Oc*, édité par la coopérative.

Langenieux-Villard Philippe (2013), *La Pomme d'Alan Turing*, éditions Héloïse d'Ormesson.
Lemire Laurent (1986), *L'homme qui a croqué la pomme*, Hachette Littérature.
Luminet Jean-Pierre (2010), *La Perruque de Newton*, éditions Jean-Claude Lattès.
Mas Jeanne (2016), *Ma vie est une pomme*, Michel Lafon.
Mikolajski Andrew (2012), *The Illustrated World Encyclopedia of Apples*, Lorenz Books, traduit en français en 2013 chez Delachaux et Niestlé.
Plamondon Éric (2014), *Pomme S*, éditions Phébus.
Priolet Pierre (2011), *Les Fruits de ma colère, plaidoyer pour un monde paysan qu'on assassine*, Robert Laffont.
Thoreau Henry D. (1860), *Les Pommes sauvages*, éditions Le mot et le reste, 2013, traduction Nicole Mallet, introduction et notes Michel Granger.
Vigoureux Jean-Marie (2003), *Les Pommes de Newton*, Albin Michel Sciences.
www.lapomme.org
www.daniel-sauvaitre.com
http://remy-foissey.over-blog.com/pages/Une_saison_au_jardin_dEden-4834657.html

Pour les enfants...

Bourgoing (de) Pascale (2008), *La Pomme*, Mes premières découvertes, Gallimard Jeunesse.
Farmer Nancy (2009), *Au pays des pommes d'argent*, Gallimard Jeunesse.
Ponti Claude (1994), *Dans la pomme*, L'école des loisirs.
Vanetti Giorgio (2002), *Un petit trou dans une pomme*, Nathan jeunesse.

Wabbes Marie (2009), *J'aime les pommes*, L'école des loisirs.

Quelques romans où la pomme figure en bonne place...

Barrière Michèle (2006), *Meurtres à la pomme d'or*, Livre de Poche.
Bradbury Ray (1952), *Les Pommes d'or du soleil*, Denoël, 2007 pour l'édition française.
Hagena Katharina (2008), *Le Goût des pépins de pomme*, Anne Carrière, 2010 pour l'édition française.
Himes Chester (1957), *La Reine des pommes*, Gallimard Série Noire, 1958 pour l'édition française.
Gerra Laurent et Georges (2015), *Cette année, les pommes sont rouges*, Flammarion.

COMPOSITION PCA
ACHEVÉ D'IMPRIMER EN SEPTEMBRE 2016
PAR CPI - BUSSIÈRE
POUR LE COMPTE DES ÉDITIONS J.-C. LATTÈS
17, RUE JACOB – 75006 PARIS

PAPIER À BASE DE
FIBRES CERTIFIÉES

JC Lattès s'engage pour
l'environnement en réduisant
l'empreinte carbone de ses livres.
Celle de cet exemplaire est de :
850g éq .CO_2
Rendez-vous sur
www.jclattes-durable.fr

N° d'édition : 01. – N° d'impression : 2024328
Dépôt légal : octobre 2016
Imprimé en France

ABITUR-TRAINING

Gymnasium

Englisch – Themenwortschatz

Rainer Jacob

STARK

Autor:
Rainer Jacob hat durch seine Arbeit in der Lehrerfortbildung, der Lehrplankommission sowie als Studiendirektor und Fachberater für das Fach Englisch sehr viel praxisnahe Lehrerfahrung vorzuweisen.
Er veröffentlichte im STARK Verlag bereits zahlreiche Bücher für das Fach Englisch.

Vom selben Autor sind im STARK Verlag u. a. die folgenden Titel erschienen:
- Training Englisch – Fit für die Oberstufe
- Abitur-Training Englisch – Grammatikübungen
- Abitur-Wissen Englisch – Landeskunde Großbritannien
- Abitur-Wissen Englisch – Landeskunde USA

Bildnachweis:
Umschlagbild: © Blue Planet Studio/Shutterstock.com ; S. 9: © NASA; S. 27: © ullstein/ddp; S. 30: © ullstein/Reuters; S. 44: © picture alliance/kpa; S. 67: http://walls4joy.com/wallpaper/47722-Biology-genetics; S. 79: © Hans Joachim Roy/Dreamstime.com; S. 83: Rod Stewart, George Harrison: © Allstar Picture Library; Charlie Watts: picture alliance; S. 94: Allstar Picture Library; S. 103: Lyndon B. Johnson: Foto von Hanns Hubmann, © bpk Berlin; Ronald Reagan: © Allstar Picture Library; S. 104: Bill Clinton; George W. Bush: © Allstar Picture Library; S. 105: © Tdmartin/Dreamstime.com; S. 116: © ullstein/ullstein bild; S. 121: ullstein bild – amw; S. 122: ullsteinbild – AP; S. 134: © Natalia Bratslavsky/Dreamstime.com; S. 144: © Worth1000

www.stark-verlag.de
1. Auflage 1993

Inhalt

Autor: Rainer Jacob

Vorwort

Liebe Schülerin, lieber Schüler,

mit dem vorliegenden Band „Abitur-Training: Englisch – Themenwortschatz“ können Sie sich gezielt auf Ihre Klausuren und Ihre Abiturprüfung vorbereiten: In diesem Buch finden Sie eine umfassende Sammlung der **für das Abitur relevanten Vokabeln und Idiome**.

- Am Anfang des Trainingsbuches finden Sie wertvolle Hinweise zu **Lernstrategien**, die Ihnen die Wortschatzarbeit und langfristige Behaltensleistung erleichtern. Auch in einem kurzen **Video** werden Ihnen hilfreiche Tipps zum Vokabellernen präsentiert. Zum Video gelangen Sie über den rechts stehenden QR-Code.

  http://qrcode.stark-verlag.de/vokabellernen-englisch

- Im **umfangreichen Übungsteil** wird der Wortschatz zu zehn Themenbereichen des Oberstufenlehrplans in übersichtlicher Form präsentiert und auf abwechslungsreiche Weise eingeübt.
- Grundlage für die Vokabelarbeit sind **Texte zu abiturrelevanten Themen**, die ebenso für weitere Bearbeitungsformen *(discussion, comment, summary)* verwendet werden können. Da Wortschatzarbeit nicht immer einfach ist, sorgen auch unterhaltsame Übungen und Rätsel für Abwechslung.
- Selbstverständlich finden Sie zu allen Aufgaben **Lösungen**, damit Sie Ihren Lernerfolg selbstständig überprüfen können.
- Darüber hinaus enthält dieses Buch einen **umfassenden, systematischen Anhang**. Darin werden die einzelnen Stichwörter im Satzzusammenhang dargestellt und um *synonyms* und *opposites* erweitert. Andere Wortformen aus der jeweiligen Wortfamilie ergänzen die Einträge.
- Arbeiten Sie gerne am Computer oder Tablet? Die Übungen aus diesem Band können Sie auch online als digitales **„ActiveBook“** nutzen. Auf der Umschlaginnenseite finden Sie einen Link zu der Plattform „MyStark“ und Ihren persönlichen Code, mit dem Sie Zugriff auf die digitalen und interaktiven Inhalte haben.

Ich wünsche Ihnen viel Erfolg für Ihre Klausuren und Ihre Abiturprüfung.

Rainer Jacob

So arbeiten Sie mit dem „ActiveBook“!

Interaktive Aufgaben

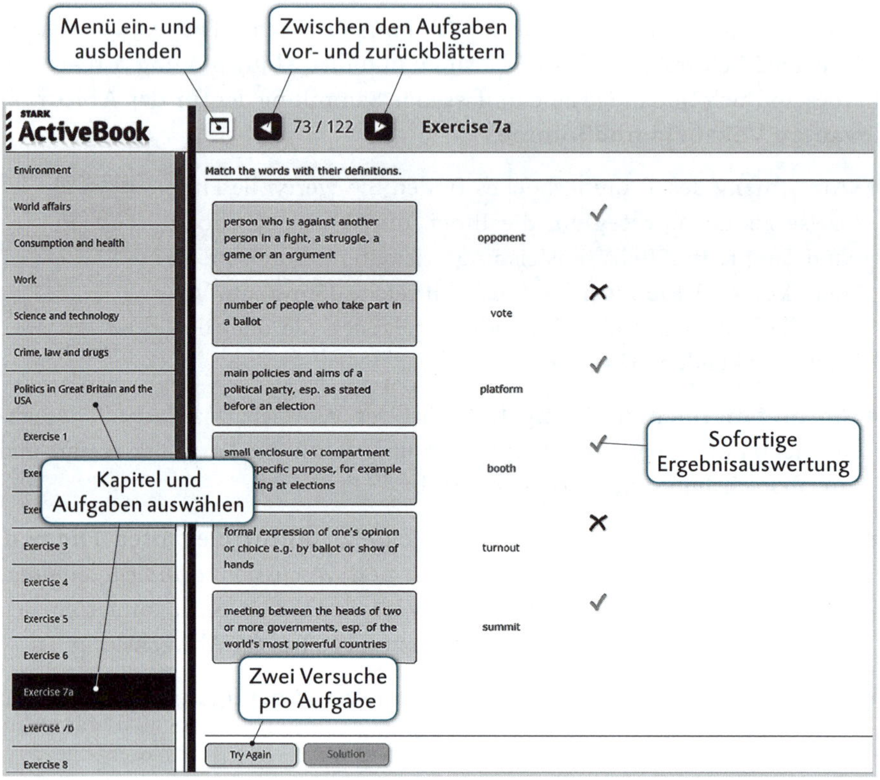

Lernstrategien zur Wortschatzarbeit

Sicher haben Sie schon längst erkannt, wie wichtig es ist, sich einen möglichst großen Wortschatz anzueignen. Dadurch erlangen Sie mehr Sicherheit bei der Bewältigung aller mündlichen und schriftlichen Prüfungsaufgaben und können sich differenziert(er) ausdrücken. Die folgenden Tipps zeigen Ihnen, wie Sie Ihren Wortschatz am effektivsten erweitern und pflegen.

- **Lernen Sie Vokabeln immer themenbezogen im Zusammenhang.** Sie können sich Wörter nur dann gut merken, wenn Sie deren Bedeutung und Verwendung im Kontext kennen. Anhand von authentischen Texten gelingt Ihnen das am besten. Erst dann prägen sich Wörter ein, d. h., sie sind „merkwürdig".

- **Lernen Sie die Vokabeln zielorientiert.** Die kapitelweise Aufteilung des Themenwortschatzes orientiert sich an den Themenbereichen der Lehrpläne. Wenn Sie im Unterricht eines dieser Themen behandeln, dann erweitern und wiederholen Sie hier das entsprechende Wortfeld.

- **Sorgen Sie beim Wörterlernen für Abwechslung.** Der Geist und das Gedächtnis stumpfen ab, wenn Sie immer die gleiche Lernstrategie anwenden. Daher werden in diesem Trainingsbuch unterschiedliche Aufgabenformen und auch spielerische Übungen angeboten, die Ihnen das Einprägen des neuen Vokabulars erleichtern und dafür sorgen, dass keine Langeweile aufkommt.

- **Fertigen Sie einen mündlichen Kurzvortrag an.** Nachdem Sie eine Aufgabe schriftlich gelöst haben, versuchen Sie den Inhalt des Textes in Form eines Kurzvortrags wiederzugeben. Notieren Sie sich die Vokabeln, die Sie neu gelernt haben, auf einem Zettel und versuchen Sie, diese in Ihren Vortrag einzubauen.

- **„Wiederholung ist die Mutter des Lernens."** Sicher sind Ihnen schon viele Vokabeln begegnet, Sie haben sie aber wieder vergessen. Der Kampf gegen das Vergessen lässt sich nur durch ständiges Wiederholen und Einschleifen gewinnen. Hierzu eignet sich insbesondere auch das ActiveBook. In diesem können Sie die Aufgaben so oft lösen, bis die Vokabeln wirklich sitzen. Wenn Sie Wörter immer wieder umwälzen, gelangen sie in Ihr Langzeitgedächtnis.

- **Teilen Sie sich Ihr Pensum sinnvoll ein.** Lernen Sie nicht erst kurz vor einer Klausur oder Prüfung ein ganzes Kapitel auf einmal. Teilen Sie sich die Lernarbeit rechtzeitig in kleinere Schritte auf und wiederholen Sie das am Tag zuvor Gelernte immer wieder. Es ist besser, jeden Tag möglichst 10 Minuten Vokabeln zu lernen bzw. zu wiederholen, als alle 4 Wochen mehrere Seiten auf einmal. Nutzen Sie auch hier das ActiveBook. Versuchen Sie immer, wenn Sie Ihr Tablet zur Hand nehmen oder den PC hochfahren, einige Aufgaben zu lösen. So lernen Sie die Vokabeln fast nebenbei.

Eine übersichtliche Zusammenstellung des Wortschatzes zu einem bestimmten Thema finden Sie am Anfang jedes Themenbereichs. Sie hilft Ihnen bei der Wiederholung und Festigung des relevanten Wortschatzes und dient zum Nachschlagen.

Environment

1 Word field

abundant	reichlich
acid rain	saurer Regen
(to) advance	Fortschritte machen; Fortschritt
aerosol can	Spraydose
ailing	kränkelnd, dahinsiechend
alkaline	alkalisch, basisch
appliance	(Haushalts-) Gerät
balance	Gleichgewicht
biodegradable	biologisch abbaubar
biodiversity	Artenvielfalt
biosphere	Biosphäre, Lebensraum
birth rate	Geburtenrate
(to) bleach	bleichen; Bleiche
carbon	Kohlenstoff
carbon monoxide	Kohlenmonoxyd
centigrade	Celsius
chain of life	Lebenskette
chimney	Schornstein, Kamin
chlorofluorocarbon (CFC)	Fluorchlorkohlenwasserstoff (FCKW)
climate	Klima
climatologist	Klimaforscher
coastal waters	Küstengewässer
combustion	Verbrennung
composition	Zusammensetzung
concern	Anliegen, Sorge

conclusive	schlüssig, überzeugend, endgültig
conservation	Erhaltung, Bewahrung
(to) contaminate	verseuchen
contamination	Verseuchung
creature	Geschöpf
delicate	empfindlich
dense	dicht
depletion	Verringerung, Schwund
detergent	Reinigungsmittel
(to) devastate	vernichten, verwüsten
(to) diminish	sich verringern, abnehmen
disastrous	katastrophal, verheerend
(to) discharge	(Abwasser) einleiten, ablassen
disease	Krankheit
(to) disintegrate	zerfallen, sich auflösen
disposable bottle	Einwegflasche
disposal	Beseitigung
(to) disrupt	stören, zum Erliegen bringen
domestic	häuslich, Haushalt-
drought	Dürre
dump	Müllhalde
dumping ground	Müllhalde, -kippe
ecology	Ökologie, Umweltkunde
emission	Ausstoß, Emission
endangered	gefährdet
energy conservation	Energieeinsparung
energy consumption	Energieverbrauch
environment	Umwelt
environmental studies	Umweltforschung

environmentalist	Umweltschützer
environmentally aware	umweltbewusst
equilibrium	Gleichgewicht
(to) erode	etw. auswaschen
erosion	Erosion, Abtragung, zerstörende Wirkung von Wasser und Wind
evidence	Beweis
exhaust	Auspuff (von Autos)
exhaust fumes	Auspuffgase, Abgase
(to) expose	bloßlegen, sich etw. aussetzen
fallout	(radioaktiver) Niederschlag
fertile	fruchtbar
fumes	Dämpfe
garbage	Abfall, Müll
global warming	Erwärmung der Erde
(to) graze	grasen, weiden
greenhouse effect	Treibhauseffekt
harmful	schädlich
hazard	Gefahr
hostile	feindlich
hydrocarbon	Kohlenwasserstoff
hygiene	Hygiene
impact	Auswirkung, Einfluss
imperilled	gefährdet
indicator	Anzeiger, Anzeichen
indispensable	unentbehrlich, unerlässlich
inedible	ungenießbar
infant mortality	Kindersterblichkeit
interference	Störung
(to) inundate	überschwemmen
(to) irradiate	verstrahlen
(to) irrigate	bewässern

junk	Müll, Abfall
layer	Schicht
lead [e]	Blei
litter	Müll, Abfall
(to) load	belasten; Last
measurement	Messung, Messwert, Maßstab
(to) menace	bedrohen; Bedrohung
natural gas	Erdgas
negligible	unwesentlich, unbedeutend
nuclear power plant	Atomkraftwerk
nuclear waste	Atommüll
nutrient	Nährstoff
oil spill	Ölteppich
overpopulation	Überbevölkerung
ozone layer	Ozonschicht
packaging	Verpackung
peril	Gefahr
poisonous	giftig
pollutant	Schadstoff
(to) pollute	verschmutzen
polluting	umweltschädlich
pollution	Verschmutzung
power station	Kraftwerk
precipitation	Niederschlag
prediction	Vorhersage
preservation	Erhaltung
(to) presume	vermuten
(to) protect	schützen
(to) purify	reinigen
quality of life	Lebensqualität
radiation	Strahlung
rain forests	Regenwälder

(to) ravage	verwüsten
(to) recur	wieder passieren, sich wiederholen
(to) recycle	wieder verwerten
recycling	Wiederverwertung
refrigerant	Kühlmittel
(to) reinforce	verstärken, bestätigen
renewable	erneuerbar
repercussion	Auswirkung
reprocessing plant	Wiederaufbereitungsanlage
resources	Mittel, Schätze, Ressourcen
(to) restore	wiederherstellen
(to) retreat	zurückziehen, den Rückzug antreten
return bottle	Mehrwegflasche
(to) reveal	zum Vorschein bringen, aufdecken
(to) reverse	etw. umkehren
(to) revert	zu etw. zurückkehren
salubrious	gesund; vornehm
severe	schwer, schlimm
sewage	Abwasser
sewage plant	Kläranlage
skin cancer	Hautkrebs
soil	Boden
soil erosion	Bodenerosion
solar system	Sonnensystem
species	Gattung
(to) spill	verschütten
strife	Streit, Auseinandersetzung
(to) substitute	ersetzen; Ersatz(stoff)
(to) suffocate	ersticken
sulphur	Schwefel
sulphur dioxide	Schwefeldioxid
supply	Vorrat

surface	Oberfläche
survival	Überleben
threat	Bedrohung
(to) threaten	(be)drohen
throw-away	Wegwerf-
tide	Gezeiten
timber	Bau-, Nutzholz
topsoil	Mutterboden
toxic waste	Giftmüll
ultraviolet rays	UV-Strahlen
uninhabitable	unbewohnbar
unleaded [e]	bleifrei
unprecedented	noch nie da gewesen
unpredictable	unvorhersehbar
untreated	unbehandelt
(to) urbanise	verstädtern
urbanization	Verstädterung
vapour	Dampf
variety	Vielfalt, Mannigfaltigkeit; Sorte
vengeance	Rache
vicious	gemein, boshaft
vigorous	energisch
(to) waste	vergeuden; Abfall
waste disposal	Müllbeseitigung
waste heat	Abwärme
waste management	Müllbeseitigung
waste water	Abwasser
widespread	weit verbreitet

2 Idioms and phrases

to contract (a disease)	When the boy was 10, he contracted a rare disease.	sich zuziehen, erkranken an
to upset the delicate balance	In many places of the world the delicate balance between flora and fauna has been upset.	das empfindliche Gleichgewicht zerstören
to set in motion	The United Nations Conference on Environment and Development has set a stricter legislation in motion.	in Gang setzen
to strike a bargain	At the conference bargains were struck between the rich and the poor countries.	ein Geschäft machen
to put into force	The success of the summit depends on how well the resolutions are put into force.	in Kraft setzen
to be scheduled for	A major conference on population is scheduled for next year.	geplant sein für
to be charged	Farmers are charged less for their water supply than domestic consumers.	zahlen müssen
to phase out	Developing countries have more time to phase out CFC production.	stufenweise aus dem Verkehr ziehen
to miss out on	Friends of the Earth are warning that Britain risks missing out on a European market for renewable energy.	sich entgehen lassen
to be set to do	The government is set to raise the tax on petrol.	wohl tun werden
to be resisted by	Plans of the government to compel electricity companies to buy expensive atomic energy were strongly resisted by the European Commission.	auf Widerstand seitens … stoßen
to be subject to	Years after the Chernobyl accident hundreds of British farms were still subject to strict anti-radiation rules.	unterliegen
to lift a ban	The Ministry of Agriculture lifted the ban on the import of beef from France.	ein Verbot aufheben

3 Practice

Exercise 1 What we are doing to our environment

Complete the text with words from this list:

agriculture	desert	heating	reduction
Amazon	detergents	increase	released
attempts	droughts	levels	sewage
attention	expands	poisoning	temperature
burning	global	predicted	yields

Many rivers and the sea have long been polluted by untreated ______[1] to which we now add chemicals used in farming, industrial wastes and domestic ______[2]. It is madness to improve our crop ______[3] by using chemicals to repel insects and pests, if by doing so we destroy all the fish in rivers and the sea. People have already died of mercury poisoning from eating fish caught off the coast of Japan, and it is ______[4] that more might die from food ______[5].

The so-called "greenhouse effect" is an issue that has gained more ______[6] since farmers experienced an enormous drought in the American cornbelt. The Earth is ______[7] up, because the balanced exchanges of carbon dioxide between plants and animals, the sky, the sea and the earth have been upset by the ______[8] of fossil fuels. In the next 50 years the mean ______[9] of the globe could rise between one or four degrees centigrade.

The first effect of this temperature ______[10] would be to alter the world's climate and weather patterns. Water ______[11] with heat. Most authorities now think that the world should prepare for a metre rise in sea ______[12] some time in the course of the next century. ______[13] could become more frequent, so could storms. ______[14] and the forests could be disastrously hit. In addition to this: As the rain forests of the ______[15] and the Congo basins are levelled and burned, yet more greenhouse gases are ______[16]. More soil is eroded, more land turns to ______[17].

Numerous international ______[18] have been undertaken to avert a catastrophic change in the world's climate. However, these negotiations on how to cut the pollution that causes ______[19] warming often failed. Strongest opposition to a stricter clean-up policy came from the US, which rejected treaties because the American administration argued that a ______[20] of greenhouse gas emissions should be linked to economic growth.

Exercise 2

The vital importance of our oceans

Translate into English or German respectively.

Seen from outer space the Earth looks different from all the other planets in our solar system. Our globe has been referred to as the "Blue Planet" because of the 300 million cubic miles of water which cover 70 per cent of the Earth's surface[1] *(Oberfläche)*. This fact, and the Earth's average temperature of 13 °C, makes it suitable for life. The oceans' currents (Gezeiten)[2] drive and moderate (moderat / gleich Bleibend)[3] weather and climate and provide us with food. The coastal seas play the most important role in the chain of life. The majority of marine species spend at least part of their lives in the waters over the continental shelves, which are the world's richest fishing grounds. As the oceans are so ________[4] *(riesig)* man has become used[5] *(gewohnt)* to thinking that they are indestructible (unzerstörbar)[6] and can absorb everything.

We have used the oceans as dumping grounds to get rid of our toxic waste in a cheap way. Industrialized and wasteful (verschwenderisch)[7] fishing methods have depleted (________)[8] once bountiful fish populations and endangered[9] *(gefährdet)* the oceans' capacity for sustaining (________)[10] life. Every year millions of tons of fish, hundreds of thousands of whales, dolphins, seals, sea lions and sea birds, and countless numbers of other ocean animals are caught, killed, and discarded (________)[11]. Efforts are now being made to help endangered fish by limiting the amount to be caught each year and creating laws to protect the fish's ________[12] *(Lebensraum)*.

Our oceans are also an important economic factor. Millions of people earn their ________[13] *(Lebensunterhalt)* in the shipping industry handling goods at the ports (Hafen)[14], working in the cruise branch or attending to hundreds of millions of people who flock to the coasts to spend their holidays there. In fact, tourism and recreation constitute (________)[15] some of the fastest-growing business sectors – enriching economies and supporting jobs in communities virtually everywhere along the coasts. The oceans' plight (________)[16] has gone undetected for too long. It is time to realize that ________[17] *(auszubeuten)* every advantage granted by nature cannot go on for ever.

Exercise 3 Global warming

In the following text some words are incomplete. Only a couple of letters are given. Try to complete with words that would fit the context.

The most compre________[1] study of climatic history has reve________[2] that the earth is warmer now than it has been at any time in the past 2,000 years. The newly published fin________[3] are a blow to sceptics who main________[4] that global warming is part of the natural climatic cycle. It confirms the wor________[5] fears of environmental scientists that the climate change is a conse________[6] of human industrial activity. One of the authors of the research, said: "You can't explain this rap________[7] warming in the late 20th century in any other way. It's a resp________[8] to a build-up of green________[9] gases in the atmosphere."

The study reinforces recent concl__________[10] published by the UN's inter-governmental panel on climate change (IPCC). Scien________[11] on the panel looked at tempe________[12] data from up to 1,000 years ago and found that the late 20th century was the warmest period on record.

To find out whe________[13] the planet was warmer in the past, the scientist looked at tree trunks, which keep a record of the local climate: the rings sprea________[14] out from the centre grow to different thicknesses according to the climate a tree grows in. The scientists looked at sections taken from trees that had lived for hundreds and even thousands of years from different regions and used them to piece together a picture of the plan________[15] climatic history.

Climato______________[16] have welcomed the new study as the most conclusive evid____________[17] to date that the increase in temperature is a result of human activity.

"The importance of the finding is that it shows there's something going on in the climate system that's cert__________[18] unusual in the context of the last 2,000 years, and it's lik________[19] that greenhouse gases are playing the major role," said Prof Chris Folland of the Met Office's Hadley Centre. "If you look at the natural ups and downs in temperature, you'll find nothing remo________[20] like what we're seeing now."

Exercise 4

How can we save our atmosphere?

Complete the text with words from this list:

aerosol	efficient	nuclear	recommendation
atmosphere	emissions	ozone	reduced
cancer	fertilizers	phased out	renewable
CFCs	intensify	quantity	shield
chemical-free	livestock	raising	substitutes
decreasing	network	rays	threat

The ___________[1] layer, which protects living things from the sun's harmful ultraviolet ________________[2], has been further depleted in many areas of the globe. The weakened ozone ________________[3] lets in more ultraviolet light, a cause of skin ________________[4]. What must be done?

First of all, carbon dioxide ___________[5] into the atmosphere – the burning of fossil fuels – should be ________________[6] by 20 per cent by using improved technologies to get more energy out of the same ______________[7] of coal or oil – thus burning less. We could also try other ways of ______________[8] energy: the so-called ___________________[9] techniques, as well as an increased use of ______________[10] power.

But this is only part of the solution. Some of the _____________[11] comes from the steady rise in other gases, such as the nitrous oxides from agricultural nitrate run-off and the ______________[12]. They are 10,000 times more ___________[13] than carbon dioxide at trapping heat as well.

So we should encourage farmers to return to ______________[14] farming. Well-managed alternative farms use less synthetic chemical _____________[15], pesticides and antibiotics without necessarily ___________[16] crop yields and the productivity of ________________[17].

In addition, industry should find safe ______________[18] for the chlorofluorocarbons, which have been widely used as refrigerants, solvents and propellants in ___________[19] cans. These dangerous chemicals should be _____________[20] soon.

Another important ________________[21] of scientists is that the world should ________________[22] meteorological and oceanographic research in an effort to complete the picture of the complex ________________[23] of links between the rocks, the water, the _____________[24] and all living things.

Exercise 5 Synonyms

Find synonyms for the words in italics.

1. Recent *advances* in science and technology have made it possible for man to influence his environment. ______________
2. Household *appliances* relieve people from *dull* work at home. ______________ ______________
3. The earth's biosphere is in a state of *delicate balance.* ______________
4. Fossil fuel *combustion* is responsible for the earth's warming. ______________
5. Perhaps we could do without one or the other *detergent.* ______________
6. We cannot *refuse* to cure *disease* in order to limit the world population. ______________ ______________
7. Any drink sold in a *disposable* bottle should cost twice as much as the same drink offered in a returnable bottle. ______________
8. *Waste disposal* will cost us more and more. ______________
9. *Dumps* overflow with cans, bottles and cartons. ______________
10. We have thrown millions of tons of *garbage* into the *seas* of the world. ______________ ______________
11. In many cases scientists disagree about the medical *hazards* of chemical substances. ______________
12. We have ignored the warnings of *poisonous* air too long. ______________
13. Fluorocarbons are extremely *polluting* chemical agents which destroy the ozone layer. ______________
14. Oxygen helps *purify* our water. ______________
15. Algae bloom will *ravage* fishing grounds and swimming areas. ______________
16. Many rivers and lakes have long been polluted by untreated *sewage.* ______________
17. Another *threat* to the seas of the world is beginning to get more attention: algae bloom. ______________

Exercise 6 Matching words and their definitions

Match the words from list 1 with their appropriate definitions in list 2.
Please note: There are more words than definitions!

A wood that can be used for building and making things

B (of substances) which decompose naturally without any special scientific treatment

C substance used in households to remove dirt

D supply land or crops with water

E part of the earth's surface and atmosphere which is inhabited by living things

F gases expelled from a car or engine

G lack of rain

H colourless gas

I place where rubbish may be unloaded and left

J substance which provides nourishment

K practice of cleanliness to prevent diseases

L state of being balanced

M substance that replaces something else

N very small particles of a radioactive substance that can cause illness or death

(1) biodegradable
(2) biosphere
(3) coastal waters
(4) detergent
(5) drought
(6) dump
(7) ecology
(8) equilibrium
(9) exhaust fumes
(10) hygiene
(11) irrigate
(12) nutrient
(13) ozone
(14) pollutant
(15) radiation
(16) refrigerant
(17) species
(18) substitute
(19) timber
(20) ultraviolet rays
(21) waste heat

A	B	C	D	E	F	G	H	I	J	K	L	M	N

Exercise 7 Word families

Supply the missing forms.

noun (abstract)	noun (concrete)	verb	adjective
presidency	president	preside	presidential
environment	________	---	________
________	---	erode	________
________	________	________	polluting, polluted
________	________	survive	________
nutrition	________	---	________
________	---	________	nourishing
________	---	waste	________
---	________	inhabit	________
________	scientist	---	________
________	---	________	pure

Exercise 8 Crossword puzzle

Try to sovle thc crossword puzzle.

Across

1 verschmutzen (7)
7 verstädtern (8)
9 (be)drohen (8)
10 zum Vorschein bringen (6)
14 verseuchen (11)
15 (Bau-)Holz (6)
19 zerfallen (12)
22 Schwefel (7)
23 (radioaktiver) Niederschlag (7)
25 unvorhersehbar (13)
28 Gattung (7)
29 Gezeiten (4)
30 Schicht (5)
32 Mittel (9)
33 Verschmutzung (9)
34 Küste (5)
35 Klima (7)
36 Ökologie (7)
37 Erdgas (7 + 3)

Down

1 schützen (7)
2 Blei (4)
3 unbehandelt (9)
4 Müll (4)
5 Boden (4)
6 Verpackung (9)
8 schwer, ernst (6)
11 Fortschritte machen (7)
12 katastrophal (10)
13 Rache (9)
16 Sterblichkeit (9)
17 ver-, ausschütten (5)
18 Beseitigung (8)
20 Kühlmittel (11)
21 Gleichgewicht (11)
24 stören (7)
26 Strahlung (9)
27 Biosphäre (9)
31 kränkelnd (6)

Exercise 9 Word square

Try to spot these words:

1. unpredictable, 2. uninhabitable, 3. biodegradable, 4. biodiversity, 5. contaminate, 6. composition, 7. widespread, 8. conclusive, 9. combustion, 10. centigrade, 11. untreated, 12. depletion, 13. biosphere, 14. vigorous, 15. survival, 16. delicate, 17. creature, 18. abundant, 19. vicious, 20. variety, 21. surface, 22. sulphur, 23. fertile, 24. concern, 25. climate, 26. chimney, 27. balance, 28. advance, 29. vapour, 30. threat, 31. supply, 32. carbon, 33. bleach, 34. ailing, 35. waste, 36. dense, 37. coast, 38. birth, 39. tide, 40. rate

D	E	N	S	E	U	N	I	N	H	A	B	I	T	A	B	L	E	V
Q	E	C	N	A	V	D	A	E	R	P	S	E	D	I	W	V	K	A
B	U	N	T	R	E	A	T	E	D	Y	U	T	I	D	E	I	C	R
I	C	Y	S	U	R	V	I	V	A	L	N	A	Q	J	D	C	O	I
O	M	B	C	R	E	A	T	U	R	E	P	R	F	Z	D	I	M	E
D	C	L	T	C	A	I	V	I	G	O	R	O	U	S	D	O	B	T
E	O	E	S	E	S	U	R	F	A	C	E	O	X	E	N	U	U	Y
G	M	A	A	N	K	T	B	C	W	B	D	G	L	V	R	S	S	S
R	P	C	O	T	R	H	I	S	O	Z	I	I	N	U	I	N	T	U
A	O	H	C	I	M	R	O	K	S	N	C	O	O	I	O	E	I	L
D	S	I	B	G	K	E	D	O	V	A	T	P	S	I	L	O	O	P
A	I	M	A	R	A	A	I	L	T	N	A	A	T	P	F	I	N	H
B	T	N	L	A	B	T	V	E	Q	V	B	E	M	M	H	R	A	U
L	I	E	A	D	U	F	E	R	T	I	L	E	X	I	J	E	H	R
E	O	Y	N	E	N	B	R	H	D	P	E	N	F	P	N	J	R	W
M	N	E	C	R	D	I	S	T	E	S	U	P	P	L	Y	A	P	E
U	E	V	E	F	A	R	I	D	C	L	I	M	A	T	E	Y	T	B
C	A	R	B	O	N	T	T	E	V	I	S	U	L	C	N	O	C	E
E	T	S	A	W	T	H	Y	C	O	N	C	E	R	N	B	U	J	M

Exercise 10 Word grid

Find the words.

1. existing or available in large quantities, 2. to suffer, to be in poor health, 3. (of a substance or object) capable of being decomposed by bacteria or other living organisms and thereby avoiding pollution, 4. to move forwards, to make progress, 5. the regions of the surface and atmosphere of the earth or another planet occupied by living organisms, 6. putting an end to a debate or question, 7. equilibrium, 8. the start of life as a physically separate being, 9. seashore, 10. the Celsius scale of temperature, 11. speed, frequency, 12. a vertical channel or pipe on the roof of a building which conducts smoke and combustion gases up into air

World affairs

1 Word field

abuse	Missbrauch
adequate	ausreichend
(to) advocate	etw. unterstützen
(to) anticipate	etw. erwarten, mit etwas rechnen
appalling	entsetzlich, erschreckend
apparently	anscheinend
arsenal	Waffenarsenal
assassination	Attentat
(to) assess	beurteilen, einschätzen, bewerten
assistance	Hilfe
attrition	Zermürbung
average	Durchschnitt
balance	Gleichgewicht
bargain	(gutes) Geschäft, vorteilhafter Kauf
blast	Explosion
bomb bay	Bombenschacht
bonded labour	Zwangsarbeit
calorie intake	Kalorieneinnahme, -zufuhr
commodity	(Handels-) Ware, Gebrauchsartikel
comparison	Vergleich
(to) confound	verwirren, verblüffen
congested	überfüllt, übervölkert
considerably	beträchtlich, erheblich
(to) constitute	etwas ausmachen
crops	Feldfrüchte, Saat, Gesamternte
currency	Währung

dairy product	Milch- und Molkereiprodukt
decent	anständig
decisive	entscheidend
deficiency	Mangel
desert	Wüste
desperate	verzweifelt
(to) deteriorate	sich verschlechtern
devastation	Verwüstung
devoted	ausgerichtet auf, gewidmet
diet	Kost, Nahrung
disarmament	Abrüstung
disgust	Abscheu
disparity	Ungleichheit, Verschiedenheit
(to) dispossess	enteignen, zur Räumung zwingen
(to) disrupt	stören
donation	(Geld-) Spende
downtown	Innenstadt, Geschäftsviertel
drought	Dürre
earnings	Verdienst
enduring	dauerhaft, beständig
energy consumption	Energieverbrauch
enforcement	Durchsetzung (eines Rechts oder Gesetzes)
(to) engulf	überfluten, verschlingen
essential	lebensnotwendig, wesentlich
family planning	Familienplanung
(to) feed	füttern, ernähren, versorgen
fierce	heftig, scharf, grimmig
fission	(Kern-) Spaltung
(to) forebode	Schlimmes ahnen
(to) groan	ächzen

gross national product	Bruttosozialprodukt
guideline	Richtlinie, Richtschnur
harvest	Ernte(zeit)
hazardous	gefährlich
(to) hoard	horten, hamstern
illiteracy	Analphabetentum
imbalance	Ungleichgewicht
imminent	bevorstehend
impact	Auswirkung, Einfluss
impartial	unparteiisch
(to) include	umfassen, einschließen, beinhalten
income	Einkommen
income per head	Pro-Kopf-Einkommen
indicator	Anzeiger, (Leistungs-) Messer
industrialized nations	Industrieländer
infant mortality	Kindersterblichkeit
intensity	Stärke
leading edge	Speerspitze, Spitzen-
life expectancy	Lebenserwartung
literacy	Lese- und Schreibfähigkeit
(to) loom	sich bedrohlich abzeichnen
loom	Webstuhl
lure	(Ver-) Lockung
malnutrition	Unterernährung, schlechte Ernährung
medical care	medizinische Betreuung, Versorgung
migrant	Zuwanderer
mortality rate	Sterberate
nightmare	Alptraum
nutritious	nahrhaft
observance	Einhaltung

(to) outstrip	überholen, hinter sich lassen
parched	verdörrt, versengt
peasant	Kleinbauer
pitiful	bemitleidenswert
plight	Not(lage)
population growth	Bevölkerungswachstum
poverty	Armut
(to) predict	etw. vorhersagen
predominantly	überwiegend
(to) prevail	(vor)herrschen, bestehen
productive effort	Produktionsanstrengung, -leistung
(to) propel	vorantreiben
prosperity	Wohlstand
purchasing power	Kaufkraft
(to) rank	ordnen, einreihen, klassifizieren
reference (to)	Bezug (auf)
(to) relieve	jdm. (in einer Notsituation) helfen
(to) rely (on)	sich verlassen (auf)
resolve	Entschlossenheit
resources	Reichtümer eines Landes, Bodenschätze
root	Wurzel
rural	ländlich
(to) safeguard	jdn./etw. vor etwas schützen
scale	Maßstab
scarce	knapp, spärlich
secure	sicher
sentiment	Stimmung, Meinung
sewage	Abwasser
shantytown	Baracken-, Hüttenstadt
(to) shatter	zerspringen, zerbrechen
sombre	düster, trübe
starchy	stärkehaltig

starvation	Hunger
subsidy	Subvention
subsistence	Lebensunterhalt, Auskommen
(to) supplement	ergänzen
(to) sustain	stützen, tragen
trafficking	Handel
underfed	unterernährt
undernourished	unterernährt
unmet need	ungedeckter Bedarf
urgency	Dringlichkeit
(to) vaporize	verdampfen
vicinity	unmittelbare Umgebung
vicious circle	Teufelskreis
violation	Verletzung (eines Rechts)
vulnerable	verwundbar, verletzlich
warfare	Kriegführung
weapon	Waffe
widespread	weit verbreitet

2 Idioms and phrases

politics	The fight against poverty and injustice must become a key issue in world politics.	Staatskunst, Politik
policy	The fight against excessive inflation in the western world was fought with "mone-tarist" policies and a sharp rise in world interest rates.	Verfahrensweise, Taktik, Politik
to lend money	The bankers were eager to lend the money to Third World countries.	jdm. Geld ausleihen
to borrow money	Developing countries have to pay low interest rates when they borrow money from foreign banks.	jdm. Geld leihen

to earn (bear) interest	The oil producers put their dollars into the banks of the rich countries where they expected the money to earn interest.	Zinsen tragen
to meet one's debt	The government of the developing country announced that it could not meet its debts.	seine Schulden begleichen
to bear the brunt	It is a reality today that children all over the world are bearing the brunt of the crisis of poverty, famine and war.	die Hauptlast tragen
to pose a threat	But it is known that the threat posed by disease and malnutrition can be defeated.	eine Bedrohung darstellen
to bear children	Women in the Third World often bear more than ten children.	zur Welt bringen, gebären
to widen the gap	Now an economic and technological colonialism is widening the gap between rich and poor.	die Kluft verbreitern
to make short shrift of	The World Bank's report makes short shrift of the notion that economic development can solve the population problem.	kurzen Prozess machen mit
to resort to force	There is a great likelihood that people will resort to force if their basic needs are neglected.	zu gewaltsamen Mitteln greifen
to seek refuge	Through the ages people have been forced to leave their country and seek refuge, especially from political and religious persecution.	Zuflucht suchen
to step up pressure	The US government is stepping up pressure on the conflicting parties to negotiate a peace settlement.	den Druck verstärken

3 Practice

Exercise 1 A world of disparities

Complete the text with words from this list.

common	industrial	place	relieve
development	literacy	plight	responsibility
disparity	malnutrition	poverty	rose
donation	market	primarily	subsidies
experienced	obligations	property	subsistence

Developing countries (_______________[1] in Africa, Asia, and Latin America) differ greatly from one another geographically. What they have in __________[2], however, is a low standard of living, _______________[3], a poor distribution of wealth, low levels of _______________[4], and high rates of population growth. During the 20th century the world's population _______________[5] rapidly, but the major increase took _______________[6] in less developed countries. Today five out of six people in the world live in developing countries and in 30 years, it will be seven out of eight.

As those nations have little or no _______________[7] base, the primary mode of _______________[8] is farming. Peasants work their small pieces of land, hardly producing enough food for their own families. In recent years some countries, especially in Asia and Latin America, have _______________[9] rapid economic development, which has resulted in a widening of the gap within the group of the less developed countries. To reduce this imbalance and _______________[10] the poorer countries from their _______________[11] more development aid is needed. The European Union and the United States have increased foreign aid programmes, but _______________[12] levels are still too low. The industrialised countries spend five times as much on agricultural _______________[13] and ten times as much on defence as on development assistance. This reduces the chances of people in the Third World of escaping from _______________[14], hunger and disease. In addition, the developed countries need to open their markets to give less developing countries a fairer chance on the world _______________[15].

On the other hand, the poor countries themselves have to fulfil their _______________[16] of the bargain and see that the donations are used efficiently. They have to accept the primary _______________[17] for their own development. Arrangements must be made to prevent foreign aid from being hoarded by a privileged few. Political, legal and economic reforms must be introduced which will guarantee that benefits flow through to people in

poverty and that the rights of individuals, and the ________________[18] rights of foreign investors, are protected.
As it stands now, our world is in a state of imbalance and a growing ________________[19] of people, resources, and the environment is predicted. To rebalance our world means to give everyone the chance of a secure life – with the right of expression and the right to ________________[20].

Exercise 2 A world of problems

Paraphrase the underlined words and expressions without changing the meaning of the sentence. You may however change the sentence structure.

1. Developing countries have in common a low standard of living.
2. Developing countries show high rates of population growth.
3. Third world nations have little or no industrial base.
4. In developing countries the primary mode of subsistence is farming.
5. Asia and Latin America have experienced rapid economic development.
6. The European Union and the United States have increased foreign aid programmes.
7. Donation levels of industrialized nations are still too low.
8. The poor countries themselves have to fulfil their obligations.
9. The poor countries have to see that the donations are used efficiently.
10. Development aid is needed to reduce the imbalance between rich and poor countries.
11. The developed countries must open their markets to products from developing countries.
12. Arrangements must be made to prevent foreign aid funds from being hoarded by a privileged few.

Exercise 3 The plight of working children

In the following text some words are jumbled. To give you some help the first letter of the word in question is given. Try to complete with words that would fit the context.

It is a reality today that children all over the world are particularly vulnerable to the crises of poverty, (f-n m e a i) ______________[1] and war. Whenever a war or a natural catastrophe such as a flood or poor (h-t r e a v s) ___________[2] ravages a country, it is the children who have to bear most of the (b-u t r n) ______________[3]. In order to survive poor, unemployed parents (b-o r w o r) ______________[4] money from an employer and in return hand a son or daughter over to him. The family receives an (a-n v e a c d) ______________[5] payment for which the boy or girl then has to work. In most cases the child cannot work off the (d-b e t) ______________[6], nor can the family raise enough money to buy the child back. This form of child labour is a new form of (s-a e y r v l) ______________[7] – wholly different from the form which existed in the south of the United States more than two centuries ago. The term 'slavery' is rarely used anymore; instead, it is usually referred to as 'bonded labour' or 'human trafficking.'

It is (e-m t t d e a i s) ______________[8] that of the 246 million child labourers in the world, 8.4 million are bonded or forced labourers. In rural areas most children work in agriculture. In El Salvador they (h-e t r s v a) ____________[9] sugar cane using machetes to cut cane for up to nine hours a day in the hot sun. Injuries to their hands and legs are common and medical (c-r a e) ____________[10] is often not available. Other children work long hours as domestics; in (t-a e d r) ____________[11] and services, in manufacturing and construction – often in dangerous and unhealthy conditions. Working at rug looms weaving (c-e r s t a p) ____________[12] has left children disabled with eye damage and (l-n g u) ____________[13] disease. Children making silk thread in India dip their hands into boiling water that (b-r s n u) ____________[14] and blisters them.

The worst forms of child labour – 'bonded labour', hazardous work or prostitution – constitute a violation of basic (h-m n a u) ____________[15] rights and must therefore be stopped. In some cases, it is true, a child's work can be (h-f l l p u e) ____________[16] to him or her and to the family; working and earning can be a positive (e-e r c p i e x e n) ____________[17] in a child's growing up. What we must not (t-t l r e o e a) ____________[18] any longer, however, is children being used as an expendable commodity. Laws must be (p-e s s d a) ____________[19] to prevent children from losing their childhood, education, and opportunities by being entrapped in bonded (l-u b a o r) ____________[20].

Exercise 4 The day that changed the world: Hiroshima

In the following text some words are incomplete. Only a couple of letters are given. Try to complete with words that would fit the context.

August 6, 1945 was the day that changed the cou________[1] of history and the nature of wa________[2]. On that day, at exactly fifteen minutes past eight in the morning, the first atomic bomb was dropped on a pop________[3] area. At 8:15 a.m., a B29 bomber, which the pilot had nicknamed after his mother "Enola Gay", approached the first choice ta________[4], the Japanese city of Hiroshima, in clear weather. The plane's bomb bay sprang open and dropped the bomb, dubbed "Little Boy", from an alt________[5] of 31,600 feet. It exploded 1,900 feet above the city and only missed its target, the Aioi Bridge, by approximately 800 feet. The crew saw the enormous mus________[6] cloud developing, a bubbling mass of purple-grey smoke, with a red core burning inside, looking like lava or molasses. The cloud is estimated to have reached a he________[7] of 40,000 feet. On the ground the explosion vaporized everything in the immediate vic________[8], completely burned about 4.4 square

miles of the city, killing between 70,000 and 80,000 people. Another 70,000 were wounded.
The appearance of people who had survived the blast was hor__________[9]. Their skin was blackened by burns, their hair was burned, and at a gl__________[10] you couldn't tell whether you were looking at them from the front or back. Their skin – not only on their hands, but on their faces and bodies too – hung down. Many of them died walking along the road.
The atomic bombs on Hiroshima and later Nagasaki (August 9, 1945) brought about the end to the Second World War in the Pacific. Despite the horrors and dev__________[11] in Japan, militaries in East and West looked upon the atom bomb as a "useful strategic weapon" and, consequently, created massive nuclear weapon ars__________[12]. When relations between the United States and the Soviet Union dete__________[13], the possibility of an atomic war, which would end all life on earth, became more imminent. During the period of the Cold War both nations were eng__________[14] in a nuclear arms race. They developed thermonuclear bombs which had many times the power of fis__________[15] bombs. In protest against the constant atomic threat campaigns for nuclear disar__________[16] were launched in many countries, pressing on the United States and the Soviet Union to reduce their arsenals and prevent the proli__________[17] of nuclear weapons technology. Only in the late 1980s, after a near-disastrous accident at the nuclear power station at Three Mile Island (1979 in the US) and the melt-down of the atomic reactor at Chernobyl (1986 in the Ukraine), did the two superpowers take up neg__________[18] on a lim__________[19] of nuclear arms production. They eventually agreed on a reduction of their nuclear forces and the strategic a__________[20].

Exercise 5 The day that changed the world: 9/11

Translate into English or German respectively.

On Tuesday, September 11, 2001, 19 men armed with knives, box-cutters, mace and pepper spray carried out an __________ *(Angriff)*[1] on the United States, the most powerful nation in the world and turned the international __________ *(Ordnung)*[2] upside down. Within less than twenty minutes two hijacked (__________)[3] passenger jets crashed into the twin towers of the World Trade Centre in New York. Huge jet fuel fireballs erupted upon impact (__________)[4], setting the buildings afire. Eventually what no one could anticipate happened: both towers __________ *(stürzten ein, brachen zusammen)*[5] in ten seconds, claiming the lives of 2,973 people altogether, among them many police officers and fire-fighters, called "First Responders."

In his first address (________________)[6] after the event to the shocked nation the American President Bush said that "thousands of lives were suddenly ended by evil (________________)[7]" and asked for prayers for the families and friends of the ________________ *(Opfer)*[8]. "These acts shattered steel, but they cannot dent the steel of American resolve (____________)[9]," he added. In later statements he told the nation to be prepared for a long and difficult struggle against a determined (________________)[10] enemy who sees his actions as a war of attrition. The terrorist attacks, which were politically as well as religiously motivated, have affected people's opinions on a number of ________________ *(Streitfragen)*[11] and influenced public life in general.

To begin with, ordinary ________________ *(Staatsbürger)*[12] and politicians have become more concerned (________________)[13] about international threats. Since September 11th, the US intelligence and law enforcement agencies have been reformed. To make America more secure the government created the Department (________________)[14] of Homeland Security. Several Terrorist Threat units were established to prevent, disrupt, and respond to terrorist attacks. All over the world, more people than ever believe that the world has become a more dangerous place and consequently (________________)[15] support stricter security ________________ *(Maßnahmen)*[16] to safeguard against terrorist attacks. As a result extensive checks and controls at airports have been introduced and travellers have to allow more time to check in to avoid ________________ *(Verspätungen)*[17] or missing a flight.

On the other hand, 9/11 has had an enduring (________________)[18] impact on how Americans feel about their own country. The United States has always been a highly patriotic country, but since the attacks on the WTC there has been a significant increase in the intensity of that patriotic sentiment (________________)[19].

Exercise 6 Synonyms

Find synonyms for the words in italics.

1. The commonest way to *assess* a country's degree of development is by referring to its Gross National Product (GNP). __________
2. We often *rank* countries according to their GNP per head of the population. __________
3. Most problems of the developing countries arise from two *roots*: too little food, and unemployment. __________
4. An *apparently* satisfactory calorie intake hides a widespread *deficiency* of essential vitamins. __________ __________
5. Developing countries differ *considerably* from one another. __________
6. We must enable the poor people in the LDCs to provide a *decent* standard of living for their families. __________
7. *Decisive* victories have been won over a lot of illnesses. __________
8. Poor people spend a high proportion of their *earnings* on food. __________
9. Today a *fierce* struggle for survival is taking place in all of the developing countries. __________
10. Mexico City, Sao Paolo and Shanghai are among the largest, most *congested* cities on earth. __________
11. Development policies should *include* national population programmes. __________
12. It is our duty to abolish the *prevailing* misery among the poorest people in the world. __________
13. There are more mouths to *feed* as people are healthier and live longer. __________
14. In the poor countries diets are *predominantly* starchy. __________

Exercise 7 Opposites

Find opposites for the words in italics.

1. Resources are *squandered* without consideration of their renewal. __________
2. After the official *disappearance* of the Soviet Union Americans are reassessing their view of the former enemy and of America as well. __________
3. Amnesty's central function was to campaign against unjust *imprisonment* on the grounds of individual belief. __________
4. Amnesty has always fought against the *violation* of human rights. __________
5. Amnesty's *income* comes from membership and donations. __________
6. Many people feel *frustrated* in the face of institutionalised state violence. __________
7. Of *paramount* importance is the need to build up more confidence and to curb the mounting spiral of sophisticated and expensive weaponry. __________
8. The messages which the agent passed on to headquarters were *incomprehensible* to outsiders. __________
9. A large number of *civilians* were killed in an air raid on a giant bunker in Baghdad. __________
10. Amnesty has never been *reluctant* to criticize governments that otherwise enjoy popular support. __________

Exercise 8 Matching words and their definitions

Match the words from list 1 with their appropriate definitions in list 2.
Please note: There are more words than definitions!

A injury from a knife or bullet for example
B to damage sth. so badly that it cannot be used again
C beat someone in a game or battle
D a process in which countries agree to reduce the number of weapons they have
E to give up a thing for some noble reason
F anger that makes you ready to attack other people
G to go into another's country as an act of war
H to take and hold possession of (a city, a country)
I one who seeks shelter from danger, e. g. in a foreign land
J person who serves as a soldier of his choice
K chief place of business; place where the commanding officer is
L heavy motor-car with guns in it
M weapon that moves long distances through the air and explodes
N a man who has done something very brave
O someone who works secretly to find out things
P group of people fighting for a world without war

(1) aggression
(2) casualties
(3) defeat
(4) defence
(5) destroy
(6) detente
(7) disarmament
(8) headquarters
(9) hero
(10) invade
(11) martial law
(12) missile
(13) occupy
(14) peace movement
(15) refugee
(16) sacrifice
(17) spy
(18) supplies
(19) tank
(20) volunteer
(21) wound

A	B	C	D	E	F	G	H	I	J	K	L	M	N	O	P

Exercise 9 Word families

Supply the missing forms.

noun (abstract)	noun (concrete)	verb	adjective
______	______	______	deterrent
______	______	operate	______
______	______	______	allied
armament	______	______	______
---	volunteer	______	______
protection	______	______	______
______	---	grieve	______
explosion	______	______	______
______	---	endure	______
______	______	object	______
______	navigator	______	______
invasion	______	______	______
______	---	______	deceitful
______	---	defy	______
______	---	______	courageous
conspiracy	______	______	______
______	conqueror	______	---
______	______	______	captive
---	blood	______	______

Exercise 10 Word square

Try to spot these words:

1. malnutrition, 2. resolution, 3. tolerance, 4. terrorism , 5. volunteer, 6. armistice, 7. deterrent, 8. conscript, 9. literacy, 10. alliance, 11. conquest, 12. nuclear, 13. warfare (2x), 14. detente, 15. hijack, 16. occupy, 17. threat, 18. draft, 19. ally

M	E	R	T	T	P	T	F	A	R	D	U	N	N	W	E
V	F	Y	B	O	B	U	J	M	D	D	O	O	T	A	L
E	B	S	N	L	O	F	M	T	T	I	I	A	P	R	I
E	K	X	T	E	C	Q	S	A	T	T	R	L	I	F	T
C	L	K	H	R	Z	U	S	U	I	K	A	L	R	A	E
I	T	H	J	A	L	Y	L	R	D	Q	E	I	C	R	R
T	J	C	E	N	C	O	T	L	Y	O	L	A	S	E	A
S	M	Z	F	C	S	U	C	M	J	K	C	N	N	H	C
I	N	D	N	E	N	O	S	Z	O	X	U	C	O	R	Y
M	L	S	R	L	N	I	B	T	S	M	N	E	C	E	D
R	F	I	A	Q	R	D	E	T	E	R	R	E	N	T	E
A	U	M	U	O	B	O	C	C	U	P	Y	N	T	U	T
I	Z	E	R	E	E	T	N	U	L	O	V	U	R	X	E
W	S	R	K	D	H	I	J	A	C	K	A	L	L	Y	N
T	E	Y	U	T	H	R	E	A	T	S	K	A	E	E	T
T	W	A	R	F	A	R	E	N	K	C	H	Q	W	M	E

Exercise 11 Crossword puzzle

Try to solve the crossword puzzle.

Across

2 Ungleichheit (9)
4 Gleichgewicht (7)
6 ordnen, klassifizieren (4)
7 Attentat (13)
10 Explosion (5)
13 Mangel (10)
14 Unterernährung (12)
15 Missbrauch (5)

Down

1 Waffe (6)
2 Abrüstung (11)
3 stützen (7)
4 Zwangsarbeit (6+6)
5 dauerhaft (8)
8 Anzeiger (9)
9 Pro-Kopf-Einkommen (6+3+4)
11 Stimmung (9)

16 Wüste (6)
19 überwiegend (13)
22 Ernte(zeit) (7)
24 entscheidend (8)
26 Milch- und Molkereiprodukt (5+7)
28 Armut (7)
30 (Ver-) Lockung, Köder (4)
31 knapp (6)
34 anständig (6)
36 Maßstab (5)
38 Waffenarsenal (7)
39 ausreichend (8)
40 Analphabetentum (10)

12 bemitleidenswert (7)
17 weit verbreitet (10)
18 füttern (4)
20 beurteilen (6)
21 sich verlassen (auf) (4)
23 unmittelbare Umgebung (8)
25 Feldfrüchte (5)
27 verzweifelt (9)
29 Abwasser (6)
30 Lese- und Schreibfähigkeit (8)
32 Entschlossenheit (7)
33 ländlich (5)
35 überfluten (6)
37 Kost (4)

Consumption and health

1 Word field

accusation	Beschuldigung
(to) acknowledge	(Empfang) bestätigen, anerkennen
adequate	ausreichend, genügend
adolescent	Jugendlicher
advance	Fortschritt; Vorrücken
advantageous	vorteilhaft
advertisement	(kurz: **ad**) Anzeige
advertising	Werbung
advice column	Ratgeberspalte
after-sales service	Kundendienst
alert	wachsam
(to) argue	streiten; erörtern, argumentieren
assumption	Annahme
at random	blindlings
bar code	Strichcode
benefit	Nutzen
bewildering	verwirrend
blatant	lärmend, krass
branded goods	Markenartikel
campaign	Aktion, Feldzug, Werbekampagne
carbohydrate	Kohle[n]hydrat
cereal	Getreide
clumsy	plump
commercial	Werbespot
commodities	Waren
commodity trade	Warenhandel

(to) compel	zwingen
competitive	konkurrenzfähig
competitor	Konkurrent
(to) comprise	bestehen aus
(to) conceal	verbergen
concealed advertising	Schleichwerbung
(to) conceive	planen, ausdenken
(to) confine	begrenzen, beschränken
(to) consolidate	festigen; zusammenlegen
consumer goods	Konsumgüter, Verbrauchsgüter
consumer guidance	Verbraucherberatung
consumer protection	Verbraucherschutz
content(s)	Inhalt
convenience food	Fertiggericht
conviction	Überzeugung
(to) cope	zurechtkommen
coverage	Berichterstattung
(to) crease	knittern, zerknittern
customer-oriented	kundennah
(to) deceive	betrügen, täuschen
(to) depreciate	(Wert) mindern, abschreiben
diet	Nahrung, Kost
discernible	erkennbar, unterscheidbar
discerning	kritisch, scharfsichtig
(to) dismantle	zerlegen, demontieren
distress	Schmerz, Leid, Kummer, Sorge
distributor	Verteiler, Händler
(to) emerge	entstehen, hervorgehen
ensuing illness	Folgekrankheit
(to) evaluate	abschätzen, bewerten, beurteilen

executive	leitender Angestellter
expenses	Unkosten, Spesen
facilities	Einrichtungen, Anlagen
fee	Gebühr, Honorar
(to) flatter	schmeicheln
(to) gather	sammeln
glance	Blick
goods on stock	Warenbestand
(to) ignite	anzünden, entzünden
imbalance	Ungleichgewicht
(to) impose	durchsetzen
inaccurate	ungenau, unrichtig
intention	Absicht
intrusion	Störung
(to) inundate	überschwemmen
irritation	Gereiztheit, Ärger
lawsuit	Klage
leaflet	Prospekt, Flugblatt
loyalty	Treue
manufactured goods	Fertigwaren
(to) mention	erwähnen
merchandise	Handelsware
(to) mislead	irreführen, verleiten
moderation	Mäßigung, Maß
non-profit	gemeinwirtschaftlich
nutritionist	Ernährungswissenschaftler
obese	fett
obesity	Fettleibigkeit
package	Packung
performance	Leistung; Vorstellung
precedent	vergleichbarer Fall, Präzedenzfall

preference	Vorliebe, Vorzug
prescription	Rezept
privacy	Privatsphäre
(to) promote	(Verkauf durch Werbung) steigern, fördern
(to) prosecute	(auch strafrechtlich) verfolgen
prosperity	Wohlstand, Gedeihen
purchase	Kauf, Ankauf
pursuit	Streben
quality failure	Qualitätsmangel
quality protection	Qualitätssicherung
quality requirement	Qualitätsanforderung
range	Kollektion, Sortiment
recession	Konjunkturrückgang
retailer	Einzelhändler
seal	Siegel
service department	Kundendienst
(to) shrink	zusammenschrumpfen, einlaufen
standard	Niveau, Stand, Norm
stock, storehouse	Warenlager
(to) store	speichern
striking	auffallend, eindrucksvoll
subscriber	Abonnent
subtle	fein, feinsinnig
successive	aufeinander folgend
(to) suspect	verdächtigen
suspicion	Verdacht
tag	Schild
transgression	Vergehen, Übertretung
undaunted	unerschrocken
unrivalled	konkurrenzlos
vast	ungeheuer groß
wasteful	verschwenderisch

2 Practice

Exercise 1

"Big Brother" in our supermarkets

In the following text some words are jumbled. To give you some help the first letter of the word in question is given. Try to complete with words that would fit the context.

One day you won't have to write your own shopping list – your favourite supermarket will do it for you, because the management is informed in (d-i t a e l) ______________[1] about your buying (h-t b s a i) ______________[2]. Tesco, Sainsbury and Safeway know what you buy, how much you buy each time and when and at what time of day you do your shopping. How do they know? All big stores have (p-e i o r d v d) ______________[3] their customers with so-called loyalty cards or shopper club cards. With the help of such a card, companies (c-l e t o l c) ______________[4] a vast amount of data about their customers.

To spare the labour of putting a price tag on every (i-e m t) ______________[5] supermarkets introduced the system of "bar coding". Merchandise is packaged with identifying bar codes which are (s-d a n n c e) ______________[6] into a computerized register which reads the code and "rings up" the item at a price which is pre-programmed into the system. So when the price of an item changes the shop keeper need not (r-p e a e c l) ______________[7] all price tags on the packets in the shop, he simply (a-t a p d s) ______________[8] the price in his computer system. The bar code also keeps a (r-r c d e o) ______________[9] for the shop managers. At a glance they know how many items they have sold and how many are (l-f e t) ______________[10] in their stores – and also what has been taken but not been paid for, i. e. (s-o e t l n) ______________[11]! They see which article sells well and which doesn't.

After the introduction of bar codes for merchandise bar codes for the customers came into being. The (l-y l y o a t) ______________[12] cards store all sorts of information about the customer. Supermarket managers claim that customers profit from loyalty cards. The detailed information about a customer's buying habits allows the stores to (t-r e t g a) ______________[13] shoppers better with specific offers. They know what the shopper prefers and therefore can serve him more accurately.

Critics of the system (m-t i i n a n a) ______________[14] that "Big Brother" has entered the shops. In George Orwell's pessimistic novel "1984" Big Brother represents absolute control in a (t-a t l r t a o i n a i) ______________[15] state. Like Big Brother the shops gather private data without the customer's knowledge of what sort of information is being (s-e o r t d) ____________[16]. Many critics regard this as an intrusion on the customer's privacy. Another reason why privacy campaigners find the cards alarming is their suspicion that retailers might turn their knowledge into (p-o i f r t) ____________[17], since they know the person they want to sell something to. They might inundate households with individualised ads and other selling (m-s a e s e g s) ____________[18] based on the information about your buying habits, thus adding to the already enormous (f-d o o l) ____________[19] of brochures, leaflets in your post box at your front door and (j-n u k) ____________[20] mail in your email post-box in your computer.

Exercise 2 We know what you buy

Complete the mindmap with information from the text.

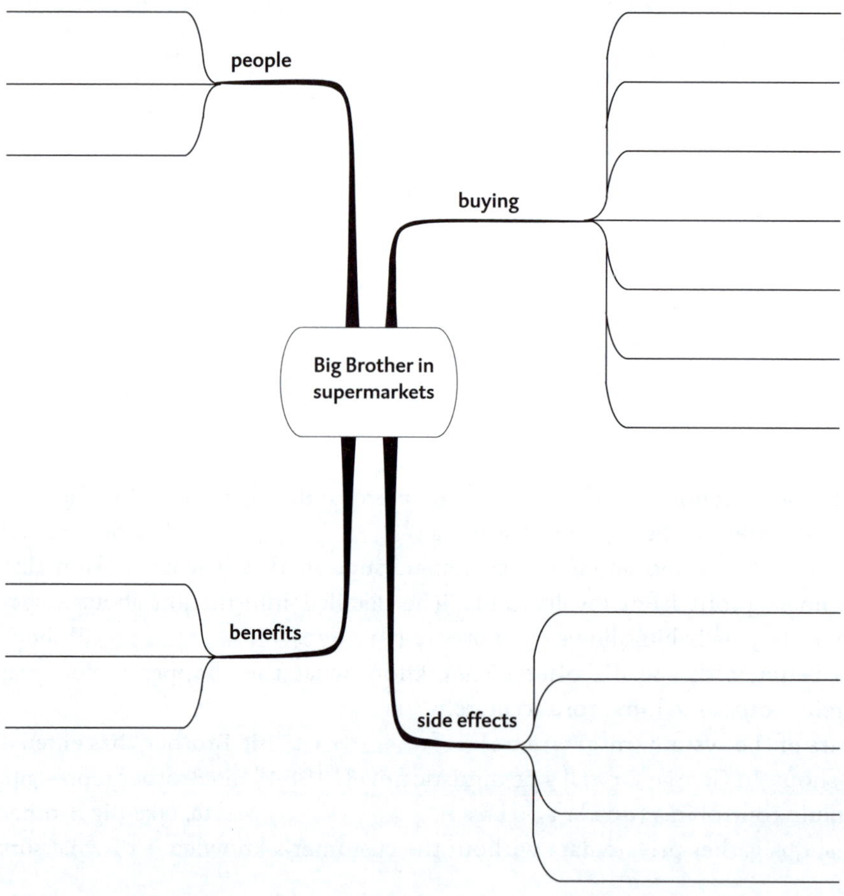

Exercise 3 Teenage obesity

Translate into English or German respectively.

Almost forty per cent of American children and ______________[1] *(Jugendliche, Heranwachsende)* are carrying too much fat and two out of every three adults are overweight or obese ______________[2]. Who is to blame: the fast-food corporations or the ______________[3] *(Kunden)*? Two teenage girls – one weighed 135 kilos – took the fast food chain McDonald's to court, arguing ______________[4] that McDonald's was responsible for their obesity because it did not provide the necessary information about the health risks associated ______________[5] with its meals. The ______________[6] *(Klage)* was eventually dismissed because the judge said that the girls themselves were responsible for their ______________[7] *(Gewicht)*. Common sense should have told them that eating many fatty meals was not good for them. The case made the headlines because it clearly showed the popularity of convenience foods ______________[8] on the one side and, on the other, the necessity to educate children about the nutritional facts and contents of fast food. A healthy ______________[9] *(Kost, Nahrung)* in childhood plays an essential role in growth and development, current well-being, educational ______________[10] *(Leistung)* and avoidance of chronic disease throughout life.

Nutritionists ______________[11] agree that childhood obesity has multiple causes: it most likely results from an interaction of nutritional, psychological, familial, and physiological factors. The main reason for overweight, however, is the ______________[12] *(Ungleichgewicht)* between energy input (calories obtained from food) and energy output (calories expended in the basal metabolic rate and physical activity). In other words, an unhealthy diet together with little ______________[13] *(Bewegung)* causes overweight and ensuing illnesses ______________[14].

An American documentary filmmaker carried out a test on himself, rigorously eating a diet of McDonald's fast food, three times a day for a whole month. Gaining 11 kilos in weight, he ______________[15] *(anschaulich)* illustrated the negative effects of this one-sided diet on his physical and mental health.

A healthy dietary intake should comprise ______________[16] *(Kohlenhydrate)*, fats, proteins, minerals and vitamins – all in moderation ______________[17]. You should eat a certain amount of bread, cereals and other starchy foods, plus meat, fish or pulses, fruits and vegetables, and low amounts of fat, sugar or salty foods. Any one-sided diet causes more ______________[18] *(Schaden)* than good. Nutritional experts encourage people to eat at least five portions of fresh fruit and vegetables a day, because this ensures an adequate ______________[19] supply of micronutrients like vitamins. Evidence is growing about other ____________[20] *(Nutzen, Vorteile)* of fruit and vegetable too – they can help prevent heart disease, some types of cancer, the most common form of diabetes and obesity.

Exercise 4 The British National Health Service (NHS)

Complete the text with words from the following list. There are more words than you need.

afford	cover	dismantle	prescriptions
bearable	coverage	emerge	preventive
cabinet	cure	examinations	succeeded
cancer	demand	patient	taxation
care	discouraged	precedent	transplants

At the beginning, the National Health Service was financed entirely out of ____________[1] and there were no charges of any kind to the ____________[2]. This ideal state of affairs did not survive very long, and surprisingly it was the Labour Party which started to give up the principle of free health ____________[3]. Small charges for dentistry and glasses were introduced after a savage political battle which drove Aneurin Bevan, the creator of the NHS, out of the ____________[4]. Bevan argued that any charges, however

small, would create a ________________ [5] for the introduction of other fees. He was right. Charges for ________________ [6] have been increased regularly by successive governments. There are now charges for eye tests and dental ________________ [7]. Opponents of the new charges say poor people will be ________________ [8] from having important tests. Only the most short-sighted government would impose charges for tests which are an essential part of ________________ [9] medicine and could save the NHS money in the long run.
The trouble with the NHS is that although it copes well with emergencies and serious illness like ________________ [10], it is not much use if you have a distressing but non-emergency condition like varicose veins. Waiting lists for non-emergency ops are already extremely long.
Part of the problem is the ever increasing ________________ [11] for health services. Expensive operations like ________________ [12] used to be quite rare. They are now increasing rapidly and so are the lists of people wanting them. New diseases ________________ [13] like Aids, which cost a fortune in prevention and care, never mind the cost of looking for a ________________ [14]. Even more frightening is the growing number of old people who need special geriatric care. Thanks to the progress of medicine we live longer, but can the National Health Service make our old age ________________ [15]?
We should oppose any plans to ________________ [16] the NHS and create an American-style private health service in its place. In the USA one in every four people has no medical ________________ [17] and private insurance costs thousands of dollars a year. Today, the NHS is the largest employer in the UK.

Exercise 5 Synonyms

Find synonyms for the words in italics.

1. You shouldn't *depreciate* the information offered in shopping advice columns. ________________
2. High quality products are easily *discernible* as they bear a quality stamp. ________________
3. An important *distributor* will always try to sell his own brand of goods. ________________
4. The chairman started to *evaluate* the financial situation of the company. ________________
5. The description on the label of these jeans is *inaccurate*. ________________

6. The *intention* of the writer of this article is to give real, objective information. ______
7. I am convinced of your *loyalty* to the company. ______
8. You have to sign here and *acknowledge* receipt of the consignment. ______
9. Economic growth is *advantageous*. ______
10. His suggestions are based on the *assumption* that the new product will sell better on the market. ______
11. Many readers *benefit* from the information supplied in shopping advice columns. ______
12. People today are confronted with a *bewildering* variety of articles offered in the shops. ______
13. A large number of *commodities* bear a guarantee or trade mark. ______
14. No manufacturer is *compelled* to give a guarantee. ______
15. We must try to be better than our foreign *competitor*. ______
16. It's very hard to *conceive* a better marketing policy for our new product. ______
17. It never pays to *deceive* the consumer with bright and colourful packaging. ______
18. "We are now entering a period of *prosperity* for all!" ______
19. The little corner shop only sells a limited *range* of foodstuffs. ______
20. During a *recession* the economy of a country is less successful. ______
21. As an immediate *response* the firm reduced the price of its product by 20 per cent. ______
22. The most *striking* feature of our new model is its low petrol consumption. ______
23. Any *transgression* of the British Retail Trade Standards will be prosecuted. ______
24. The *vast* majority of our customers are satisfied with our products. ______

Exercise 6 Matching words and their definitions

Match the words from list 1 with their appropriate definitions in list 2.
Please note: There are more words than definitions!

A temporary decline in economic activity or prosperity

B advertising or other activity intended to increase the sales of a product

C required, expected or accepted level of quality

D person who pays to receive a copy of a newspaper regularly

E person who buys something from a tradesman, shop etc.

F agent who supplies goods to shops in a certain area

G amount paid for professional advice or service, e. g. to private teachers, doctors, etc.

H money spent in doing a specific job, or for a specific purpose

I condition or circumstance that gives one superiority or success (esp. when competing with others)

J box, etc. in which things are packed

K person or firm that makes goods on a large scale using machinery

L advertisement on TV or radio

(1) advantage
(2) commercial
(3) commodity
(4) competitor
(5) customer
(6) distributor
(7) expenses
(8) fee
(9) manufacturer
(10) package
(11) promotion
(12) recession
(13) standard
(14) stock
(15) subscriber
(16) variety
(17) waste

A	B	C	D	E	F	G	H	I	J	K	L

Work

1 Word field

account	Konto; Bericht
(to) take into account	berücksichtigen
(to) acquire	erwerben
(to) advertise	ankündigen, inserieren; etw. bewerben
alienation	Entfremdung
(to) alleviate	Mängel beheben, lindern
appalling	entsetzlich, erschreckend
(to) apply (for)	sich bewerben (um)
apprentice	Auszubildender, Lehrling
apprenticeship	Lehre, Lehrzeit
(to) assemble	montieren
assembly line	Fließband
(to) assess	einschätzen
(to) attach	beilegen; befestigen
(to) avert	abwenden
awareness	Bewusstsein
bankrupt	bankrott
bargain	vorteilhafter Kauf, Gelegenheit
(to) bargain	verhandeln
blackleg	Streikbrecher
blueprint	Blaupause, Modell
board of directors	Verwaltungsrat
breadwinner	Ernährer
(to) broaden	verbreitern, breiter werden
by trade	von Beruf

(to) call a strike	Streik ausrufen
career	berufliche Laufbahn, Karriere
careers officer	Berufsberater
chore	Routinearbeit
collective bargaining	Tarifverhandlungen
commerce	Handel
commitment	Engagement
company	Firma
concurrent	gleichzeitig
conveyor belt	Fließband
(to) cope with	zurechtkommen mit etw.
counterpart	Gegenstück, Pendant
cradle	Wiege
craft	Handwerk, Gewerbe
craftsman	Handwerker
(to) crush	zerquetschen
customer	Kunde
(to) deduct	abziehen
delivery	Lieferung, Zustellung
(to) deprive	jdm. etwas entziehen
(to) dismiss	entlassen
dispute	Streit
disruption	Unterbrechung
diversion	Ablenkung, Unterhaltung
divorce	Scheidung
embedded	verankert, verwurzelt
(to) employ	beschäftigen
employee	Arbeitnehmer
employer	Arbeitgeber
equal opportunities	Chancengleichheit
exploitation	Ausbeutung

extent	Größe, Ausmaß
(to) fire	entlassen, rausschmeißen
foreman	Vorarbeiter
foundation	Stiftung
free enterprise	freie Marktwirtschaft
gender	Geschlecht
(to) hire	einstellen
immaturity	Unreife
implication	Verwicklung, Auswirkung
incentive	Anreiz
industrial action	Arbeitskampf, Streik
insufficient	ungenügend, zu wenig
interview	Vorstellungsgespräch
job centre	Arbeitsamt
job creating measure	Arbeitsbeschaffungsmaßnahme
job creation	Arbeitsbeschaffung
job hunter, job seeker	Arbeitsuchender
job market	Arbeitsmarkt
labour costs	Arbeitskosten
labour exchange	Arbeitsamt
lay-off	vorübergehende Entlassung
literacy	Lese- und Schreibfähigkeit
livelihood	Lebensunterhalt
lock-out	Aussperrung
manpower	Arbeitskräfte [Plural]
manufactured goods	Fertigwaren
(to) moonlight	schwarzarbeiten, einen Nebenjob haben
negotiation	Verhandlung, Unterhandlung
notice	Kündigung

numeracy	Rechnen
occupation	Beruf
occupational disease	Berufskrankheit
(to be) on the dole	stempeln gehen
(to) originate	entstehen, seinen Anfang nehmen
outlet	Ausgang, Ausdrucksmöglichkeit; Verkaufsstelle
output	Produktion, Ausstoß
(to) perceive	wahrnehmen
personnel	Belegschaft
picket	Streikposten
place of work	Arbeitsplatz
plant	Anlage, Fabrik
position	Stellung, Posten
poverty	Armut
pre-requisite	Grundvoraussetzung
primary	primär, Haupt-
principal	hauptsächlich
principle	Grundprinzip, Leitsatz
profession	(höherer) Beruf
(to) promote	befördern
prospect	Aussicht
(to) pursue	verfolgen
(to) qualify	befähigen
raise [AE]	Lohn-, Gehaltserhöhung
(to) rate	einschätzen
(to) restore	wiederherstellen
(to) retire	sich zur Ruhe setzen
rise	Lohn-, Gehaltserhöhung
(to) sack	entlassen
salary	Gehalt
shift	Schicht, Arbeitsschicht, Verlagerung

shop-steward	gewerkschaftl. Vertrauensmann
short-time working	Kurzarbeit
skill	Fertigkeit
skilled worker	Facharbeiter
staff	Belegschaft, Personal
staff manager	Personalchef
strike	Streik
strike vote	Urabstimmung
striking	bemerkenswert, auffallend
(to) supplement	ergänzen
supply and demand	Angebot and Nachfrage
surge	Anstieg
trade	Handel
trade union	Gewerkschaft
trade unionist	Gewerkschafter
trainee	Praktikant
unemployed	arbeitslos
unemployment assistance	Arbeitslosenhilfe
unemployment benefit	Arbeitslosengeld
unemployment funds	Arbeitslosengeld
union dues	Gewerkschaftsbeiträge
vacancy	freie Stelle
vocational guidance	Berufsberatung
vocational training	Berufsausbildung
wage(s)	Lohn, Arbeitslohn
white-collar worker	Büroangestellter
wildcat strike	wilder Streik
without notice	fristlos

2 Practice

Exercise 1 When one job is not enough

In the following text some words are incomplete. Only a couple of letters are given. Try to complete with words that would fit the context.

We talk of moonlighting when somebody works in a second job, usually during hours after the primary job is comp________[1]. In recent years the number of women who hold more than one job has incr________[2], whereas the figures for men have changed little in decades. Economists and government officials say that the reasons for the moonlighting surge among women are to be found in social and eco________[3] shifts. The last two decades have brought a record number of div____________[4] and families maintained by single women, many of whom take two jobs as it is the only way to stay above the po___________[5] line. Single mothers who do not receive any money from the child's father simply have to moonlight to make ends meet. There is also the group of the "working poor"; i. e. people in low paid jobs who work around the clock but whose income from the primary job is insuff________[6] to pay the bills. They moonlight to earn enough to live dec________[7].
However, in recent years another trend can be obs________[8]. While people once moonlighted to simply support themselves, today there are those who take on extra work because their life________[9] is higher than the primary job allows them to afford. They want to live in a ple________[10] neighbourhood where rents are high or they want their children to attend better schools which charge fees. These people have become accus________[11] to a degree of luxury in their lives which they would not like to give up, living well b________[12] their means. Theoretically they could live on the income they earn in their primary job, but they have become used to spending more on holidays, vac________[13] homes or perhaps buying new cars.
For others moonlighting is some sort of personal outlet or personal expre________[14]. They are not looking for extra cash. They see the moonlighting job as a pleasurable dive________[15]. This explains why many people seek out opportu______[16] that are very different from their primary employ______[17]. Take a musician for example who holds a nine-to-five job to earn his living. After his routine office day, he comes alive at night performing in a band.
Today, thanks to the Internet, people can have a moonlighting job any time, even concurrent with a primary job to suppl________[18] their income. They can work from home using their computer, which makes a second job easier. At any rate, most experts advise people to be realistic about ear________[19] and

always take into account the amount of time involved before taking up a moonlighting position. If the extra job does not leave enough time to rest and regen________[20] oneself, moonlighting becomes an unbearable chore.

Exercise 2

A safer place of work

In the following text some words are jumbled. To give you some help the first letter of the word in question is given. Try to complete with words that would fit the context.

William is fourteen and works in a (c-t n o o t) ____________[1] mill in the Midlands. If you asked him how many hours he works each day, he probably couldn't tell (e-l x c y a t) ____________[2]. He usually works from 5 in the morning to 7 at night, but there are times when the factory owner, Mr Bullfinch, keeps him working for as long as he wants him to. There are no (c-s l k o c) ____________[3] in the mill, anyway. If William is late for work, he is punished, takes a beating, and has money (d-u e t c d d e) ____________[4] from his pay which comes to 2 shillings 3 pence (about 12p). It is very hot in the machine room, much hotter than outside. William does not leave the factory during the day because the (c-o a t t s r n) ____________[5] in temperature would make him ill. His friend James was injured last week. His job was to dive in and out of the machinery (p-i n k g i c) ____________[6] up bits of stray cotton. Unfortunately he became entangled in the machinery and lost his left arm. Not only has he suffered this bad (i-y u n j r) ____________[7], he has also been sacked from his job, and Mr Bullfinch does not pay for James' medication. A catastrophe for his family as James was the only (b-r e n a w d r e n i) ____________[8].

This is what working conditions were like in the early 19th century – until the Factory Acts designed to improve the working conditions of employees, especially women and children, were passed. Michael Thomas Sadler was among the (p-n e s i e o r) ____________[9] of these laws. He had become concerned about the condition of working children when he worked for his brother's company importing Irish linen. Sadler introduced a bill into Parliament that (p-s r d o e o p) ____________[10] limiting the working hours of all persons under the age of 18 to ten hours a day. At first Parliament was unwilling to pass Sadler's bill, but eventually agreed to a parliamentary (e-u n r i q y) ____________[11] into child labour, chaired by Michael Sadler. The committee interviewed 48 people who had worked in textile factories as children. They discovered that it was quite common for children to be working over 12 hours a day in what by today's standards are the most appalling and brutal (c-o d t o s n i i n) ____________[12]. Sadler's fight for social reforms was supported by Anthony Ashley Cooper, 7th Earl of Shaftesbury, later Lord Ashley, who carried out a (s-v y u r e) ______________[13] of doctors and used their comments to persuade Members of Parliament that children could not work more than ten hours without damaging their health. Eventually, in 1847, Parliament passed regulations for factories and coal mines that alleviated the worst (e-i l a n x i o t p t o) ____________[14] of women and children. Shaftesbury also fought to improve working-class housing and was (c-h n m i a r a) ____________[15] for 39 years of the Ragged School Union, an organization that created schools for poor children.

Today there are strict regulations protecting the health and (s-y e a t f) ____________[16] of young people in the workplace. These regulations are based on the (p-l n r i c e i p) ____________[17] that young workers are particularly at risk in the workplace for a variety of reasons, such as their general lack of (e-x e i e n e p r c) ____________[18], their lack of awareness about occupational risks to their health and safety and their possible immaturity. Therefore employers are (r-d u e e q i r) ____________[19] to take these facts into account when assessing the risk of a certain work and (d-n e m e t i e r) ____________[20] whether or not a young person is prohibited from doing such work. The regulations also demand to introduce measures to reduce health and safety risks.

Exercise 3 Young people's life-skills

Complete the text with words from this list:

acquire	develop	implications	requisite
aesthetic	emerged	perceived	research
attach	essential	promote	stressed
commissioned	extent	prospects	sufficiently
commitment	gender	rated	varying

Young people rate work experience very highly because it helps them to develop the skills they see as ____________[1] for all aspects of life, in particular communication and interpersonal skills. This is one of the key findings of ____________[2] into young people's views on life-skills published by the Scottish Council for Research in Education. The study, ____________[3] by the Lifelong Learning Foundation, looked at young people's views on key life-skills to find out which they consider important, how they believe they ____________[4] these skills and how necessary they see them to their future lives.

More than 200 young people aged 16 to 21 from Scotland and the North of England took part. Despite ____________[5] social backgrounds, levels of educational qualification, ____________[6] of work experience and differences in age, strikingly common themes ________________[7]. Young people saw communication and interpersonal skills as the most important for all aspects of life, a view which is shared by employers. Creative and ____________[8] skills as well as physical skills were also regarded as important.

Young people understood the need to be ____________[9] competent in numeracy and literacy to cope with changing employment possibilities. Otherwise they ________________[10] work experience above schooling because they thought it provided more opportunities to develop the life skills which are ____________[11] as fundamental. They also saw computer skills as important but were quite confident that they could ____________[12] these when necessary. One strong difference related to ____________[13]: only young women said that the media, particularly TV and magazines, influenced the development of their personal skills. Young people ____________[14] the fact that life-skills on their own were insufficient, they also recognized the importance of such qualities as ____________[15], motivation and patience, and of having pre-____________[16] knowledge to be successful in one's job.

All in all, the findings highlight the importance young people ____________[17] to work experience. This means that work experience should be developed systematically to ________________[18] gains in young people's skills. There are ________________[19] also for the long-term unemployed who are at a serious disadvantage. Being out of work they do not have the chance to develop certain life-skills, a fact which certainly limits their employment ____________[20].

Exercise 4 Synonyms

Find synonyms for the words in italics.

1. A *blackleg* usually has to suffer a lot of insults from workers who are out on strike. ____________
2. *Commerce* between England and the USA has grown steadily. ____________
3. Tom Birch stands at a *conveyor belt* all day. ____________
4. Mrs Hemming always does her shopping in Tesco's; she's been a regular *customer* for years. ____________

5. I cannot believe that they want to *dismiss* more than 500 people from their jobs! __________
6. Every morning there is a long queue of job hunters outside the *job centre.* __________
7. As the new product sold rather well, the firm decided to increase *manpower* in the production plant. __________
8. More money is earned with the sale of *manufactured goods* than with the sale of primary products. __________ __________
9. If *negotiations* fail, the printers will go on strike and there won't be any newspapers tomorrow. __________
10. There are rumours about a slight reduction in *personnel* in the Hendon branch office. __________

Exercise 5 Opposites

Find opposites for the words in italics.

1. Many of the *specific* effects of increasing automation are far from clear. __________
2. The talk is forgotten the day after the unlucky ones have been *sacked.* __________
3. The best training is done by employers who need to *hire* workers. __________
4. Due to the benefits of automation in *heightening* efficiency firms will buy more and more machinery. __________
5. The company got into a situation where it had to *dismiss* workers. __________
6. The *defeats* at British Leyland have made some union leaders more determined. __________
7. The *decline* of the economy is gathering speed. __________
8. Female employment *increased* throughout the 20th century. __________
9. The *affluent* workers are less concerned about social justice. __________
10. *Continuing* unemployment is a big problem with serious consequences. __________

11. The changes in technology *altered* the nature of market work. ____________

12. Some modifications of a "new" product are of slight *benefit* to the consumer. ____________

Exercise 6

Crossword puzzle

Try to solve the crossword puzzle.

Across

1 feeling of despair, estrangement
8 someone who has more than one job is said to be … lighting
9 main artery through which blood leaves your heart
11 to tell people about a product in newspapers, on TV etc.
14 meeting at which someone applying for a job is asked questions
16 boy's name meaning "the lion"
17 make
18 what everyone breathes
19 river in Italy
20 young person who learns a job
23 he saw how the accident happened
27 a "wall" that is built across a river to hold back the water
28 determined not to give up
30 terrorist organization in Northern Spain
31 give up one's work because of age
32 American for "tin"
34 talk between employers and trade unions

Down

2 opposite of hate
3 opposite of "out"
4 you've got two for better hearing (sg.)
5 when you want to change your working place you have to give … first
6 German: song for one of the leading singers in an opera
7 request to supply goods
8 workers
10 controversy
12 to hit an insect with your hand or an object
13 he is in charge of a group of workers
15 person learning a job
21 have you got any … what this is all about?
22 curiosity killed the …
24 German: act, deed
25 German: symbol of Easter
26 the rays of the … can damage your skin
29 one of the two big trade union organizations in the USA
33 opposite of "yes"

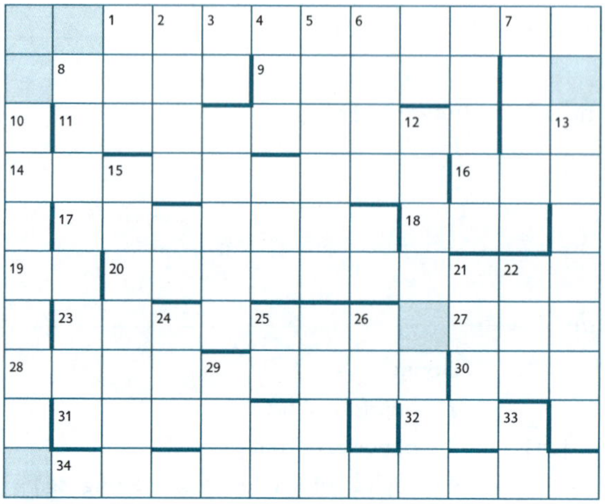

Exercise 7 Word families

Supply the missing forms.

noun (abstract)	noun (concrete)	verb	adjective
______	______	apply	______
attendance	---	______	______
bankruptcy	---	---	______
______	______	benefit	______
______	businessman/ businesswoman	______	______
competition	______	______	______
______	---	convey	---
______	______	______	cooperative
______	______	employ	---
execution	______	______	______
______	industrialist	______	______
______	______	labour	______
nation	---	______	______
______	---	______	vacant

Exercise 8 Matching words and their definitions

Match the words from list 1 with their appropriate definitions in list 2. Please note: There are more words than definitions!

A occupation in which a particular skill or the use of the hands is needed
B regular fixed payment made to workers of higher rank
C a young person who works with someone in order to learn their skill
D meeting at which someone applying for a job is asked questions
E give up one's job because of age
F talks between employers and trade unions
G person who is in charge of a group of workers
H job that requires special training or a university education, e. g. law and medicine
I unfilled position or post
J not have enough money to pay one's debts
K raise somebody to a higher position or rank
L person controlling a business

(1) apprentice
(2) bankrupt
(3) blackleg
(4) craft
(5) foreman
(6) interview
(7) manager
(8) negotiations
(9) output
(10) picket
(11) profession
(12) promote
(13) raise
(14) retire
(15) salary
(16) shift
(17) skill
(18) vacancy

A	B	C	D	E	F	G	H	I	J	K	L

Science and technology

1 Word field

(to) abate	nachlassen
(to) abide	fortbestehen
(to) accelerate	beschleunigen
(to) access	zugreifen auf
accessible	erreichbar
account	Bericht; Konto
(to) accumulate	ansammeln
advanced	fortschrittlich
aircraft	Luftfahrzeug
(to) alert	alarmieren
angle	Winkel
(to) anticipate	etwas erwarten, mit etwas rechnen
artery	Arterie
(to) assess	einschätzen
barren	unfruchtbar, steril
(to) beam	ausstrahlen, senden; Lichtstrahl
Bluetooth	drahtlose Übertragung
broadband	Breitband
calling card	Telefonkarte
cashless	bargeldlos
celestial	himmlisch, Himmels-
cellphone	Mobiltelefon, Handy
confidential	vertraulich
console	Schaltpult
constituent	Bestandteil
consumption	Verbrauch

cord	Kabel; Netzteil
cost-effective	kostengünstig
debt	Schuld
dedicated connection	Standleitung
device	Gerät
(to) dial a number	eine Nummer wählen
dial-up setting	Einwähleinstellung
disastrous	katastrophal, verheerend
discord	Uneinigkeit
drawing-board	Zeichenbrett
(to) emit	abgeben
(to) exceed	überschreiten
excessive	übermäßig
extension	Verlängerung; Nebenanschluss (Telefon)
extensive	weit, ausgedehnt
extra-terrestrial	außerirdisch
forecast	Prognose, Vorhersage
gadgetry	Gerätschaften
gambler	Spieler
gear	Zeug; Zahnrad, Schaltung
handset	Hörer
host	Hauptrechner; Wirt, Gastgeber
hotspot	Hotspot (Sendebereich eines Wireless-LAN-Netzes)
imminent	bevorstehend
impairment	Schädigung
indispensable	unentbehrlich
insoluble	unlösbar, ausweglos
instant	Moment
inventive	erfinderisch, einfallsreich
itemized phone bill	Telefonrechnung mit Einzelverbindungsnachweis

IVF	(Abk.: **in vitro fertilisation**, wörtlich: Befruchtung im Reagenzglas) künstliche Befruchtung
jack	Stecker, Buchse; verbinden
jetliner	Düsenverkehrsflugzeug
letterhead paper	Firmenbriefpapier
limitation	Begrenzung
location-tracking	Standortverfolgung
marketing	Vermarktung
marrow	Knochenmark
mature	erwachsen, reif
messaging	Kommunikation per E-Mail, Mailing
mobile phone	Mobiltelefon, Handy
modification	Änderung
(to) modulate	anpassen
(to) monitor	beobachten, kontrollieren
neuro-	Nerven-
option	Wahl
outside line	Amtsleitung
participant	Teilnehmer
(to) patch	etw. flicken
pelvis	Becken
plug	Stecker
post-mortem	Obduktion, Autopsie
power outlet	Steckdose
(to) predict	vorhersagen
prepaid	im Voraus bezahlt, bereits bezahlt
prevalent	vorherrschend
probe	Sonde
prolific	produktiv
(to) purify	reinigen
radiation	Strahlung
reception	Empfang

(to) recharge a battery	einen Akku aufladen
rover	Sonde; Vagabund
runway	Piste, Startbahn
(to) safeguard	jdn./etw. vor etw. schützen
seaboard	Küste
skeleton	Skelett
SMS, text (message)	(Abk.: **Short Message Service**) Kurznachricht
stem cell	Stammzelle
supersonic	Überschall-
take-off	Start
(to) tether	anbinden
(to) text	E-Mail/SMS schreiben und senden
tissue	Gewebe
(to) transform	verwandeln
transmission report	Übertragungsprotokoll
(to) transmit	übertragen, senden
(to) treat	behandeln
(to) trigger	etw. auslösen
tuner	Empfänger
tyre [BE]	Reifen (**tire** [AE])
ubiquitous	allgegenwärtig
unattainable	unerreichbar
uninhabitable	unbewohnbar
unique	einzigartig
unpredictable	unvorhersehbar
unsolicited	unerbeten
voltage	elektrische Spannung

2 Practice

Exercise 1 Stem cells – We can rebuild you

Complete the text with words from this list:

arteries	limitations	purified	sufferers
attack	material	radiation	tissue
chromosome	matures	raises	transform
cloning	memory	repair	transplant
concerns	object	research	treatments
diseased	potential	sentence	

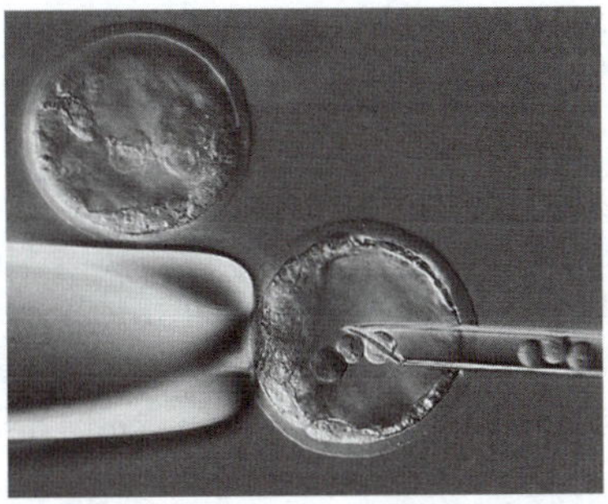

The possibility that a damaged or ___________[1] organ could be repaired with tissue grown in the lab has increased with reports on the science of stem cells, the most talented cells in the body. Stem cell ___________[2] is hailed as the start of a medical revolution that will lead to new ___________[3] for diabetes, Parkinson's, Alzheimer's, heart disease and cancer.

Every cell in an early embryo, one smaller than the full stop at the end of a ___________[4], is "totipotent", that is, can give rise to a fully developed organism. After two days, a totipotent stem cell divides, ___________[5] and gives rise to more restricted cells called "pluripotent" stem cells. Prof Fred Gage of the Salk Institute, La Jolla, found that multipotent cells can be grown from post-mortem brain ___________[6] after adding growth factors. The work ___________[7] hopes that such cells, like organs, could one day be taken from the dead – or living brain biopsies – and given to ___________[8] of Parkinson's disease.

In recent years, scientists have started to question long-held beliefs about the ___________[9] of adult stem cells. They can ___________[10] themselves into mature cells of other organs such as skeletal muscle, bone and brain. A bone marrow stem cell that can transform itself into almost any ___________[11] type has been reported by American scientists. One researcher ___________[12] bone marrow cells of male mice and took a single cell for transplant into female mice that had their bone marrow destroyed by ___________[13]. Eleven months later, the team found male cells in the blood and bone marrow of the surviving female animals, using colour dyes that light up the Y (male)

________________[14]. The Cell study provides the strongest evidence yet that the adult body contains stem cells that are as flexible as embryonic stem cells. The potential of using cells for brain ________________[15] has been demonstrated by other work, in which lab-grown human neural stem cells were successfully transplanted for the first time into old rats and significantly improved their ________________[16]. Aged rats that had received transplants of the human stem cells, parent cells of nerves, were able to perform memory tasks as well as younger rats without memory impairments, according to the study at the University of Illinois, Chicago.

Doctors have also succeeded in patching up a patient's failing heart using stem cells taken from his bone marrow. Bone marrow stem cells were removed from a 46-year-old man's pelvis and injected into ________________[17] near his heart. The cells should have developed into the constituents of blood. Instead, they migrated to areas damaged by a heart ________________[18] and turned into healthy muscle cells which began to beat. The operation highlights the ________________[19] for adult stem cells as a treatment for many problems. Even patients with the most seriously damaged hearts can be treated with their own stem cells instead of waiting and hoping on a ________________[20]. The discovery that stem cell therapy could be more successful than all other previous treatments put together has triggered ________________[21] that the development of successful treatments could lead to a level of demand that could be met only by the mass production of human embryos by IVF methods or ________________[22]. Pro life campaigners ________________[23] to plans to use stem cells taken from embryos as a source of tissue for transplant.

Highfield, Roger: "We can rebuild you ..." From: http://www.telegraph.co.uk
(10 May 2001; adapted and abridged)

Exercise 2 The wireless debt

Translate into German.

The smartphone has arrived and caused a wireless revolution, changing the way people communicate. In industrialised nations the technology is <u>virtually</u> (________________)[1] ubiquitous: on trains, buses, in cars and in the streets we <u>constantly</u> (________________)[2] see and hear people talking on the phone and staring at their screens. In less developed countries the numbers of <u>users</u> (________________)[3] are increasing too. The secret of the success of the smartphone lies in its simple <u>usefulness</u> (________________)[4]. If you want to phone your friends, family, or business colleagues you no longer need to look for a telephone booth (____________________)[5], scrabble for small change (________________)[6] to feed the public phone – which might be out of order anyway – that's a 20th century experience. Keeping in touch with friends has never been easier and texting is short and simple. It is not surprising then that Facebook, WhatsApp, Twitter and Skype have surpassed (________________)[7] e-mail in popularity. Parents buy mobile phones for their kids to increase safety and to keep their eye on them. They can stay in touch with each other more easily and the children can phone for help in case of an accident or in an emergency (________________)[8]. Mobile phone signals can be used to trace the whereabouts (________________)[9] of those calling for help. The technology has become so advanced that people can use smartphones for almost anything. Customers make person-to-person payments (____________________)[10], tourists take pictures, drivers pay for their parking spaces, gamblers buy their lottery tickets online, and students answer questions about coursework (__________________)[11] from home. Indeed, private individuals and business people have become so dependent on their mobiles that 7 out of 10 would rather (________________)[12] lose their wallet than their mobile phone.

In view of the advantages and favourable (____________________)[13] usage the negative sides of this new technology must not be overlooked. Educators (______________________)[14] claim that because of text messaging standards of spelling (__________________)[15] and grammar have declined. Some scientists are worried about the extensive (__________________)[16] use of mobile phones. They suspect that mobile phone radiation may have a damaging biological effect on human brain cells. Costs have become a challenging issue, too. When there is a new iPhone™ on the market, people stand in line to buy it and they spend a lot of money on apps and in-app purchases. As one researcher put it: "We give health warnings on smoking, but we don't seem to give debt warnings, particularly for 18–24-year-olds using smartphones. These people accumulate (________________)[17] charges without realising it." Therefore parents and educators have approached telecommunication companies and dealers to create safeguards (__________________)[18] against debt. They demand that over-aggressive marketing to young people has to stop.

Exercise 3 Video games

In the following text some words are jumbled. To give you some help the first letter of the word in question is given. Try to complete with words that would fit the context.

Video games have come a long way since they first (a-e p a r e d p) __________[1]. "Shoot first, ask questions later" was the usual order of the older (g-n o r t a e n i e) ______________[2] of games, the so-called first person shooters. Games and graphics have become much more sophisticated today. Designers use techniques (c-a l m a b r p o e) ______________[3] to those in the film industry, with publishers investing millions to put onto a disk what designers have worked out on the drawing (b-a d o r s) ______________[4]. Each project requires years of development and a multi-million pound (b-d e g t u) ______________[5]. First-class directors and actors are employed to make the interactive (e-p e c r n e i x e) ______________[6] for the gamers as realistic as possible. The enormous sums required to produce interactive video games can only be invested by powerful multinational computer (g-a t s n i) __________[7], such as Sony, Nintendo and Microsoft. This explains why the video games industry has become big business. These companies do not only produce and (m-r e a t k) ____________[8] the games they also offer the appropriate gaming machines – called consoles. The sales of consoles which are jacked into a TV set have (r-s n e i) ____________[9] sharply in recent years and earned makers substantial profits. The advanced PlayStation can be used in different ways, multitasking as a games machine, TV tuner, music system and DVD (r-e c r e r o d) ______________[10]. Some devices are so small that you can hold them in your hand and play games, movies and music. More money is earned from games (w-e i b e t s s) ______________[11] which offer interactive gaming. Mobile phone manufacturers are redesigning their devices from simple communication portals into (e-e n t a r t i n e t m n) ______________[12] centres.

The technique has changed and so have consumers, the gamers. Gaming (a-c d s e n u i e) ______________[13] are getting older and more experienced and interested in technology. In the past, the (a-e a e v r g) ______________[14] controller user was seen as a pasty faced, rather lazy and unathletic, slightly maladjusted (t-a e e e r n g) ______________[15]. Now the average gamer has an income, a City job and a busy lifestyle. In response, machine, software and application designers are releasing indispensable gadgetry that responds to the needs of this more (m-t r a e u) ______________[16] market, in which female players are more numerous than ever. With consoles getting more sophisticated and internet (c-o e t n n i n o c) ______________[17] faster thanks to broadband, publishers hope that customers will not stop playing games once they get (b-n y e o d) ________________[18] their twenties. They would like to (m-i t i n n a a) ________________[19] their audience into their pension years and even try to reach older age brackets as well, making video gaming an accepted part of the entertainment (i-d s r t n y u) ________________[20] of the 21st century.

Exercise 4

Synonyms

Find synonyms for the words in italics.

1. The electric car had a top speed of 80 mph and could *accelerate* from 0 to 50 mph in less than 7 seconds. ________________
2. Telework may have a lot of advantages, but how do you *assess* its social problems? ________________
3. Silicon and oxygen are the fundamental *constituents* of rocks in the earth's crust. ________________
4. The accident which occurred in 1986 at a nuclear power plant at Chernobyl had *disastrous* consequences. ________________
5. The Peace Corps is looking for young people who are willing to *exceed* their own boundaries. ________________
6. Experts *predict* that there will be a significant loss of jobs in the industrialised countries. ________________
7. Girls achieve better results in GCSEs because they *mature* much earlier and take school more seriously. ________________
8. HRH (His Royal Highness) the Prince of Wales believes that the genetic *modification* of crops is wrong. ________________
9. Gasoline is relatively cheap in America, so living in the suburbs without public transportation is an attractive *option*. ________________
10. Trees are beautiful, reduce soil erosion and help *purify* the air. ________________
11. In the 1950s, the basic policy of the Communist government was to *transform* China into a socialist society. ________________
12. One of the Commonwealth's *unique* achievements is the cooperation between its larger and smaller members. ________________

Exercise 5 Matching words and their definitions

Match the words from list 1 with their appropriate definitions in list 2. Please note: There are more words than definitions!

A a blood vessel that carries blood from the heart to the body
B a device which is put into an outlet to make a connection with an electric circuit
C a person who receives or entertains guests socially, commercially, or officially
D a person who takes part in an event or a game
E a region along the coast of a body of water
F able to be reached or easily obtained
G an extra telephone line connected to the main line
H being or appearing to be in all places at the same time; omnipresent
I good at thinking up new ideas or at devising new objects or methods
J a physical or mental defect, a damage
K intended to be kept secret
L lack of agreement or harmony (as between persons, things, or ideas)
M not able to be reached or achieved
N the inner framework of bones in vertebrate animals; it supports the body and protects softer body parts
O the sending of radio waves; broadcast
P the soft tissue that fills the hollow centres of most bones
Q the waves of energy sent out by sources of heat or light, or by radioactive material
R unable to produce plants or fruit

(1) accessible
(2) advanced
(3) appropriate
(4) artery
(5) barren
(6) challenging
(7) confidential
(8) discord
(9) emergency
(10) extension
(11) host
(12) impairment
(13) inventive
(14) marrow
(15) participant
(16) plug
(17) radiation
(18) scrabble
(19) seaboard
(20) skeleton
(21) structure
(22) transmission
(23) ubiquitous
(24) unattainable

A	B	C	D	E	F	G	H	I	J	K	L	M	N	O	P	Q	R

Crime, law and drugs

1 Word field

(to) abolish	abschaffen
abuse	Missbrauch
accusation	An-, Beschuldigung; Anklage
(to) acquit	freisprechen
addict	Süchtiger
addiction	Sucht
addictive	abhängig, süchtig machen
appeal	Berufung
armed robbery	bewaffneter Raub
(to) arrest	festnehmen; Festnahme
bail	Kaution, Bürgschaft
(to) betray	verraten
bloodshed	Blutvergießen
bribery	Bestechung
burglary	Einbruch, Einbruchdiebstahl
capital punishment	Todesstrafe
charge	Beschuldigung, Anklage
(to) combat	bekämpfen
(to) condemn	verdammen, verurteilen
confession	Geständnis
(to) confiscate	beschlagnahmen
conspiracy	Verschwörung
(to) contract a disease	sich eine Krankheit zuziehen
convict	Verurteilter, Sträfling
conviction	Überzeugung

counsel for the defence	Verteidiger
court	Gerichtshof
craze	Manie, Mode
credibility	Glaubwürdigkeit
cross-examination	Kreuzverhör (eines Zeugen)
custody	Gewahrsam, Haft
death penalty	Todesstrafe
defendant	Angeklagter, Beschuldigter
delinquency	Kriminalität
(to) deny	leugnen
dependence	Abhängigkeit
depressant	Beruhigungsmittel
designer drug	synthetische Droge
discourse	Unterhaltung, Vortrag
distribution	Vertrieb
dose	Menge, Dosis
downer	Beruhigungsmittel
drug pusher	Drogenhändler
drug trafficking	Drogenhandel
drug use	Drogengebrauch
drug-related	mit Drogen in Zusammenhang stehend
emotion	Gefühl, Gefühlsregung
endeavour	Anstrengung
eradication	Ausrottung
error of justice	Justizirrtum
(to) evaluate	bewerten
evidence	Beweis
(to) exact	(dringend) fordern, eintreiben
execution	Hinrichtung
exposed	ausgesetzt
(to) facilitate	erleichtern

gaol (jail)	Gefängnis
habit	Gewohnheit
harm	Schaden
harmful	schädlich
homicide	Tötung, Mord
human rights	Menschenrechte
(to) impair	behindern
imprisonment	Haft-, Gefängnisstrafe
(to) induce	herbeiführen
inhibition	Hemmung
inmate	(Gefängnis-) Insasse, Häftling
innocent	unschuldig
intervention	Eingreifen
intoxicating	berauschend
investigation	(offizielle, polizeiliche) Untersuchung
investigator	Ermittler
judg(e)ment	Urteil
juror	der Geschworene
jury	die Geschworenen
lapse of memory	Gedächtnislücke
lawbreaker	Gesetzesbrecher
lawyer	Rechtsanwalt
lethal	tödlich
moderate	maßvoll
(to) mug	überfallen und berauben
murder	Mord
murderer	Mörder
narcotics	Rauschgift
narcotics agent	Rauschgiftfahnder
nausea	Übelkeit
nutrients	Nährstoffe
oath	Eid

offence	Vergehen, Verbrechen
offender	Übeltäter
(to) outlaw	für ungesetzlich erklären
overdose	Überdosis
penalty	Strafe
perjury	Meineid
perpetrator	Täter
pickpocket	Taschendieb
(to) plead	vor Gericht plädieren
precaution	Vorsicht(smaßnahme)
preventable	vermeidbar
prior	frühere(r)
prosecution	strafrechtliche Verfolgung
prosecutor	Anklagevertreter, Staatsanwalt
(to) release	freilassen
(to) relieve	erleichtern
reputation	Ruf, guter Name
research	Forschung
revenge	Rache
riot	Krawall
sentence	Urteil, verurteilen
severe	schwer wiegend, hart
shoplifting	Ladendiebstahl
suicidal	Selbstmord-, suizidal
supply route	Nachschubroute
Supreme Court	Oberster Gerichtshof (USA)
suspect	(Tat-) Verdächtiger
suspicion	Verdacht
(to) take its toll	seinen/ihren Tribut fordern
tension	Spannung
(to) testify	vor Gericht aussagen
token	Zeichen

treason	Hochverrat
treatment	Behandlung
trial	Gerichtsverfahren, Prozess
unanimously	einstimmig
unique	einzigartig
unjust	ungerecht
unlawful	ungesetzlich, rechtswidrig
unparalleled	beispiellos, einmalig
untimely	ungelegen, verfrüht, vorzeitig
violation	Verletzung (von Rechten), Missachtung
(to) vomit	erbrechen
white-collar crime	Wirtschaftsverbrechen
withdrawal treatment	Entziehungskur
witness	Zeuge
wrongdoing	Übeltat

2 Idioms and phrases

to beat s.o. up	Gangs broke into homes, beat people up and attacked their cars.	jdn. zusammenschlagen
to call s.o. names	The boy came crying to his mother as he was called names by his classmates.	jdn. beschimpfen
to have a violent streak	Willie T. acknowledges having a violent streak.	einen Hang zur Gewalttätigkeit haben
to hold at gunpoint	The bank robbers held the customers at gunpoint.	mit der Waffe bedrohen
to impose punishment	Some people believe the crime rate could be brought down by imposing severer punishment.	eine Strafe verhängen
to jump a trafficlight	A black car jumped the trafficlight and went out of control.	bei Rot über die Ampel fahren
to make a living	Willie T. makes a living out of selling crack.	seinen Lebensunterhalt verdienen

on the straight and narrow	Parents have always struggled to keep their children on the straight and narrow.	auf dem Pfad der Tugend
to plead guilty (innocent)	The defendant wanted to start a new page in his life: he pleaded guilty.	sich schuldig (unschuldig) bekennen
to return a verdict of (not) guilty	After a three-hour discussion the jury returned a verdict of not guilty.	auf (nicht) schuldig erkennen
to violate a law	The Conservative MP said: "We need the iron fist to prevent the thugs from violating the laws."	ein Gesetz übertreten
to work undercover	British police working undercover in Malmo warned Swedish police that there might be trouble with British hooligans.	getarnt (versteckt) arbeiten

3 Practice

Exercise 1 Law and order

Complete the text with words from this list:

analysis	force	prevented	themes
causes	institutions	pursued	victims
changes	nature	remediable	view
determines	obeying	responsible	
emphasis	penalties	ruling	
face	phrase	society	

The attitudes we have towards law and order depend to a substantial degree upon our assessment of what human ________________1 is really like. Some philosophers have taken a pessimistic ________________2. For Thomas Hobbes human nature was such that in a state of nature, life would be, in his famous ________________3 "nasty, solitary, brutish and short". Others were more sanguine. Rousseau, for example, believed that "man is naturally good and only by ________________4 is he made bad". Similarly Marx, following his precept that "environment ________________5 consciousness", believed that it was the harshness of the capitalist economic system which was ________________6 for man's shortcomings.

For pessimists like Hobbes, chaotic anarchy could only be ________________7 through the agency of an all-powerful state, a "Leviathan" which could impose order through overwhelming ________[8]. For optimists like Marx the problem of lawlessness could only be solved by fundamental ________[9] in society which would refashion human nature and produce laws based upon fairness and justice rather that the interests of the capitalist ________[10] class.

The debate about law and order still revolves around these familiar and ultimately unresolvable ________[11]. Conservatives tend to support the pessimistic or what they would call "realistic" ________[12]. They believe "respect for the rules of laws is the basis of free and civilized ________[13]" and see the problem of crime primarily from the viewpoint of the ________[14] rather than its perpetrators. They support a deterrent strategy, i. e. stiffer ________[15]. Individuals have free will and should be accountable for their actions. Everyone, rich and poor, has the choice of ________[16] or breaking the law but if they take the latter course they should be in no doubt as to the penalties they must ________[17].

Labour and the Democrats tend to take a more optimistic line. They believe that crime has social ________[18], e. g. poverty, poor housing, unemployment, which are ________[19] through social policy. Deterrent strategies involving greater police powers and penalties should not be ________[20] to the point when civil liberties are unacceptably eroded. The criminal has rights too: penal policy should be humanised and more ________[21] be placed on rehabilitation rather than punishment.

Exercise 2 Cybercrime

Translate into English.

Cybercrime is the latest type of what we call "white-collar crime". The term white-collar crime refers to ________[1] *(Verstöße gegen)* of law by persons who use their jobs to engage in illegal activities. In our computer age incidents of high-technology theft and computer-related crime are increasing dramatically and suc-

cessful ____________________[2] *(strafrechtliche Verfolgung)* will be dependent on the computer skills of the investigators and the appropriate legislation. The US Administration is determined to fight cybercrime with the utmost energy. In the words of former Vice President Al Gore: "Unlawful activity is not ______________[3] *(einzigartig)* to the Internet – but the Internet has a way of magnifying both the good and the bad in our society. What we need to do is find new answers to old crimes."

The Internet is rapidly transforming the way we communicate, educate, and buy and sell goods and services. As the Internet's potential to provide unparalleled ______________[4] *(Nutzen)* to society continues to expand, we realize that the Internet can also serve as a powerful new medium for those who wish to ____________[5] *(begehen)* unlawful acts.

Unlawful ______________[6] *(Verhalten)* involving the use of the Internet is just as ______________[7] *(untragbar, unerträglich)* as any other type of illegal activity. Ensuring the safety and security of those who use the Internet is ______________[8] *(so, auf diese Weise)* a critical element of the Administration's overall policy regarding the Internet and electronic ______________[9] *(Handel)*, a policy that seeks to ______________[10] *(fördern)* private sector leadership, technology-neutral laws and regulation, and an ______________[11] *(Anerkennung, Wertschätzung)* of the Internet as an important medium both ______________[12] *(im Inland)* and internationally. Indeed, the continued growth and ______________[13] *(Heranreifen)* of this new medium depends on our taking a balanced approach that ______________[14] *(sicherstellt)* that the Internet does not become a haven for unlawful activity.

____________[15] *(Frühere, Vorige)* technological advances – the automobile, the telegraph, and the telephone, for example – have brought dramatic improvements for society, but have also created new opportunities for ____________[16] *(Übel-, Missetaten)*. The same is true of the Internet, which provides opportunities for socially beneficial ________________[17] *(Anstrengungen, Bemühungen)* – such as education, research, commerce and entertainment. However, individuals who wish to use a computer as a tool to ______________[18] *(erleichtern)* unlawful activity may find that the Internet provides a vast, inexpensive, and potentially anonymous way to commit unlawful acts, such as ______________[19] *(Betrug)*, the sale or distribution of child pornography, the sale of guns or drugs and the unlawful distribution of computer software or other creative material protected by intellectual ______________[20] *(Eigentumsrechte)*.

Exercise 3 Synonyms (Law)

Find synonyms for the words in italics.

1. Many people are convinced that *capital punishment* should be *abolished* in all countries. ______ ______
2. When someone *betrays* his country, he helps its enemies. ______
3. As the members of the Royal Family are so rich, *bribery* is simply out of the question. ______
4. The defendant can prove that the *charges* against him are false at a preliminary hearing after his arrest. ______
5. You should never *condemn* a person out of hand. ______
6. The Weymouth brothers were accused of *conspiracy* to murder Mrs Jean Shivery. ______
7. Most *convicts* serve only a fraction of their prison terms before they are released. ______
8. There is clear *evidence* that Jim Clayton set fire to the house of the Miller family. ______
9. The judge tried to *exact* a confession from the criminal. ______
10. The pickpocket was sent to *gaol* for three months. ______
11. Last year, the number of *inmates* in state and federal prisons grew by 26,000 to a record 463,000. ______
12. The investigation proved that H.M. Swindon is *innocent*, so the police will *release* him immediately. ______ ______
13. Many people maintain that sometimes *law-breakers* do not receive the same punishment for the same crime. ______
14. Miss Marple solved more than one *murder case* in the little village where she lived. ______
15. The judge announces the *penalty* after receiving reports of the defendant's background. ______
16. The defendant in a *trial* is the person who has been accused of a crime. ______
17. He thought it very *unjust* when authorities wanted to confiscate his property. ______

Exercise 4 Cocaine business

In the following text some words are incomplete. Only one or a couple of letters are given. Try to complete with words that would fit the context.

Crack sold in Europe or the USA is produced from cocaine, which has been trafficked to the countries; crack itself is rarely imported. Most of the world's cocaine is produced in South America with Colombia being the predominant producer, followed by Peru and Bolivia.

Peru's former President Alan García once called the cocaine business "Latin America's only successful multinational." He was right. A Latin American-contr________[1] operation lin________[2] the fields of coca bushes on the tropical eastern side of the An______________[3] in Peru and the low hills in Bolivia to the whole-sale distri________[4] networks in New York, Los Angeles and Spain.

Its corporate headq________[5] is in Colombia, particularly in the cit________[6] of Medellin and Cali, and it is the Colombians who have set up the all-important supply rou________[7] and distribution chan________[8]. By the early 1970's, the region was smuggling a different kind of gold to the US: Santa Marta Golden, as Colombia's top quality mari________[9] was known. Later in the decade, the smugglers were asked by their North American contacts to sup________[10] cocaine. In little more than ten years, a fash________[11] for cocaine and the peculiar organisational genius of a group of gang________[12] from Medellin have turned drug trafficking into a multi-billion dollar business.

Since it is ill________[13], cocaine has generated super-profits, with marks-up of up to 300 per cent at each link in the supply chain. These super-profits are also one rea________[14] that cocaine has scattered a kaleidoscope of violence across the Andean countries. It is in Colombia, with a long trad________[15] of political violence, that drug-rel________[16] bloodshed has peaked. This is because it is here that most of cocaine's profits are ear__________[17] and it is here that repression has been at its most effective.

For many years, the US has atte________[18] to fight its battle against drugs largely on Latin American soil, in a failed effort to squeeze prod________[19]. It has done so without putting up enough ca__________[20]. The Washington government gave the Colombian narcotics police just $ 10 million a year, which is roug________[21] what Colombia's most powerful drug baron earns in a day. Even less was spent in Peru. Trafficking networks were not serio______[22] disrupted there, but the forcible eradi________[23] of coca fields caused sufficient resent________[24] to help the Maoist guerillas of Sendero Luminoso to increase their physical and political infl________[25].

Exercise 5

Nicotine – a powerful and addictive drug

Complete the text with words from this list:

addictive	example	kidneys	quit
consumption	executive	outlawed	revenge
contracted	funded	preventable	taxes
disagreement	gathered	primarily	toll
encourage	harms	promotion	untimely

As youngsters they smoked like chimneys – as they got older their bodies took ______________1. Rock stars like Rod Stewart, George Harrison and Charlie Watts were all heavy smokers and all of them ______________2 cancer.

News about an ageing pop star's illness or ______________3 death sheds light on the damaging effects of heavy smoking. In the early 1960s researchers established scientific proof that smoking is ______________4 and causes several diseases including cancer of the lungs and larynx. Later studies confirmed the deadly connection, adding that smoking ______________5 the babies of women who smoke and causes disease in almost every organ in the body: cervix, ______________6, pancreas and stomach. It kills more people than the combined ______________7 of AIDS, cocaine, heroin, alcohol, fire, automobile accidents, homicide, and suicide. The only good news for smokers is that their health begins to improve immediately after they stop. Consequently, knowing that smoking is a ______________8 cause of death and disease, health officials try to ______________9 people to give up smoking.
But how best can you make people ______________10 smoking? Experts evaluated the effectiveness of several types of tobacco control: higher taxes on cigarettes; bans on advertising and ______________11 of tobacco products,

anti-smoking education and smoking restrictions in public and work places. New York has set a radical example: smoking is ________________[12] from bars and restaurants and smokers in many states feel almost criminalised today. California ________________[13] a comprehensive anti-tobacco media campaign, ________________[14] aimed at young smokers. In a rather drastic TV advert two young boys aged 10 and 13 described what it was like to lose their father to lung cancer. In another TV ad an actor playing a tobacco ________________[15] said to his colleagues ________________[16] in a boardroom, "We need 3,000 kids to start smoking every day to replace the people who die every year from cigarettes." The campaign was successful and lung cancer rates dropped in California.

There is ________________[17] about the effectiveness of raising prices for cigarettes. Some researchers argue that increasing taxes on cigarettes is a very effective way to decrease ________________[18]. But there are others who point out that there are more smokers in European countries than in the United States, even though Europe has higher ________________[19] on cigarettes.

Probably the most effective way to keep children from taking up smoking is the ________________[20] of their parents at home. Children are likely to stay nonsmokers, when they grow up in environment where it is not normal to smoke.

Exercise 6 Alcohol is a drug

Translate into German.

Alcohol abuse and alcohol dependence are not only adult problems – they also affect a significant number of adolescents and young adults between the ages of 12 and 20, even though drinking under the age of 21 is illegal in every State of the USA. The US Department of Health and Human Services informs young people about the dangers of the drug alcohol.

Get the facts ...

Alcohol affects your brain. Drinking alcohol leads to a loss of coordination, poor judgment, slowed reflexes, <u>distorted</u> (________________)[1] vision, memory <u>lapses</u> (________________)[2], and even blackouts.

Alcohol affects your body. Alcohol can damage every organ in your body. It is absorbed directly into your <u>bloodstream</u> (________________)[3] and can increase your risk for a variety of life-threatening diseases, including cancer.

Alcohol affects your self-control. Alcohol depresses your central nervous system, lowers your inhibitions (____________)[4], and impairs (____________)[5] your judgment. Drinking can lead to risky behaviors, such as driving when you shouldn't, or having unprotected sex.
Alcohol can kill you. Drinking large amounts of alcohol at one time or very rapidly can cause alcohol poisoning (________________)[6], which can lead to coma or even death. Driving and drinking also can be deadly. In 2006, 31 percent of drivers age 15 to 20 who died in traffic accidents had been drinking alcohol.
Alcohol can hurt you – even if you're not the one drinking. If you're around people who are drinking, you have an increased risk of being seriously injured, involved in car crashes, or affected (______________)[7] by violence. At the very least, you may have to deal with people who are sick, out of control, or unable to take care of themselves.

Before you risk it …
Know the law. It is illegal (______________)[8] to buy or possess alcohol if you are under age 21.
Get the facts. One drink can make you fail (______________)[9] a breath test. In some States, people under age 21 can lose their driver's license, be subject to a heavy fine (______________)[10], or have their car permanently taken away.
Stay informed. "Binge" drinking (______________)[11] means having five or more drinks on one occasion. Studies show that more than 35 percent of adults with an alcohol problem developed symptoms – such as binge drinking – by age 19.
Know the risks. Alcohol is a drug. Mixing it with any other drug can be extremely dangerous. Alcohol and acetaminophen – a common ingredient (______________)[12] in OTC pain and fever reducers – can damage your liver. Alcohol mixed with other drugs can cause nausea (______________)[13], vomiting, fainting, heart problems, and difficulty breathing. Mixing alcohol and drugs also can lead to coma and death.
Keep your edge. Alcohol is a depressant (______________)[14], or downer, because it reduces brain activity. If you are depressed before you start drinking, alcohol can make you feel worse.
Look around you. Most teens aren't drinking alcohol. Research shows that 71 percent of people 12–20 haven't had a drink in the past month.

Know the signs …
How can you tell if a friend has a drinking problem? Sometimes it's tough (______________)[15] to tell. But there are signs you can look for. If your friend

has one or more of the following warning signs, he or she may have a problem with alcohol:

- Getting drunk on a regular basis
- Lying about how much alcohol he or she is using
- Believing that alcohol is necessary to have fun
- Having frequent hangovers (________________)[16]
- Feeling run-down, depressed, or even suicidal
- Having "blackouts" – forgetting what he or she did while drinking.

What can you do to help someone who has a drinking problem? Be a real friend. You might even save a life. Encourage your friend to stop or seek professional help.

Exercise 7 Matching words and their definitions

Match the words from list 1 with their appropriate definitions in list 2. Please note: There are more words than definitions!

A stealing money or goods without using violence or force
B a person lending money at illegally high rates of interest
C breaking into a house and stealing things from it
D telling lies in court
E person who cannot live without drugs
F route patrolled regularly by a policeman
G imprisonment while awaiting trial
H taking of goods by force through legal authority
I make somebody decide not to do something
J wilful and senseless destruction of public or private property
K wooden framework used for hanging criminals
L pair of metal rings for fastening round the wrists of prisoners

(1) addict
(2) arrest
(3) beat
(4) burglary
(5) court
(6) custody
(7) delinquent
(8) detention
(9) deter
(10) enforcement
(11) gallows
(12) handcuffs
(13) loan shark
(14) perjury
(15) prostitution
(16) seizure
(17) vandalism
(18) white-collar crime

A	B	C	D	E	F	G	H	I	J	K	L

Exercise 8 Synonyms (Drugs)

Find synonyms for the words in italics.

1. The US has attempted to fight its battle against drugs largely on Latin American *soil.* ______________
2. The *dependence* caused by marijuana is not as *severe* as that resulting from heroin. ______________ ______________
3. Drugs are used to *relieve* fear, tension and to forget problems. ______________
4. Drug *racketeers* make enormous profits pushing young people into misery. ______________
5. Drugs cannot be taken in a *moderate* way. ______________
6. Many young addicts took a *lethal* overdose to end their misery. ______________ ______________
7. Drugs *induce* strong feelings of euphoria. ______________
8. Many youngsters are not aware of the *harmful* consequences of drug-taking. ______________
9. Gangsters from Medellin have turned drug *trafficking* into a multi-billion dollar business. ______________
10. Drug *pushers* often approach young boys and girls to sell them the deadly stuff. ______________
11. *Designer* drugs are developed in chemical laboratories. ______________
12. Crack cocaine is the *primary* addiction of pregnant women, although many use other drugs as well. ______________
13. It is in Colombia, with its long tradition of political violence, that drug-related *bloodshed* has peaked. ______________
14. The US President promised to *combat* drug trafficking. ______________
15. Although the dependence caused by marijuana is not as severe as that resulting from heroin, it is nevertheless hard to *cure.* ______________

Exercise 9 Crossword puzzle

Try to solve the crossword puzzle.

Across

1 burglars always wipe glasses to avoid them
5 lie in a court of law
12 only for a time
13 you say that it is not true
14 Brit. special tax
15 a person who works in secret
17 steals people's handbags
23 to ... for president
24 legal process before a judge
26 girl's name
27 nickname for a Conservative
28 discourage
29 clash between police and demonstrators
30 capital punishment

Down

1 people who officially take someone else's child
2 Federal Bureau of ... (FBI)
3 money collected by the state
4 stealing from a shop
6 group of people in a court who decide whether the person accused is guilty
7 vote
8 Chairman of the House of Commons
9 secret planning of a group of people
10 Mr Sinatra's first name
11 he saw how the accident happened
16 method of curing
18 American singer, formerly together with Sunny Bono
19 to plan, to intend
20 Romeo loved her dearly
21 gaining money by trickery
22 opposite of innocent
25 s.o. who sits in the Upper House

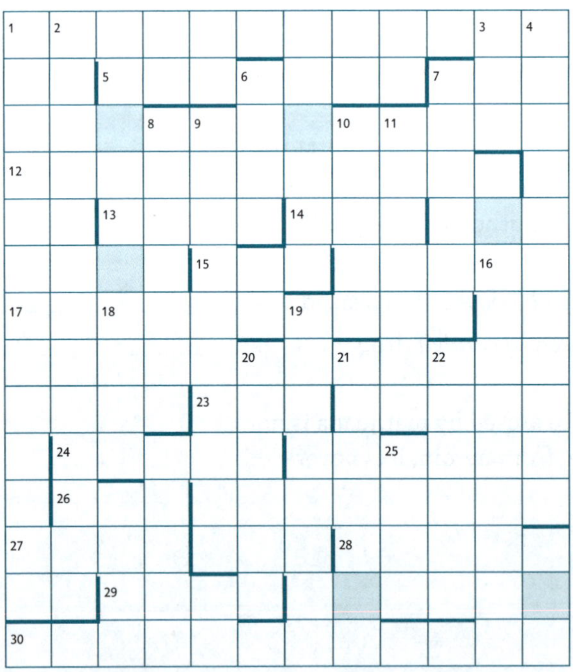

Politics in Great Britain and the USA

1 Word field

(to) abdicate	abdanken
(to) abolish	abschaffen
(to) adjourn	unterbrechen; verschieben
administration	(US) Regierung, Verwaltung
affirmative action	„positive Einwirkung, Maßnahme“, bes. zur Unterstützung von Minderheiten
African Americans	polit. korrekte Bezeichnung für Schwarze in den USA
amendment	Änderung, Ergänzung; Zusatzartikel zur Verfassung
ballot	Abstimmung
bill	Gesetzentwurf
campaign	Aktion, Feldzug; Wahlkampf
challenger	Herausforderer
chamber	Sitzungssaal, Kammer
citizenship	Staatsbürgerschaft
constituency	Wahlkreis
constitution	Verfassung
contender	Kandidat, Bewerber
convention	Versammlung; Brauch
declaration	Erklärung, Verkündung
(to) denounce	anprangern, entlarven
(to) derive (from)	herleiten
(to) dismiss	jdn./etw. abtun
(to) disrupt	stören, unterbrechen
(to) dissolve	auflösen
(to) dominate	beherrschen
(to) draft	entwerfen; (milit.) einberufen

elector	Wähler, Wahlmann
electoral college	Wahlmännergremium
electoral system	Wahlsystem
electorate	Wählerschaft
eligible (to)	berechtigt
(to) enact	(ein Gesetz) erlassen
(to) ensure	garantieren
executive	ausführende Gewalt
expenditure	Ausgabe, Aufwand
(to) exploit	ausbeuten, ausnutzen
Foreign Office	Außenministerium
Foreign Secretary	Außenminister
head of state	Staatsoberhaupt
hereditary	erblich, Erb-
Home Office	Innenministerium
Home Secretary	Innenminister
House of Commons (Lower House)	Unterhaus
House of Lords (Upper House)	Oberhaus
human rights	Menschenrechte
impeachment	Amtsenthebungsverfahren
inaugural address	Amtsantrittsrede
inauguration	Amtseinführung
incumbent	amtierend
(to) infringe	verletzen, gegen etw. verstoßen
(to) interfere	sich einmischen
judiciary	Richterstand
legislation	Gesetzgebung
legislature (legislative)	gesetzgebende Gewalt
motion	parlamentarischer Antrag

(to) nationalize	verstaatlichen
naturalization	Einbürgerung
(to) negotiate	verhandeln, aushandeln
(to) nominate	aufstellen
(to) override	sich über Einwände hinwegsetzen
(to) participate	teilnehmen, sich beteiligen
party convention	Parteitag
(to) pass (a bill)	(ein Gesetz) verabschieden
platform	Parteiprogramm
(to) pledge	versprechen, geloben
polling station	Wahllokal
precinct	Wahlkreis, Wahlbezirk
predecessor	Vorgänger
(to) preside	den Vorsitz haben
presidency	Präsidentschaft
presidential election	Präsidentschaftswahlen
primaries	Vorwahlen
prime minister	Premierminister
proportional representation	Verhältniswahl
(to) reign	herrschen
(to) renounce	aufgeben
(to) resign	zurücktreten
resignation	Kündigung, Rücktritt, Amtsniederlegung
(to) resist	Widerstand leisten
resolution	Beschluss
resumption	Wiederaufnahme
(to) reveal	zeigen, zum Vorschein bringen
(to) run for (president)	kandidieren
session	Sitzungsperiode
sovereign	Herrscher

sovereignty	höchste Gewalt, Oberhoheit
Speaker	brit. Parlamentspräsident
splinter party	Splitterpartei
(to) stem (from)	stammen
succession	Folge, Nachfolge
successor	Nachfolger
summit	Gipfel; Gipfeltreffen
(to) summon	einberufen
(to) suppress	unterdrücken
term	Amtszeit, Sitzungsperiode
turnout	Wahlbeteiligung
(to) waver	ins Wanken geraten, wanken
winner-takes-all	der-Sieger-erhält-alles

2 Idioms and phrases

to trail in the polls	The challenger of the incumbent President is trailing in the polls by more than 20 %.	bei den Meinungsumfragen hinterherhinken
to address s.o.	At the convention the chairman addressed an audience of 15,000 people.	zu jdm. sprechen
the days are numbered	There was a general feeling among the delegates that the glory days of the party might be numbered.	die Tage sind gezählt
to be at a crossroads	The resigning Secretary of State said that America was at a crossroads.	am Scheideweg stehen
to suit s.o.	The voters turn their attention to domestic issues that have always suited the Democratic party.	jdm. gelegen kommen
to give s.o. the go-ahead	In 1791 Thomas Jefferson gave the French architect, Pierre Charles L'Enfant, the go-ahead to lay out a new city: Washington.	jdm. grünes Licht geben
to range from … to	World issues range from the menace of outdated nuclear reactors to the refugee problem.	reichen von … bis

to cast one's vote	Delegates cast their votes to nominate their presidential candidate.	seine Stimme abgeben
to fare better	The party members hope the new presidential nominee will fare better than four years ago.	besser abschneiden
to swear in	The US President must be sworn in on Inauguration Day.	vereidigen
to go a bridge too far	Soon it became clear that with his taxcut promises the President had gone a bridge too far.	sich zu weit vorwagen
to come into force	The new regulation cannot come into force until Congress has approved of it.	in Kraft treten
to be taken aback by	The electorate has been taken aback by the scale of the changes brought about by the new social programme.	bestürzt über, stark betroffen sein von
to cover an issue	Both candidates covered the issue of abortion in depth.	ein Thema behandeln

3 Practice

Exercise 1 The British Parliament today

Fill in the blanks!

British Parliament consists of two houses: the House of Commons, which is also called the ______________ [1] House, and the House of Lords or ______________ [2]. This is why we speak of a two-______________ [3] system.
There are ______________ [4] Members in the House of Commons, each elected in individual ______________ [5] by a ______________ [6] vote. General elections take place every ______________ [7] years (usually); there are also ______________ [8] which are held when a Member died or was ______________ [9].
The monarch ______________ [10] Parliament on the ______________ [11] of the ______________ [12] Minister.
When you are eighteen you have the right to vote or ______________ [13]. You go to your local ______________ [14] station in your constituency and ______________ [15] your vote.
The main function of the House of Commons is to ______________ [16] government, i. e. to discuss ______________ [17] and budgets. Members of Parliament

(M.P.s) either belong to H________ M________________'s[18] Government and its ruling party or to the ____________________[19]. The nickname for the Conservatives is _________________[20].

In the House of Lords, which originally was more important than the House of Commons, we have _________________[21] peers and life peers. In theory the Lords could _________________[22] legislation but they hardly ever do. More importantly, they used to be the highest Court of _________________[23] in Britain, a function that was transferred to the Supreme Court of the United Kingdom in 2009. As no _________________[24] are paid, only wealthy peers can attend the sessions all the time. If a Lord wants to become a Member of the House of Commons he has to _________________[25] his peerage.

Exercise 2 How to be a new MP

Complete the text with words from this list:

applicants	elected	meeting	room
arena	improving	memory	sharing
character	institution	modest	sounds
contribute	job	Opposition	speaker
crowds	longer	palace	supporter
decide	lucky	Prime	things
distinguished	maiden	reminded	
ease	matter	rituals	

When newcomers to the Commons step into the ____________[1], many find that they are not the ____________[2] gladiators they thought they were. For a start, they are no ____________[3] heroes. Cheering ____________[4] and back-slapping constituency supporters dim in the ____________[5] as they enter the most adaptable and mercurial ____________[6] in the land. They can be long or short, gentle or tough, ____________[7] or pompous; the House will accommodate them with the ____________[8] of an elephant swallowing a gnat.

At the first ____________[9] of their Parliamentary Party, usually in a large committee ____________[10], they listen to eulogies for the ____________[11] Minister, or consoling words for the Leader of the ____________[12].

The new MP has no time to waste since he has to consider the job he was ____________[13] to do and to learn to find his way round Westminster. This is less easy than it ____________[14] because the Chamber, although the central and most dramatic focal point, is but one part of the ____________[15] which covers ten acres with five miles of corridors and 2,000 rooms.

The new Member's first ____________[16] is to find his room but, unless he is ____________[17], he may find himself with only a desk and filing cabinet, ____________[18] a corridor with a dozen others. Conditions are slowly ____________[19] but Parliament like the public schools seem to assume that Spartan life is good for ____________[20]. Those who complain are ____________[21] by an impatient public of the queue of ____________[22] for their job.

Few, but very few, Members impress the House with a ____________[23] speech. Yet it is just at that moment, when the new Member is most derisive of the Parliamentary ____________[24], that he is helped by them. For one of the most revered is that a maiden speaker, no ____________[25] how poor his speech, is complimented by the following ____________[26].

Thereafter, feeling baptised, new Members ____________[27] as best they can. Only they can make their value judgment and ____________[28] their role – to be a loyal party ____________[29], rebel, constituency man, headline catcher, champion of the needy, friend of the greedy, conscience of the party, or all ____________[30] to all men.

Exercise 3 The case against the "first-past-the-post"-system

Fassen Sie kurz auf Deutsch die Aussagen des Verfassers über das britische Wahlsystem zusammen.

The core idea behind representative government is that it enables all sections of society to have a say in the formation and conduct of government. This fulfils a basic right which all are held to have and, we have good reason to believe, makes it more likely that government will be carried out in the interests of, and with the general consent of, the governed.
Critics maintain that because our present system is insufficiently representative it offends against basic human rights and delivers the wrong kind of government: FPTP discriminates against smaller parties. A party with thin national support might poll a substantial number of votes but win very few seats. Thus in 1983, despite the fact that 26 % of votes cast went to the SDP-Liberal Alliance and that their candidates came second in 313 contests, they won only twenty-three contests outright: 3.5 % of the seats in the House of Commons. Over a quarter of the voting population, therefore, received minimal representation.

Jones, Bill: "Reforming the electoral system." In: Political Issues in Britain Today. Ed: Bill Jones. Manchester: Manchester University Press, 1999.

Exercise 4 Synonyms

Find synonyms for the words in italics.

1. Edward VIII had to *abdicate* because he wanted to marry Mrs Wallis Simpson, a divorced American woman. ____________
2. I cannot understand the Prime Minister's *attitude towards* self-rule for Northern Ireland. ____________
3. The Prime Minister must *convince* Parliament that the proposed law is really necessary. ____________
4. The following *extracts* are derived from a parliamentary debate on the cost of the monarchy. ____________
5. The monarch *effectively* has no political power. ____________
6. The Queen is an impartial observer who has to *ensure* fair play in the democratic process. ____________
7. The *House of Commons* is more important than the House of Lords. ____________

8. The opposition tries to convince the public that the present government is *incompetent.* __________
9. All polling-stations will be *instructed* to close the doors at 10 p.m. __________
10. The main *issue* in the last election was the financial situation of the country. __________
11. In Britain, the Queen and the Prime Minister play an important role in *maintaining* democracy. __________
12. After more than six months in Parliament the M.P. for Fulham managed to *make* a speech for the first time. __________
13. The opposition wants to prove that the government is a *menace* to the country. __________
14. Our main political *opponent* in this matter is the Right Honourable Member for Erith-South. __________
15. The *platform* of a political party is what they say they will do if they are elected. __________
16. A *rebellion* is a violent, organized action by people who are trying to change their country's political system. __________
17. I'm sure the opposition will *reject* any plan of the government to raise taxes. __________
18. A *tyrant* is a cruel, unjust or oppressive ruler. __________

Exercise 5 Opposites

Find opposites for the words in italics.

1. Most people have come to *accept* the notion that a fair social policy aims at redistributing wealth downwards. __________
2. Many Londoners have gone off to seek a *better* life in the suburbs. __________
3. The Home Office cannot *deny* the immigrants the right of abode any longer. __________
4. The charge is that he and his policies are *hostile* to the nation's poor. __________
5. England is, in effect, *insular* and maritime. __________

6. The English Channel protected the island from the destructions of *major* wars. ______________
7. People who behave badly abroad are an embarrassment and a *nuisance* to contemporary Britain. ______________
8. Many politicians *object to* the State Department 's efforts to negotiate an international production freeze. ______________
9. Lord Craigavon's *successors* had adequate reasons for not talking his language. ______________
10. Many of our institutions were strange and *singular* but others had to adjust themselves to us. ______________
11. Other nations earned our *contempt* for their inclination to revolution. ______________
12. The *central* question now is whether Britain's uniqueness, so often a source of strength in the past, has become a handicap. ______________

Exercise 6

Word families

Supply the missing forms.

noun (abstract)	noun (concrete)	verb	adjective
politics	______________	---	______________
______________	______________	represent	______________
election	______________	______________	______________
______________	---	______________	conceptual
______________	dictator	______________	______________
______________	______________	speak	---
tyranny	______________	______________	______________
______________	---	continue	______________
______________	---	______________	various

Exercise 7 Matching words and their definitions

Match the words from list 1 with their appropriate definitions in list 2.
Please note: There are more words than definitions!

A person who is against another person in a fight, a struggle, a game or an argument

B formal expression of one's opinion or choice e. g. by ballot or show of hands

C meeting between the heads of two or more governments, esp. of the world's most powerful countries

D number of people who take part in a ballot

E main policies and aims of a political party, esp. as stated before an election

F small enclosure or compartment for a specific purpose, for example for voting at elections

G draft of a proposed law, to be discussed by a parliament

H diplomat sent from one country to another either as a permanent representative or on a special mission

I judges of a country collectively

J official note that records a decision or comment

K passage selected (from a poem, book, film, piece of music, etc.)

L formal proposal to be discussed and voted on at a meeting

(1) ambassador
(2) bill
(3) booth
(4) budget
(5) community
(6) declaration
(7) extract
(8) judiciary
(9) minute
(10) motion
(11) opponent
(12) platform
(13) summit
(14) term
(15) turnout
(16) vote

A	B	C	D	E	F	G	H	I	J	K	L

Exercise 8 Crossword puzzle

Try to solve the crossword puzzle.

Across

1 all the people who have the right to vote
5 to say that something is very bad and unacceptable
8 to include
9 trust
12 legal process before a judge
14 either – …
15 meeting of a group
17 German word for "sound"
18 synonym for "stick"
19 he lives in a country
22 art of making formal speeches in public
23 girl's name
24 first woman of them all
25 a long seat of wood or metal

Down

2 to take something away
3 to set free
4 formal party
6 member of the nobility; has a seat in the Upper House
7 formal proposal
10 opp. of yes
11 worn by a king or queen
13 to … for president
16 Mr Newton's first name
20 boy's name
21 money collected by the state

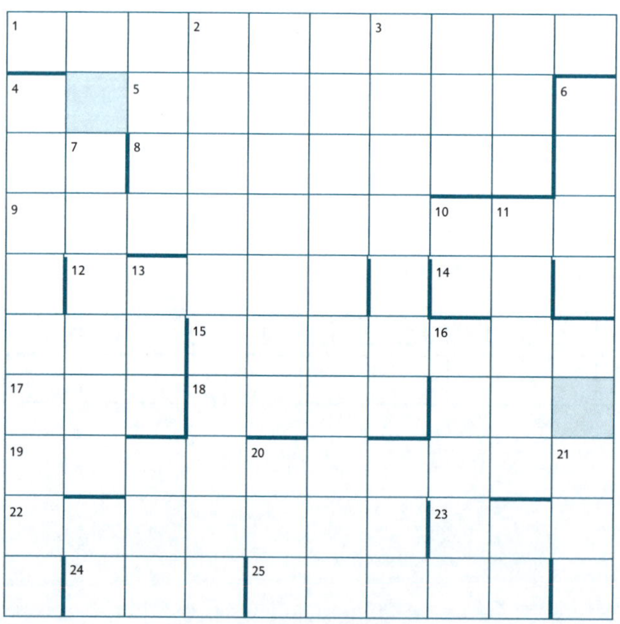

Exercise 9 The Democratic and the Republican Party

Complete the text with words from this list:

amalgamation	professional	strong	until
era	reform	succeeded	vice-president
fought	representation	support	victories
growth	reunited	tariffs	war
presidential	strength	themselves	woman

The Democratic Party

The Democratic Party is the descendant of the Anti-Federalist and Democratic-Republican parties.

From Thomas Jefferson's election in 1800 through James Buchanan's election in 1856, the party was strong, gathering its ________________[1] mainly from farmers, small businessmen, and the ________________[2] classes. In this period, Democrats opposed a central bank, protective ________________[3], and internal improvements at federal expense. Southern planters in the party promoted expansionism, which led the United States to ________________[4] with Mexico (1846).

Party ________________[5] declined after the Civil War until 1932, when Franklin D. Roosevelt was elected. After that, it remained strong ________________[6] 1952. In 1960, Democratic candidate John F. Kennedy won the presidential election beginning "the New Frontier" ________________[7] that stressed US world responsibilities for peace and economic ________________[8] at home. Lyndon B. Johnson ________________[9] Kennedy with an ambitious program of domestic legislation.

In 1984 the democrats became the first major party to choose a ________________[10] (Geraldine Ferraro) for its vice-presidential candidate. Bill Clinton served as US president from 1993 to 2001. His efforts to ________________[11] the health-care system were revived by Barack Obama who was elected President in 2008.

The Republican Party

The Republican Party is also known as the G.O.P., or Grand Old Party.

It was organized in 1854 as an ________________[12] of Whigs and Free Soilers with businessmen, workers, and professional people who formerly had called ________________[13] Independent Democrats, Know-Nothings, Barnburners, and Abolitionists. John C. Fremont was the party's first ________________[14] candidate in 1856.

Its first successful candidate was Abraham Lincoln, elected in 1860. The party was particularly ________________[15] in the period from the Civil War to 1932. After 1932, Dwight Eisenhower (1952, 1956) and Richard Nixon (1968, 1972) each won election ________________[16] but both had to work with largely Democratic Congresses. When Ronald Reagan was elected president in 1981, the Republican ________________[17] in Congress increased substantially. In 1989 George Bush, who had served as ______________[18] under Ronald Reagan, became the 41st president. The years of his presidency saw the Berlin wall come down, Germany was ________________[19] and the Gulf War against Irak's Saddam Hussein was ________________[20]. His son, George W. Bush, was elected president in 2000 and re-elected in 2004. After eight years under Democratic leadership, the Republican Donald Trump became president in 2016.

Exercise 10 The office of President

Summarize the main points of the following text in English.

Das Amt ist einem Sterblichen kaum zuzumuten: Einsam gebietet ein amerikanischer Präsident über enorme Machtfülle, steht der noch immer mächtigsten Nation auf Erden als oberster Zivilist und Oberkommandierender der Streitkräfte vor – und fingiert zugleich als Mythos, der gleichermaßen Sehnsüchte, Erwartungen und Hoffnungen der Amerikaner verkörpert. Entsprechend fallen die Klagen jener aus, die diesen Höllenjob innehatten. "Niemand, der jemals das Amt des Präsidenten bekleidete, würde einen Freund beglückwünschen, der dieses Amt antritt", konstatierte der zweite Präsident John Adams fast ein Vierteljahrhundert nach seinem Ausscheiden aus der Präsidentschaft. Thomas Jefferson schwante, ehe er 1800 zum dritten Präsidenten der jungen Nation gewählt wurde, "dass kein Mann das Amt mit jeder Reputation verlassen wird, mit der er es angetreten hat".

From: www.tagesanzeiger.ch/ausland/schmaler-grad-zischen-halbgott-und-versager/story/14765621; Kilian Martin

Exercise 11 Inaugural Addresses

In these excerpts from inaugural addresses of four US presidents a couple of letters are missing at the beginning or the end of a word. Try to complete the words.

In a land of great wea________[1], families must not live in hopeless po________[2]. In a land rich in harvest, children just must not go hungry. In a land of healing miracles, neighbours must not suffer and die unatt________[3]. In a great land of learning and scholars, young people must be taught to read and write.
For more than 30 years that I have served this Nation, I have believed that this injustice to our people, this wa________[4] of our resources, was our real enemy.
For 30 years or more, with the resources I have had, I have vigilantly fought against it. I have learned, and I know, that it will not sur________[5] easily.
But change has given us new weapons. Before this generation of Americans is finished, this enemy will not only retreat – it will be con________[6].
Justice requires us to remember when any citizen denies his fellow, saying, "His color is not mine," or "His beliefs are strange and different," in that moment he betr________[7] America, though his fore________[8] created this Nation.

Lyndon Baines Johnson, Democrat, 36th president of the United States (1963–69). Inaugural Address, January 20, 1965

So, as we begin, let us take inventory. We are a nation that has a ________ment[9] – not the other way around. And this makes us ________cial[10] among the nations of the Earth. Our Government has no power except that ______nted[11] by the people. It is time to check and _______erse[12] the growth of government which shows signs of having grown beyond the consent of the governed.
It is my intention to curb the size and influence of the Federal establishment and to demand recognition of the ___________ction[13] between the powers granted to the Federal Government and those reserved to the States or to the people. All of

us need to be ________inded[14] that the Federal Government did not create the States; the States created the Federal Government.

Ronald Reagan, Republican, 40th president of the United States (1981–89).
First Inaugural Address, January 20, 1981

And once again, we have ______olved[15] for our time a great debate over the role of government. Today we can declare: Government is not the problem, and government is not the solution. We – the American people – we are the solution. Our ______nders[16] understood that well and gave us a democracy strong enough to ______ure[17] for centuries, flexible enough to face our common ______llenges[18] and advance our common dreams in each new day.
As times change, so government must change. We need a new government for a new century – ________mble[19] enough not to try to solve all our problems for us, but strong enough to give us the tools to solve our problems for ourselves; a government that is smaller, lives within its means, and does more with less. Yet where it can stand up for our values and ______rests[20] in the world, and where it can give Americans the power to make a real difference in their everyday lives, government should do more, not less. The preeminent mission of our new government is to give all Americans an opportunity – not a _______ntee[21], but a real opportunity – to build better lives.

Bill Clinton, Democrat, 42nd president of the United States (1993–2001).
Second Inaugural Address, January 20, 1997

What you do is as im________[22] as anything government does. I ask you to seek a common good beyond your comf________[23]; to defend needed reforms against easy atta________[24]; to serve your nation, beginning with your neighbor. I ask you to be citizens: citizens, not spec__________[25]; citizens, not subjects; responsible citizens, building com___________[26] of service and a nation of character. Americans are gener______[27] and strong and decent, not because we believe in ourselves, but because we hold beliefs beyond ourselves. When this spirit of citizenship is missing, no government program can repl______[28] it. When this

spirit is present, no wrong can stand against it. After the Declaration of Independence was signed, Virginia statesman John Page wrote to Thomas Jefferson: "We know the race is not to the swift nor the battle to the strong. Do you not think an angel rides in the whirlwind and directs this storm?"
Much time has passed since Jefferson arrived for his inau__________[29]. The years and changes accumulate. But the themes of this day he would know: our nation's grand story of cour______[30] and its simple dream of dignity.

George W. Bush, Republican, 43rd president of the United States (2001–2008). First Inaugural Address, January 20, 2001

Exercise 12 A steep climb

Try to complete the speech.

The road ah______[1] will be long. Our climb will be ______ep[2]. We may not get there in one year or even in one term. But, America, I have never been more hope________[3] than I am tonight that we will get there.
I promise you, we as a people will get there. There will be setb________[4] and false starts. There are many who won't agree with every __________sion[5] or policy I make as president.
And we know the government can't sol_______[6] every problem. But I will always be honest with you about the _______nges[7] we face. I will listen to you, especially when we disa________[8]. And, above all, I will ask you to join in the work of remaking this nation, the only way it's been done in America for 221 years – block by block, brick by brick, calloused *(schwielig)* hand by calloused hand.
What began 21 months ago in the dep_______[9] of winter cannot end on this ________umn[10] night.
This ________ory[11] alone is not the change we seek. It is only the chance for us to make that change. And that cannot happen if we go back to the way things were. It can't happen without you, without a new spirit of service, a new spirit of sacrifice.
So let us sum_______[12] a new spirit of patriotism, of responsibility, where each of us _______lves[13] to pitch in and work harder and look after not only ourselves but each other.

Barack Obama, Democrat, 44th president of the United States (2008–16), Victory Speech, November 4, 2008

Exercise 13 Matching words and their definitions

Match the words from list 1 with their appropriate definitions in list 2. Please note: There are more words than definitions!

A main ideas and aims of a political party
B ceremony introducing s.o. into an office
C a combination of events happening by chance
D sth. one receives by right from former generations or from an older member of the family
E fundamental law of a state
F that cannot be taken away
G difficult and demanding task
H act of making a foreigner a citizen of a country
I programme of things to be done
J sth. given in return for service or merit
K US election in which voters select candidates for the coming presidential election
L to form an idea or plan in the mind
M meeting of members of a political party
N to start or establish an organization, institution, etc.
O holding the specified official position
P overwhelming majority of votes for one side in an election

(1) agenda
(2) ballot
(3) campaign
(4) candidate
(5) challenge
(6) coincidence
(7) conceive
(8) constitution
(9) convention
(10) delegate
(11) found
(12) heritage
(13) inauguration
(14) incumbent
(15) issue
(16) landslide
(17) naturalization
(18) platform
(19) poll
(20) precinct
(21) primary
(22) reward
(23) unalienable
(24) vote

A	B	C	D	E	F	G	H	I	J	K	L	M	N	O	P

Immigration and Civil Rights

1 Word field

abode	Aufenthaltsort, Wohnsitz
(to) accommodate	unterbringen
alien	fremd, ausländisch; Ausländer
(to) alienate	entfremden
ancestor	Vorfahr
ancestry	Abstammung
aspiration	Bestrebung, Hoffnung, Ehrgeiz
(to) assassinate	ein Attentat auf jdn. verüben, ermorden
(to) assemble	versammeln
(to) assert	auf etwas bestehen, behaupten
(to) assimilate	sich anpassen
asylum	Asyl
asylum seeker	Asylsucher, Asylant
barred from	ausgeschlossen von
(to) bestow	jdm. etwas verleihen
bigotry	Fanatismus, Intoleranz, Scheinheiligkeit
bilingual	zweisprachig
(to) blend	vermischen, verschmelzen
citizen	Staatsbürger
citizenship	Staatsbürgerschaft
civil rights	Bürgerrechte
civil rights movement	Bürgerrechtsbewegung
conciliation	Versöhnung
(to) condemn	verurteilen, verdammen
contagious disease	ansteckende Krankheit

(to) cope with	fertig werden mit
(to) degrade	erniedrigen
delinquency	Kriminalität
deportation	Ausweisung
deprivation	Entbehrung, Benachteiligung
(to) deprive	jemandem etwas nehmen
deprived	benachteiligt
(to) deride	verspotten, sich lustig machen
descendant	Nachkomme
desegregation	Aufhebung der Rassentrennung
despair	Verzweiflung
desperate	verzweifelt
dignity	Würde
discrimination	nachteilige Behandlung
disparity	Ungleichheit
diversity	Vielfalt, Verschiedenheit
(to) enrol	sich einschreiben
equal opportunities	Chancengleichheit
equality	Gleichheit
ethnic	ethnisch, völkisch
ethnicity	Ethnie (= Menschengruppe – insbesondere Stamm oder Volk – mit einheitlicher Kultur)
forebears	Vorfahren
freedom of worship	Religionsfreiheit
harassment	Belästigung
hate, hatred	Hass
heritage	Erbe
hostility	Feindseligkeit
(to) humiliate	erniedrigen, demütigen
immigration quota	Einwanderungsquote
indignation	Entrüstung
indignity	Demütigung

inferior	inferior
inferiority	Minderwertigkeit
influx, inflow	Zustrom
injustice	Ungerechtigkeit
(to) intimidate	einschüchtern
landmark	Wahrzeichen
(to) launch	starten
legacy	Vermächtnis
legal aid	Rechtshilfe
legislation	Gesetzgebung
liberation	Befreiung
low-status job	niedrige Arbeit
(to) lure	anlocken
mainstream	Hauptrichtung, vorherrschende gesellschaftspolitische, kulturelle Richtung
melting pot	Schmelztiegel
migration	Wanderung
minority	Minderheit
misfit	Außenseiter
(to) mould	formen; From
multiculturalism	Multikulturalität, kulturelle Vielfalt
multi-racial	gemischtrassig
myth	Mythos, Ammenmärchen
native	einheimisch
native language	Muttersprache
nativism	Nativismus (= betontes Festhalten an bestimmten Elementen der eigenen Kultur)
naturalization	Einbürgerung
(to) oppress	bedrücken, unterdrücken
oppression	Unterdrückung
ordeal	schwere Prüfung, Qual, Tortur
outlaw	Geächteter, Gesetzloser

(to) persecute	verfolgen
perseverance	Beharrlichkeit
prejudice	Voreingenommenheit, Vorurteil
prejudiced (against)	voreingenommen (gegenüber)
(to) process	abfertigen
processing centre	Aufnahmelager
(to) prohibit	verbieten
prospect	Aussicht
pursuit	Streben, Verfolgen
race relations	Rassenbeziehungen
racial tension	Rassenspannung
refuge	Zuflucht
refugee	Flüchtling
reservation	Vorbehalt
resistance	Widerstand
restriction	Beschränkung, Einschränkung
right of abode	Aufenthaltsrecht
right to vote	Stimmrecht, Wahlrecht
(to) scrutinise	genau untersuchen
(to) segregate	absondern, trennen
segregation	Rassentrennung
self-esteem	Selbstachtung, Selbstwertgefühl
self-improvement	Weiterbildung, Weiterkommen
shelter	Unterkunft
superiority	Überlegenheit
Supreme Court	Oberstes Bundesgericht der USA
sweatshop	Ausbeuterbetrieb
tension	Spannung
tide	Flut, Strom
(to) toil	hart arbeiten, schuften
tolerance	Toleranz, Nachsicht
(to) trigger	etwas auslösen

troublemaker	Unruhestifter
truism	Binsenweisheit
unalienable	unveräußerlich
unconstitutional	verfassungswidrig
underprivileged	benachteiligt
undocumented	ohne Ausweispapiere
uninhabitable	unbewohnbar
uprooted	entwurzelt
vicious	boshaft, gemein
violation	Verletzung, Vergehen
virtue	Tugend
worship	Verehrung, Anbetung
xenophobia	Ausländerfeindlichkeit

2 Idioms and phrases

to add insult to injury	The government added insult to injury by announcing a quicker immigration check for first-class passengers at Heathrow Airport.	das Ganze noch schlimmer machen
to admit s.o.	From 1892 to 1954 millions of immigrants were admitted into the US.	jdn. hereinlassen
to whisk s.o. to safety	Authorities whisked the victims to safety.	jdn. in Windeseile in Sicherheit bringen
to be desperate for	The new arrivals were desperate for a job and a place to sleep.	dringend suchen nach
to claim asylum	The number of people claiming asylum is on the increase.	Asyl beantragen
to collect s.o.	After the medical examination the immigrant waited to be collected by a relative or friend.	jdn. abholen

to cope with	Thousands couldn't cope with the different living conditions in their new homeland.	fertig werden mit
to declare open season on s.o.	To observers from abroad it seemed almost as if Germans had declared open season on foreigners living within their borders.	die Jagd auf jdn. freigeben
in search of	Immigrants came in flight from tyranny or in search of riches.	auf der Suche nach
to get away with	The police are determined to do everything possible so that hooligans don't get away with their attacks on foreigners.	ungeschoren davonkommen
to grow fluent in a language	Right-wing politicians have grown fluent in the language of xenophobia.	lernen, eine Sprache fließend zu sprechen
to stand by	A Vietnamese told the police that ordinary Germans stood by while he was being attacked by a gang of thugs.	danebenstehen; untätig zusehen
to not run free	Xenophobia has not run free in Germany: thousands have marched to protest the violence.	nicht kritiklos hinnehmen
to be at fault	It was as if the victims of discrimination were at fault, and not those persecuting them.	selber die Schuld tragen
to vie (with sb.) for sth.	The steamship lines vied with each other for the patronage of European emigrants to the United States.	wetteifern mit jdm.
to be on guard	Hundreds of US border control agents are on guard for a record number of illegal Mexican aliens.	auf der Hut sein; Vorkehrungen treffen
to be at a disadvantage	Ethnic minorities are still at a disadvantage in society.	benachteiligt sein
to take action	The government must take action to fight crime in the ghettos.	Maßnahmen ergreifen

to try s.o.'s patience	Racial incidents in her Los Angeles neighbourhood had tried Mrs Cooper's patience so hard that she decided to move back to her hometown in the South.	jds. Geduld auf die Probe stellen
to spread the word	Many migrants spread the word about better job opportunities and living conditions in the North.	es weitersagen
to encourage s.o. to do sth.	The speaker said he hoped that the conference would encourage black Americans to discover their African heritage.	jdn. darin bestärken
to pave the path	After South Africa's formal abolition of apartheid the path was paved for readmission to international sport.	den Weg bahnen
to read s.o. his rights	Cedric Holloway was ordered out of the car, handcuffed and read his rights.	jdn. über seine Rechte aufklären
to set s.o. apart	Blacks say that they feel discrimination more than any other group because their colour immediately sets them apart.	jdn. (von jdm.) unterscheiden
to be anxious to do	The city council is anxious to improve living conditions in the ghettos.	darauf bedacht sein, etwas zu tun
to urge s.o. to do	The new law urges large companies to offer more jobs to minority groups.	jdn. drängen, etwas zu tun
to drop out of school	Many more black students drop out of school than whites.	vorzeitig die Schule verlassen
to be scheduled to do	The motel where Martin Luther King was killed was scheduled to open as a museum in June, but construction delays postponed the opening for three months.	(laut Plan) tun sollen
to bring home to s.o.	Controversy over a new civil rights bill is bringing home to Americans the deepening divisions between blacks and whites.	jdm. etwas bewusst machen
to give rise to	The court's ruling gave rise to a heated discussion on racial equality.	eröffnen, zu etwas führen

3 Practice

Exercise 1 US immigration

Complete the text with words from this list:

advanced	descended	increasing	plantations
biased	deterioration	influx	pot
brought	earliest	involved	primarily
call	economic	join	quota
control	encouraged	native	ranged
denigrate	established	naturalization	rate
derived	forced	persecution	values

The population of the USA is ____________[1] largely from European immigrants. The ____________[2] Indians diminished rapidly as white settlement ____________[3] and live mostly in the SW and W. The ____________[4] pioneers along the Atlantic coast were chiefly from the British Isles. An early mass ____________[5] to the country was of blacks from Africa, transported to work the ____________[6] of the South. In the 19th century a tide of immigration began bringing more than 40,000,000 persons into the country up to 1960.
Before 1890 immigrants were ____________[7] Anglo-Saxon Protestants from the British Isles, Germany, and Scandinavia. Immigration after 1890 ____________[8] mainly Roman Catholics and Jews from eastern and southern Europe, ____________[9] to leave because of famine, lack of social and ____________[10] opportunities, political notability, or religious ____________[11].
Once a particular group of immigrants settled in an area, they urged others from their homeland to ____________[12] them.
The Homestead Act of 1862 ____________[13] potential emigrants; the steamship lines vied for their patronage; Northern Pacific Railroad agents offered land bargains; and young American industries sent out a ____________[14] for workers.
The ____________[15] of immigration corresponded to economic cycles in the United States: it was ____________[16] when prosperity was high. Attitudes of native Americans toward immigrants ____________[17] from eagerness to exploit them and fear that they would ____________[18] the quality of life in the United States, to pride in the strength the country had ____________[19] from its ethnic mix. Earlier settlers were often racially ____________[20] against those who followed. There were many who blamed

immigrants for rising crime rates, labour unrest, and the ______________[21] of cities.

Chinese immigration was restricted in 1882 and Japanese in 1908; mechanisms to ____________[22] immigration included restrictions on ____________[23] and denial of elective office to foreign-born. Restrictive policies won out with the passage of the Johnson Act (1924), which ______________[24] a national origins quota favoring northwestern Europeans. The ______________[25] system, reaffirmed (1952) in the Immigration and Nationality Act, was abolished in 1965. The polyglot of subcultures that immigration ______________[26] to the United States offers to the mainstream a variety of life styles and ______________[27], encouraging cultural borrowing. The strong ethnicity of some immigrants has resisted the melting ______________[28].

Exercise 2

Ellis Island

In the following text some words are incomplete. Only one or a couple of letters are given. Try to complete with words that would fit the context.

Ellis Island was opened as the first official Federal immigration centre in 1892 when the ti________[1] of immigration from southern and eas________[2] Europe began to flood the country. By that time, the older immigrants from northern Europe and their children were calling for restri____________[3] to bar the newcomers – "brutish, ill-smelling alien hordes", as a New York journalist descr________[4] them at the turn of the century.

But the doors were ke________[5] open and between 1892 and 1954 – when the processing centre fina________[6] shut – 17 million men, women and children became Americans at Ellis Island. Most were poor. Immigrants who trav_______[7] first- and second-class were allowed to land dire________[8] in New York. Only steerage passe________[9] had to be processed first at Ellis Island.

Barges would coll________[10] them from steamships and ferry them to the island. They marc________[11] up to the quay, thousands each week, men in black sui________[12], women in shawls, aprons and felt slip________[13], children tightly clutching them, and everyone carr________[14] bundles and bask_________[15] with mementoes from home – sausages, wine, plants, olive oil, kitc_________[16] ware. For most, the immigration rout________[17] was terrifying. Each boatload of people was met by an inter__________[18] and led to the main building. There everyone had to lea________[19] his possessions and climb a long flight of stairs to the great hall for the examination which would deter___________[20] whether America would accept or rej________[21] him.

Signs in nine languages – English, German, Italian, Polish, Russian, Scandinavian, Greek, Hebrew, and Magyar – told those immigrants who could re________[22] what to do. In the great hall they lined up and an inspe________[23] examined each in turn, scrutinising eyes, hair, skin, sear________[24] for any signs of illness, especially contagious dise________[25].

If the immigrant had a medical problem, he was shunted into a wire pen for furt________[26] tests. If he was healthy, he was passed on to a legal inspector and quizzed: 30 questions in two minutes. More than 80 per cent pas________[27] the test and were sent to another building to make travel arran________[28] or wait for a relative or friend. Those who did not pass were held in cramped, often filt________[29] cages for more questioning. Event________[30] 2 per cent of them were sent back home.

Annotation: *After laying in ruins for twenty years, the building on Ellis Island ("The Isle of Hope, the Isle of Tears"), where desperate immigrants had landed in the New World, was restored and turned into a museum (Ellis Island Immigration Museum). In September 1990 Vice-President Dan Quayle dedicated the museum and the American Immigrant Wall of Honour – a copper coating over the Sea Wall that contains 200,000 immigrant names.*

Exercise 3 A nation of immigrants

Translate into English or German respectively.

The search for <u>freedom of worship</u> (________________)[1] has brought people to America from the days of the ________________[2] *(Pilgerväter)* to modern times. In our own days, for example, anti-Semitic and anti-Christian <u>persecution</u> (______________)[3] in Hitler's Germany and the Communist ______________[4] *(Weltreich)* have driven people from their homes to seek ________________[5] *(Zuflucht)* in America. Not all found what they sought immediately. [...]
The second great force behind immigration has been political ______________[6] *(Unterdrückung)*. America has always been a refuge from tyranny. As a nation conceived in liberty, it has held out to the world the ________________[7] *(Versprechen)* of respect for the <u>rights of man</u> (______________)[8]. Every time a revolution has failed in Europe, every time a nation has <u>succumbed</u> (____________)[9] to tyranny, men and women who love freedom have ________________[10] *(versammelt)* their families and their belongings and set sails across the seas. <u>Nor</u> (________________)[11] has this process come to an end in our own day. [...]
The economic factor has been <u>more complex</u> (________________)[12] than the religious and political factors. From the very beginning, some have come to America in search of <u>riches</u> (________________)[13], some in ________________[14] *(Flucht vor)* poverty and some because they were bought and sold and had no choice. [...]
The immigrants who came for economic reasons <u>contributed</u> (______________)[15] to the strength of the new society in several ways. Those who came from countries with advanced political and economic institutions brought with them faith in those institutions and ________________[16] *(Erfahrung)* in making them work. They also brought technical and managerial ________________[17] *(Fähigkeiten, Fertigkeiten)* which contributed greatly to economic growth in the new land. <u>Above all</u> (________________)[18], they helped give America the extraordinary social mobility which is the essence of an open society. [...]
These were the major forces that <u>triggered</u> (________________)[19] this massive migration. Every immigrant served in American society that had attracted him in the first place. The motives of some were <u>commonplace</u> (________________)[20]. The motives of others were noble. Taken together they add up to the strengths and weaknesses of America.

From: Kennedy, John F.: A Nation of Immigrants. (First published in 1958)

Annotation: *On January 20, 1961 John F. Kennedy entered the White House as the 35th President of the United States of America; on November 22, 1963 he was assassinated in Dallas.*

Exercise 4 Is multiculturalism working?

Translate into English or German respectively.

The faces of America and Britain are changing – literally (________________)[1]. In both countries people are worrying about the social changes und upheavals (________________)[2] brought about by immigration. The debate concentrates on the question whether cultural differences should be ________________[3] *(geduldet)* or minimized. Should ethnic and racial boundaries be erased through assimilation of immigrants by blurring differences to achieve a ________________[4] *(Schmelztiegel)*, or should racial and ethnic differences be maintained to create a stronger pluralistic society? The nations are still undecided.

A recent survey (________________)[5] conducted in the United States included the following statement: "Some people say that it is better for America if different racial and ethnic groups ________________[6] *(aufrechterhalten, beibehalten)* their distinct cultures. Others say it is better if groups change so that they blend into the larger society as in the idea of a melting pot." People were asked to rank (________________)[7] their opinions on a scale ranging from "maintaining distinct cultures" (pluralism) to "blending into the larger society" (assimilation). Roughly one-third of Americans thought pluralism was the best route, one-third endorsed (________________)[8] assimilation, and one-third found themselves somewhere in between.

By tradition, the United States prefers to think of itself as a melting pot of nations where people from many different cultures, races, and religions have been assimilated and moulded (________________)[9] into "the first universal nation". People who sailed across the Atlantic to the New World in the late 19th and early 20th centuries thought of themselves as Americans, as members of a ________________[10] *(wahrlich, wahrhaft)* multicultural society. After World War II and during the succeeding decades, however, ethnic diversifycation intensified, because the US government dropped racially based quotas on immigration. The number of coloured immigrants from Asia, Africa and Central and South America rose ________________[11] *(beträchtlich)*. America's white face started to change: the "browning of America" set in. The new generations of Asian and Hispanic immigrants were not willing to assimilate into American society, they wanted to keep their own identity, their ____________[12] *(Bräuche)* and traditions and their own language. By 2050 one-third of the people living in the USA will claim Asian or Hispanic roots (______________)[13]. To accommodate immigrants the government developed the concept of multiculturalism according to which ethnic or cultural groups have the right to remain ______________[14] *(getrennt)* rather than integrate into the mainstream culture of the country they adopt (______________)[15] as their homeland. The system of "Bilingual education" in schools reflects this idea. Children of immigrants were taught in English and in their ______________[16] *(Muttersprache)*, in most cases Spanish. After heated debates about the merits of bilingual education the tables turned against the system. The majority of people in California were ______________[17] *(überzeugt)* that bilingual education had done more harm than good, so they voted for the abolition (______________)[18] of the system in 1998, demanding "English First" for all school children. Assimilation or multiculturalism is still on the agenda (______________)[19] and opinions are divided. Today criticism of multiculturalism even comes from the members of ethnic ______________[20] *(Minderheiten)* who argue that immigrants must integrate into their host country instead of demanding special privileges. "If you don't want to integrate, why come in the first place?"

Exercise 5 Synonyms

Find synonyms for the words in italics.

1. Every time a revolution has failed in Europe, men and women who love freedom have *assembled* their families and their *belongings* and set sail across the seas. ______________ ______________
2. The *search for* freedom of worship has brought people to America from the days of the Pilgrims to modern times. ______________
3. Those immigrants who came from countries with *advanced* political and economic institutions brought with them *faith* in those institutions and experience in making them work. ______________ ______________
4. Sociologists study migration for several reasons: to analyze the *effects* it has on preexisting social structures; and to locate and *predict* migration trends. ______________ ______________
5. The numbers of native Indians *diminished* rapidly as white settlement advanced. ______________
6. The earliest pioneers along the Atlantic coast were *chiefly* from the British Isles. ______________

7. An early mass influx to the country was of blacks from Africa, transported to *work* on the plantations of the South. ______________
8. In the 19th century a *tide* of immigration began bringing more than 40,000,000 people into the country up to 1960. ______________
9. The 1924 Johnson Act *established* quotas for immigration based on the *number* of former nationals of each country in the United States. ______________ ______________
10. Subversives and some groups *considered* politically unreliable were declared *ineligible.* ______________ ______________
11. The McCarran-Walter Act, or Immigration and Nationality Act (1952), codified US immigration *laws* and was *amended* in 1965. ______________ ______________

Exercise 6 Word families

Supply the missing forms.

noun (abstract)	noun (concrete)	verb	adjective
______________	---	number	______________
______________	______________	take refuge	---
diversity	---	______________	______________
______________	---	admit	______________
______________	---	adopt	______________
______________	---	______________	approvable
industry	______________	______________	1. ______________ 2. ______________
hostility	---	---	______________
______________	---	______________	legal
______________	---	populate	______________
______________	settler	______________	---
suspicion	______________	______________	______________

Exercise 7 The life of Martin Luther King

Complete the text with words from this list:

against	disobedience	imprisoned	refused
awarded	employment	less	resigned
backgrounds	entered	married	role
boycott	entitled	movement	seating
capital	equality	passed	sniper
closed	face	pastorate	sought
demonstration	facilities	presidency	

Martin Luther King was born on January 15, 1929, the second of three children of the Reverend Martin and Mrs Alberta King. He attended public elementary and high schools as well as private Laboratory High School of Atlanta University. While attending Boston University, he met Coretta Scott whom he ________________[1] in June 1953. Early in 1954, King accepted his first ________________[2] at the Dexter Avenue Baptist Church in Montgomery. He had been a resident in Montgomery ________________[3] than one year when Mrs Rosa Parks defied the ordinance regulating segregated ________________[4] on municipal transportation. In the aftermath of the successful ________________[5], and urged by prominent black Baptist ministers in the South to assume a larger ________________[6] in the struggle for black civil rights, King accepted the ________________[7] of the newly formed Southern Christian Leadership Conference (SCLC). In January 1960, he ________________[8] his Montgomery pastorate and moved to Atlanta, Georgia, where the SCLC had its headquarters.
On February 1, 1960 four black students ________________[9] a variety store, made several purchases, and then sat down at the lunch counter and ordered coffee. They were ________________[10] service because of their race, but undaunted they remained in their seats until the store ________________[11]. This was the beginning of the sit-in ________________[12]. As a direct result of the sit-ins, lunch counters across the South began to serve blacks, and other public ________________[13] were desegregated. The most critical direct action ________________[14] began in Birmingham, Alabama, on April 3, 1963, under the leadership of Dr. King. The demonstrators demanded fair ________________[15]

opportunities, and desegregation of public facilities. King was arrested, and while ________________[16], wrote his celebrated "Letters from a Birmingham jail" to fellow clergymen critical of his tactics of civil ________________[17]. The Birmingham demonstrations did not bring the concessions that the marchers ________________[18], but the protest was important because it compelled the American people to ____________[19] the problem of southern discrimination. On August 28, 1963, more than 250,000 Americans from many religious and ethnic ____________________[20] converged on Washington, staging the largest demonstration in the history of the nation's ______________[21]. At the March on Washington King gave one of the greatest speeches in American history, ______________[22] "I Have A Dream".

In 1964 The Civil Rights Act was ______________[23] by Congress. It protected citizens ______________[24] discrimination in voting, education, and the use of public facilities. In the same year King was ______________[25] the Nobel Peace Prize in Oslo, Norway. He continued to work to integrate housing, jobs and schools, to make the dream of racial ______________[26] a reality. On April 4, 1968, he was assassinated by a ______________[27] as he stood on a balcony in Memphis, Tennessee, where he had gone to support a strike of sanitation workers.

Exercise 8 The legacy of Rosa Parks

Translate into English or German respectively.

"The quintessential story of the 20th Century is the story of the triumph of freedom – of democracy over dictatorship (______________)[1], free enterprise over state socialism, of tolerance over __________________[2] *(Fanatismus, Scheinheiligkeit)*. It was a fight waged on the beaches of Normandy, on the islands of the South Pacific, at Checkpoint Charlie, behind the Iron Curtain (__________________)[3], and countless known and unknown, large and small villages, across the globe. Here, at home, a fight waged (______________)[4] in classrooms, lunch counters, and on public buses in the segregated South. For us, what has always been at stake (________________)[5] is whether we could keep moving on that stony road, closer to the ideals of our Founders – whether we really could be a country where we are all equal, not only endowed (________________)[6] by our creator with – but in fact living with – the rights to life, liberty and the pursuit of happiness.

Forty-four years ago, Rosa Parks reminded us all that we were a long way from those ideals; that for millions of Americans, our history was full of weary years – our sweet land of liberty bearing only bitter fruit and silent tears. And so she sat, anchored to that seat, as Dr. King said, "by the accumulated (____________)[7] indignities of days gone by, and the countless aspirations (__________________)[8] of generations yet unborn." Rosa Parks said, "I didn't get on that bus to get arrested (__________________)[9]. I got on that bus to go home." In so many ways, Rosa Parks brought America home, to our Founders' dream.

When Rosa Parks got on that bus in Alabama, I was a nine-year-old boy, living in Arkansas, going to segregated schools, riding public buses every single day, where all the colored people sat __________________[10] *(im hinteren Teil)*. My family got a television when I was nine years old, just a few months before it became worldwide news that Mrs Parks had gotten on the bus. I thought it was a pretty (__________________)[11] good deal, and so did my friends. And there wasn't anything we could do, since (__________________)[12] we couldn't even vote. So, we began to sit on the back of the bus when we got on.

We must never, ever forget about the power of ordinary people that stand in the fire for the cause of human __________________[13] *(Würde)*, and to touch the hearts of people that have almost turned to stone.

I thank the Congress for honoring Rosa Parks. But remember, my fellow Americans, freedom's work is never done. There are still people who are discriminated against. There are still people that because of their human condition are looked down on, derided, degraded (__________________)[14], demeaned, and we should all remember the powerful example of this one citizen. And those of us with greater authority and power should attempt (__________________)[15] every day, in every way, to follow her lead."

Excerpts from President Clinton's remarks when he bestowed the Congressional Gold Medal on civil rights legend Rosa Parks.

Exercise 9 Opposites

Find opposites for the words in italics.

1. After 45 minutes of questioning, the police *accepted* his statement that he had not taken part in the riot. ______
2. This is no time for *apathy* and complacency. ______
3. We blacks are too *cowardly* to face the fact that our leaders have been lying to us for years. ______
4. The *decline* of agriculture has drawn large numbers of Blacks to urban centres. ______
5. Nobody can *deny* that the decisions of the Supreme Court have had an enormous influence on US politics. ______
6. We, the Blacks, are the most *despised* children of the great Western house. ______
7. Despite the striking advances in racial equality, the gains remain *fragile* and partial. ______
8. Stokely Carmichael's militant Black Power movement *terrified* the American nation. ______
9. Among Northern whites there was a sense of *superiority* in discussions of race. ______
10. Even a *superficial* look at history reveals that no social advance rolls in automatically. ______
11. But black Americans say *segregation's* legacy is still alive today. ______

Media and advertising

1 Word field

advertisement (ad or advert)	Anzeige
advertising campaign	Werbekampagne
advertising revenue	Werbeeinnahmen
(to) broadcast	senden
cable TV	Kabelfernsehen
CCTV	(Abk.: closed-circuit television) Kameraüberwachungssystem
circulation	(Zeitungs-) Auflage
classified (advertisements)	Kleinanzeigen
column	(Zeitungs-) Spalte
commercial	Werbesendung, -spot
(to) conceal	verbergen, verstecken, verheimlichen
concealed advertising	Schleichwerbung
(to) conduct	durchführen, führen, abhalten
consumption habits	Verbrauchsgewohnheiten, Konsumgewohnheit
copyright	Urheberrecht
coverage	Berichterstattung
(to) deceive	trügen, täuschen
(to) depreciate	gering schätzen
(to) distribute	vertreiben, absetzen
edition	Ausgabe
editor	Redakteur
editorial	Leitartikel
executive	leitender Angestellter, Manager

file sharing	gemeinsamer Dateizugriff, Dateien gemeinsam nutzen, Dateien tauschen
freedom of expression	Meinungsfreiheit
freedom of the press	Pressefreiheit
freesheet	Gratiszeitung
gimmick	Reklamemasche
impact	(heftige) Wirkung, (starker) Einfluss
interference	(Empfangs-) Störung
issue	(Zeitungs-) Ausgabe, Nummer
(to) launch	in den Markt einführen, präsentieren
leaflet	Prospekt, Flugblatt
letter to the editor	Leserbrief
(to) market	auf den Markt bringen; vertreiben
market research	Marktforschung
mass media	Massenmedien
(to) mislead	irreführen, betrügen
national paper	überregionale Zeitung
newsagent	Zeitungsladen, -händler
newscast	Nachrichtensendung
newsprint	Zeitungspapier
opinion poll	Meinungsumfrage
package	Verpackung
periodical	Zeitschrift
(to) promote	fördern, steigern, werben für eine Werbeaktion
(to) prosecute	gerichtlich verfolgen
(to) publish	veröffentlichen, herausgeben
publisher	Verlag, Verleger
quality paper	seriöse Tageszeitung
questionnaire	Fragebogen
ratings	(Einschalt-) Quoten, Zuschauerzahlen

readership	Leserschaft
(to) release	veröffentlichen; freilassen
reliance	Vertrauen, Verlässlichkeit
(to) retain	beibehalten
revenue	Einnahme
shift	Verschiebung, Verlagerung
slogan	Werbespruch
source	(Informations-) Quelle
subtitle	Untertitel
subtle	fein, feinsinnig
surveillance	Überwachung
survey	Erhebung, Umfrage
(to) suspect	argwöhnen, vermuten
tabloid	Boulevardzeitung, Klatschzeitung
(to) tailor	zuschneiden, anpassen
target group	Zielgruppe
viewer	(Fernseh-) Zuschauer

2 Idioms and phrases

(to) hit the headlines	Drugs have again hit the headlines.	in die Schlagzeilen kommen
muckraking	The press board criticized muckraking.	Suche nach Skandalen
(to) revamp one's image	Many banks responded to the financial crisis by revamping their image.	sein Image aufpolieren
(to) subscribe to a newspaper	Politically interested people subscribe to several daily newspapers.	eine Zeitung abonnieren
(to) search the internet	Search the internet to find out more about the circulation figures of British dailies.	im Internet suchen
(to) break news to sb.	It's not easy to break bad news to people.	jdm. eine Nachricht mitteilen
breaking news	CNN, BBC and Sky News are TV channels competing with breaking news.	Eilmeldung

3 Practice

Exercise 1 Mindmap

Complete the items of this mindmap with as many words as you know. New branches can be added anywhere you like.

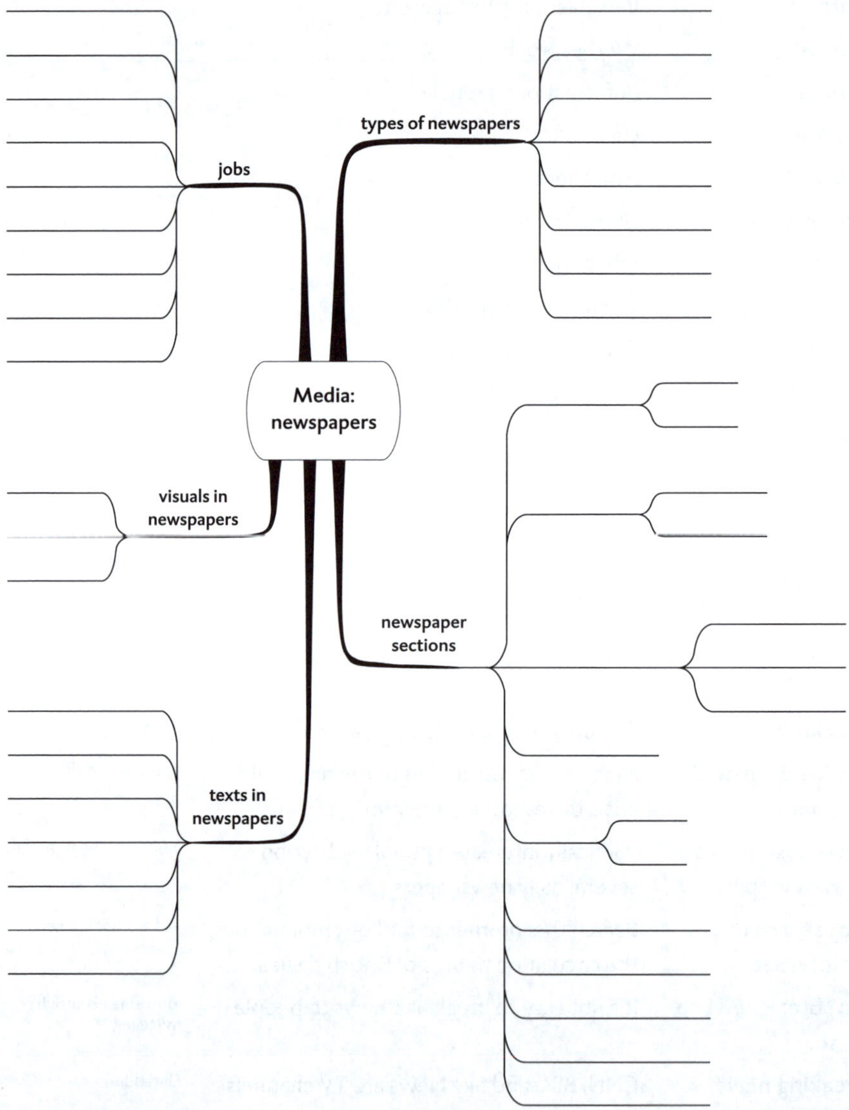

Exercise 2

The development of the newspaper industry

Complete the text with words from this list.

advances	competing	editors	published
advantage	concise	elementary	quickly
advertisements	continuously	era	read
appeal	copies	gossip	section
appealed	down	illustrations	simply
circulation	edition	publication	tabloids

The early beginnings of the newspaper industry in England date back to the time when the Thirty Years' War raged on the European continent. In 1622 The Weekly News was ______________[1], which contained mainly foreign news. This was the first ______________[2] published newspaper in England. In 1702 the first daily newspaper, the Daily Courant, was founded in London. These early papers were rather expensive and therefore mainly ______________[3] by educated and politically interested members of the rich aristocracy. The ______________[4] of the popular press as we know it today began about 150 years later. Technological ______________[5] and social improvements played a major role in the rise of the newspaper industry. With the invention of the telegraph news could be collected ______________[6] and the railways could transport the papers to all parts of the British Isles. As ______________[7] education became available to the middle and lower classes, more people were able to read. In 1896 a 30-year-old journalist, Alfred Harmsworth (who became Lord Northcliffe in 1905), took ______________[8] of all these changes. He published a cheap paper for the less educated readers. The Daily Mail cost only a halfpenny – half the price of the ______________[9] papers at that time. Harmsworth was able to keep the price so low, because his paper carried ______________[10]. With the Daily Mail Harmsworth created a new type of journalism which ______________[11] to a wider readership. At the end of the 19th century, newspapers contained mainly political speeches, court reports, and lists from the money markets, presented in column after column of small print with few or no ______________[12]. It is not surprising then, that the ______________[13] figures were rather low because these papers provided reading for businessmen only and did not ______________[14] to the ordinary man and even less to the ordinary woman. Harmsworth changed all this. His aim was to bring the latest news, ______________[15] presented, to every breakfast table in the land. He therefore created a ______________[16], populist and entertaining paper which included sensationalist reports, ________________[17] and lots of illustrations. The most dramatic and unheard-of change was that there was a ________________[18] for women. The ________________[19] of the competing papers thought the launch of the Daily Mail would end in a complete failure. Harmsworth hoped the first ________________[20] of the Daily Mail would sell 100,000 ________________[21], but eventually almost 400,000 copies rolled off the presses on the very first day. Although aristocrats such as Prime Minister Lord Salisbury looked ________________[22] on the new paper for the masses by calling it “a paper made by office boys for office boys”, the success of the Daily Mail could not be stopped. The ____________[23] of the Daily Mail in 1896 marks the beginning of the popular press and the paper can be regarded as the forerunner of the ________________[24] of our time.

Exercise 3 Hard times for newspapers today

In the following text some words are incomplete. Only a couple of letters are given. Try to complete with words that would fit the context.

With the increasing popularity of television many newspapers came under heavy pre _ _ _ _ e[1]. In order not to lose more readers, many ta _ _ _ _ ds[2] became more sensationalist and started mu _ _ _ _ _ _ _ _[3], which means disregarding the priv _ _ _[4] of people in the public limelight such as members of the R _ _ _ l[5] Family or celebrities. Others included gimmicks, for example the topless Page Three Girl, to boost cir _ _ _ _ _ _ on[6]. Some papers did not suc _ _ _ _[7] in surviving the fierce competition and finally went out of bu _ _ _ _ _ s[8]. Television became the leading so _ _ _ e[9] of news for most people. The increasing pop _ _ _ _ _ _ y[10] of the Internet has changed news consumption hab _ _[11] further and complicated matters for the ne _ _ _ _ _ _ r[12] industry. As more and more people get their news on _ _ _ e[13], the number of those reading newspapers today is steadily de _ _ _ _ _ ng[14]. Fewer people su _ _ _ _ _ _ _[15] to newspapers. In particular, younger people tend to get more of their news on the Internet, while older ad _ _ _ _[16] use traditional media such as t _ _ _ _ _ _ ion[17] and newspapers. Apart from this shift toward online news con _ _ _ _ _ _ _ n[18], researchers have found out there is a large group of a more engaged and well-off people who use both trad _ _ _ _ _ _ l[19] and online sources to get their news. But to boost sales figures the newspaper industry will definitely have to re _ _ _ _[20] its image.

Exercise 4

Free newspapers

Translate into English or German respectively.

In Britain, an ________________[1] *(zunehmende)* number of people read news at no cost on the web or from free daily newspapers, so-called freesheets. In the capital Britons can choose between Metro, London Lite and the London Paper, all of which are distributed (________________)[2] free of charge. Every morning these papers are laid out on the seats in London's underground or at special news stalls (________________)[3]. Media experts expect that at some time in the future all papers like the Daily Mail, the Sun, the Times, the Guardian, the Independent, the Telegraph and even the Financial Times and the New York Times could be free papers. As the number of freesheet newspapers continues to rise, ________________[4] *(Umweltschützer)* worry about the impact (________________)[5] on the environment because all these free dailies are generally thrown away as soon as people have finished reading them. Project Freesheet and other environment groups criticize the ________________[6] *(Menge)* of litter in the city and the waste of resources caused by free daily papers.

What's wrong with free newspapers?

In 53 different countries around the world there are 42 million free newspapers being printed every day. The environmental impact of a product that has a designed life span (________________)[7] of 20 minutes is being seriously overlooked.

Here are some statistics and figures from one day of freesheet production: It takes 12 established trees to make one tonne of newsprint (________________)[8], which is enough to print 14,000 editions of an average-size ________________[9] *(Boulevardblatt)*. That means a daily usage of newsprint of a little over 2557 tonnes. Which, in turn, means the felling of 30,684 trees. Not directly, of course, as 70 per cent of paper used by the newspaper industry is claimed to be ________________[10] *(wiederverwertet)*. On the face of it this "saves" 21,478 trees, meaning that "only" 9206 trees are felled daily to feed the freesheet print presses across the world.

However, you have to remember that recycled paper has to come from somewhere, a virgin ________________[11] *(Quelle)*, at some time. Executives (________________)[12] of London based Associated Newspapers and News International Free Newspapers Ltd ________________[13] *(betonen)* the possibility that the London Lite or the London Paper you're reading today could be the same paper that you read two weeks ago – i. e., it has been recycled. This is nonsense. To start with, recycled paper can only be used in newspapers a maximum of five or six times before the fibres become too short. Recycling may ____________________[14] *(verzögern)* destruction. It does not confer immortality. And as we all know, for paper to be recycled it has to be separated out from other <u>rubbish</u> (______________________)[15], such as cans and food waste etc. Freesheets are designed and <u>marketed</u> (____________________)[16] as "20-minute reads". In other words, they have no retention value and none of the publishers expect them to be retained. Hence they are <u>dumped</u> (______________________)[17] on trains and station platforms, or on the streets or in the municipal bins surrounding the public transport networks. At present waste sub-contractors admit to only recycling around 20 per cent of rubbish that is left on the public transport networks. Whilst local ______________________[18] *(Behörden)* are still not able to recycle all rubbish collected from public litter bins.

From: http://www.projectfreesheet.org/knock.php

Exercise 5 The new media

Complete the text with words from this list.

access	cyber	leading	primary
blend	devices	objectivity	share
block	edition	pastime	size
bloggers	illegally	platform	source
censored	impact	population	suited
commuters	indispensable	power	undisputed

The computer has become absolutely _ _ _ _ _ _ _ _ _ _ _ _ _[1] in modern society. Hardly any business would function without the help of this technological innovation. When they were first built, computers used vacuum tubes and were the _ _ _ _[2] of rooms. It was only with the arrival of the microchip and the linking of computers worldwide that the "information age" began. In 1990 only a handful of computer buffs used the Internet; today about half of the entire world's _ _ _ _ _ _ _ _ _ _[3] uses it regularly. The rise of the Internet has had a deep _ _ _ _ _ _[4] on the traditional media. Newspapers, radio and television struggle to survive by developing a specific style and function of their own.

At the beginning of the 20th century the newspaper was the _ _ _ _ _ _ _[5] medium for news. This dominant position was challenged when radio and television came along broadcasting news 24 hours a day. Newspapers lost their once _ _ _ _ _ _ _ _ _ _[6] role and had to think of new ways to stay in business. Publishing houses adapted to the new situation by publishing an online _ _ _ _ _ _ _[7] of their paper, thus opening up an additional _ _ _ _ _ _[8] of income through advertising on the net. The other established medium, the radio, has survived as a portable medium which provides news and background music for _ _ _ _ _ _ _ _ _[9] and people at work. Today, the radio faces further competition from the iPod and similar digital _ _ _ _ _ _ _[10] that can store radio content and replay it. Television, the latest medium to arrive before the computer, has become the main source of entertainment. Watching TV is the favourite _ _ _ _ _ _ _[11] for millions all over the globe. Sociologists sometimes refer to the function of TV as the nation's "campfire" because many families gather around it in the evening. Television has also kept its leading position in the field of advertising because it is the medium that is best _ _ _ _ _ _[12] to catching people's attention. In addition, for many people, especially the older generation, television remains the _ _ _ _ _ _ _[13] source of news.

The fact that the Internet gives people _ _ _ _ _ _[14] to news and information no matter where they live or at what time they surf the net, has made information really democratic. People from all over the world, and in all societies, can share their ideas, views and opinions – provided governments do not _ _ _ _ _[15] the access to the Internet. In Cuba or China for example the governments act as gatekeepers of information, restricting access to certain Internet sites. In 2008, during the Olympic Games, web sites in China were _ _ _ _ _ _ _ _[16] carrying content the Chinese authorities deemed harmful to national security and social stability. Knowledge is _ _ _ _ _[17], and citizens have used technologies and the power they convey to criticize irregularities, abuses of power, and oppression. Internet users, so-called _ _ _ _ _ _ _ _[18], have turned themselves into reporters and commentators on events.

The World Wide Web is a search medium which millions of people use as a valuable source of research and information. It can help students to write a paper or a thesis. However, it must always be kept in mind that the quality, veracity and _ _ _ _ _ _ _ _ _ _ _ _[19] of the content are not guaranteed. Therefore it seems wise to check information and look for second opinions. For firms the Internet is a huge marketing _ _ _ _ _ _ _ _ _[20] which makes sales more efficient. Customers, on the other hand, can compare prices and find the best offer. A negative development of the Net is the rise of fraudulent and criminal activity online. The US government has created a special department, the Internet Crime Complaint Center, to pursue complaints about _ _ _ _ _[21] crime. The number of gamers who illegally _ _ _ _ _[22] files on the Internet is also on the increase and some computer game firms have launched civil proceedings against people suspected of __________[23] uploading copyrighted material. Illegal file-sharers face considerable fines for violating copyright. All in all, the new media have contributed to bringing about changes in the socially and politically – and there will be more to come. It is most likely that the Internet, television and the telephone will ______[24] together. But only the future will tell what other changes the Internet has in store.

Exercise 6 Media and advertising

In the following text some words are jumbled. To give you some help the first letter of the word in question is given. Try to restore the word that would fit the context.

All media – newspapers, television and websites – depend on advertising (r-ueeenv) __________[1] to finance their activities. Newspapers sell space for adverts in the paper, TV companies sell time for (c-rilomsemca) __________[2] which are (b-csraadot) __________[3] in breaks during programmes, and internet websites place ads – so-called banner advertising – to (a-ctrtat) __________[4] consumers. The dependence on the funds from the advertisers raises the question whether these advertisers influence the (c-notten) __________[5] of a newspaper or a TV programme. It can happen that a newspaper risks (l-goins) __________[6] much needed revenue if something is reported that the advertiser doesn't like.

On the other hand, to please advertising companies newspapers publish stories or (e-rasdtioil) __________[7] which have to be regarded as subtle (p-crdtuo) __________[8] advertisements. A striking example of how the dependence on advertising revenue can (i-ecnlnufe) __________[9] TV programming is the change in the time schedule at the Olympic Games in Beijing in 2008. The US TV company NBC had bought the (r-sihtg) __________[10] to broadcast the Olympics for millions of dollars. In order to refinance this investment NBC had to (i-aenrsec) __________[11]

the price for commercials which advertising companies would only pay if the commercials were shown at (p-rmei) ________________[12] time – in the evening at around 8 o'clock.
Because of the time (d-rneifeefc) ________________[13] between China and the United States NBC had to convince the Olympic organisers to change the time schedule of the swimming and gymnastics (c-ttoospinemi) ________________[14]. These were of particular interest for the American TV viewers because of the appearance of swim star Michael Phelps and gymnast Shawn Johnson. The (f-sialn) ___________[15] of these key television sports were eventually moved to morning hours in China so they could be shown (l-vie) _____________[16] in prime time in the United States. Michael Phelps swam for gold eight times at 10 a.m. in the morning Beijing time. The fact that the schedule of the Games was tailored to suit the needs of American television shows the interdependence of the (m-deia) _____________[17] and the advertising industry because of the amount of money involved today.

Exercise 7 **Advertising for kids**

Translate into English or German respectively.

There are, of course, many factors which make children like and choose certain foods. Several studies show that food marketing plays a ____________________[1] *(Schlüsselrolle)*. Firms have developed special advertising strategies with which they try to attract the <u>attention</u> (____________________)[2] of young people and influence their food choices. Companies spend millions marketing food to children on television, on the radio, on the Internet, in magazines, through product placement in movies and video games. In schools, on product ____________________[3] *(Packungen)*, as toys, on clothing and other <u>merchandise</u> (____________________)[4], and almost anywhere where a logo or product image can be shown, too. More often than not these advertisements have a greater influence on the children's ____________________[5] *(Wahl)* of food than what the parents tell their children to eat. Consequently, parents ____________________[6] *(beschweren sich, klagen)* that aggressive food marketers <u>undermine</u> (________________)[7] their authority, because adverts give children a completely different view of what is healthy to eat. Whereas parents would like their kids to stick to a <u>nutritious</u> (____________________)[8] diet by eating vegetables, fruit and salads, food adverts aimed at children mostly _________________[9] *(fördern, werben für)* low-nutrition foods full of fat and sugar. For a long time the health authorities have appealed to food and beverage companies, retail stores (________________)[10], broadcasters, and schools to market foods responsibly to children. This means that, above all, they should support parents' efforts to foster healthy ________________[11] *(Essgewohnheiten)* in children. These appeals seem to be bearing fruit as a change in the advertising strategies of several major companies is taking place. In cooperation with the government and citizen action groups they have worked out and agreed on ________________[12] *(Richtlinien)* for food marketing to children in order to avoid the negative effect on children's well-being. Fast-food chains, for example, have committed themselves (________________)[13] to limit advertising aimed at children younger than 12 to food and drinks that meet (________________)[14] strict nutritional guidelines. In addition, for children under 12 years old they will offer special Kids Meals that provide (________________)[15] no more than 560 calories per meal and have less than 30 percent calories from fat and no added trans fats *(Trans-Fettsäuren)*. Healthier meals for children are being developed that replace fatty and sugary ________________[16] *(Bestandteile, Zutaten)*. The companies will use organic unsweetened sauce, low-fat milk and fresh apple slices. These measures are seen as the fast food industry's contribution to minimize the risk of obesity (________________)[17] in children and young people.

Exercise 8 Crossword

Try to solve the crossword puzzle.

Across

1 Rede (6)
3 abnehmen; ablehnen (7)
6 Leitartikel (9)
7 enthalten (7)
8 Vorteil (9)
10 teuer (9)
11 zunehmen (8)
15 Inhalt (7)
16 Ausgabe (7)
18 Geschäft (8)
20 fortlaufend (12)
23 Auswirkung (6)
27 Mahlzeit (4)
28 Beitrag (12)

Down

1 Erfolg haben (7)
2 Verbrauch (11)
4 Unsinn (8)
5 schaffen, schöpfen (6)
6 Umweltschützer (16)
9 Menge, Betrag (6)
12 Hof (5)
13 Fernsehen (10)
14 Endspiel, Endlauf (5)
17 Zeitungsspalte (6)
18 senden, übertragen (9)
19 Plan, Zeitplan (8)
21 schließlich (10)
22 Abfall (5)

30 Druck (8)
32 betonen (9)
36 Preis (5)
37 Beliebtheit (10)
40 königlich (5)
41 unterhaltsam (12)
42 Zeitalter (3)
43 Quelle (6)
44 finanzieren (7)
45 herkömmlich, überliefert (11)

24 Veröffentlichung (11)
25 Wettbewerb, Konkurrenz (11)
26 Klatsch (6)
29 Verbesserung (11)
31 wiederverwerten (7)
33 Erwachsene(r) (5)
34 veröffentlichen (7)
35 Einnahme (7)
38 verzögern, verspäten (5)
39 Aufruf (6)
40 Rolle (4)

Economy

1 Word field

apprentice	Lehrling, Auszubildender
apprenticeship	Lehrzeit, Lehre
blackleg	Streikbrecher
blue-collar worker	Arbeiter
boom	Hochkonjunktur
(to) boost	fördern, Auftrieb geben
branch	Zweig, Sparte, Branche
budget	Etat, öffentlicher Haushalt
burden	Last
(to) call a strike	einen Streik ausrufen
career	Laufbahn, Beruf
careers officer	Berufsberater
collective bargaining	Tarifverhandlungen [Pl.]
commerce	Handel, Verkehr
commodity	Ware
concern	Sorge, Bedenken
consumption	Verbrauch, Konsum
credit crunch	Kreditklemme
debt	Schuld
depression	Wirtschaftskrise
(to) dismiss	entlassen
employee	Arbeitnehmer, Angestellter
employer	Arbeitgeber
(to) ensure	sicherstellen, gewährleisten
(to) eradicate	ausrotten

(to) estimate	schätzen
exploitation	Ausbeutung
(to) facilitate	erleichtern
globalisation	Globalisierung
grant	Zuschuss, Unterstützung, Subvention
gross domestic product (GDP)	Bruttoinlandsprodukt
growth	Wachstum
human resources	Arbeitskräfte
indication	Anzeichen
industrial action	Streik
job centre	Arbeitsamt
labour	Arbeit; Arbeitskräfte
labour exchange	Arbeitsamt
(to) lay s.b. off	jmdn. entlassen
livelihood	Auskommen, Lebensunterhalt, Unterhalt
loan	Darlehen, Kredit
(to) lock out	aussperren
low-wage job	niedrig (schlecht) bezahlte Arbeit
(to) make a living	seinen Lebensunterhalt verdienen
manpower	Arbeitskräfte [Pl.]
manufactured goods	Fertigwaren
(to) merge	fusionieren
merger	Fusion
mortgage	Hypothek, Pfandgut
negotiation	Verhandlung
part-time job	Teilzeitarbeit
pay scale	Tarif, Lohnskala
personnel	Personal, Belegschaft
picket	Streikposten, Streikwache
plant	Anlage, Werk

(to) plunge	(ein-, unter-) tauchen, stürzen
predictable	vorhersehbar
profession	(akademischer) Beruf
(to) promote	(jemanden) befördern
prosperity	Wohlstand
purchasing power	Kaufkraft
(to) qualify	sich eignen
rate	Quote
recession	Konjunkturrückgang
recipient	Empfänger
(to) recruit	jdn. einstellen
(to) retire	in Pension gehen, in Rente gehen
(to) sack	entlassen, rausschmeißen
salary	Geld, Gehalt
self-employed	selbstständig
semiskilled (worker)	angelernt
share	Aktie
shareholder	Aktionär
shift	Schicht, Arbeitsschicht
shop steward	gewerkschaftlicher Vertrauensmann
skilled worker	Facharbeiter
slump	starker Konjunkturrückgang, Wirtschaftskrise
staff	Belegschaft
staff manager	Personalchef
strike	Streik
strike vote	Urabstimmung
subsidy	Beihilfe, Subvention
supplier	Lieferant
supply	Vorrat
supply and demand	Angebot und Nachfrage
(to) sustain	stützen, tragen; unterhalten, ernähren

threshold country	Schwellenland
thriving	blühend
trade	Gewerbe, Branche
trade union	Gewerkschaft
trainee	Praktikant, in der Ausbildung Stehender
unemployed	arbeitslos
unemployment benefit	Arbeitslosengeld, (Arbeitslosen-) Unterstützung
unprecedented	beispiellos
unskilled	ungelernt
vacancy	freie Stelle, offene Stelle
wage	Lohn, Arbeitslohn
white-collar worker	(Büro-) Angestellter
wildcat strike	wilder (illegaler) Streik
workforce	Belegschaft
working condition	Arbeitsbedingung
workshop	Werkstatt

2 Practice

Exercise 1 Globalisation

Translate these words into English and complete the text.

Arbeitskosten	Dorf	Fabriken, Werke	Nachteilen
Austausch	erfahren, erleben	Fortschritte	tauchten auf
Bindeglied	erleichterte	Grenzen	Zusammenbruch

Economists, sociologists and politicians say we live in a global ______________[1] today, which means nobody lives on an island – quite on the contrary, we are all closely connected. The strongest ________________[2] that binds us together is trade. It is true, since times immemorial trade has played an important part in the building of empires – the most recent of them being the British Empire – but the ____________[3] of goods and technologies which we ____________[4] today is unprecedented. The main driving forces behind the enormous increase in cross-border activities of our time have been political and technological changes and ________________[5]. With the fall of the Berlin Wall (1989) and the ________________[6] of the Soviet Union the cold war between the capitalist West and communist East came to an end. A new era began which was characterized by the opening of ________________[7] which had been closed for centuries. International economic institutions – such as the World Bank, the International Monetary Fund (IMF), and the World Trade Organization (WTO) – helped to regulate the flow of trade and money among nations. The development and growth of telecommunications and computer technology ________________[8] the organisation of business on a global scale. The Internet made it much easier for managers to coordinate economic activities with sellers and buyers in different parts of the world. Large companies ________________[9] which operated in countries all over the world. These multinationals set up production ________________[10] in countries abroad – above all in developing countries – where ________________[11] were cheaper. As oil was inexpensive a decade ago or so, transport costs could be neglected. Globalisation with its advantages and ________________[12] had arrived.

Exercise 2 Challenges and opportunities

Translate into English or German respectively.

One of the most striking advantages of globalization is the fact that, on the whole, it has lifted living standards. People throughout the world <u>benefit</u> (________________)[1] from the lower cost of goods and services because of falling ________________[2] *(Handelsschranken)*. ________________[3] *(Verbraucher)* can buy more and cheaper foods in their local supermarket. They can book a holiday on the Internet and fly to far-away places because globalisation has brought prices down. Today the <u>average citizen</u> (________________)[4] enjoys benefits his grandfather would never have dreamed of. All of this is possible because of freer trade around the world. Not only individuals profit from today's ________________[5] *(weltweiten Wirtschaft)*, countries across the globe are industrializing at a fast rate. In particular in Asia countries such as China, India, South Korea, and Indonesia the economy has been growing steadily, improving the ________________[6] *(Lebensstandard)* and reducing <u>poverty</u> (________________)[7] in those thriving states.
However, with the advent of globalization, the economies of countries around the world became more connected to and ________________[8] *(abhängig)* on each other. For example, when American banks ran into trouble because house

owners could not pay back the 100 % mortgages (________________)[9] they had borrowed to buy their property, the economic impact was felt in Europe, too. The so-called credit crunch affected (________________)[10] banks in France, Germany and, worst of all, in Spain and Britain. Banks went out of business, house prices fell dramatically, causing a recession in several ________________[11] *(Mitgliedsstaaten)* of the European Union.

Exercise 3 More disadvantages

In the following text some words are incomplete. Only a couple of letters are given. Try to complete with words that would fit the context.

Apart from the problems due to the in _ _ _ _ _ _ d[1] mutual dependence there are other disadvantages con _ _ _ _ _ d[2] with globalisation. Workers in the industrialized nations are confronted with the danger of l _ _ _ _ g[3] their jobs, because in many branches manufacturing jobs are being ex _ _ _ _ _ d[4] to countries in the developing world where workers are paid less. The setting up of factories and production p _ _ _ _ s[5] in developing countries has increased the prosperity in those countries, but it has also contributed to the exp _ _ _ _ _ _ _ on[6] of workers. It is estimated that a third of the global population of more than 7 billion have a per capita income of less than the equivalent of a d _ _ _ _ r[7] a day. The rather ruthless industrialisation has placed a heavy b _ _ _ _ n[8] on the environment in Third World countries.

In the following lines some words are jumbled. To give you some help the first letter of the word in question is given. Try to restore the word that would fit the context.

It is not surprising then that (p-ssrtteo) ________________[9] against the global economy and unrestricted free trade are increasing. Meetings of the World

Trade Organisation regularly (p-krveoo) ____________[10] massive protests by various environmental, labour, and human rights organizations. Demonstrators shout, blow their whistles and carry (p-rslcdaa) ____________[11] reading "Globalisation – NO!" and "Globalisation kills jobs and the environment!" Political leaders and business managers have to tackle the (c-egshlnlae) ____________[12] of globalisation and help mitigate its negative effects. In particular, they should do everything to (p-trmeoo) ____________[13] human rights worldwide, introduce labour standards to prevent the exploitation of workers in developing nations, as well as (r-itoestcnrsi) ____________[14] to prevent industries from flouting environmental standards. On the other hand, workers in industrialized countries should be qualified for jobs which cannot be exported. If the (n-ieeavtg) ____________[15] sides of globalization can be minimized, globalization will benefit us all.

Exercise 4 Worldwide economic troubles

Complete the text with words from this list.

affected	determine	measuring	signs
borrowing	emergency	plunge	spending
bottom	encourage	profit	supplies
consumption	erupt	provide	tackle
cost of living	global	rebates	value
decrease	invest	recession	

In times of a slump or an economic ____________[1] people struggle with high prices and low supplies. Their income does not keep pace with the constantly rising ____________[2]. Confronted with higher prices at the petrol station and in the supermarket, people in the USA and Europe have started cutting back and are ____________[3] less. Analysts observe this development with apprehensions because national ____________[4] usually accounts for a sizable part of a country's economic activity – in the USA more than two thirds. Economists ____________[5] a country's economic standing by ____________[6] its GDP (Gross Domestic Product) – the ____________[7] of all goods and services produced in the country expressed in dollars per head of population. At the top of the list you find rich countries such as the USA, Britain and Germany. At the ____________[8] there are the poor Third World countries like Ethiopia and Sierra Leone.

A ____________[9] in consumer spending is one indication for a slowing down of a country's economy, but there are other troubling ____________[10] as well. One of them is the housing market. When the cost of living rises and home sales ________________[11], it means that people just do not have the money to ________________[12] in new homes – which, in return, means that fewer houses are being built and jobs are lost in the building and estate agent sector. When this happens a government usually tries to ________________[13] growth by cutting interest rates to make ________________[14] money cheaper. Lower interest rates allow not only people to borrow money from banks but businesses ________________[15], too. It is hoped that money will be invested on new projects, thus creating new jobs and income for more working people. Another measure may be to grant people tax ________________[16] to help them offset the high prices at filling stations and in shops, thus giving the economy a boost.

It is not only industrialised countries that are ________________[17] by an economic slump, developing countries feel the pinch even more. Rising fuel prices, climate changes and increased demand for food in large countries such as India and China often strain the world's food and energy ________________[18], resulting in a rise in prices. In poorer nations already suffering from widespread hunger, higher food prices occasionally ________________[19] into violent protests. The United Nations has developed a special food aid programme to ________________[20] a global food crisis. It can provide millions of dollars in ________________[21] situations to feed starving people in the poorer parts of the globe and to ________________[22] seeds for planting. However, this aid is not a long-term solution. The world community has to cooperate to keep the ________________[23] economy running to provide enough nutrition and decent living conditions for people worldwide, because economic troubles affect us all.

Exercise 5 A globalised economy

Find synonyms for the words in italic.

1. One of the most *striking* advantages of globalisation is the fact that, on the whole, it has raised living standards.
2. Workers are *confronted* with the danger of losing their jobs.
3. The *setting up* of factories has increased prosperity in Asian countries.
4. Political leaders and business managers have to help *mitigate* the negative effects of globalisation.
5. Analysts observe the downward trend in Third World countries with *apprehension*.

Exercise 6 Make Poverty History

Translate into English or German respectively.

MAKE POVERTY HISTORY is a UK alliance of charities, trade unions, campaigning groups and celebrities who are calling to oppose poverty and injustice. This is an excerpt from their manifesto:

Today, the ________________[1] *(Kluft)* between the world's rich and poor is wider than ever. Global injustices (________________)[2] such as poverty, AIDS, malnutrition, conflict and illiteracy (________________)[3] remain rife. World poverty is sustained not by chance or nature, but by a combination of factors: injustice in global trade; the huge ________________[4] *(Schuldenlast);* insufficient and ineffective aid. Each of these is exacerbated by inappropriate economic policies imposed (________________)[5] by rich countries. But it doesn't have to be this way. These factors are determined by human decisions. A sea change is needed. By mobilising popular support across a unique string of events and actions, we will press our own government to compel (________________)[6] rich countries to fulfil their obligations and ________________[7] *(Versprechen)* to help eradicate poverty, and to rethink some long-held assumptions.

MAKE POVERTY HISTORY urges the government and international decision makers to rise to the ________________[8] *(Herausforderungen)* of today. We are calling for urgent and meaningful policy change on three critical and inextricably linked areas: trade, debt and aid.

Trade justice

Fight for rules that ensure governments, particularly in poor countries, can choose the best solutions to end poverty and protect the environment. These will not always be free trade policies. End ______________________[9] *(Exportsubventionen)* that damage the livelihoods of poor rural communities around the world. Make laws that stop big business profiting at the ______________[10] *(Kosten)* of people and the environment.

Drop the debt

The unpayable debts of the world's poorest countries should be cancelled (______________________)[11] in full, by fair and transparent means. And to avoid another debt crisis hard on the heels of the first, poor countries need to be given more grants (____________________)[12], rather than seeing their debt burden piled even higher with yet more loans.

More and better aid

Donors must now deliver at least $ 50 billion more in aid and set a binding ________________[13] *(Zeitplan)* for spending 0.7 % of national income on aid. Aid must also be made to work more effectively for poor people.

Poverty will not be eradicated (____________________)[14] without an immediate and major increase in international aid. Rich countries have promised to provide the extra money needed to meet internationally agreed poverty reduction targets. This amounts to (____________________)[15] at least $ 50 billion per year, according to official estimates, and must be delivered now.

First, aid needs to focus better on poor people's __________________[16] *(Bedürfnisse)*. This means more aid being spent on areas such as basic healthcare (____________________)[17] and education. Aid should no longer be tied to goods and services from the donor (____________________)[18] , so ensuring that more money is spent in the poorest countries. And the World Bank and the IMF must become fully democratic for poor people's concerns to be heard.

Second, aid should ____________________[19] *(unterstützen)* poor countries and communities' own plans and paths out of poverty. Aid should therefore no longer be conditional on recipients (__________________)[20] promising economic change like privatising or deregulating their services, cutting health and education ________________[21] *(Ausgaben)*, or opening up their markets: these are unfair practices that have never been proven to reduce poverty. And aid needs to be made predictable, so that poor countries can plan effectively and take control of their own budgets (__________________)[22] in the fight against poverty.

From: http://www.makepovertyhistory.org

Exercise 7 Vocabulary grid

Try to fill the grid with words from the text "Make Poverty History".

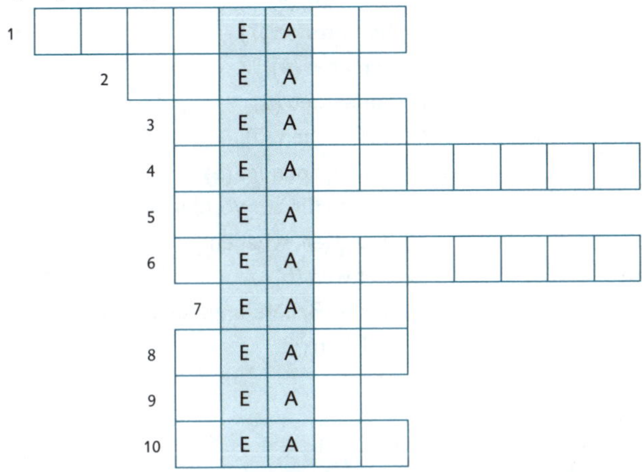

Exercise 8 Crossword

Try to solve the crossword puzzle.

Across

1 Subvention (7)
2 Herausforderung (9)
4 Wirtschaft (7)
5 Versprechen (7)
6 fördern (7)
7 Fortschritt (7)
9 Hypothek (8)
11 Nachlass, Vergütung (6)
13 Nachteil (12)
15 Armut (7)
19 streichen, erlassen (6)
20 Staatsbürger (7)
22 Ein-, Beschränkung (11)
24 Arbeit, Arbeitskräfte (6)
27 anpacken, angreifen (6)
29 Gewinn (6)
30 Gesundheitsfürsorge (10)
31 Konjunkturrückgang (9)
33 Kluft (3)
34 Bedürfnis (4)
38 Durchschnitt (7)
41 unterstützen (7)
42 auferlegen (6)
43 zwingen (6)
44 (ein-, unter-) tauchen, stürzen (6)
45 Wert (5)

Down

1 Niveau (8)
2 Verbrauch (11)
3 Bindeglied (4)
4 erfahren (10)
5 Plakat (7)
8 ausrotten (9)
10 Ausfuhr (6)
12 Kosten (7)
14 Ausbeutung (12)
16 auftauchen, entstehen (6)
17 Zusammenbruch (8)
18 Ausgaben (8)
20 verbinden (7)
21 Analphabetentum (10)
23 (Geld) einsetzen (6)
25 abhängig (9)
26 hervorrufen (7)
28 verlieren (4)
32 zunehmen (8)
35 ausbrechen (5)
36 Geber, Spender (5)
37 sorgen für, zur Verfügung stellen (7)
38 betreffen, schaden (6)
39 weltweit (6)
40 Vorrat, Belieferung, Angebot (6)
41 Zeichen (4)

Key

1 Environment

Exercise 1 1 sewage; 2 detergents; 3 yields; 4 predicted; 5 poisoning; 6 attention; 7 heating; 8 burning; 9 temperature; 10 increase; 11 expands; 12 levels; 13 Droughts; 14 Agriculture; 15 Amazon; 16 released; 17 desert; 18 attempts; 19 global; 20 reduction

Exercise 2 1 surface; 2 Ströme, Strömungen; 3 mäßigen; 4 enormous, huge, vast; 5 accustomed; 6 unzerstörbar; 7 verschwenderisch; 8 erschöpft, ausgelaugt; 9 jeopardized, endangered, put into danger; 10 zu erhalten; 11 weggeworfen; 12 habitat; 13 livelihood, living; 14 Häfen; 15 stellen dar; 16 Not(lage); 17 exploiting

Exercise 3 1 comprehensive; 2 revealed; 3 findings; 4 maintain; 5 worst; 6 consequence; 7 rapid; 8 response; 9 greenhouse; 10 conclusions; 11 Scientists; 12 temperature; 13 whether; 14 spreading; 15 planet's; 16 Climatologists; 17 evidence; 18 certainly; 19 likely; 20 remotely

Exercise 4 1 ozone; 2 rays; 3 shield; 4 cancer; 5 emissions; 6 reduced; 7 quantity; 8 raising; 9 renewable; 10 nuclear; 11 threat; 12 CFCs; 13 efficient; 14 chemical-free; 15 fertilizers; 16 decreasing; 17 livestock; 18 substitutes; 19 aerosol; 20 phased out; 21 recommendation; 22 intensify; 23 network; 24 atmosphere

Exercise 5 1 improvements, breakthroughs; 2 devices, gadgets; boring, uninteresting, monotonous; 3 fragile, sensitive equilibrium; 4 burning; 5 cleaner, soap, washing-powder; 6 decline; illness; 7 non-returnable; 8 waste management; 9 rubbish-heaps, dumping sites; 10 rubbish, refuse, trash, litter, junk; oceans; 11 dangers, perils, risks; 12 toxic, noxious; 13 contaminating; 14 clean; 15 spoil, devastate, destroy; 16 waste water; 17 menace, danger

Exercise 6

A	B	C	D	E	F	G	H	I	J	K	L	M	N
19	1	4	11	2	9	5	13	6	12	10	8	18	15

Exercise 7

noun (abstract)	noun (concrete)	verb	adjective
presidency	president	preside	presidential
environment	environmentalist	---	environmental
erosion	---	erode	erosive
pollution	pollutant, polluter	pollute	polluting, polluted
survival	survivor	survive	surviving
nutrition	nutrient	---	nutritious nutritional
nourishment	---	nourish	nourishing
waste	---	waste	wasteful
---	inhabitant	inhabit	inhabitable
science	scientist	---	scientific
purification, purity	---	purify	pure

Exercise 8

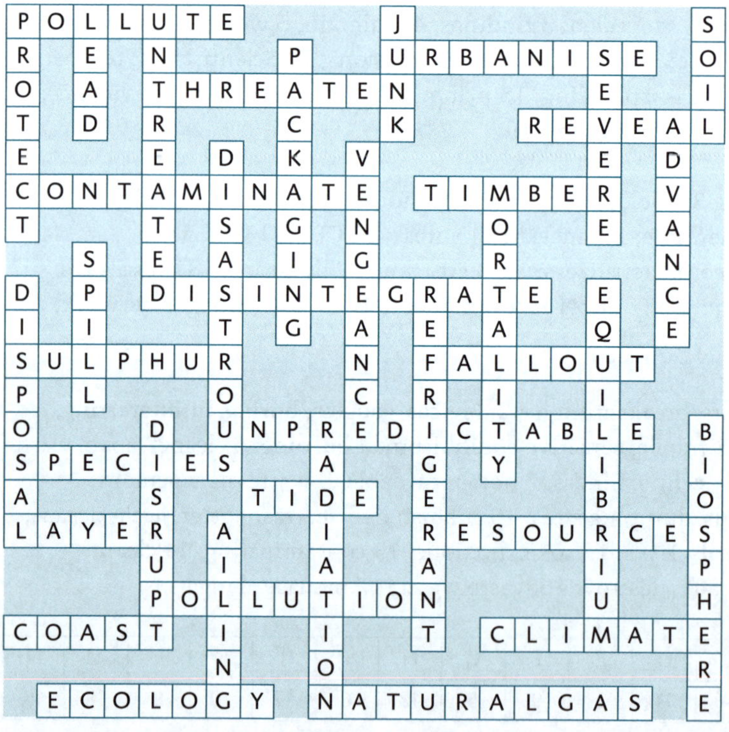

Exercise 9

D	E	N	S	E	U	N	I	N	H	A	B	I	T	A	B	L	E	V
Q	E	C	N	A	V	D	A	E	R	P	S	E	D	I	W	V	K	A
B	U	N	T	R	E	A	T	E	D	Y	U	T	I	D	E	I	C	R
I	C	Y	S	U	R	V	I	V	A	L	N	A	Q	J	D	C	O	I
O	M	B	C	R	E	A	T	U	R	E	P	R	F	Z	D	I	M	E
D	C	L	T	C	A	I	V	I	G	O	R	O	U	S	D	O	B	T
E	O	E	S	E	S	U	R	F	A	C	E	O	X	E	N	U	U	Y
G	M	A	A	N	K	T	B	C	W	B	D	G	L	V	R	S	S	S
R	P	C	O	T	R	H	I	S	O	Z	I	I	N	U	I	N	T	U
A	O	H	C	I	M	R	O	K	S	N	C	O	O	I	O	E	I	L
D	S	I	B	G	K	E	D	O	V	A	T	P	S	I	L	O	O	P
A	I	M	A	R	A	A	I	L	T	N	A	A	T	P	F	I	N	H
B	T	N	L	A	B	T	V	E	Q	V	B	E	M	M	H	R	A	U
L	I	E	A	D	U	F	E	R	T	I	L	E	X	I	J	E	H	R
E	O	Y	N	E	N	B	R	H	D	P	E	N	F	P	N	J	R	W
M	N	E	C	R	D	I	S	T	E	S	U	P	P	L	Y	A	P	E
U	E	V	E	F	A	R	I	D	C	L	I	M	A	T	E	Y	T	B
C	A	R	B	O	N	T	T	E	V	I	S	U	L	C	N	O	C	E
E	T	S	A	W	T	H	Y	C	O	N	C	E	R	N	B	U	J	M

Exercise 10

1. ABUNDANT
2. AILING
3. BIODEGRADABLE
4. ADVANCE
5. BIOSPHERE
6. CONCLUSIVE
7. BALANCE
8. BIRTH
9. COAST
10. CENTIGRADE
11. RATE
12. CHIMNEY

2 World affairs

Exercise 1 1 primarily; 2 common; 3 malnutrition; 4 literacy; 5 rose; 6 place; 7 industrial; 8 subsistence; 9 experienced; 10 relieve; 11 plight; 12 donation; 13 subsidies; 14 poverty; 15 market; 16 obligations; 17 responsibility; 18 property; 19 disparity; 20 development

Exercise 2

1. In most developing countries people live in poverty.
2. In most developing countries the birth rate is rather high/many children are born/families have many children.
3. There are not enough or no factories/production plants in Third World nations.
4. In developing countries people live from what they grow in the fields.
5. Asia and Latin America have experienced fast industrial progress./ In Asia and Latin America industrialization has made progress.
6. The EU and the United States have given more development aid.
7. The industrialized nations do not provide enough development aid.
8. The poor countries themselves have to do their share.
9. The poor countries have to see that the money they receive is not wasted/ that resources are invested properly/that resources are utilized in beneficial projects.
10. Development aid is needed to decrease/diminish the inequality/ difference between rich and poor countries.
11. The developed countries must buy products from developing countries/ give developing countries the chance to sell their products/must not impose taxes on products from developing countries.
12. Arrangements must be made to prevent a privileged few from filling their pockets with foreign aid funds.

Exercise 3 1 famine; 2 harvest; 3 brunt; 4 borrow; 5 advance; 6 debt; 7 slavery; 8 estimated; 9 harvest; 10 care; 11 trade; 12 carpets; 13 lung; 14 burns; 15 human; 16 helpful; 17 experience; 18 tolerate; 19 passed; 20 labour

Exercise 4 1 course; 2 warfare; 3 populated; 4 target; 5 altitude; 6 mushroom; 7 height; 8 vicinity; 9 horrifying; 10 glance; 11 devastations; 12 arsenals; 13 deteriorated; 14 engaged; 15 fission; 16 disarmament; 17 proliferation; 18 negotiations; 19 limitation; 20 arms

Exercise 5 1 attack; 2 order; 3 entführte; 4 Einschlag; 5 collapsed; 6 Ansprache; 7 Böse; 8 victims; 9 Entschlossenheit; 10 entschlossenen; 11 issues; 12 citizens; 13 besorgt; 14 Ministerium; 15 folglich, daher; 16 measures; 17 delays; 18 dauerhaften; 19 Gefühl, Einstellung

Exercise 6 1 analyze, determine, evaluate; 2 classify, rate, order; 3 sources, causes; 4 seemingly, supposedly, presumably; scarcity, lack, shortage; 5 substantially, significantly, dramatically; 6 acceptable, adequate, reasonable, satisfactory; 7 definitive, important; 8 wages, income, pay; 9 intense, violent, brutal; 10 overcrowded, overpopulated; 11 contain, embrace, comprise; 12 common, prevalent, widespread; 13 provide for; 14 chiefly, largely, mainly, primarily

Exercise 7 1 conserved, saved; 2 birth, emergence, creation, rise; 3 release, freeing; 4 keeping to, respect for; 5 expense; 6 encouraged, inspired, motivated; 7 secondary, minor, subordinate; 8 understandable, logical, clear; 9 soldiers, servicemen; 10 eager, zealous, anxious, keen

Exercise 8

A	B	C	D	E	F	G	H	I	J	K	L	M	N	O	P
21	5	3	7	16	1	10	13	15	20	8	19	12	9	17	14

Exercise 9

noun (abstract)	noun (concrete)	verb	adjective
deterrence	deterrent	deter	deterrent
operation	operator	operate	operative
alliance	ally	ally	allied
armament	arms	arm	armed
---	volunteer	volunteer	voluntary
protection	protector	protect	protective
grief	---	grieve	grievous, grieving
explosion	explosive	explode	explosive
endurance	---	endure	endurable
objection	objector	object	objectionable
navigation	navigator	navigate	navigable
invasion	invader	invade	invasive
deceit	---	deceive	deceitful

noun (abstract)	noun (concrete)	verb	adjective
defiance	---	defy	defiant
courage	---	encourage	courageous
conspiracy	conspirator	conspire	conspiratorial
conquest	conqueror	conquer	---
captivity	captive	captivate	captive
---	blood	bleed	bloody, bleeding

Exercise 10

M	E	R	T	T	P	T	F	A	R	D	U	N	N	W	E
V	F	Y	B	O	B	U	J	M	D	D	O	O	T	A	L
E	B	S	N	L	O	F	M	T	T	I	I	A	P	R	I
E	K	X	T	E	C	Q	S	A	T	T	R	L	I	F	T
C	L	K	H	R	Z	U	S	U	I	K	A	L	R	A	E
I	T	H	J	A	L	Y	L	R	D	Q	E	I	C	R	R
T	J	C	E	N	C	O	T	L	Y	O	L	A	S	E	A
S	M	Z	F	C	S	U	C	M	J	K	C	N	N	H	C
I	N	D	N	E	N	O	S	Z	O	X	U	C	O	R	Y
M	I	S	R	I	N	I	B	T	S	M	N	E	C	E	D
R	F	I	A	Q	R	D	E	T	E	R	R	E	N	T	E
A	U	M	U	O	B	O	C	C	U	P	Y	N	T	U	T
I	Z	E	R	E	E	T	N	U	L	O	V	U	R	X	E
W	S	R	K	D	H	I	J	A	C	K	A	L	L	Y	N
T	E	Y	U	T	H	R	E	A	T	S	K	A	E	E	T
T	W	A	R	F	A	R	E	N	K	C	H	Q	W	M	E

Exercise 11

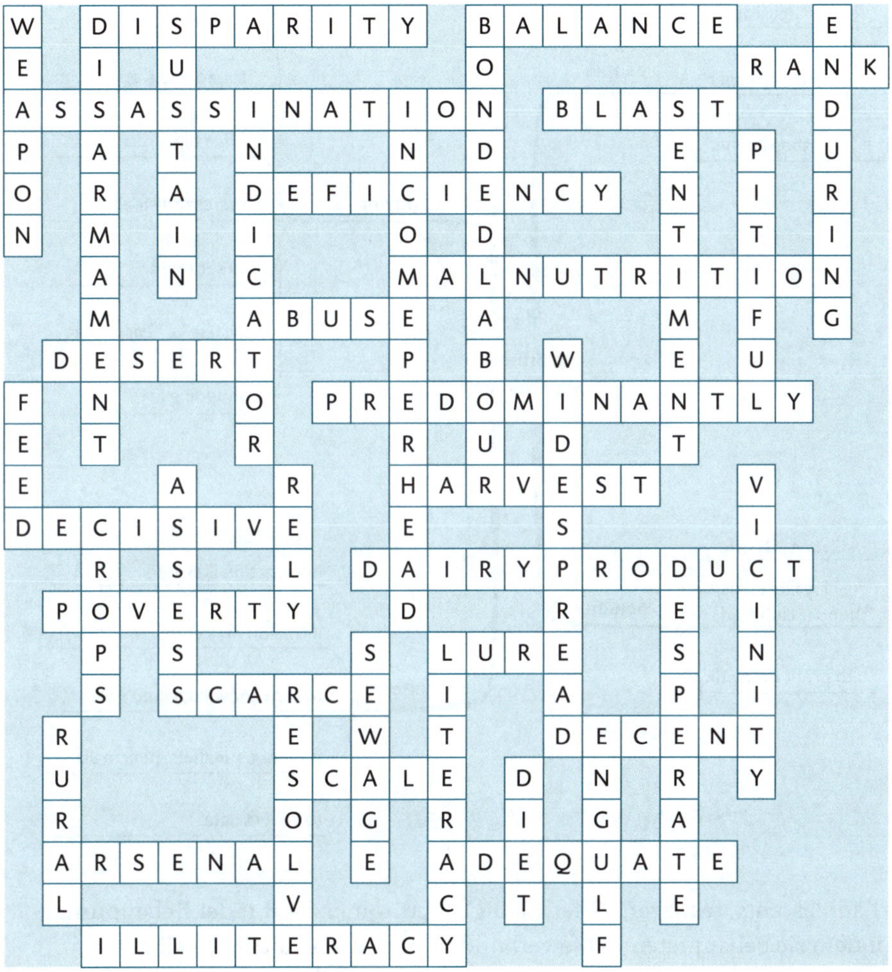

3 Consumption and health

Exercise 1 1 detail; 2 habits; 3 provided; 4 collect; 5 item; 6 scanned; 7 replace; 8 adapts; 9 record; 10 left; 11 stolen; 12 loyalty; 13 target; 14 maintain; 15 totalitarian; 16 stored; 17 profit; 18 messages; 19 flood; 20 junk

Exercise 2

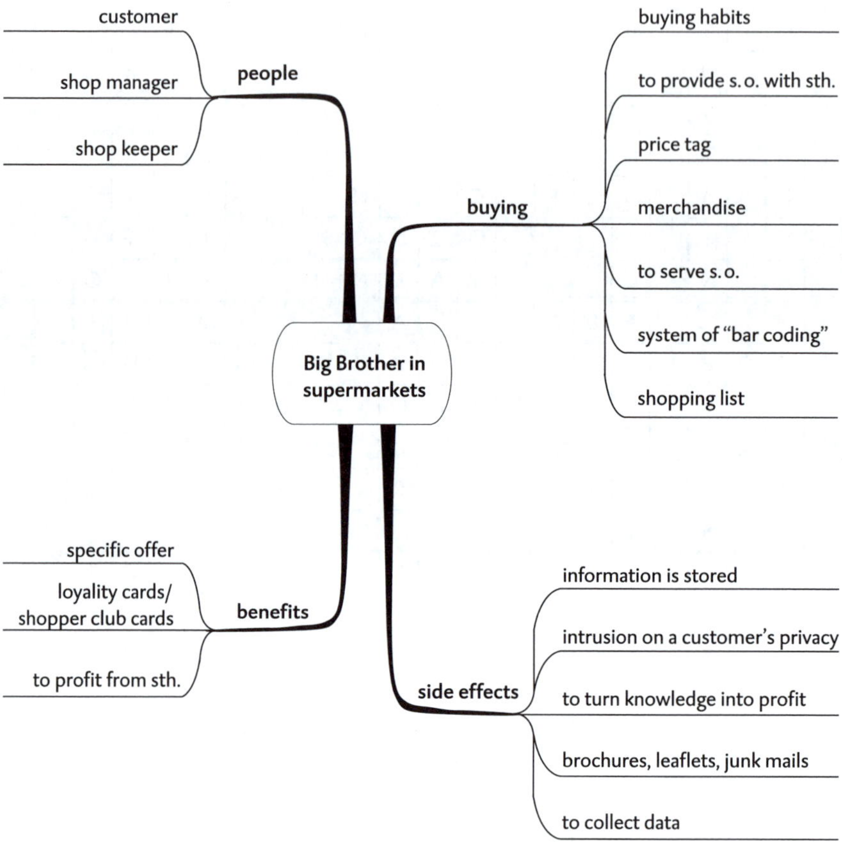

Exercise 3 1 adolescents, teenagers; 2 fett(leibig); 3 customers; 4 mit der Behauptung; indem sie behaupteten; 5 die verbunden sind; 6 lawsuit; 7 weight; 8 Fertiggerichten; 9 diet; 10 performance; 11 Ernährungswissenschaftler; 12 imbalance; 13 exercise; 14 Folgekrankheiten; 15 vividly; 16 carbohydrates; 17 in Maßen; 18 harm; 19 ausreichende(n), genügend; 20 benefits

Exercise 4 1 taxation; 2 patient; 3 care; 4 cabinet; 5 precedent; 6 prescriptions; 7 examinations; 8 discouraged; 9 preventive; 10 cancer; 11 demand; 12 transplants; 13 emerge; 14 cure; 15 bearable; 16 dismantle; 17 cover

Exercise 5 1 devalue, think little of; 2 recognizable, noticeable; 3 trader, dealer; 4 judge, assess; 5 false, wrong, inexact; 6 aim, purpose; 7 faithfulness, fidelity; 8 confirm; 9 favourable; 10 notion, idea, belief; 11 profit; 12 confusing, puzzling;

13 goods, articles, products, merchandise items; 14 forced, obliged; 15 rival; 16 contrive, devise, develop; 17 mislead, cheat, fool, delude; 18 wealth, affluence, economic well-being; 19 assortment; 20 depression, slump, slack period; 21 reply, answer, return; 22 conspicuous, stunning; 23 violation, offence against; 24 overwhelming, huge, immense

Exercise 6

A	B	C	D	E	F	G	H	I	J	K	L
12	11	13	15	5	6	8	7	1	10	9	2

4 Work

Exercise 1 1 completed; 2 increased; 3 economic; 4 divorces; 5 poverty; 6 insufficient; 7 decently; 8 observed; 9 lifestyle; 10 pleasant; 11 accustomed; 12 beyond; 13 vacation; 14 expression; 15 diversion; 16 opportunities; 17 employment; 18 supplement; 19 earnings; 20 regenerate

Exercise 2 1 cotton; 2 exactly; 3 clocks; 4 deducted; 5 contrast; 6 picking; 7 injury; 8 breadwinner; 9 pioneers; 10 proposed; 11 enquiry; 12 conditions; 13 survey; 14 exploitation; 15 chairman; 16 safety; 17 principle; 18 experience; 19 required; 20 determine

Exercise 3 1 essential; 2 research; 3 commissioned; 4 develop; 5 varying; 6 extent; 7 emerged; 8 aesthetic; 9 sufficiently; 10 rated; 11 perceived; 12 acquire; 13 gender; 14 stressed; 15 commitment; 16 requisite; 17 attach; 18 promote; 19 implications; 20 prospects

Exercise 4 1 strikebreaker; 2 trade; 3 an assembly line; 4 patron, client; 5 sack, fire; 6 labour exchange; 7 labour, the number of workers; 8 finished products; 9 talks; 10 staff

Exercise 5 1 general, overall; 2 employed, hired; 3 dismiss, sack, fire; 4 lowering, reducing, decreasing; 5 hire, employ; 6 victories, success, achievements; 7 boom, growth; 8 slowed down, decreased, dropped; 9 poor, badly off; 10 temporary; 11 kept, preserved, retained; 12 disadvantage, damage, detriment

Exercise 6

		A	L	I	E	N	A	T	I	O	N
	M	O	O	N	A	O	R	T	A	R	
D	A	D	V	E	R	T	I	S	E	D	F
I	N	T	E	R	V	I	E	W	L	E	O
S	P	R	O	D	U	C	E	A	I	R	R
P	O	A	P	P	R	E	N	T	I	C	E
U	W	I	T	N	E	S	S		D	A	M
T	E	N	A	C	I	O	U	S	E	T	A
E	R	E	T	I	R	E	N	C	A	N	N
	N	E	G	O	T	I	A	T	I	O	N

Exercise 7

noun (abstract)	noun (concrete)	verb	adjective
application	applicant	apply	applicable
attendance	---	attend	attentive
bankruptcy	---	---	bankrupt
benefit	beneficiary	benefit	beneficial
business	businessman/ businesswoman	busy	busy
competition	competitor	compete	competitive
conveyance	---	convey	---
cooperation	cooperator	cooperate	cooperative
employment	employer	employ	---
execution	executive	execute	executive
industry	industrialist	industrialize	industrial
labour	labourer	labour	laborious
nation	---	nationalize	national
vacancy	---	vacate	vacant

Exercise 8

A	B	C	D	E	F	G	H	I	J	K	L
4	15	1	6	14	8	5	11	18	2	12	7

5 Science and technology

Exercise 1 1 diseased; 2 research; 3 treatments; 4 sentence; 5 matures; 6 material; 7 raises; 8 sufferers; 9 limitations; 10 transform; 11 tissue; 12 purified; 13 radiation; 14 chromosome; 15 repair; 16 memory; 17 arteries; 18 attack; 19 potential; 20 transplant; 21 concerns; 22 cloning; 23 object

Exercise 2 1 praktisch, eigentlich; 2 ständig, dauernd; 3 Benutzer; 4 Nützlichkeit; 5 Telefonzelle; 6 Wechselgeld; 7 übertroffen; 8 Notfall; 9 Aufenthaltsort; 10 Zahlungen; 11 schriftliche Arbeit, schriftliche Aufgaben; 12 eher, lieber; 13 günstigen, positiven; 14 Erzieher; 15 Rechtschreibung; 16 umfangreich, beträchtlich; 17 sammeln an, häufen an; 18 Vorsichtsmaßnahmen, Schutz

Exercise 3 1 appeared; 2 generation; 3 comparable; 4 boards; 5 budget; 6 experience; 7 giants; 8 market; 9 risen; 10 recorder; 11 websites; 12 entertainment; 13 audiences; 14 average; 15 teenager; 16 mature; 17 connection; 18 beyond; 19 maintain; 20 industry

Exercise 4 1 speed up; 2 evaluate, judge, calculate; 3 elements, components, ingredients; 4 catastrophic, fatal, devastating; 5 surpass, pass beyond, push beyond; 6 forecast, prognosticate; 7 grow up; 8 alteration, mutation, variation; 9 choice, alternative; 10 clean; 11 change, convert; 12 singular, particular, extraordinary, matchless

Exercise 5

A	B	C	D	E	F	G	H	I	J	K	L	M	N	O	P	Q	R
4	16	11	15	19	1	10	23	13	12	7	8	24	20	22	14	17	5

6 Crime, law and drugs

Exercise 1 1 nature; 2 view; 3 phrase; 4 institutions; 5 determines; 6 responsible; 7 prevented; 8 force; 9 changes; 10 ruling; 11 themes; 12 analysis; 13 society; 14 victims; 15 penalties; 16 obeying; 17 face; 18 causes; 19 remediable; 20 pursued; 21 emphasis

Exercise 2 1 violations, infringements; 2 prosecution; 3 unique; 4 benefit(s); 5 commit; 6 conduct, behaviour; 7 intolerable; 8 thus; 9 commerce; 10 promote; 11 appreciation; 12 domestically, at home; 13 maturation; 14 ensures, guarantees; 15 Prior, Earlier; 16 wrongdoing; 17 endeavors [AE], endeavours [BE], efforts; 18 facilitate; 19 fraud; 20 property rights

Exercise 3 1 the death penalty, the death sentence; done away with; 2 double-crosses, sells out; 3 corruption; 4 accusations, allegations; 5 blame, denounce; 6 a plot, a secret plan; 7 prisoners, inmates; 8 proof; 9 demand, wrench, squeeze; 10 prison, jail; 11 prisoners, convicts; 12 not guilty; free, discharge; 13 criminals, delinquents, offenders; 14 homicide; 15 punishment; 16 inquisition, lawsuit, court case; 17 unfair, biased

Exercise 4 1 controlled; 2 links; 3 Andes; 4 distribution; 5 headquarters; 6 cities; 7 routes; 8 channels; 9 marijuana/marihuana; 10 supply; 11 fashion; 12 gangsters; 13 illegal; 14 reason; 15 tradition; 16 related; 17 earned; 18 attempted; 19 production; 20 cash; 21 roughly; 22 seriously; 23 eradication; 24 resentment; 25 influence

Exercise 5 1 revenge; 2 contracted; 3 untimely; 4 addictive; 5 harms; 6 kidneys; 7 toll; 8 preventable; 9 encourage; 10 quit; 11 promotion; 12 outlawed; 13 funded; 14 primarily; 15 executive; 16 gathered; 17 disagreement; 18 consumption; 19 taxes; 20 example

Exercise 6 1 entstellter, verzerrter; 2 Lücken, Aussetzer; 3 Blutkreislauf; 4 Hemmungen; 5 beeinträchtigt; 6 Vergiftung; 7 verwickelt, betroffen; 8 verstößt gegen das Gesetz; 9 nicht bestehen; 10 Geldstrafe; 11 „Saufgelage"; 12 Bestandteil; 13 Übelkeit; 14 Beruhigungsmittel; 15 schwierig; 16 Kater

Exercise 7

A	B	C	D	E	F	G	H	I	J	K	L
18	13	4	14	1	3	6	16	9	17	11	12

Exercise 8 1 territory; 2 addiction; serious, grave; 3 ease, get rid of; 4 gangsters, dealers; 5 reasonable, modest; 6 deadly, fatal; 7 arouse, provoke, cause; 8 dangerous, hazardous, perilous; 9 the drug trade, drug dealing; 10 dealers, traffickers, peddlers; 11 synthetic; 12 chief, major, principal, number one; 13 killing, massacre, slaughter; 14 fight against, battle against; 15 remedy, heal

Exercise 9

F	I	N	G	E	R	P	R	I	N	T	S
O	N	P	E	R	J	U	R	Y	B	A	H
S	V		S	C	U		F	W	A	X	O
T	E	M	P	O	R	A	R	I	L	Y	P
E	S	D	E	N	Y	V	A	T	L		L
R	T		A	S	P	Y	N	N	O	T	I
P	I	C	K	P	O	C	K	E	T	R	F
A	G	H	E	I	J	O	F	S	G	E	T
R	A	E	R	R	U	N	R	S	U	A	I
E	T	R	I	A	L	C	A	P	I	T	N
N	I	D	A	C	I	E	U	E	L	M	G
T	O	R	Y	Y	E	I	D	E	T	E	R
S	N	R	I	O	T	V		R	Y	N	
D	E	A	T	H	P	E	N	A	L	T	Y

7 Politics in Great Britain and the USA

Exercise 1 1 Lower; 2 Upper House; 3 chamber; 4 650; 5 constituencies; 6 majority; 7 five; 8 by-elections; 9 removed; 10 dissolves; 11 advice; 12 Prime; 13 suffrage; 14 polling; 15 cast; 16 control; 17 bills; 18 Her Majesty's; 19 opposition; 20 Tories; 21 hereditary; 22 delay; 23 Appeal; 24 fees; 25 resign

Exercise 2 1 arena; 2 distinguished; 3 longer; 4 crowds; 5 memory; 6 institution; 7 modest; 8 ease; 9 meeting; 10 room; 11 Prime; 12 Opposition; 13 elected; 14 sounds; 15 palace; 16 job; 17 lucky; 18 sharing; 19 improving; 20 character; 21 reminded; 22 applicants; 23 maiden; 24 rituals; 25 matter; 26 speaker; 27 contribute; 28 decide; 29 supporter; 30 things

Exercise 3 Der Autor veranschaulicht die Kritik, die am britischen Mehrheitswahlsystem („first past-the-post") geübt wird, weil es dem Grundgedanken der repräsentativen Regierung nicht gerecht wird. In einer vom Volk gewählten Regierung sollten die Interessen aller Wähler ausreichend vertreten sein. Das Mehrheitswahlsystem gewährleistet dies nicht genügend, sondern führt am Ende zu einer Verfälschung der tatsächlichen Abstimmung. Eine Partei kann zwar eine große Anzahl von Stimmen gewinnen, am Ende aber dennoch nur über eine geringe Anzahl von Sitzen im Parlament verfügen. Der Verfasser verdeutlicht dies am Beispiel der SDP-Liberal-Alliance von 1983: damals war über ein Viertel der Wählerschaft nicht ausreichend vertreten.

Exercise 4 1 resign, step down, give up the throne; 2 view of, opinion of; 3 assure, persuade; 4 excerpts, passages; 5 virtually, practically; 6 guarantee; 7 Lower House; 8 useless, incapable; 9 directed, ordered; 10 matter, topic, problem; 11 keeping up, sustaining; 12 deliver; 13 threat, danger; 14 adversary; 15 programme, manifesto; 16 revolt, revolution, uprising; 17 turn down, refuse; 18 dictator, despot

Exercise 5 1 refuse; 2 worse; 3 grant, allow, permit; 4 favourable/friendly towards, in favour of, supporting; 5 continental; 6 minor; 7 joy, delight, pleasure; 8 agree with, approve of, consent to; 9 predecessors; 10 ordinary, usual, common; 11 respect; 12 unimportant, minor, marginal

Exercise 6

noun (abstract)	noun (concrete)	verb	adjective
politics	politician	---	political
representation	representative	represent	representative
election	elector	elect	electoral
concept	---	conceive	conceptual
dictatorship	dictator	dictate	dictatorial
speech	speaker	speak	---
tyranny	tyrannt	tyrannize	tyrannical
continuity	---	continue	continuous
variety	---	vary	various

Exercise 7

A	B	C	D	E	F	G	H	I	J	K	L
11	16	13	15	12	3	2	1	8	9	7	10

Exercise 8

E	L	E	C	T	O	R	A	T	E
R		C	O	N	D	E	M	N	P
E	M	I	N	V	O	L	V	E	E
C	O	N	F	I	D	E	N	C	E
E	T	R	I	A	L	A	O	R	R
P	I	U	S	E	S	S	I	O	N
T	O	N	C	A	N	E	S	W	
I	N	H	A	B	I	T	A	N	T
O	R	A	T	O	R	Y	A	D	A
N	E	V	E	B	E	N	C	H	X

Exercise 9 1 support; 2 professional; 3 tariffs; 4 war; 5 strength; 6 until; 7 era; 8 growth; 9 succeeded; 10 woman; 11 reform; 12 amalgamation; 13 themselves; 14 presidential; 15 strong; 16 victories; 17 representation; 18 vice-president; 19 reunited; 20 fought

Exercise 10 The text deals with the enormous challenges and burdens which any individual who is voted into the office of US president is confronted with. He is the leader of the most powerful nation in the world and millions pin their hopes on him. Many former US presidents complained about how tough the job is. One of them was John Adams, the second president of the US, who would not want to see a friend in the position because of the difficulties of the job. Thomas Jefferson stressed the fact that anybody holding the office of president has to deal with a loss of reputation.

Exercise 11 1 wealth; 2 poverty; 3 unattended; 4 waste; 5 surrender; 6 conquered; 7 betrays; 8 forebears; 9 government; 10 special; 11 granted; 12 reverse; 13 distinction; 14 reminded; 15 resolved; 16 founders; 17 endure; 18 challenges; 19 humble; 20 interests; 21 guarantee; 22 important; 23 comfort; 24 attacks; 25 spectators; 26 communities; 27 generous; 28 replace; 29 inauguration; 30 courage

Exercise 12 1 ahead; 2 steep; 3 hopeful; 4 setbacks; 5 decision; 6 solve; 7 challenges; 8 disagree; 9 depths; 10 autumn; 11 victory; 12 summon; 13 resolves

Exercise 13

A	B	C	D	E	F	G	H	I	J	K	L	M	N	O	P
18	13	6	12	8	23	5	17	1	22	21	7	9	11	14	16

8 Immigration and Civil Rights

Exercise 1 1 descended; 2 native; 3 advanced; 4 earliest; 5 influx; 6 plantations; 7 primarily; 8 involved; 9 forced; 10 economic; 11 persecution; 12 join; 13 encouraged; 14 call; 15 rate; 16 increasing; 17 ranged; 18 denigrate; 19 derived; 20 biased; 21 deterioration; 22 control; 23 naturalization; 24 established; 25 quota; 26 brought; 27 values; 28 pot

Exercise 2 1 tide; 2 eastern; 3 restrictions; 4 described; 5 kept; 6 finally; 7 travelled; 8 directly; 9 passengers; 10 collect; 11 marched; 12 suits; 13 slippers; 14 carrying; 15 baskets; 16 kitchen; 17 routine; 18 interpreter; 19 leave; 20 determine; 21 reject; 22 read; 23 inspector; 24 searching; 25 disease; 26 further; 27 passed; 28 arrangements; 29 filthy; 30 eventually

Exercise 3 1 Religionsfreiheit; 2 Pilgrims; 3 Verfolgung; 4 empire; 5 refuge, shelter; 6 oppression; 7 promise; 8 Menschenrechte; 9 sich unterworfen; 10 assembled; 11 Und nicht/Auch nicht; 12 vielschichtiger; 13 Reichtum; 14 flight from; 15 trugen bei; 16 experience; 17 skills; 18 Vor allem; 19 löste aus; 20 gewöhnlich

Exercise 4 1 wortwörtlich, buchstäblich; 2 Umwälzungen; 3 tolerated; 4 melting pot; 5 Untersuchung, Umfrage; 6 maintain, keep; 7 einstufen; 8 unterstützte, hieß gut; 9 geformt; 10 truly, genuinely; 11 considerably; 12 customs; 13 Wurzeln; 14 separate; 15 annehmen, auswählen; 16 mother tongue, native language; 17 convinced; 18 Abschaffung; 19 steht immer noch auf der Tagesordnung; 20 minorities

Exercise 5 1 collect, gather; property, possessions, things; 2 pursuit of, quest for; 3 progressive, sophisticated; confidence, trust; 4 consequences, repercussions, impact; forecast, foresee, foretell, prognosticate; 5 decreased, declined; 6 mainly, primarily, principally, to a large extent; 7 labour, toil, slave; 8 inflow, stream, rush; 9 fixed, installed; amount; 10 regarded as, viewed as; unsuitable, unfit; 11 regulations, legislation, statutes; adjusted, improved, corrected

Exercise 6

noun (abstract)	noun (concrete)	verb	adjective
number	---	number	numerous
refuge	refugee	take refuge	---
diversity	---	diversify	diverse
admission, admittance	---	admit	admissible, admitted
adoption	---	adopt	adopted, adoptive
approval	---	approve	approvable
industry	industrialist	industrialize	1. industrial 2. industrious
hostility	---	---	hostile
legalisation, legality	---	legalize	legal
population	---	populate	populous, populated
settlement	settler	settle	---
suspicion	suspect	suspect	suspicious

Exercise 7 1 married; 2 pastorate; 3 less; 4 seating; 5 boycott; 6 role; 7 presidency; 8 resigned; 9 entered; 10 refused; 11 closed; 12 movement; 13 facilities; 14 demonstration; 15 employment; 16 imprisoned; 17 disobedience; 18 sought; 19 face; 20 backgrounds; 21 capital; 22 entitled; 23 passed; 24 against; 25 awarded; 26 equality; 27 sniper

Exercise 8 1 Diktatur; 2 bigotry; 3 Eisernen Vorhang; 4 wogte, wurde ausgefochten; 5 auf dem Spiel stand; 6 ausgestattet; 7 angestauten, angesammelten; 8 Zielen, Hoffnungen, Bestrebungen; 9 verhaftet (zu werden); 10 in the back; 11 ziemlich; 12 da, weil; 13 dignity; 14 erniedrigt; 15 versuchen

Exercise 9 1 rejected; 2 commitment; 3 courageous, brave; 4 boom, growth; 5 admit, acknowledge, concede; 6 respected, admired, praised; 7 solid, sound; 8 calmed down, appeased, pacified; 9 inferiority; 10 thorough; 11 integration's, desegregation's

9 Media and advertising

Exercise 1

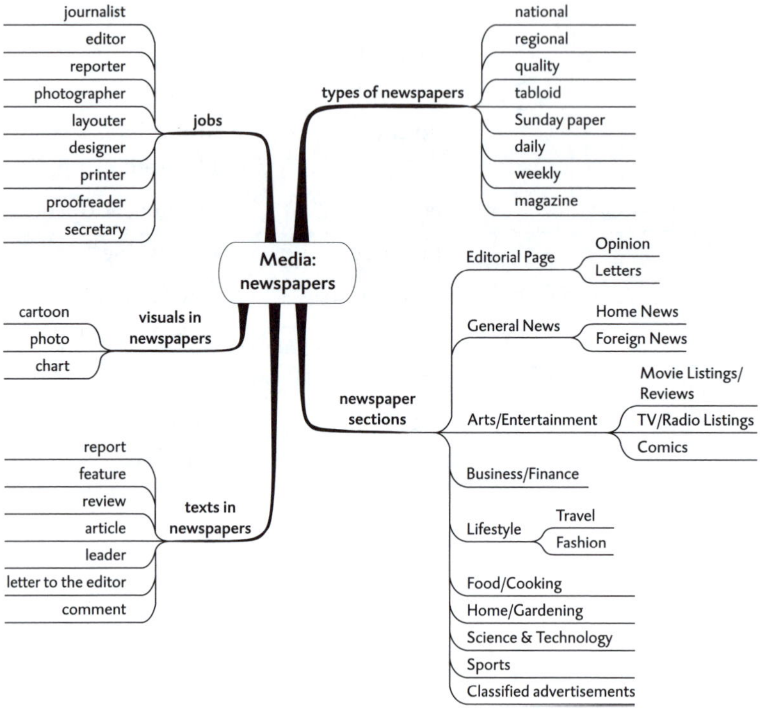

Exercise 2 1 published; 2 continuously; 3 read; 4 era; 5 advances; 6 quickly; 7 elementary; 8 advantage; 9 competing; 10 advertisements; 11 appealed; 12 illustrations; 13 circulation; 14 appeal; 15 simply; 16 concise; 17 gossip; 18 section; 19 editors; 20 edition; 21 copies; 22 down; 23 publication; 24 tabloids

Exercise 3 1 pressure; 2 tabloids; 3 muckraking; 4 privacy; 5 Royal; 6 circulation; 7 succeed; 8 business; 9 source; 10 popularity; 11 habits; 12 newspaper; 13 online; 14 declining; 15 subscribe; 16 adults; 17 television; 18 consumption; 19 traditional; 20 revamp

Exercise 4 1 increasing; 2 verteilt; 3 Zeitungsständen; 4 environmentalists; 5 Auswirkung; 6 amount; 7 Lebensspanne; 8 Zeitungspapier; 9 tabloid; 10 recycled; 11 source; 12 Manager; 13 emphasize; 14 delay; 15 Müll; 16 vertrieben, auf den Markt gebracht; 17 weggeworfen; 18 authorities

Exercise 5 1 indispensable; 2 size; 3 population; 4 impact; 5 leading; 6 undisputed; 7 edition; 8 source; 9 commuters; 10 devices; 11 pastime; 12 suited; 13 primary; 14 access; 15 block; 16 censored; 17 power; 18 bloggers; 19 objectivity; 20 platform; 21 cyber; 22 share; 23 illegally; 24 blend

Exercise 6 1 revenue; 2 commercials; 3 broadcast; 4 attract; 5 content; 6 losing; 7 editorials; 8 product; 9 influence; 10 rights; 11 increase; 12 prime; 13 difference; 14 competitions; 15 finals; 16 live; 17 media

Exercise 7 1 key role; 2 Aufmerksamkeit; 3 packages; 4 Waren, Handelsgüter; 5 choice; 6 complain; 7 untergraben; 8 nahrhaft; 9 promote; 10 Einzelhändler; 11 eating habits; 12 guidelines; 13 sich verpflichtet; 14 entsprechen, erfüllen; 15 liefern, enthalten; 16 ingredients; 17 Fettleibigkeit

Exercise 8

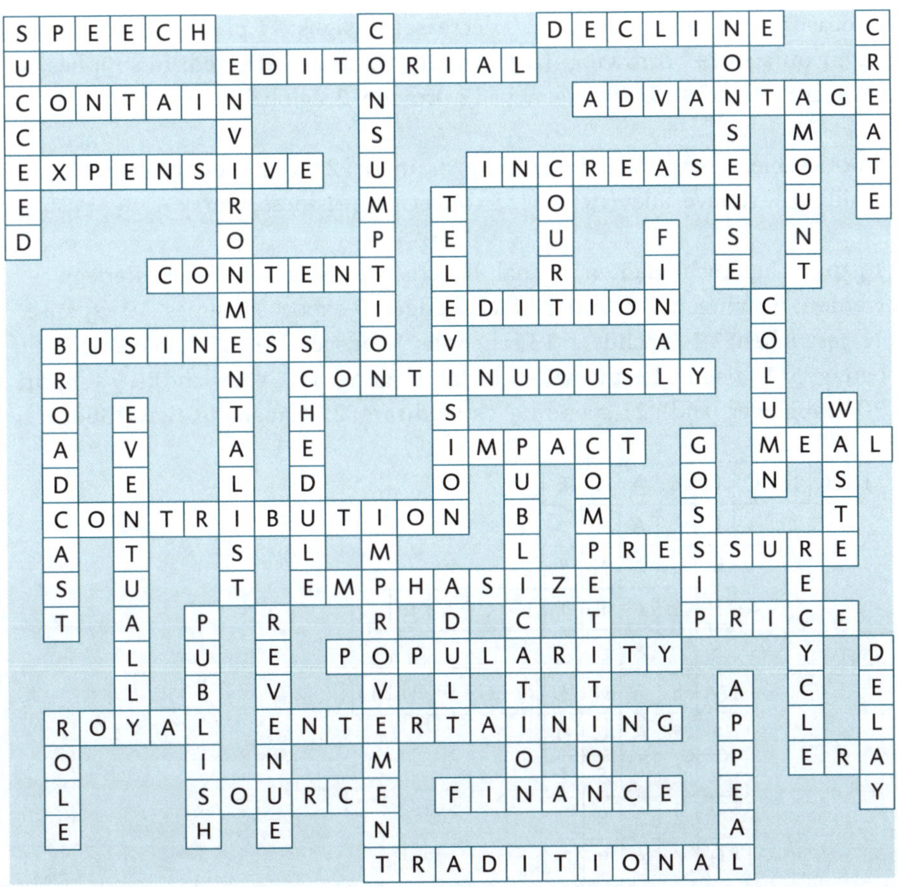

10 Economy

Exercise 1 1 village; 2 link; 3 exchange; 4 experience; 5 advances; 6 collapse; 7 borders; 8 facilitated; 9 emerged; 10 plants; 11 labour costs; 12 disadvantages

Exercise 2 1 profitieren; 2 trade barriers; 3 Consumers; 4 Durchschnittsbürger; 5 global economy; 6 standard of living; 7 Armut; 8 dependent; 9 Hypotheken; 10 betraf; 11 member states

Exercise 3 1 increased; 2 connected; 3 losing; 4 exported; 5 plants; 6 exploitation; 7 dollar; 8 burden; 9 protests; 10 provoke; 11 placards; 12 challenges; 13 promote; 14 restrictions; 15 negative

Exercise 4 1 recession; 2 cost of living; 3 spending; 4 consumption; 5 determine; 6 measuring; 7 value; 8 bottom; 9 decrease; 10 signs; 11 plunge; 12 invest; 13 encourage; 14 borrowing; 15 profit; 16 rebates; 17 affected; 18 supplies; 19 erupt; 20 tackle; 21 emergency; 22 provide; 23 global

Exercise 5 1 noticeable, remarkable, outstanding, dramatic; 2 faced; 3 establishment, building; 4 relieve, alleviate, ease; 5 concern, uneasiness, worry

Exercise 6 1 gap; 2 Ungerechtigkeiten; 3 Analphabetismus; 4 burden; 5 die auferlegt werden; 6 zwingen; 7 promises; 8 challenges; 9 export subsidies; 10 expense; 11 gestrichen; 12 Zuschüsse; 13 schedule; 14 ausgerottet; 15 sich belaufen auf, betragen; 16 needs; 17 medizinische Versorgung; 18 Geber(land); 19 support; 20 Empfänger(land); 21 spending, expenditure; 22 Haushalte, Etats, Budget

Exercise 7

1	I	N	C	R	E	A	S	E					
	2	A	R	E	A	S							
		3	M	E	A	N	S						
		4	H	E	A	L	T	H	C	A	R	E	
		5	S	E	A								
		6	M	E	A	N	I	N	G	F	U	L	
			7	E	A	C	H						
		8	L	E	A	S	T						
		9	Y	E	A	R							
		10	H	E	A	R	D						

Exercise 8

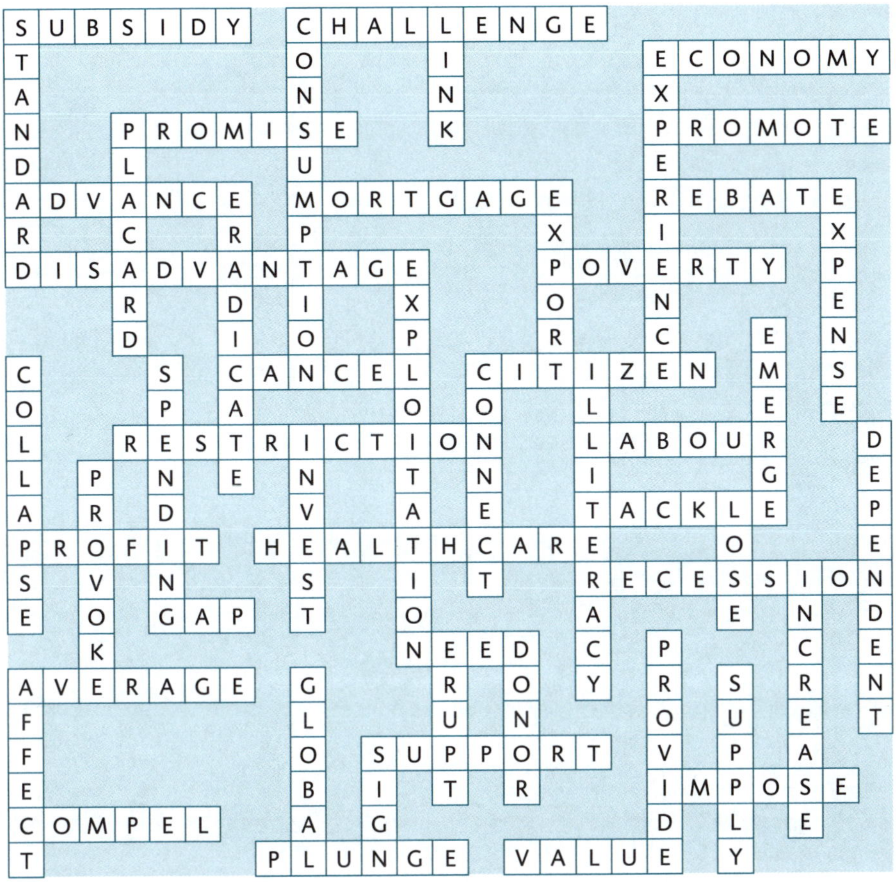
SUBSIDY
CHALLENGE
ECONOMY
PROMISE
PROMOTE
ADVANCE
MORTGAGE
REBATE
DISADVANTAGE
POVERTY
CANCEL
CITIZEN
RESTRICTION
LABOUR
TACKLE
PROFIT
HEALTHCARE
RECESSION
GAP
NEED
AVERAGE
SUPPORT
IMPOSE
COMPEL
PLUNGE
VALUE
STANDARD
CONSUMPTION
LINK
EXPERIENCE
PLACARD
ERADICATE
EXPORT
EXPENSE
EXPLOITATION
SPENDING
COLLAPSE
CONNECT
ILLITERACY
EMERGE
DEPENDENT
PROVOKE
INVEST
LOSE
INCREASE
ERUPT
DONOR
GLOBAL
SIGN
PROVIDE
SUPPLY
AFFECT

word family	dt. Bedeutung	English sentence	synonyms/opposites
(to) abandon **abandonment**	*aufgeben* *Aufgabe, Verlassen*	In developing countries more and more small farmers abandon their land and invade the great cities.	= give up, desert ≠ reclaim
(to) abdicate **abdication**	*abdanken* *Abdankung*	Edward VIII had to abdicate because he wanted to marry Mrs Wallis Simpson, a divorced American woman.	= resign, step down
(to) abolish **abolition**	*abschaffen* *Abschaffung*	President Lincoln's aim was to abolish slavery.	= do away with ≠ introduce, institute
above all	*vor allem*	Most immigrants have come to America seeking a better life for themselves and, above all, for their children.	= mainly, especially, in particular
(to) abstain **abstention** **abstinent** [adj]	*sich enthalten* *Stimmenthaltung, Abstinenz* *abstinent, enthaltsam*	The leader of the opposition told his party colleagues to abstain from voting.	= refrain
abundance **abundant**	*Fülle, Reichtum* *reichlich vorhanden*	Silicon is one of the earth's most abundant elements.	= plenty, abounding, ≠ rare, scarce, insufficient
(to) accelerate	*beschleunigen*	The immigrants accelerated the economic growth of the country.	= quicken, speed, facilitate ≠ slow down, decrease, drop
(to) accept **acceptance/acceptability** **acceptable** [adj]	*annehmen* *Annahme/Annehmbarkeit* *hinnehmbar*	Most Americans accept that a fair social policy consists of redistributing wealth downwards.	≠ refuse, reject, turn down
access/accession **accessible** [adj]	*Zugang* *erreichbar*	Black Americans fought hard to gain access to university education.	= admission, admittance, entrance, entry

word family	dt. Bedeutung	English sentence	synonyms/opposites
(to) achieve **achievement**	*leisten* *Leistung*	People think that the achievements of a nation's sportsmen reflect the success of the nation they represent.	= accomplishment, performance, triumph
(to) acquire **acquisition, acquirement** **acquisitive** [adj]	*erwerben, sich aneignen* *Erwerb, Anschaffung* *gewinnsüchtig*	For thousands of years one of man's problems has been to acquire leisure time.	= obtain, gain, secure
act **(to) actualize** **actuality** **actual** [adj] **actually** [adv]	*Gesetz, Maßnahme* *verwirklichen* *Wirklichkeit* *tatsächlich, eigentlich* *wirklich, eigentlich*	Despite the restrictions of immigration acts, the number of undocumented foreigners has increased. The actual state of relations between the two communities needed to be glossed over. Do illegal aliens actually play a role in the labour force?	= law, regulation, measure, statue = real, true, genuine, definite = in fact, really, indeed
(to) adapt **adaptation** **adaptable**	*anpassen* *Anpassung* *anpassungsfähig*	Workers have to adapt to continuous changes brought about by computers and other new technologies.	= adjust
addiction **(to) be addicted to** **addicted** [adj] **addictive** [adj]	*Sucht* *abhängig sein von* *süchtig* *Sucht erzeugend*	Crack cocaine is the primary addiction of managers, although many use other drugs as well.	= dependence
adequacy **adequate** [adj]	*Angemessenheit* *ausreichend, genügend, angemessen*	Members of minority groups are often confronted with negative stereotype images even if they have job skills and adequate education.	= sufficient, satisfactory ≠ insufficient

word family	dt. Bedeutung	English sentence	synonyms/opposites
(to) adhere **adherence** **adhesion** **adherent** [adj]	*festhalten* *Festhalten* *Haften, Haftvermögen* *verbunden*	Employers should adhere to civil rights laws.	= stick to, keep to
(to) adjust **adjustment**	*anpassen, sich einstellen* *Anpassung, Abstimmung*	Many immigrants were unable to adjust to the British way of life.	= adapt
(to) administer	*verwalten, leiten, sich kümmern um*	The Commonwealth Secretariat administers the programmes of cooperation.	= supervise, direct, manage
(to) advance **advances** **advancement** **advanced** [adj]	*vorrücken, vordringen* *Fortschritte* *Förderung, Fortschritt* *fortschrittlich, fortgeschritten*	The general's army managed to advance even further. Recent advances in science and technology have made it possible for man to influence his environment. A number of immigrants came from countries with advanced political and economic institutions.	= move forward = progress, improvement, breakthrough = progressive, liberal, civilized
adverse [adj]	*widrig, feindlich*	The settlers had to cope with adverse weather conditions.	= hostile, unfavourable, bad ≠ favourable, pleasant
(to) advocate **advocate**	*befürworten, verteidigen* *Befürworter, Verfechter*	The Prime Minister seems to advocate a reduction of defence costs. Advocates of televising Parliament say the presence of cameras encourages members to behave better.	= support, defend, recommend ≠ critic
(to) affect **affection** **affectionate** [adj]	*sich auswirken auf, angreifen* *Zuneigung, Liebe* *liebevoll, zärtlich*	Ultraviolet light does affect people.	= trouble, harm, touch, worry, bother, concern
(to) afflict	*treffen, heimsuchen, plagen*	The skill shortage afflicts not only laid-off workers.	= hit, trouble, bother

word family	dt. Bedeutung	English sentence	synonyms/opposites
affluence affluent [adj]	*Überfluss* *reich, reichlich*	One of the most pleasant by-products of our affluent society is the spare time at our disposal.	= rich, wealthy, well-to-do, prosperous; ≠ poor, badly off
agriculture	*Landwirtschaft*	In the USA, agriculture has always played a major role.	= farming
ahead of	*vor, voraus*	We must consider thoroughly, ahead of time, how we intend to recycle remains.	≠ behind
(to) alert alertness alert [adj]	*warnen* *Wachsamkeit* *wachsam*	The president advised the public to stay alert.	= watchful, vigilant, wide-awake
alliance	*Bündnis*	All member states form an alliance against the dictator.	= union, partnership
almost	*fast, beinahe*	Almost five percent of the population of Britain are of Commonwealth ethnic origin.	= nearly, practically, more or less, approximately, virtually
already [adv]	*schon*	Robots already paint cars.	≠ not yet
although	*obwohl, obgleich*	The workers accepted the pay increase, although their union bosses had recommended a walk-out.	= despite the fact that, whereas, whilst
(to) amend	*ändern, berichtigen, verbessern, novellieren*	The McCarran-Walter Act was amended in 1965.	= adjust, improve, correct
annually [adv]	*jährlich*	The Pulitzer Prize is awarded annually since 1917.	= every year, yearly
apathy	*Teilnahmslosigkeit*	This is not a time for apathy and complacency.	≠ commitment
appalling [adj]	*entsetzlich, erschreckend*	People in slums live in appalling urban living conditions.	= horrible, shocking, terrible

word family	dt. Bedeutung	English sentence	synonyms/opposites
(to) appear	*scheinen, erscheinen*	Sometimes it appears that all TV programmes are one super-commercial.	= seem, look like
appearance	*Erscheinung*		
apparent [adj]	*sichtbar*		
apparently [adv]	*scheinbar*	An apparently satisfactory calorie intake hides a widespread deficiency of essential vitamins.	= seemingly, supposedly, presumably
appliance	*Gerät, Vorrichtung*	Household appliances relieve us from dull work.	= device, gadget, tool
(to) apply (to)	*zutreffen auf, gelten für*	The criticism of the low moral standards of the House of Windsor only applies to the younger members of the Royal Family.	= be true for
(to) apply	*verwenden, sich bewerben*		
application	*Anwendung, Bewerbung*		
applicable [adj]	*passend*		
(to) appreciate	*(hoch) schätzen*	Since we highly appreciate the quality of your product, we would like to do business with your company.	= value, esteem ≠ hate, look down on, frown at, despise
appreciation	*Anerkennung*		
appreciative [adj]	*anerkennend*		
appropriate [adj]	*angemessen, passend*	Is our nation's historic commitment to mass public education appropriate in its current form?	= suitable, correct, proper
approximately [adv]	*annähernd, ungefähr, etwa*	Recent surveys have shown that watching TV takes up approximately a quarter of our leisure time.	= about, more or less, close to, roughly
(to) argue	*behaupten, argumentieren, Gründe anführen, streiten*	Some economists argue that governments spend too much money, that they are living beyond their means.	= maintain
argument	*Argument; Wortwechsel, Streit*		
argumentation	*Argumentation*		
arguable [adj]	*fragwürdig , diskutabel*	It is arguable that Scotland was united as a nation under Edward I of England.	= debatable, disputable, doubtful, questionable

word family	dt. Bedeutung	English sentence	synonyms/opposites
armistice	*Waffenstillstand*	In Ulster an armistice was declared by several terrorist organizations.	= truce, cease-fire
arms	*Waffen (Pl.)*	We must make every effort to reduce the production of nuclear arms.	= weapons
(to) arouse	*erregen, erwecken*	The new course leading to the Post-Graduate Certificate in Education has aroused enormous interest.	= stimulate, excite
(to) assassinate **assassination**	*ermorden* *Ermordung, Attentat*	US President John F. Kennedy was assassinated in 1963. The turning point came with his assassination.	= kill, murder = killing, murder, homicide
(to) assemble (1) **assembly**	*versammeln, sich versammeln* *Versammlung*	Every time a revolution has failed in Europe, men and women who love freedom have assembled their families and set sails across the seas.	= collect, gather, rally
(to) assemble (2)	*montieren*	By the mid-1920s, a Ford Model T could be assembled in fewer than 30 seconds.	= put together, manufacture, produce
(to) assert **assertion**	*behaupten, beteuern* *Behauptung*	In the third century BC the astronomer Aristarchus of Samos asserted that the earth moved around the sun.	= declare, maintain, claim, argue
(to) assess	beurteilen, einschätzen, bewerten	The most common way to assess a country's degree of development is by reference to its GNP.	= analyze, determine, evaluate
(to) be at risk **(to) put at risk**	*auf dem Spiel stehen* *gefährden*	 The destruction of sea life puts our oceans at risk.	= be at stake = endanger; ≠ protect, save
(to) attain	*erlangen, erreichen, erzielen*	The objective of a party is to govern. To attain this, the party must win every possible vote.	= accomplish, achieve

word family	dt. Bedeutung	English sentence	synonyms/opposites
attempt	*Versuch*	Shouldn't attempts be made to find alternative sources of leisure entertainment for young football hooligans?	= effort
(to) attend (1) **attention** **attentive** [adj] **(to) attend** (2) **attendant** [adj]	*besuchen, teilnehmen* *Aufmerksamkeit* *aufmerksam* *begleiten, aufwarten* *begleitend*	Children must be given adequate attention by their parents.	≠ neglect, disregard
aware [adj] **(to) be aware of** **awareness**	*bewusst* *bewusst sein* *Bewusstsein*	The general public all over the world must become more aware of the importance of our environment.	= conscious, mindful, attentive
badly [adv]	*dringend*	We badly need another scientific breakthrough.	= urgently, rapidly, right away
balance	*Gleichgewicht*	The earth's biosphere is in a state of delicate balance.	= equilibrium
bald [adj]	*bloß, nackt*	Advertising is no longer a matter of bald facts.	= bare, sheer, mere
ballot	*Wahlgang, Abstimmung; Wahlzettel, -schein*	With a secret ballot people select a candidate in an election.	= vote
bareness **bare** [adj] **barely** [adv]	*Nacktheit, Blöße; Kargheit* *bloß, nackt* *kaum, knapp*	Mexico City's population will double within barely two decades.	= just about, not quite, hardly
(to) be barred from	*ausgeschlossen sein von*	Members of minority groups are still barred from equal opportunities at work.	= excluded from

word family	dt. Bedeutung	English sentence	synonyms/opposites
because of	*wegen, aufgrund*	Because of the Chernobyl disaster everyone became aware of the dangers of atomic power plants.	= due to, owing to
belongings	*Habe, Habseligkeiten*	With all their belongings they emigrated to the US.	= property, possession
(to) benefit **benefit** **beneficent** [adj]	*nützen* *Nutzen, Vorteil* *gütig, wohltätig*	The Internet provides unparalleled benefits to society.	= advantage, profit ≠ disadvantage, damage
(to) betray **betrayal**	*verraten* *Verrat*	When someone betrays his country he helps its enemies.	= sell out, double-cross
boastfulness	*Prahlerei*	Sport is often connected with boastfulness.	≠ modesty
boom	*Hochkonjunktur, Aufschwung*	When business goes extremely well we talk about a boom.	≠ depression, slack period, slump
both … and	*sowohl … als auch*	I find this language both distasteful and unrewarding.	= as well as; ≠ neither … nor
briefness **brevity** **brief** [adj]	*Kürze* *Kürze, Prägnanz* *kurz(zeitig)*	The new hazards are neither local nor brief.	= momentary, temporary
by and large	*im Großen und Ganzen*	By and large, the Republican party supports the interests of manufacturing and commercial enterprises.	= on the whole, in general, basically
capital punishment	*Todesstrafe*	Capital punishment should be abolished in all countries.	= death penalty
casualties	*Verluste*	No casualties were reported.	= victims, losses

word family	dt. Bedeutung	English sentence	synonyms/opposites
certainty	*Gewissheit*		
certain [adj]	*gewiss, sicher*		
certainly [adv]	*sicher, gewiss*	To try to fight alcohol by banning it would certainly be useless and inappropriate.	= clearly, definitely, indeed
(to) challenge	*ablehnen, infrage stellen*	The new plans which make promotion for women more difficult must be challenged.	= oppose, reject, question, fight against
challenger	*Herausforderer*	The challenger of the President must make himself known to the voters.	= competitor, rival, opponent
chance	*Möglichkeit*	The chances of the individual to discover and develop his talents in a larger school are much greater.	= opportunity, possibility
(to) change	*ändern*	We have to change our production processes.	≠ stick to, hold on to, keep
charge	*Beschuldigung, Anklage*	The defendant can try to prove that the charges against him are false at a preliminary hearing after his arrest.	= accusation
(to) chase	*jagen, hetzen*	Inflation is often described as being caused by too much money chasing too few goods.	= pursue
chiefly [adv]	*hauptsächlich*	Professional sports developed chiefly the United States.	= mainly, particularly
clear	*klar, deutlich, offensichtlich*	Agreement cannot be reached on even so clear-cut an issue.	= obvious, evident
(to) combat	*bekämpfen*	The US President promised to combat drug trafficking.	= fight against
combat	*Kampf*		
combatant [adj]	*kämpfend*		
combustion	*Verbrennung*	Fossil fuel combustion leads to the earth's warming.	= burning

word family	dt. Bedeutung	English sentence	synonyms/opposites
(to) comfort **comfort** **comfortable** [adj]	*trösten* *Trost, Bequemlichkeit* *bequem, behaglich*	The special relationship with the USA has been a source of comfort and security for Britain.	= support, relief
(to) commence	*anfangen, beginnen*	Slum clearance is due to commence in 6 months' time.	= begin, start
commerce **commercial** [adj]	*Handel, Verkehr* *kaufmännisch, Handels-*	Commerce between England and the USA has grown steadily.	= business, trade
commodities	*Waren, Handelsgüter*	British standards for consumer goods exist for a limited range of commodities.	= goods, merchandise, products
commonly [adv]	*häufig*	People commonly declare that the new technology is a threat to their employment.	= generally, usually, frequently, very often
community	*Gemeinschaft* *Gemeinschafts-*	Bicycle paths, community gardens and organic food stores can now be found in most major US cities.	≠ private
compassion	*Mitgefühl*	Tim often criticizes Susan without compassion.	= pity, sympathy, feelings
(to) compel **compulsion** **compelling** [adj] **compulsory** [adj] **compulsive** [adj]	*zwingen* *Zwang* *zwingend* *verpflichtend* *zwingend*	No manufacturer is compelled to give a quality mark or guarantee seal. Specialists have found no compelling evidence that terrorist attacks would cease if the media stopped covering them.	= force, oblige = convincing, clear, forceful
(to) compensate **compensation**	*entschädigen* *Ausgleich*	The army has to compensate farmers for damage done to their land during manoeuvres.	= repay, refund, reimburse

word family	dt. Bedeutung	English sentence	synonyms/opposites
(to) comply	*folgen, (eine Regel) einhalten, sich fügen*	The cost of complying with all environmental regulations has amounted to 1.5 percent of the US gross domestic product.	= observe, keep, follow ≠ disregard, neglect
compliance	*Einwilligung*		
compliant [adj]	*fügsam*		
(to) be composed of	*bestehen aus, sich zusammensetzen aus*	Genetic material is composed of two nucleic acids, deoxyribonucleic acid and ribonucleic acid.	= consist of
composition			
(to) comprehend	*begreifen, umfassen*	He was unable to comprehend the idea that anyone would willingly hand back an American passport.	= understand, grasp, see, take in
comprehension	*Verständnis, Fassungskraft*		
comprehensible [adj]	*verständlich*		
comprehensive [adj]	*umfassend*		
(to) conceal	*verstecken, verbergen*	The experienced newspaper reader tends to suspect concealed advertising in advice columns on shopping.	= hide, cover, camouflage
concealment	*Verheimlichung*		
(to) concede	*zugestehen, einräumen*	The father conceded that his son had been taking drugs for three years.	= admit, own up to
concession	*Zugeständnis*		
(to) conceive	*planen, sich ausdenken, begreifen*	The American two-party system was not conceived by the Founding Fathers.	= devise, invent
conceivable [adj]	*denkbar*		
conception	*(geistige) Vorstellung*		
conceit	*Eingebildetheit*		
conceited [adj]	*eingebildet*	Some of his statements make him appear a bit conceited.	≠ modest humble
(to) concern	*interessieren, beschäftigen*	Each nation is naturally concerned with its own pressing problems.	= occupied with, worried about

word family	dt. Bedeutung	English sentence	synonyms/opposites
(to) condemn	*verdammen, verurteilen*	You should never condemn a person out of hand.	= denunciate, reprehend ≠ praise, applaud, glorify
(to) confide	*gestehen, anvertrauen*		
confidence	*Vertrauen*		
confident [adj]	*zuversichtlich*	The industry was confident that the one million mark would soon be surpassed.	= certain, sure, convinced, positive
confidential [adj]	*vertraulich*	We require confidential information about Smith & Co.	≠ public, open
(to) confine **confinement**	*begrenzen* *Beschränkung*	The "ignition" function of advertising slogans is not confined to the English language.	= limit, restrict
congested [adj]	*überfüllt, übervölkert*	Mexico City is among the most congested cities.	= overcrowded, blocked
consensus	*Übereinstimmung*	There is no global consensus on the issue of cloning.	= assent, consent, agreement
(to) conserve **conservation** **conservative** [adj]	*erhalten* *Schutz, Erhalt* *konservativ, zurückhaltend*	WWF works in more than 100 countries around the globe to conserve the diversity of life on earth.	= keep, maintain, preserve, sustain ≠ fritter, squander, waste
(to) consider **consideration**	*betrachten, ansehen* *Erwägung, Überlegung, Berücksichtigung*	Some groups were considered politically unreliable.	= regard, view
considerable [adj] **considerate** [adj]	*beträchtlich* *rücksichtsvoll*	A considerable number of the USA's top athletes go to college on a scholarship.	≠ small, insignificant
considerably [adv]	*beträchtlich, erheblich*	These countries differ considerably from one another.	= significantly, dramatically
(to) consign **consignment**	*etw. senden* *Lieferung*	You have to sign here and acknowledge receipt of the consignment.	= shipment, shipping

word family	dt. Bedeutung	English sentence	synonyms/opposites
(to) consist **consistency** **consistent** [adj]	*bestehen* *Beständigkeit, Beschaffenheit* *beständig*	A computer system consists of hardware and software.	= be composed of, be made up of
(to) console **consolation**	*trösten* *Trost*	Men of the lower classes also lacked rights, but they could console themselves by feeling superior to women.	= comfort, cheer up, solace
(to) consolidate **consolidation**	*festigen* *Festigung*	After World War II, the Soviet Union was beginning to consolidate its power in Eastern European countries.	= unify, compact, concentrate, integrate
(to) conspire **conspiracy**	*sich verschwören* *Verschwörung*	Sir Walter Raleigh was imprisoned in the Tower of London after being accused of conspiracy.	= plot, secret plan
constant [adj] **constancy**	*ständig, fortwährend* *Beständigkeit*	In his inaugural address the president called race relations "America's constant curse".	= continuous, lasting ≠ temporary, momentary
(to) constitute **constitution** **constituency** **constituent** [adj] **constitutional** [adj]	*bilden, ausmachen, errichten* *Einrichtung, Verfassung* *Wahlkreis* *wesentlich* *verfassungsmäßig*	Women constitute about half of the US labour force.	= make up, account for
(to) constrain **constraint**	*einschränken* *Einschränkung, Zwang*	The system was devised to constrain central power.	= curb, check, restrict
(to) construct	*bauen, entwerfen*	Frederic Dent was appointed to construct the clock.	= build, manufacture, devise
contempt **contemptible** [adj] **contemptuous** [adj]	*Verachtung* *verachtenswert* *geringschätzig*	The music of the punk groups also expressed their contempt of adult society.	= disdain, disparagement, scorn ≠ respect, admiration

word family	dt. Bedeutung	English sentence	synonyms/opposites
(to) contend	*behaupten*	The judge contended that the massive advertising campaign influenced young people.	= maintain, argue, claim
	kämpfen	Farmers must contend with forces beyond their control – most notably the weather.	= fight against, combat
contention	*Behauptung, Streit*		
contentious [adj]	*kontrovers; streitsüchtig*		
content [adj]	*zufrieden*	We become content with second-hand experience.	= satisfied, pleased, happy
(to) continue	*andauern, fortfahren*		
continuation	*Fortsetzung*		
continuing [adj]	*ständig, andauernd, anhaltend*	Is the continuing rise in juvenile delinquency a sign that the children of working mothers are more likely to "turn bad"?	= constant, steady, continuous, consistent, permanent ≠ temporary
continual [adj]	*andauernd*		
continuous [adj]	*fortwährend*		
(to) contribute	*beitragen, beisteuern*	In commercials the personality of the actor contributes a great deal to the effectiveness of the advertisement.	= add
contribution	*Beitrag*		
(to) convene	*zusammentreffen*		
convention	*(Partei-) Versammlung*	The Republicans held their party convention in August.	= assembly, meeting
conventional [adj]	*herkömmlich*		
(to) convert	*umwandeln*	The audio signal is amplified and converted into sound in the speaker.	= transform
conversion	*Umwandlung*		
(to) convey	*befördern*		
conveyor belt	*Montageband, Fließband*	Tom Birch stands at the conveyor belt all day.	= assembly line

word family	dt. Bedeutung	English sentence	synonyms/opposites
(to) convict **convict** **(to) convince** **conviction**	*überführen* *Verurteilter, Sträfling* *überzeugen* *Überzeugung*	Most convicts serve only a fraction of their prison terms before they are released. The Prime Minister must convince Parliament that the proposed law is really necessary.	= prisoner, inmate = assure, persuade
costly [adj]	*teuer, kostspielig*	Cutting emissions is a costly ambition.	≠ inexpensive, economical
cowardice **cowardly** [adj]	*Feigheit* *feige*	He despised them for their cowardice and ignorance. We Blacks are too cowardly to face the fact that our leaders have been lying to us for years.	≠ courage, boldness, bravery ≠ courageous, brave
(to) create **creation** **creature** **creative** [adj]	*(er)schaffen, produzieren* *Schaffung, Bau* *Geschöpf* *schöpferisch*	But some economists argue that alien workers may in fact create as many new jobs as they take. The building of a tunnel under the channel also stimulated the creation of new highways and railroad lines.	≠ kill, eliminate, destroy, remove, do away with = construction
(to) criticize **criticism** **critic** **critical** [adj]	*kritisieren* *Kritik, Ablehnung* *Kritiker* *kritisch*	The more fundamental criticism of the public school elite is that it reinforces a class system.	≠ approval, support, praise, acceptance
(to) cure	*heilen*	The dependence on marijuana is not so severe as that resulting from heroin, but is nevertheless hard to cure.	= heal, remedy
curiosity **curious** [adj]	*Neugier* *seltsam, merkwürdig*	His curiosity almost killed him. These observations explain the curious British mixture.	≠ indifference, disinterest = strange, astonishing
current [adj]	*gegenwärtig, jetzig, laufend*	Good pay and security are still important job aspects to the current generation.	= present; ≠ former, past, future

word family	dt. Bedeutung	English sentence	synonyms/opposites
current account	*Girokonto*	My salary is transferred to my current account with the NatWest Bank.	= checking account
current	*Lauf, Strom*		
currency	*Umlauf, Währung*		
currently [adv]	*gegenwärtig*	The EU is currently laying the foundations for regulations that set standards for air pollution.	= presently, at present
customer	*Kunde*	Lufthansa is an important customer of Airbus Industries, the manufacturer of the Airbus aircraft.	= client, patron
custom	*Gewohnheit*		
customary [adj]	*gewöhnlich*		
(to) cut	*kürzen*	Automation does not necessarily cut costs.	= reduce, lower, trim
(to) cut back on	*kürzen, verringern*	When companies are struggling to survive they cut back on job training.	= reduce, decrease, spend less on
debtor	*Schuldner*	Brazil owes millions of dollars to foreign banks: the country is a great debtor.	≠ creditor
(to) deceive	*betrügen*		
deceit	*Täuschung, Betrug*	The president confirmed that the decades of deceit and cruelty had reached an end.	= deception, fraud, trickery
deception	*Täuschung*		
deceitful [adj]	*betrügerisch*		
decency	*Anstand*		
decent [adj]	*anständig*	We must enable poor people in developing countries to provide a decent standard of living for their families.	= acceptable, satisfactory
(to) decide	*entscheiden*		
decision	*Entscheidung*		
decisive [adj]	*entscheidend*	Decisive victories over a lot of illnesses have been won.	= definitive, final

word family	dt. Bedeutung	English sentence	synonyms/opposites
(to) decline **decline** **declination**	*ablehnen* *Niedergang, Abnahme, Rückgang* *Abweichung*	Will you decline to participate in the new world of work? The decline of the economy is gathering speed.	= refuse, be willing = fall, decrease, drop ≠ boom, growth
(to) deduce **(to) deduct** **deduction**	*folgern* *abziehen* *Schlussfolgerung, Abzug*	Some observers might deduce from singular events that race-relations are deteriorating.	= deduct, infer
defeat	*Niederlage*	The defeats at British Leyland have made some union leaders more determined.	≠ victory, success, achievement
(to) defer **deference**	*aufschieben* *Nachgiebigkeit*	What happens to a dream deferred?	= put off
deficiency **deficient** [adj]	*Mangel* *mangelhaft*	An apparently satisfactory calorie intake hides a widespread deficiency of essential vitamins.	= scarcity, lack, shortage, inadequacy
(to) defy **defiance** **defiant** [adj]	*sich etw. widersetzen* *Trotz* *aufsässig*	The officer defied the order of the commanding general.	= resist
delicacy **delicate** [adj]	*Empfindlichkeit* *empfindlich*	The earth's biosphere is in a state of delicate balance.	= sensitive, fragile, feeble
(to) delude **delusion** **delusive** [adj]	*täuschen* *Täuschung* *trügerisch*	Blanche deludes herself and others that she is charming and sociable.	= betray, bluff, double-cross, mislead

word family	dt. Bedeutung	English sentence	synonyms/opposites
(to) demolish	*abreißen, einreißen, niederreißen*	The local council demolished the terraced houses and put up high-rise buildings.	= destroy, pull down
(to) deny	*leugnen, verweigern*	The Home Office cannot treat some immigrants better than those to whom it is denying established rights.	≠ grant, allow, permit, accept, agree to, approve of, give
denial	*Leugnen, Dementi, Weigerung*	Despite the denial of the defendant there is clear evidence that he committed the crime.	≠ admission, confession, revelation
(to) depart **departure**	*verschwinden* *Abreise, Abschied*	In many English institutions the form remains enshrined in tradition long after the substance has departed.	= disappear, vanish, leave
dependence **dependent** [adj]	*Abhängigkeit* *abhängig*	Heroin and cocaine produce physical dependence.	= addiction
dependable [adj]	*verlässlich*	Solar energy is not a very dependable form of energy.	= reliable
depression **depressing** [adj] **depressive** [adj.]	*(wirtschaftliche) Flaute* *deprimierend*	The US economy went through two world wars and a global depression in the first half of the 20th century. The prospects for executives are even more depressing.	≠ boom = gloomy, sad, negative, discouraging
deprived [adj]	*benachteiligt*	Riots broke out in one of the most deprived estates.	= destitute, underprivileged
derived from [adj]	*übernommen von*	The following extracts are derived from a parliamentary debate on “The cost of monarchy”.	= drawn from, taken from
(to) descend **descendant**	*herunterführen* *Nachfahr(e), Nachkomme*	Descendants of immigrants have come to visit Ellis Island since it was opened as a museum.	= ancestor, forebear
(to) design	*planen, beabsichtigen*	The European court of human rights has declared unlawful a British policy designed to keep immigrants out.	= intend, plan, mean
designer drug	*synthetische Droge*	Designer drugs are developed in chemical laboratories.	= synthetic drug

word family	dt. Bedeutung	English sentence	synonyms/opposites
(to) despair **despair** **desperation** **desperate** [adj]	*verzweifeln* *Verzweiflung* *Verzweiflung* *verzweifelt*	We should not despair if we do not yet know exactly how to make the most appropriate use of personal computers in our educational institutions.	= lose hope, lose heart
despite	*trotz*	Despite the restrictions of immigration acts, the number of people claiming asylum continued to increase.	= in spite of, regardless of
despised [adj]	*verachtet*	We, the Blacks, are the most despised children of the great Western house.	≠ respected, admired, praised
(to) destine **destiny** **destination**	*bestimmen (für)* *Schicksal* *Bestimmungsort, Ziel*	Centuries ago the people of England established the right to control their own destiny.	= fate, fortune, lot
(to) destroy **destruction** **destructive** [adj]	*zerstören* *Zerstörung* *zerstörerisch*	The advertisement of the British auto industry reads: "Every seven cars which are imported into the country destroy the job of a British worker".	≠ create, secure
detergent	*Reinigungs-, Waschmittel*	We could do without one or the other detergent!	= cleaner, washing powder
(to) determine	*bestimmen, festlegen*	How people keep up with rising prices depends on the way in which their income is determined.	= fix, define, regulate
detrimental [adj]	*schädlich*	Games and sport counteract the detrimental effects of our affluent society.	= harmful, damaging, negative, unfavourable
(to) devastate	*vernichten, verwüsten*	Shipping was devastated by the decline in trade.	= destroy, wreck, ruin
(to) devise **device**	*ersinnen* *Gerät, Vorrichtung*	The scientist was trying to devise a method to help couples who aren't able to have children in a normal way.	= design, contrive

word family	dt. Bedeutung	English sentence	synonyms/opposites
(to) devote	*widmen*		
devotion	*Hingabe*	Home schooling requires a lot of responsibility, time, and devotion on the parent's part.	= dedication, enthusiasm
devoted [adj]	*begeistert*		
(to) differ	*unterscheiden, abweichen*		
difference	*Unterschied*		
different [adj]	*verschieden*	Man's invisible environment is made up of – among other things – many different backgrounds of culture.	≠ identical, similar
difficulty	*Schwierigkeit, Problem*	Even though we face the difficulties of today and tomorrow, I still have a dream.	= problem, dilemma, obstacle, plight
(to) diminish (1)	*vermindern*	The increase in demand for some commodities will diminish the Community's surplus foodstuffs.	= reduce, lower, cut back on, curb
(to) diminish (2)	*sich verringern, abnehmen*	The numbers of native Indians diminished rapidly as white settlement advanced.	= decrease, fall; ≠ increase, intensify
diminution	*Verringerung*		
diminutive [adj]	*klein, winzig*		
directive	*Anweisung*	It is rare that party members disobey the party directive on how they shall vote.	= order, guideline, policy
disadvantage	*Nachteil*	The disadvantage of speed in transport lies in the fact that it is generally obtained at the expense of our natural resources and our environment.	= drawback, handicap ≠ advantage
(to) disappear	*(ver)schwinden*	The construction of even faster cars is irresponsible in view of the disappearing natural resources.	= dwindle, vanish
disappearance	*Verschwinden*	After the official disappearance of the Soviet Union, Americans are reconsidering their view of the former enemy and of America as well.	≠ birth, emergence, creation, rise

word family	dt. Bedeutung	English sentence	synonyms/opposites
discount	*Rabatt*	Many firms allow a discount of 3 % for cash payment.	= rebate, reduction
(to) discover	*entdecken, herausfinden*	A crack was discovered, probably caused as the sixteen white horses dragged the bell over Westminster Bridge after its first casting in 1856.	= find, detect
disease	*Krankheit*	We cannot refuse to cure disease in order to limit world population.	= illness, sickness, ailment
(to) dismiss **dismissal**	*entlassen* *Entlassung*	I cannot believe that they want to dismiss more than 500 people from their jobs!	= discharge, sack, fire ≠ hire, employ
(to) dispatch	*absenden, abfertigen*	We shall dispatch the goods you ordered tomorrow.	= send off
(to) dispose of	*beseitigen*	We will not be able to dispose of an endless stream of waste.	= get rid of, throw away, dump
disposal	*Beseitigung, Entsorgung*		
disposable [adj]	*Wegwerf-, Einweg-*	Any drink sold in a disposable bottle should cost twice as much as the same drink offered in a returnable bottle.	= non-returnable, expendable, replaceable
(to) distinguish **distinction** **distinctive** [adj] **distinctly** [adv]	*unterscheiden* *Auszeichnung* *charakteristisch* *deutlich, klar*	Many disadvantages of the old factories are distinctly present in modern production lines.	= clearly, obviously, markedly
diversity	*Vielfalt, Mannigfaltigkeit*	Cultural diversity is one of the main characteristics of a multi-racial society.	= variety
diverse (1) [adj]	*verschiedenartig, vielfältig*		= various, numerous
diverse (2) [adj]	*verschiedenartig, gemischt*	Many companies see a diverse workforce as beneficial.	= mixed, varied

word family	dt. Bedeutung	English sentence	synonyms/opposites
(to) divert **diversion**	*ablenken, umlenken* *Ablenkung, Unterhaltung*	In order to attract as many viewers as possible TV programming is concentrated on diversion.	= amusement, distraction
domestic [adj]	*heimisch, inländisch*	Trade forces domestic industries to adjust to changing technology before they become hopelessly inefficient.	≠ foreign
(to) dominate **domination** **dominant** [adj]	*beherrschen* *Vorherrschaft* *beherrschend*	Margaret Thatcher feared that a reunited Germany would dominate a political European Community.	= control, domineer
(to) doubt **doubt** **doubtful** [adj] **doubtless** [adj] **dubious** [adj]	*zweifeln* *Zweifel* *skeptisch; unsicher* *zweifellos* *zweifelhaft*	Biologists have no doubt that the ozone layer is damaged.	≠ certitude; confidence
dramatic	*dramatisch, spektakulär, Aufsehen erregend*	The most dramatic change was that the Daily Mail carried a page for women.	= striking, noticeable, spectacular, outstanding ≠ unnoticeable, trivial
(to) dramatize	*dramatisieren, hochspielen; (für das Theater) bearbeiten*		
drama	*Drama*		
drug pusher	*Drogenhändler*	Drug pushers often approach young boys and girls to sell them the deadly stuff.	= drug dealer, drug trafficker, drug peddler
drug trafficking	*Drogenhandel*	Gangsters in Columbia turned drug trafficking into a multi-billion dollar business.	= drug trade
dull [adj]	*langweilig, stumpfsinnig*	Household appliances relieve us from dull work.	= repetitive, monotonous

word family	dt. Bedeutung	English sentence	synonyms/opposites
dump	*Müllhalde*	Dumps overflow with cans, bottles and cartons.	= rubbish-heap
earnest [adj]	*ernsthaft, sorgfältig*	John W. Smith is an earnest man; you can rely on him.	= diligent, serious, honest
earnings	*Verdienst*	Poor people spend a high proportion of their earnings on food.	= wages, income, pay
(to) ease	*erleichtern*	New developments could ease, but not end, global environment problems.	≠ worsen, complicate, aggravate
easiness	*Leichtigkeit*		
ease	*Bequemlichkeit, Ruhe*	Grandfather hopes for a life of ease when he retires.	= comfort, leisure, relaxation
easy [adj]	*leicht*		
(to) eat	*essen*		
eatable [adj]	*essbar*		
edible [adj]	*essbar*	Edible plants and berries were used as food and sometimes as medicine.	≠ inedible
(to) economise	*sparen*	The companies do not have the technically qualified staff who could invent or work out more economical production methods.	
economy	*Wirtschaft*		
economic [adj]	*wirtschaftlich*		
economical [adj]	*sparsam*		≠ wasteful, extravagant
(to) edit	*(einen Text) herausgeben, redigieren*	We edited our articles for the school magazine.	= rewrite, revise, adapt, alter
effect	*(Aus-) Wirkung*	Sociologists study migration to analyze the effects it has on social structures.	= consequence, repercussion
effective [adj]	*wirksam, fähig*		
effectively [adv]	*eigentlich, praktisch*	The monarch has effectively no political power.	= virtually, practically
efficiency	*Tüchtigkeit*	I've always admired the efficiency of professional musicians.	= competence, skill, proficiency
efficient [adj]	*leistungsfähig*		

word family	dt. Bedeutung	English sentence	synonyms/opposites
effort	*Anstrengung*	The government did not make any effort to keep inflation down.	= attempt, endeavour
election	*Wahl*	The next general election will be held in November.	= ballot, poll, vote
(to) emerge **emergence**	*auftauchen* *Auftauchen*	 The emergence of powerful economies in Asia increased the global integration of business and finance.	= appear, rise; ≠ disappear = appearance; ≠ disappearance
emphasis	*Betonung*	The emphasis in advertising today lies less on factual information and more on subtle temptation.	= priority, stress, accent
(to) employ **employment** **employee** **employer**	*beschäftigen, anstellen* *Anstellung* *Angestellter* *Arbeitgeber*	The biggest firm in our town employs more than 1,400 workers.	= engage, hire, recruit, give work to, pay
(to) endure **endurance** **endurable** [adj]	*bestehen, aushalten, ertragen* *Ausdauer* *erträglich*	There is every indication that Western European-style monarchy will endure for a long time to come.	= continue, last, persist
enemy	*Feind*	Many immigrants came from countries where the police were considered the enemy of the people.	= opponent, adversary, foe ≠ ally, friend, supporter
(to) enforce **enforcement**	*durchsetzen* *Durchsetzung*	A broad coalition is now gathering to enforce the just demands of the world.	= accomplish, execute, fulfil
(to) enjoy	*genießen, sich erfreuen an*	We enjoy achievements such as computers.	≠ hate, lack

word family	dt. Bedeutung	English sentence	synonyms/opposites
(to) enlarge **largeness** **large** [adj] **largely** [adv]	*vergrößern* *Größe, Weite* *groß* *im Wesentlichen, größtenteils*	The consumer price index of L.A. rose less than of other metropolitan areas, thanks largely to illegal workers.	= chiefly, on the whole
enormity **enormous** [adj]	*Ungeheuerlichkeit* *riesig, ungeheuer groß*	All over the world man has put enormous amounts of harmful and hazardous chemicals into the air we breathe and the water we drink.	= huge, gigantic; ≠ small, minute, diminutive
(to) enquire siehe auch **inquire**	*sich erkundigen*	He enquired about a job vacancy.	= ask, question, investigate
(to) ensure	*sichern, garantieren*	The Queen ensures that the democratic process is carried out as it is supposed to be.	= see to it, guarantee, secure ≠ prevent, endanger, destroy
entire [adj]	*ganz*	The entire class visited the exhibition.	= whole, complete, total
entrepreneur	*Unternehmer*	Entrepreneurs have their own complaints about the public-school system.	= businessman, executive, employer, industrialist
environment	*Umwelt*	We have been intervening in the environment without being aware of the harmful consequences of our acts.	= surroundings
enviable [adj]	*beneidenswert*	She was promoted to the enviable position of chief editor of the magazine.	= highly desirable
(to) equal **equality** **equal** [adj]	*gleichkommen, ergeben* *Gleichberechtigung* *gleich*	What could the government do to ensure more equality, to avoid discrimination?	≠ inequality, discrimination

word family	dt. Bedeutung	English sentence	synonyms/opposites
(to) err **erroneous** [adj]	*irren* *irrig*	The Secret Service said they were acting on an erroneous tip.	= false, inaccurate
especially [adv]	*im Besonderen*	Working mothers also feel that they should carry the main responsibility, especially for the children.	= particularly, in particular
essence **essential** [adj] **essentially** [adv]	*(innerstes) Wesen* *lebensnotwendig, wesentlich* *im Wesentlichen, in der Hauptsache*	In the poor countries people's diets lack proteins and essential vitamins. England's activities are essentially industrial and commercial, and only slightly agricultural.	= necessary, vital, needed = mainly, primarily, basically
(to) establish **establishment** **established** [adj]	*gründen* *Unternehmen, Einrichtung* *fest, anerkannt*	This old firm was established in 1895. We moved here years ago and are now considered established members of the community.	= found, set up = accepted, settled
(to) estimate **estimation**	*(ab)schätzen, veranschlagen* *Einschätzung*	Scientists estimate that the surface of the earth will warm by about another 3.5 % over the next century.	= calculate, assess
(to) evade **evasion** **evasive** [adj]	*ausweichen* *Ausflucht* *ausweichend*	His mother is evasive in her answers to some of his questions.	= equivocating, shifty
event **eventful** [adj] **eventually** [adv]	*Ereignis* *ereignisreich* *schließlich, endlich*	The information could eventually be stored on a chip smaller than a baby's fingernail.	= finally, in the end, at last
evidence **evident** [adj]	*Beweis* *augenscheinlich*	There is clear evidence that Jim Clayton set fire to the house of the Miller family.	= proof

word family	dt. Bedeutung	English sentence	synonyms/opposites
(to) exact	*(dringend) fordern, eintreiben*	The judge tried to exact a confession from the criminal.	= demand
exactitude	*Genauigkeit*		
exactness	*Genauigkeit*	The clockmaker guarantees that Big Ben's time is always exact.	
exact [adj]	*genau*		= precise, accurate, correct
(to) exceed **excess** **excessive** [adj]	*übersteigen, überschreiten* *Übermaß* *übermäßig*	If inputs of any nutrient greatly exceed outputs, the ecosystem becomes stressed or overloaded, resulting in pollution.	= surpass
(to) except	*ausschließen*		
exception	*Ausnahme*		
except	*außer*	Our Government has no power except that granted by the people.	= apart from, save ≠ including
exceptional [adj]	*außergewöhnlich*		
(to) exclude	*ausschließen*		
exclusion	*Ausschluss*	Drug misuse is associated with other problems such as truancy and school exclusion.	
exclusive [adj]	*ausschließlich*		
(to) execute **execution** **executive** [adj]	*(eine Bestellung) ausführen* *Durchführung; Hinrichtung* *ausübend(e Gewalt)*	We shall execute your order as soon as possible.	= carry out
(to) exempt	*verschonen*		
exemption	*Befreiung*	All colour additives permitted for use in foods are classified as "exempt from certification".	
exempt [adj]	*befreit*		= free from; ≠ subject to
(to) exert **exertion**	*ausüben; sich anstrengen* *Anstrengung*	Although the Cold War is over, George Orwell's "1984" still exerts a strong hold on our imaginations.	= exercise

word family	dt. Bedeutung	English sentence	synonyms/opposites
(to) exhaust **exhaustion** **exhaustive** [adj] **exhausted** [adj]	*erschöpfen* *Erschöpfung* *erschöpfend* *erschöpft*	Why should people work longer hours if they are then too exhausted to enjoy the extra income?	= very tired, dead beat, tired out, dog-tired, worn out
(to) expand **expansion** **expanse** **expansive** [adj] **expansionary** [adj]	*ausweiten, expandieren, zunehmen* *Erweiterung* *Ausdehnung* *ausgedehnt* *expansionistisch*	In the 19th and early 20th centuries business and industry in the US were expanding.	= extend, spread, increase, augment, enlarge; ≠ reduce, decrease, shrink, decline, be in decline
(to) expend **expense** **expensive** [adj]	*ausgeben* *Kosten, Ausgabe* *teuer*	Most children in Britain are educated at public expense.	= cost, expenditure
experiment	*Versuch*	The scientist carried out a dangerous experiment.	= test, examination, analysis
(to) exploit **exploitation**	*ausbeuten, ausnutzen* *Ausbeutung*	The government will exploit all their instruments of influence to achieve better conditions for the country.	= take advantage of, use
(to) expose **exposure** **exposition**	*aussetzen, bloßstellen* *Ausgesetztsein, Aussetzung* *Ausstellung, Darlegung*	One of the main aims of Greenpeace is to expose environmental criminals.	≠ cover, shelter, guard, protect
(to) extend **extension** **extent** **extensive** [adj]	*verlängern* *Verlängerung* *Ausdehnung* *ausgedehnt*	Can't you extend your visit for a few days?	= prolong, continue

word family	dt. Bedeutung	English sentence	synonyms/opposites
(to) exterminate **extermination**	*ausrotten* *Ausrottung*	The Nazi regime aimed at the systematic extermination of Jews and other minorities.	= annihilate, eradicate, extinguish, root/wipe out
(to) extinguish **extinction** **(to) become extinct**	*auslöschen, erlöschen* *Aussterben* *aussterben*	If species cannot adapt to the environmental changes, they become extinct.	= die out
extract	*Auszug*	Let us study this extract from a debate in Parliament.	= excerpt, passage
extraordinary [adj]	*außergewöhnlich, ungewöhnlich*	The immigrants helped give America the extraordinary social mobility which is the essence of an open society.	= exceptional, unusual
(to) face	*gegenübertreten*	Together we can face the uncertainties of the future.	= confront
(to) facilitate **facility** **facilities**	*erleichtern* *Erleichterung* *Einrichtung*	In 1957 an economic union was formed to facilitate trade across national borders. A welfare state provides free treatment in public health facilities.	= ease
factory	*Fabrik*	Helen works in a shoe factory from 9 a.m. to 4.30 p.m.	= manufacturers, plant
(to) fail (1) **(to) fail** (2) **failure**	*versagen, nachlassen* *durchfallen (bei Prüfung)* *Misserfolg*	Some observers call for control of the press should the media fail to stop covering terrorist actions. My first attempt at windsurfing was a complete failure.	= not be prepared, be unable = flunk = flop, disaster, catastrophe
faint [adj]	*schwach*	She called for help in a faint voice.	= weak, feeble, powerless
fairness **fair** [adj] **fairly** [adv]	*Fairness, Gerechtigkeit* *gerecht* *ziemlich*	Though a fairly large black middle class has emerged, many blacks continue to exist on the economic margins.	= rather, quite

word family	dt. Bedeutung	English sentence	synonyms/opposites
faith	*Glaube, Vertrauen*	Many immigrants brought with them the faith in political and economic institutions.	= trust, belief, confidence
faithful [adj]	*treu*	A faithful dog obeys his master.	= loyal, dependable
(to) falsify	*fälschen*		
falsehood	*Unwahrheit, Falschheit*		
false [adj]	*falsch*	What you're saying is false.	= wrong, faulty, erroneous
(to) familiarize	*vertraut machen*		
family	*Familie*		
family planning	*Familienplanung*	Family planning should be made freely available.	= birth control
familiarity	*Vertrautheit*		
familiar [adj]	*vertraut*	A familiar person is no longer a stranger.	= well-known, acquainted
(to) fancy	*etwas gern tun*		
fancy	*Fantasie*	Stevenson seized the public's fancy with "Kidnapped" and "Dr. Jekyll and Mr Hyde" in 1886.	= imagination, fantasy, imaginativeness
fanciful [adj]	*fantastisch*		
(to) fascinate	*faszinieren*		
fascination	*Begeisterung*		
fascinating [adj]	*faszinierend, anregend, interessant*	Think of a bookstore full of people looking for fascinating stories.	≠ boring, dull, uninteresting
fast [adv]	*schnell*	Third-world peoples are the fastest growing segment of the US immigrant population.	≠ slowly, gradually, bit by bit, step by step
fate	*Schicksal*	It's very unlikely that anybody could tell you your fate correctly.	= destiny, lot, good fortune
fatal [adj]	*tödlich*		
fathers	*Vorfahren*	I sing of the "Land where my fathers died".	= ancestors, forebears

word family	dt. Bedeutung	English sentence	synonyms/opposites
(to) fatten	*mästen*		
fatness	*Beleibtheit*	Common sense should tell you that eating many fatty meals is not good for you.	
fatty [adj]	*fettig*		= greasy
fault	*Fehler*	There is a fault in the electric system in this house.	= defect, weakness, flaw
faulty [adj]	*fehlerhaft*		
(to) favour	*befürworten*	Economists, in general, favour a liberal approach to immigration.	= approve, accept, approbate
favour	*Befürwortung, Bevorzugung, Gunst*		≠ oppose, reject, disagree with
favourable [adj]	*positiv, günstig*	The critical response to the book was overwhelmingly favourable.	≠ unfavourable
favourite [adj]	*Lieblings-*		
(to) feed	*füttern, ernähren, versorgen*	There are more mouths to feed as people live longer.	= provide for, sustain
ferocity	*Wildheit*	Napoleon surrounds himself with ferocious guard dogs.	
ferocious [adj]	*wild*		= savage, bestial; ≠ gentle
(to) fertilize	*düngen, befruchten*		
fertility	*Fruchtbarkeit*	Critics of genetic engineering are worried about the commercialization of fertility technology.	≠ infertility, sterility, barrenness
fertile [adj]	*fruchtbar*		
fervour	*Glut*	Fervent supporters of total independence from London are found in Scotland in the ranks of the Scottish National Party (SNP).	
fervent [adj]	*inbrünstig, glühend, leidenschaftlich*		= passionate
fiction	*Erfindung*		
fictional [adj]	*erfunden*	Titus Oates gave the authorities details of a fictitious plot by Catholics to murder the King.	= imaginary, unreal
fictitious [adj]	*erdacht*		≠ real, genuine

word family	dt. Bedeutung	English sentence	synonyms/opposites
fierce [adj]	*heftig, scharf, grimmig*	Today in all of the developing countries a fierce struggle for survival is taking place.	= intense, violent, brutal, cruel
final [adj] **finally** [adv]	*endgültig* *schließlich*	After a six-hour debate Parliament took a final decision. He stared at me for a long time and finally asked whether I was Angela Davis.	= definitive, decisive = eventually, in the end, at last, ultimately
fine [adj]	*schön*	Young people get so lazy, they choose to spend a fine day in semi-darkness, glued to their computers.	= bright, nice, pleasant
firm	*Firma*	He doesn't work for this firm any more.	= company, business
(to) fit	*genügen, passen*	The schools must ensure that the workers are able to fit the requirements of industry.	= meet, come up to, suit
(to) flee **flight**	*fliehen* *Flucht*	Millions left their home countries in Europe to flee from poverty and hunger.	= escape, break away, fly, run away
(to) flourish	*blühen, gedeihen*	The economies in industrialized countries flourished.	= grow, thrive, prosper
fluid **fluid** [adj]	*Flüssigkeit* *flüssig*	Water, coffee, beer and milk are fluids.	= liquid
for good	*endgültig*	The golden times were over for good.	= forever
(to) forbid	*verbieten*	In all public places smoking is forbidden.	= prohibit, ban
(to) force **force** **forcible** [adj]	*zwingen* *Gewalt* *gewaltsam*	If you want to bring about a change, you shouldn't do it by force.	= violence, brutality

word family	dt. Bedeutung	English sentence	synonyms/opposites
foreign [adj] **foreign trade**	*ausländisch* *Außenhandel*	Foreign visitors come to England to see Buckingham Palace and all the other sights of London.	= overseas, non-domestic = overseas trade
forerunner	*Vorläufer*	The Daily Mail can be regarded as the forerunner of the tabloids of our time.	= predecessor, prototype, ancestor ≠ successor
(to) foretell	*vorhersagen*	I don't believe that anybody can foretell your future.	= predict, forecast, foresee
(to) forge	*formen, schaffen, schmieden*	The Commonwealth bond was forged by once being part of an empire.	= build, establish, form, mould
fortune **fortunate** [adj]	*Glück, Vermögen* *glücklich, Glück haben*	Bob was fortunate. A neighbour walking by the apartment smelt gas and pulled Bob out into the fresh air.	= lucky
fragile [adj]	*schwach, zerbrechlich*	Despite the striking advances of the middle class, the gains remain fragile and partial.	≠ solid, sound
fragrance **fragrant** [adj]	*Duft* *duftend*	In his wonderful garden he could smell sweet fragrances filling the air.	= aroma, perfume, scent ≠ stench, stink
frailty **frail** [adj]	*Gebrechlichkeit* *zerbrechlich*	Holden is attracted to the weak and the frail, and he feels sorry for "losers of all kinds".	= feeble, fragile, infirm ≠ robust, strong
frequency **frequent** [adj] **frequently** [adv]	*Häufigkeit* *häufig* *oft*	People, when they hear the name "Big Ben", think of the tower or the huge clock, no doubt because of the clock's frequent appearance on TV.	= daily, constant, regular = often, repeatedly

word family	dt. Bedeutung	English sentence	synonyms/opposites
(to) frighten **fright** **frightful** [adj]	*erschrecken* *Schrecken, Schreck* *entsetzlich*	Amy cried out in fright.	= terror, panic, horror, alarm, shock
(to) frustrate **frustrated** [adj]	*entmutigen, enttäuschen* *enttäuscht*	People feel frustrated in the face of increasing violence.	≠ encourage, motivate = dissatisfied, disappointed
funds	*Geldmittel* (Pl.)	The local council has no funds to finance a new recreation centre.	= resources, cash, money
fury **furious** [adj]	*Raserei, Wut* *wütend, zornig*	If you say to a Scotsman that he's English, you will arouse him to fury.	= rage, outrage, frenzy, indignation
(to) gain **gain**	*gewinnen, profitieren* *Nettogewinn, Reingewinn*	What does a country gain being a member of the EU?	= profit, benefit ≠ damage, harm, loss
garbage	*Müll, Abfall*	We have thrown into the seas of the world millions of tons of garbage.	= litter, refuse, trash
(to) gather	*sich versammeln*	When people gather, they come together in a group.	= congregate, assemble
(to) gaze	*starren auf, anstarren*	From abroad tourists come to gaze in awe upon the Houses of Parliament.	= stare
general [adj] **generally** [adv] **in general**	*allgemein* *im Allgemeinen* *im Allgemeinen*	The general standard of education is very high. Wool and cotton blankets are generally cheapest. Civil rights legislation in general has been enforced.	= overall, common, regular = normally, usually ≠ in particular, particularly

word family	dt. Bedeutung	English sentence	synonyms/opposites
(to) generate **generosity** **generous** [adj]	*hervorbringen, erzeugen* *Großzügigkeit* *großzügig*	Over the next two decades, cities like Mexico City, Sao Paolo and Shanghai are expected to double in size, generating economic and social problems that will far outstrip all previous experience.	= cause, bring about, create, produce = liberal, benevolent, unselfish
gentleness **gentle** [adj]	*Sanftheit* *sanft, leicht*	She sat on the terrace and felt a gentle breeze.	= light, faint, pleasant
genuineness **genuine** [adj]	*Echtheit* *echt, ehrlich*	Quite often magazine articles on shopping are written with the genuine intention of benefiting the reader.	= real, honest, sincere, true, authentic; ≠ counterfeit, fake
giant **giant** [adj] **gigantic** [adj]	*Riese, Hüne* *riesig* *riesig*	When the first astronaut landed on the moon people thought that was a giant step forward.	= enormous, huge, gigantic, immense, tremendous
gift	*Gabe, Begabung*	Sarah has a real gift for story-telling.	= talent, faculty, genius
gloom **gloomy** [adj]	*Düsterkeit* *dunkel, düster, schwermütig, traurig*	The scenario paints the gloomiest picture of rising carbon dioxide levels.	= dark, bad, pessimistic
(to) glorify **glory** **glorious** [adj]	*verherrlichen* *Ruhm* *prächtig*	I did it for the theatre, not for my own personal glory. These are the most glorious flowers I've ever seen.	= fame, honour, prestige = superb, magnificent
goal	*Ziel*	Can Europeans be united by common goals?	= aim, target, objective
goods	*Waren*	We sell our goods to almost all countries of the world.	= commodities, merchandise

word family	dt. Bedeutung	English sentence	synonyms/opposites
(to) grade **grade** **gradual** [adj] **gradually** [adv]	*einteilen* *Rang* *stufenweise* *allmählich*	Tolerance, education and integration could gradually lead to an improvement in the status of disabled people in our society.	= continually, bit by bit, step by step
grains	*Korn, Getreide(arten)* (Pl.)	The rotation of corn with other grains keeps the soil fertile.	= cereals
(to) grant	*geben, gewähren*	It is not likely that permission will be granted for the building of a new factory.	= give, concede, allow
gratitude **grateful** [adj]	*Dankbarkeit* *dankbar*	Queen Victoria regarded Lewis Carroll's "Alice" a masterpiece and sent word that she would be grateful to get a copy of his next book.	= obliged, thankful ≠ ungrateful
greed **greediness** **greedy** [adj]	*Gier* *Gier* *gierig*	Moral degeneration is seen as inevitable in the absence of social controls against greed and competition.	= avarice, gluttony
(to) grieve **grief** **grievance** **grievous** [adj]	*sich grämen* *Gram, Kummer* *Missstand* *kränkend, schmerzlich*	First the King died, and then the Queen died of grief.	= sorrow, distress, sadness, woe
(to) grow **growth** **growing** [adj]	*wachsen* *Wachstum* *wachsend*	The fitness market has been growing rapidly. Computing is still a growth industry. A growing number of school children have been tempted to try cannabis.	= expand, rise, increase = expansion, development ≠ falling, decreasing, diminishing, dwindling
(to) hang on to	*festhalten an*	Male managers are determined to hang on to their jobs.	≠ give up, quit, resign from

word family	dt. Bedeutung	English sentence	synonyms/opposites
(to) harm **harm** **harmful** [adj]	*schaden, schädigen* *Schaden* *schädlich*	The ozone layer shields life from the sun's harmful ultraviolet rays.	= damaging, hazardous
harsh [adj]	*streng, schroff, barsch*	Authors expressed harsh criticisms of America.	= severe, strong
(to) hazard **hazard** **hazardous** [adj]	*wagen, riskieren* *Gefahr, Wagnis* *gefährlich, schädlich*	In many cases scientists disagree about the medical hazards of chemical substances.	= danger, risk, peril = harmful, perilous, unsafe
(to) head for	*sich aufmachen nach*	Many emigrants head for countries like Australia.	= go to, migrate to
(to) heighten **height** **high** [adj]	*erhöhen, verstärken* *Höhe* *hoch*	The implications of heightened environmental concern are far-reaching for commerce and trade.	= increase, intensify ≠ lower, reduce, decrease
(to) hire	*einstellen*	The best training is done by employers who need to hire workers.	≠ dismiss, sack, fire
(to) honour **honour** **honourable** [adj]	*erfüllen, erlösen* *Ehre* *ehrenhaft*	Participants observed that the country continued to honour its commitments.	= fulfil
horror **horrible** [adj] **horrid** [adj]	*Entsetzen, Abscheu, Gräuel* *schrecklich* *abscheulich*	Having detonated an atomic bomb, the physicists looked back in horror at what they had wreaked.	= repugnance, disgust
hostility **hostile** [adj]	*Feindseligkeit* *feindlich*	The charge is that he and his policies are hostile to the nation's poor.	≠ in favour of

word family	dt. Bedeutung	English sentence	synonyms/opposites
House of Commons	*(brit.) Unterhaus*	The House of Commons is more important than the House of Lords.	= Lower House
House of Lords	*(brit.) Oberhaus*	The British Parliament consists of the House of Commons and the House of Lords.	= Upper House
household	*Haushalt* *Haushalts-*	A lot of energy is needed for the many household appliances we use.	= domestic
humanity **human** [adj] **humanitarian** [adj] **humane** [adj]	*Menschheit, Menschlichkeit* *menschlich* *humanitär* *menschlich, human*	I dream of a day when humanity expands beyond Earth. Those who commit crimes against humanity cannot forever be safe from justice.	= mankind, human race
(to) humble **humbleness** **humble** [adj]	*demütigen* *Demut* *demütig*	The old fisherman is humble; it doesn't bother him that his shirt has been patched and re-patched.	= modest; ≠ arrogant
(to) humiliate **humility** **humiliation**	*erniedrigen, demütigen* *Demut* *Demütigung*	The media can bring down a president or a king, elevate the lowly and humiliate the proud.	= degrade, demean, lower, sink
(to) hunger **hunger** **hungry** [adj]	*hungern* *Hunger* *hungrig*	The Department of Agriculture (USDA) attempts to curb poverty, hunger and malnutrition by issuing food stamps to the poor.	= starvation, famine
hurdle	*Hürde, Hindernis*	The first hurdle in any presidential election are the primary elections.	= obstacle

word family	dt. Bedeutung	English sentence	synonyms/opposites
hypocrisy **hypocritical** [adj]	*Heuchelei* *heuchlerisch*	Thoughtful whites criticised the American hypocrisy, pointing to the contradiction between what the US required from others and what it practised at home.	≠ sincerity
(to) ignore **ignorance** **ignorant** [adj]	*nicht beachten* *Unwissenheit* *unwissend*	People are afraid that their local interests will be ignored.	= neglect, disregard, overlook ≠ consider, see, recognize
ill	*Übel, Missstand*	Many people blamed a lot of the country's ills on the EU.	= difficulty, problem, trouble
(to) imagine **imagination** **imaginative** [adj] **imaginable** [adj] **imaginary** [adj]	*sich etw. vorstellen* *Fantasie* *einfallsreich* *denkbar* *ausgedacht, fiktiv, eingebildet*	The idea about possible life on Mars was the subject of several imaginary stories.	= fancied; ≠ real, concrete
(to) imitate **imitation** **imitable** [adj]	*nachahmen* *Nachahmung* *nachahmbar*	Many experts contend that some youngsters will imitate the brutality of video games in real life.	= copy
immediate [adj] **immediately** [adv]	*unmittelbar, sofortig* *sofort*	Man must think about the consequences of his acts for coming generations and not only for his immediate future.	= imminent = at once, instantly, promptly, straight away
immensity **immense** [adj]	*Unermesslichkeit* *riesig, ernorm*	Jack London's "Call of the Wild" was published in 1903 and had an immediate and an immense success.	= enormous, huge, gigantic ≠ tiny, small, minute
(to) immigrate **immigration**	*einwandern* *Einwanderung*	The second force behind immigration has been political oppression.	≠ emigration

word family	dt. Bedeutung	English sentence	synonyms/opposites
immunity **immune** [adj]	*Unempfindlichkeit* *unempfindlich, immun*	During the early contact with Indians, many died from European diseases for which they had no immunity.	≠ susceptibility
impact	*Auswirkung, Einfluss*	This new industrial revolution will equal in its impact the first Industrial Revolution.	= influence, effect(s), consequence(s), result(s)
impartiality **impartial** [adj]	*Unparteilichkeit, Objektivität* *unvoreingenommen*	Prime Ministers of both major parties have praised the Queen's wit and impartiality.	≠ bias
(to) imply **implication** **implicit** [adj]	*etw. andeuten* *Verwicklung, Folge* *unausgesprochen, indirekt*	Low incomes imply small markets and therefore a low degree of specialization.	= indicate, suggest
importance **important** [adj]	*Bedeutung* *wichtig*	Through these meetings they can work together on important world issues, such as fighting poverty.	= significant, substantial, vital
(to) impose	*auferlegen, aufbürden*	A requirement was imposed that immigrants from Sri Lanka get a visa before travelling to Britain.	= levy, demand, introduce
(to) imprison **imprisonment**	*einsperren* *Einkerkerung, Haft*	Amnesty's central function was to campaign against unjust imprisonment on the grounds of individual belief.	≠ release, freeing
improbability **improbable** [adj]	*Unwahrscheinlichkeit* *unwahrscheinlich*	Some incidents in the first act of the play could be regarded as highly improbable.	= doubtful, dubious, unlikely
(to) improve **improvement**	*verbessern* *Verbesserung*	The only good news for smokers is that their health begins to improve immediately after they stop.	≠ deteriorate, weaken
in fact	*genau genommen*	In fact, the trend to flexible working hours appears to be inevitable.	= really, actually, indeed

word family	dt. Bedeutung	English sentence	synonyms/opposites
in terms of	*hinsichtlich*	Realities inside Northern Ireland, in terms of Protestant-Catholic relations, did not change very much.	= as far as … are concerned, concerning
in view of	*angesichts*	In view of the high unemployment level in France and England, the prospect of new jobs through the channel project was very attractive.	= with regard to
incapability **incapable** [adj]	*Unfähigkeit, Unvermögen* *unfähig, ungeeignet*	The incapability of King George III soon became evident.	= incapacity, incompetence
(to) include **inclusion** **inclusive** [adj]	*umfassen, einschließen, beinhalten* *Einschluss* *einschließlich*	Development policies should include national population programmes.	= contain, embrace, comprise
income	*Einnahme, Einkommen*	Amnesty's income comes from donations.	≠ expense, outgoings
incompetent [adj]	*unfähig*	The opposition tries to convince the public that the present government is incompetent.	= useless, incapable
incomprehensible [adj]	*unverständlich, unbegreiflich*	The messages which the agent passed on to headquarters were incomprehensible to outsiders.	≠ understandable, logical, clear
inconvenience **inconvenient** [adj]	*Unannehmlichkeiten, Unbequemlichkeit* *ungelegen*	The chairman apologized for the inconvenience and delays experienced by visitors.	= bother, trouble ≠ convenience
increase	*Wachstum, Zunahme*	In many Third World countries rates of natural population increase exceed 3 percent annually.	= growth ≠ decrease
indestructible [adj]	*unzerstörbar, unverwüstlich*	The bicycle is an almost indestructible means of transport.	= unbreakable, everlasting

word family	dt. Bedeutung	English sentence	synonyms/opposites
(to) indicate **indication** **indicative** [adj]	*andeuten, zeigen* *Andeutung* *aufschlussreich*	If you lack experience in a particular computer programme, indicate your willingness to take a course.	= show, hint at, suggest
indignation **indignant** [adj]	*Entrüstung* *empört*	Biff and Harry expressed their indignation at their father's behaviour.	= anger, fury, rage, wrath
(to) induce	*herbeiführen*	Drugs induce strong euphoric feelings.	= cause
(to) indulge **indulgence** **indulgent** [adj]	*einer Laune nachgeben* *Nachsicht, Schwäche* *nachgiebig*	The world's problems seem all too serious for two nations to indulge in quarrelling.	= wallow, revel
(to) industrialise **industry** **industrial** [adj] **industrious** [adj]	*zum Industriestaat werden* *Industrie; Fleiß* *industriell* *fleißig*	When other countries began to industrialise, they had to compete with Britain. The people who worked for Sutter were industrious and faithful labourers.	= diligent, persevering ≠ idle, inactive, lethargic
ineligible [adj]	*ungeeignet*	Subversives were declared ineligible.	= unsuitable, unfit
inevitability **inevitable** [adj]	*Unvermeidlichkeit* *unvermeidlich, unvermeidbar*	The introduction of flexible working hours was inevitable.	= unavoidable; ≠ preventable
(to) infect **infection** **infectious** [adj]	*anstecken* *Ansteckung* *ansteckend*	Anthrax ("Milzbrand") is an infectious, often fatal disease of sheep and cattle that can also kill humans.	= contagious
inferiority **inferior** [adj]	*Minderwertigkeit* *minderwertig*	During the period of British colonial domination, non-whites were looked down upon as an inferior race.	≠ superior, outstanding, best

word family	dt. Bedeutung	English sentence	synonyms/opposites
inflow	*Zustrom*	The ending of the postwar boom led to a decline of the inflow of immigrants.	= influx
influx	*Zustrom*	The influx of West Indians to the USA was restricted.	= flood, flowing in, stream
(to) inherit **inheritance** **heredity** **hereditary** [adj]	*erben* *Erbe* *Erblichkeit* *erblich*	Gandhi advocated heavy taxes and limited rights of inheritance as a way of creating a just and equal society.	= heritage, legacy
inmate	*(Gefängnis-) Insasse, Häftling*	Last year, the number of inmates in state and federal prisons grew by 26,000.	= prisoner
innocence **innocent** [adj]	*Unschuld* *unschuldig*	The investigation proved that H. M. Swindon is innocent, so the police will release him immediately.	= not guilty
(to) inquire/enquire **inquiry/enquiry** **inquisition** **inquisitive** [adj]	*sich erkundigen* *Erkundigung, Anfrage* *Untersuchung, Verhör* *neugierig*	He called the sales manager to inquire/enquire about the latest prices.	= ask, question
insanity **insane** [adj]	*Geisteskrankheit* *verrückt*	When the ghost reappears Macbeth seems totally insane to his guests.	= mad, crazy; ≠ sane, rational
(to) insist **insistence** **insistent** [adj]	*bestehen (auf)* *Bestehen, Beharren* *beharrlich, nachdrücklich*	Insistent demands for social reforms finally led to the creation of the Welfare State.	= perseverant, persisting
(to) instruct **instruction** **instructive** [adj]	*anweisen* *Anweisung, Unterricht* *lehrreich*	They'll have to instruct all polling-stations to close the doors at 10 p.m.	= direct, order

word family	dt. Bedeutung	English sentence	synonyms/opposites
insular [adj]	*Insel-*	England is, in effect, insular and maritime.	≠ continental
(to) intend **intention** **intent** [adj]	*beabsichtigen* *Absicht* *gespannt*	The member countries intended to agree on a common defence policy.	= to plan, aim at
(to) intensify **intensity** **intense** [adj] **intensive** [adj]	*(sich) verstärken* *Stärke* *intensiv, stark* *gründlich, stark*	The economic problems will intensify until the population problem can be mastered. If crime figures are decreasing, it may be the result of intense surveillance by video cameras in public places.	≠ decrease, become smaller, disappear ≠ lax, loose
(to) interfere **interference**	*stören, beeinträchtigen* *Einmischung, Störung*	In a system of free enterprise government should interfere in commerce as little as possible.	= disturb, interrupt
(to) intimidate **timidity** **timid** [adj]	*einschüchtern, bange machen* *Ängstlichkeit* *ängstlich*	Sweatshop employers intimidated their illegal workers.	= scare, frighten
intolerance **intolerable** [adj] **intolerant** [adj]	*Intoleranz, Unduldsamkeit* *unerträglich* *unduldsam*	The situation for the animals on Mr Jones' farm became intolerable.	= unbearable; ≠ tolerable ≠ tolerant
(to) intrude **intrusion** **intrusive** [adj]	*stören* *Aufdringlichkeit, Eingriff ins Privatleben* *aufdringlich*	In answer to the public concern about media intrusion the publishers of Britain's papers have committed themselves to a minimum ethical standard.	= interfere, intervene; bother, disturb, pester
(to) invent **invention** **inventive** [adj]	*erfinden* *Erfindung* *erfinderisch*	The immigration authorities should be more inventive and take legal measures against uncontrolled immigration.	= resourceful, innovative

word family	dt. Bedeutung	English sentence	synonyms/opposites
(to) invest **investment**	*investieren, anlegen* *Investition, Anlage*	Massive investments were needed to build the new Olympic stadium.	= sums of money, capital
(to) invigorate	*stärken*	These immigrants spread over the land and their contributions invigorated the nation's life.	= strengthen, reinforce, intensify
invoice	*Rechnung*	Please find enclosed our invoice.	= bill
involvement **involved in** **involved** [adj]	*Beteiligung, Verstrickung* *mit etw. zu tun haben* *kompliziert, verworren*	For those involved in equal rights for men and women the economic necessity provided the breakthrough. The electoral system in the USA is more involved than in Britain.	= concerned with, having to do with = complex, complicated
irrelevant [adj]	*unwichtig, nebensächlich*	We only become aware how totally irrelevant television is when we spend a holiday far away from civilisation.	= unimportant, insignificant, non-essential
(to) irritate **irritation** **irritable** [adj]	*(ver)ärgern* *Gereiztheit, Ärger* *reizbar*	The cliché of Britain as the "sick man of Europe" irritated modern Britons.	= annoy, aggravate ≠ delight, please
issue	*Streitfrage, Kernfrage*	The main issue in the election was the financial situation.	= matter, problem
jealousy **jealous (of)** [adj]	*Eifersucht* *eifersüchtig (auf)*	Beauty competitions are often bound up with jealousy.	≠ unselfishness, generosity
job centre **jobless** [adj]	*Arbeitsamt* *arbeitslos*	Every morning there is a long queue of job hunters outside the job centre.	= labour office (AE) = unemployed, out of work
(to) join	*beitreten*	In 1973 Britain joined the European Community.	= become a member, enter, sign up for; ≠ leave

word family	dt. Bedeutung	English sentence	synonyms/opposites
joint-stock company	*Aktiengesellschaft*	Andrew Lloyd Webber, the composer of "Jesus Christ Superstar", founded a joint-stock company.	= corporation
judiciary **judicial** [adj] **judicious** [adj]	*Richter, Richterstand* *gerichtlich* *klug, weise*	In a democracy power is separated into three branches – the executive, the legislative and the judiciary.	= judges of a country
just about	*fast, beinahe*	In future, just about everything will be done differently.	= almost, nearly, virtually
(to) justify **justice** **justification** **just** [adj] **justifiable** [adj]	*rechtfertigen* *Gerechtigkeit* *Rechtfertigung* *gerecht* *zu rechtfertigen*	To justify the killing of the native population the concept of "Manifest Destiny" was propagated.	= approve, authorize, sanction
keen [adj]	*begeistert, leidenschaftlich*	I was a keen supporter of our local football team.	= enthusiastic, eager, ardent
(to) labour **labour** (1) **labour** (2) **laborious** [adj]	*arbeiten, sich abmühen* *Arbeitskräfte (Pl.)* *Arbeit, Mühe* *mühsam, schwerfällig*	Those societies in Western Europe with the most flexible supplies of labour have achieved the highest growth rates since 1945.	= workers
(to) lament **lamentation** **lamentable** [adj]	*über etw. klagen* *Wehklage* *bedauerlich*	A series of reports lamented the state of public education.	= deplore; ≠ rejoice
(to) launch	*einführen, einleiten*	The agricultural revolution launched a wave of change.	= start; ≠ stop, end, finish

word family	dt. Bedeutung	English sentence	synonyms/opposites
law	*Recht, Gesetz*	Congress passed stricter immigration laws.	= regulation, legislation
lawbreaker	*Gesetzesbrecher*	Many people maintain that sometimes lawbreakers do not receive the same punishment for the same crime.	= offender
(to) lead	*führen*		
leader	*Führer*		
leadership	*Führung*		
leading [adj]	*führend*	According to leading international agencies the United States is still spending too much on agricultural support.	= most important, principal ≠ unimportant, irrelevant
(to) legalise	*legal machen, legalisieren*	Women's rights movements increased efforts to legalise abortion.	= make legal, sanction
legality	*Rechtmäßigkeit*		
legal [adj]	*gesetzlich erlaubt*		
legislation	*Gesetzgebung*	Martin Luther King's actions led to the famous civil rights legislation in the 1960s.	= laws
legislative	*gesetzgebende Gewalt*		
legislative [adj]	*gesetzgebend*		
lethal [adj]	*tödlich*	Many addicts took a lethal overdose to end their misery.	= deadly
level	*Höhe, Niveau, Stand*	In view of the high unemployment level, the prospect of new jobs through a international project was attractive.	= rate, quota
likelihood	*Wahrscheinlichkeit*	There is a great likelihood that people will resort to force if their basic needs are neglected.	= probability, possibility, chance
likely [adj]	*wahrscheinlich*	It is quite likely that the US proposal will meet with scepticism abroad.	= possible, probable, potential
(to) limit	*einschränken*	The founders of America's political institutions sought to limit governmental powers.	= confine, restrict

word family	dt. Bedeutung	English sentence	synonyms/opposites
(to) link to **link** **linkage**	*in Verbindung stehen mit* *Verbindung, Bindeglied* *Verbindung*	A long-term exposure to pesticides is linked to cancer. There is a significant link between the child and the emotional security of both its parents.	= associate with, relate to = connection, relationship
little by little	*allmählich, nach und nach*	Little by little, television cuts us off from the real world.	= gradually, continually
(to) look to **(to) look after**	*erwarten* *sich kümmern um*	These students are looking to the colleges to prepare them directly for a career. The good companies make every effort to look after their staff.	= expect = take care of, care about, be concerned about
loyalty **loyal** [adj]	*Treue* *treu*	People emphasized their loyalty to the Crown and the Union Jack.	= allegiance, faithfulness
magnitude	*Größe, Ausmaß*	Change of this magnitude makes people nervous.	= scope, extent, dimension
mainly [adv]	*hauptsächlich*	Britain became an alternative mainly for Kenyans.	= mostly, to a large extent
(to) maintain **maintenance**	*aufrechterhalten* *Erhaltung, Unterhalt*	In Britain, the Queen and the Prime Minister play an important role to maintain democracy.	= keep up, sustain
majority **major** [adj]	*Mehrheit* *wichtig, Haupt-, größer, bedeutender*	One of the major issues of science lies in the prediction and control of human intervention into nature.	= primary, principal, main, leading, important; ≠ minor
(to) make a speech	*eine Rede halten*	After more than six months in Parliament the M. P. for Fulham managed to make a speech for the first time.	= deliver a speech
malice **malicious** [adj]	*Bosheit* *boshaft*	The malice that exists between the two characters is due to their rivalry.	= malevolence, spite, maliciousness; ≠ kindness

word family	dt. Bedeutung	English sentence	synonyms/opposites
(to) manage **management** **managerial** [adj]	*führen, leiten* *Verwaltung, Leitung* *leitend*	Some colonies were allowed to manage their own affairs under governors appointed by the mother country.	= conduct, run
(to) manifest **manifestation** **manifest** [adj]	*offenbaren* *Kundgebung* *offenbar*	Smaller countries just serve the larger countries to manifest their power and reputation.	= display, show, exhibit
manpower	*Arbeitskräfte (Pl.)*	As the new product sold rather well, the firm decided to increase manpower in the production plant.	= workers, labour force
manufactured goods	*Fertigwaren*	More money is earned with the sale of manufactured goods than with the sale of primary products.	= finished products
marked [adj]	*deutlich, klar*	Class has always been a part of British life – even though today the barriers are less high and less marked.	= obvious, prominent, clear, distinct
mass **mass-produced** [adj]	*Masse* *serienmäßig hergestellt*	The country's prosperity is based on the sale of airplanes, cars, TV sets and mass-produced clothing.	≠ handmade, made to order, made to measure
massive [adj] **massively** [adv]	*massig, dicht* *gewaltig*	The supply of money in the economy has increased massively in recent years.	= enormously, immensely
(to) mature **maturity** **mature** [adj]	*erwachsen werden* *Reife* *reif, erwachsen*	Females mature sexually earlier than males.	= develop, grow up ≠ immature
means	*Mittel, Geld*	Overdrafts make it possible to buy things in advance of earning and saving the means to pay for them.	= money, funds, resources

word family	dt. Bedeutung	English sentence	synonyms/opposites
(to) meditate **meditation** **meditative** [adj]	*nachdenken, meditieren* *Nachdenken* *nachdenklich*	Simon goes off to the jungle to meditate.	= ponder, deliberate
(to) meet	*erfüllen*	The country's requests for small quantities of drugs, rice etc., are difficult to meet.	= fulfil
merchandise	*Ware*	A great part of our merchandise is on display in our show-rooms in Regent Street.	= goods, articles, products
mercy **merciful** [adj] **merciless** [adj]	*Gnade* *gnädig* *gnadenlos*	In the end Ralph crashes through the jungle and tumbles onto the beach, "trying to cry for mercy".	= clemency; ≠ revenge
merely [adv]	*bloß, nur, lediglich*	Some of the immigrants from Sri Lanka may merely be seeking work and welfare in European countries.	= just, only, simply
metropolis	*Metropole, Hauptstadt*	A great number of migrants simply follow the attraction of greater economic opportunity in a metropolis.	= (mega)city, capital
minority **minor** **minor** [adj]	*Minderheit* *Minderjährige(r)* *geringer*	The United Kingdom has a large black minority. Agriculture is the most dangerous occupation to minors in the United States.	≠ majority = child
misery **miserable** [adj]	*Elend, Not* *ärmlich, elend*	Demonstrators protested against the misery of the disadvantaged Indians.	= suffering, plight
moderate [adj]	*maßvoll*	Drugs cannot be taken in a moderate way.	= reasonable
modesty **modest** [adj]	*Bescheidenheit* *bescheiden*	That modest sum is a small sign of recognition.	≠ huge, enormous, incredible

word family	dt. Bedeutung	English sentence	synonyms/opposites
moist [adj]	*feucht*	A moist climate keeps pastures green.	= damp, humid
more than	*über*	From 1882 to 1902 more than two million immigrants sailed to New York from Bremen alone.	= over
mortality rate	*Sterberate*	The mortality rate among children is very low.	= death rate; ≠ birth rate
(to) move **movement** **motion**	*bewegen, rühren, ergreifen* *Bewegung* *Bewegung, Gang*	All her tears and pleas did not move him at all.	= affect, touch, influence, alarm
murder	*Mord*	The murder of a two-year-old boy shocked Britain.	= homicide, killing
mystery **mysterious** [adj]	*Geheimnis* *geheimnisvoll*	Scientists solved the mystery of what happened to the space shuttle as it re-entered the Earth's atmosphere.	= secret
(to) nationalize **nation** **nationality** **national** [adj] **national service**	*einbürgern, verstaatlichen* *Volk, Staat* *Staatsangehörigkeit* *national, Landes-* *Wehrdienst*	National service is mandatory in some countries and voluntary in others.	= military service
nearly [adv]	*beinahe*	Nearly all the sports practised nowadays are competitive.	= almost, virtually
(to) necessitate **necessity** **necessary** [adj]	*etw. erfordern* *Notwendigkeit* *nötig*	The civil rights leader explained the miserable social conditions of the African Americans and the necessity for a change.	= need, urgency
need	*Bedarf, Notwendigkeit*	The need for independent advice is more urgent than ever, because the people today are confronted with a bewildering variety of goods.	= demand, necessity, urgency

word family	dt. Bedeutung	English sentence	synonyms/opposites
(to) neglect	*vernachlässigen, nicht beachten*	Man has neglected the unemployed masses in the developing countries too long.	= ignore, disregard
negligence	*Nachlässigkeit*		
neglectful [adj]	*nachlässig*		
negligible [adj]	*nebensächlich*		
negotiations	*Verhandlungen (Pl.)*	If negotiations fail the printers will go on strike and there won't be any newspapers tomorrow.	= talks
(to) negotiate	*verhandeln*		
(to) nominate	*nominieren, aufstellen*	In July and August the Republicans and the Democrats nominate their candidates for the presidency.	= appoint, assign
(to) note	*bemerken, notieren*	As soon as strong feelings of rivalry are aroused, the notion of playing the game according to the rules always vanishes.	
note	*Zeichen, Notiz*		
notation	*Bezeichnung*		
notion	*Begriff, Vorstellung*		= idea, concept
noted [adj]	*bekannt, berühmt (wegen)*	American youths were noted for the acceptance of the traditional American way of life.	
notable [adj]	*bemerkenswert*		= known, famous
(to) notice	*bemerken*		
notice	*Kenntnis; Kündigung*	When two of the most respected education specialists criticise our education system, we should take notice.	≠ disinterest, disregard, indifference
noticeable [adj]	*merklich*		
(to) nourish	*nähren, ernähren*		
nourishment	*Nahrung*	Breadfruit trees were imported as a source of nourishment for the slaves.	= food, sustenance
nourishing [adj]	*nahrhaft*		
nuisance	*Ärgernis*	The public regard football hooligans as a nuisance.	= annoyance, plague; ≠ joy

word family	dt. Bedeutung	English sentence	synonyms/opposites
(to) number **number** **numerous** [adj]	*zählen* *Zahl, Anzahl* *zahlreich*	The 1924 Johnson Act established quotas for immigration based on the number of former nationals of each country in the United States.	 = amount
nutrition **nutritious** [adj]	*Ernährung, Ernährungswissenschaft* *nahrhaft, nährstoffreich*	Nutrition experts warn that confectionery and snacks should not replace balanced meals.	 = nourishing, wholesome
(to) obey **obedience** **obedient** [adj]	*befolgen, gehorchen* *Gehorsam* *gehorsam*	There are general rules to obey in business conversations.	= adhere to, comply with, observe ≠ break, disregard, transgress
(to) object to **objection** **object** **objectionable** [adj]	*etw. einwenden gegen, Einspruch erheben* *Einwand* *Gegenstand, Ziel* *nicht einwandfrei*	Three in four women consumers object to exploitation of sex in advertising.	≠ agree to, approve of, consent to, accept
(to) oblige **obligation** **obligatory** [adj] **obliging** [adj]	*verpflichten, zwingen* *Verpflichtung* *verpflichtend* *gefällig*	The newcomers were obliged to take low-status jobs.	= force, compel
(to) obscure **obscurity** **obscure** [adj]	*verdunkeln, verschleiern* *Dunkelheit* *unbekannt, unverständlich*	 The origins of the Inuit are obscure.	 = unclear, mysterious ≠ clear, obvious

word family	dt. Bedeutung	English sentence	synonyms/opposites
(to) observe	*einhalten, beachten; beobachten, befolgen*	The president asked the nation to observe a moment of silence for victims of the attack.	= keep; see, discern
observation	*Beobachtung*		
observance	*Befolgung, Brauch*		
observant [adj]	*aufmerksam*		
obsolete [adj]	*veraltet*	The American electoral system is complicated and to a large extent obsolete.	= outmoded, out of date ≠ up-to-date, modern
obstinacy	*Hartnäckigkeit, Eigensinn*		
obstinate [adj]	*eigensinnig*	Dudley, who seems to be very obstinate, is spoilt by his excessively caring mother.	= hard-headed, self-willed, unruly; ≠ compliant
obvious [adj]	*offensichtlich, klar, deutlich*	In Britain, solar energy is not a very dependable form of energy for obvious reasons.	= evident, clear
(to) occupy	*sich beschäftigen; besetzen*		
occupation	*Beruf, Beschäftigung; Besetzung, Besitz*	You have to fill in your occupation in this form.	= job, profession
(to) occur	*sich ereignen, passieren*	Massive migration from Europe did not occur until the late 1840s.	= happen, take place
occurrence	*Vorkommen, Vorfall*		
(to) offend	*beleidigen; eine Straftat begehen*	I'm very sorry, but I certainly did not intend to offend you personally.	= insult; commit a crime
offence	*Beleidigung; Vergehen*		
offensive [adj]	*beleidigend*		
opportunity	*(günstige) Gelegenheit*	America was a country that presented opportunities to become rich.	= chance

word family	dt. Bedeutung	English sentence	synonyms/opposites
(to) oppose **opposition** **opposite** [adj]	*sich widersetzen* *Widerstand* *entgegengesetzt*	Itzhak Rabin was assassinated by a fanatic Israeli who opposed the plans for peace with Israel's Arab neighbours.	= resist, fight against ≠ agree to, accept
(to) oppress	*unterdrücken*	"We must fight for the liberation of oppressed people."	= suppress, persecute
Orange and Green	*Protestanten und Katholiken (in Nordirland)*	Realities inside Ulster, in terms of the relations between Orange and Green, did not change very much.	= Protestants and Catholics
(to) organize **organ** **organism** **organization** **organic** [adj]	*organisieren* *Organ* *Organismus* *Organisation* *organisch, biologisch*	George Washington had to organize an army out of about 16,000 men, who knew little of fighting and less of military discipline. Organic food stores ("Bioläden") can now be found in most major US cities.	= set up, start, put together, muster
(to) originate **origin** **original** [adj]	*entstehen, seinen Ursprung haben* *Ursprung* *ursprünglich*	The physicists picked up signals which seemed to originate from a very distant planet.	= come from, derive, stem from
outcome	*Ergebnis*	Our model correctly predicted the outcome of the Scottish Referendum.	= result, consequence, effect
(to) outlaw **outlaw**	*für ungesetzlich erklären* *Geächteter, Bandit*	We demand to implement existing laws and outlaw all those who threaten the right to life of any human being.	= ban, prohibit, forbid = bandit, criminal
overt [adj]	*offen, offenkundig*	Economic racism is more often found than the overt racism of the past.	≠ hidden, secret, concealed
(to) overthrow	*absetzen, stürzen*	A group of generals managed to overthrow the dictator.	= topple

word family	dt. Bedeutung	English sentence	synonyms/opposites
pace	*Tempo, Schritt*	The evolution of the organization of work will continue along established lines, probably at an accelerated pace.	= speed, rate, tempo
paramount [adj]	*übergeordnet, höchst*	Of paramount importance is the need to build up more confidence.	≠ secondary, minor, subordinate
(to) part **part; partition** **partial** [adj]	*teilen* *Teil, Anteil; Teilung* *teilweise*	 Diabetes may cause partial or total blindness.	 ≠ whole, complete, total
particularly [adv]	*vor allem, besonders*	In large comprehensive schools violence and truancy are increasing, particularly in large cities.	= especially, chiefly, primarily
passion **passionate** [adj]	*Leidenschaft* *leidenschaftlich*	The minister pursued his aim with passion and defend it with care.	= enthusiasm, fervour, zeal ≠ apathy, disinterest
pastime	*Zeitvertreib, Freizeitbeschäftigung*	Watching TV all day is not the ideal pastime.	= recreation, hobby, distraction, diversion
peasant	*(Klein-) Bauer*	In the nineteenth century dozens of millions, mostly peasants, moved across Europe from East to West.	= farmer, countryman
peculiarly [adv]	*besonders*	It is peculiarly difficult to analyse the methods used by advertisers on the television screen.	= especially, particularly
penalty	*Strafe*	The judge announces the penalty.	= punishment
(to) perceive	*bemerken, wahrnehmen, empfinden*	The opinion polls show that the President and his wife are perceived as "people who like elegance and parties".	= see, regard, look upon

word family	dt. Bedeutung	English sentence	synonyms/opposites
perhaps	*vielleicht*	Before lunch the Queen holds audiences, perhaps with a lord or a foreign diplomat.	= maybe, possibly, conceivably
(to) permit **permission** **permissible** [adj] **permissive** [adj]	*gestatten* *Erlaubnis* *zulässig* *zulässig, tolerant*	The American colonists felt the need for internal stability to permit the new nation to grow and prosper.	= allow ≠ forbid
(to) persecute **persecution**	*verfolgen* *Verfolgung*	Racists persecute a minority out of prejudice, hatred or envy.	= harass, torment
(to) persist **persistence** **persistent** [adj]	*andauern, beharren* *Anhalten, Beharrlichkeit* *beharrlich*	While a deep recession persists, and the gulf between rich and poor widens, the net of social services grows thinner.	= continue, endure, last, go on
personnel	*Personal, Belegschaft*	There are rumours about a slight reduction of the personnel in the Hendon branch office.	= staff, workforce
(to) persuade **persuasion** **persuasive** [adj]	*überzeugen, überreden* *Überredung* *überzeugend*	The trade union official tried to persuade the management to grant shorter working hours and introduce more democracy on the shop floor.	= convince ≠ dissuade
piety **pious** [adj]	*Frömmigkeit* *fromm*	The town of Limerick gained a reputation for piety.	= holiness, sanctity
pitch	*Spielfeld, Platz*	Many politicians think that national prestige can be won on the football pitch.	= field, ground
plant	*Werk, Fabrik*	Newspapers published photos of several hundred workers cycling near the plant.	= factory, works

word family	dt. Bedeutung	English sentence	synonyms/opposites
platform	*(Wahl-) Programm*	The platform of a political party is what they say they will do if they are elected.	= programme, manifesto
(to) play down	*herunterspielen*	Writers favourable of Northern Ireland played down the tensions between the communities.	≠ exaggerate, blow up
(to) please **pleasure** **pleasurable** [adj] **pleasant** [adj]	*jdm. gefallen* *Vergnügen* *angenehm* *angenehm*	Dinner for two is a pleasurable occasion.	≠ disagreeable, disgusting, unpleasant
(to) poison **poison** **poisonous** [adj]	*vergiften* *Gift* *giftig*	We have ignored the warnings of poisonous air too long.	= toxic, noxious
poor [adj] **poorly** [adv]	*armselig, schlecht* *schlecht*	Much of the blame for the poor image of the EU rests with British politicians. Consider how poorly American society is dealing with the elderly.	≠ excellent, splendid, positive = badly, low
(to) populate **population** **populous** [adj]	*bevölkern* *Bevölkerung* *dicht besiedelt*	Brixton, a district in South London, is populated by black people, mostly from the West Indies.	= inhabit, occupy
(to) possess **possession** **possessive** [adj]	*besitzen, verfügen über* *Besitz* *besitzanzeigend*	Saudi Arabia and Pakistan possess about 25 % of all proven oil reserves.	= hold, own, retain ≠ dispossess (“*enteignen*”)
possible [adj]	*möglich*	Since the Chernobyl disaster we have become more aware of the possible dangers of atomic power plants.	= potential

word family	dt. Bedeutung	English sentence	synonyms/opposites
(to) precede **precedence** **precedent** **precedent** [adj]	*vorhergehen* *Vorrang* *Präzedenzfall* *vorhergehend*	The Unionists in Northern Ireland demanded that decommissioning must precede Sinn Fein's entry into government.	≠ follow
precision **precise** [adj]	*Genauigkeit, Präzision* *genau, präzise*	The laser was invented in 1960, and used for precision cutting and optical surgery.	= accuracy, exactitude, exactness, preciseness ≠ imprecise
(to) predict **prediction** **predictable** [adj]	*vorhersagen* *Vorhersage* *vorhersehbar, voraussagbar*	Experts predict that there will soon be millions of people with lots of time on their hands.	= foretell, forecast, foresee
predominantly [adv]	*überwiegend*	In the poor countries diets are predominantly starchy.	= chiefly, mainly, primarily
(to) prefer **preference** **preferable** [adj] **preferential** [adj]	*etw. vorziehen* *Vorzug, Vorliebe* *besser, vorzuziehen* *bevorzugt*	Most people prefer living in a suburb to living in the noisy city centre.	= opt for, tend to choose
(to) prepare **preparation** **prepared** [adj] **preparatory** [adj]	*vorbereiten* *Vorbereitung* *bereit* *vorbereitend*	British statesmen have not been prepared to devote to Ireland the amount and time of attention its good government required.	 = able and willing, ready
(to) press for **pressing** [adj] **pressure**	*bestehen auf, drängen auf* *dringend* *Druck*	The union officials press for a strike. Each nation is naturally concerned with its own pressing problems.	= insist on, want, ask for = urgent, vital, serious, acute

word family	dt. Bedeutung	English sentence	synonyms/opposites
(to) presume **presumption** **presumptive** [adj] **presumptuous** [adj]	*vermuten, annehmen* *Vermutung* *mutmaßlich* *überheblich*	It would be wrong, however, to presume that all initiatives to save energy are in vain.	= suppose, think, assume
(to) pretend **pretence** **pretended** [adj]	*so tun also ob, vortäuschen* *Vorwand* *angeblich*	I don't pretend to have any definitive answers but one thing is clear: We must reduce the CFC emissions.	= make believe
pretty [adv]	*ziemlich*	Most of us are pretty contradictory when it comes to protecting the environment.	= fairly, rather, to some extent, quite, more or less
(to) prevail **prevalence** **prevailing** [adj] **prevalent** [adj]	*vorherrschen* *Vorherrschen* *(vor)herrschend, bestehend* *vorherrschend*	It is our duty to abolish the prevailing misery among the poorest people in the world.	= current, existing
(to) prevent **prevention** **preventive** [adj]	*etw. verhindern* *Verhinderung* *vorbeugend*	In order to prevent Western Europe becoming Communist, the US government adopted a new strategy towards Russia.	≠ permit
previous [adj]	*vorhergehend, vorausgehend*	Young people are demanding more satisfaction from a job than did previous generations.	= former, earlier
primary [adj] **primary products**	*Haupt-, vorrangig* *Rohstoffe (Pl.)*	Economic growth and employment are the primary goals of many countries. Peru sells primary products like minerals, zinc and silver.	≠ main, chief, principal = raw materials
principally [adv]	*hauptsächlich, Haupt-*	Microchips are made principally of silicon.	= basically, mainly, chiefly

word family	dt. Bedeutung	English sentence	synonyms/opposites
(to) proceed **procedure** **process** **procession**	*voranschreiten* *(techn.) Verfahren* *(gerichtl.) Verfahren, Prozess* *Umzug*	I have always believed that agriculture should proceed in harmony with nature, recognising that there are natural limits to our ambitions.	= advance, progress ≠ recede
(to) proclaim **proclamation**	*erklären, ausrufen* *Ausrufung, Kundgabe*	The Prime Minister proclaimed, "We must try to find ways to starve the terrorist and hijacker of the publicity on which they depend."	= declare, announce, state
(to) produce **production** **product** **produce** **productive** [adj]	*herstellen* *Herstellung* *Fabrikerzeugnis* *Naturerzeugnis* *produktiv, ertragreich*	During World War II (1939–45), many efforts were made to produce atomic weapons.	= make, construct, manufacture
(to) profess **profession** **professional** [adj]	*bekennen; ausüben* *Bekenntnis; Beruf* *Berufs-*	A majority of Britain's population profess to be Christians.	= assert, affirm, declare,
(to) profit **profit** **profitable** [adj]	*Gewinn machen* *Gewinn* *Gewinn bringend, rentabel*	The multinational corporations have a clear goal: maximum trade and maximum profit.	= earnings, proceeds, return ≠ loss
(to) progress **progress** **progressive** [adj]	*Fortschritte machen* *Fortschritt* *fortschrittlich*	Science and technology cannot make progress without taking some risks.	= advance

word family	dt. Bedeutung	English sentence	synonyms/opposites
(to) prohibit **prohibition** **prohibitive** [adj]	*verbieten* *Verbot* *Schutz-*	Discrimination on the basis of race, sex, handicap, religion, and national origin is prohibited.	= forbid, ban, outlaw ≠ permit
prominence **prominent** [adj]	*Hervorragen* *weithin bekannt, berühmt*	A prominent economist argues that drinking habits in Ireland often scare away potential foreign investors.	= well-known, famous, important
(to) promote **promotion** **promotional** [adj]	*fördern* *Beförderung, Werbung* *Werbe-*	Rapid growth helped to promote a remarkable mobility in the American population.	= further, encourage, bring about
propaganda	*Werbung, Reklame*	Solar energy has not been given enough propaganda.	= publicity
proportion **proportional** [adj] **proportionate** [adj]	*Anteil, Verhältnis* *proportional* *angemessen*	The proportion of female managers has doubled in recent years.	= rate, ratio, scale, percentage
(to) propose **proposal**	*vorschlagen, beabsichtigen* *Vorschlag, Antrag*	US military leaders have submitted a proposal to the White House.	= suggest, offer, put forward = suggestion, plan, idea
proprietor	*Eigentümer, Besitzer*	Richard Branson, the proprietor of the Virgin company, is a multi-millionaire.	= owner
prospect	*Aussicht*	The immigrant had the prospect of earning a living.	= chance, expectation, hope
(to) prosper **prosperity** **prosperous** [adj]	*gedeihen, florieren* *Wohlstand* *wohlhabend*	While many of our citizens prosper, others doubt the promise – even the justice – of our own country.	= succeed, flourish, thrive = wealth; ≠ poverty = wealthy; ≠ poor

word family	dt. Bedeutung	English sentence	synonyms/opposites
(to) protect **protection** **protective** [adj]	*schützen* *Schutz* *Schutz-, schützend*	It seems almost impossible to protect youngsters from the dangers of smoking and drinking.	≠ destroy, harm, damage, contaminate, ruin
(to) prove **proof** **proven** [adj]	*beweisen* *Beweis* *bewiesen*	Do you need more proof that we don't need the Royal Family?	= evidence
(to) provide **provision** **provisional** [adj]	*zur Verfügung stellen, sorgen für* *Bereitstellung, Versorgung* *provisorisch, vorläufig*	The scientists provided a solution to the health problem.	= supply, offer, furnish
publicity	*Werbung, Reklame*	The Boeing company have launched a publicity campaign to improve the company's image.	= advertising, propaganda
(to) publish **publication** **public** [adj]	*veröffentlichen* *Veröffentlichung* *öffentlich*	The first continuously published newspaper in England was the Weekly News (1622–41).	= issue, produce; distribute
purchase	*Kauf, Erwerb*	The purchase of a house is one of the biggest decisions.	= buy, buying
(to) purify	*reinigen*	Oxygen helps purify our water.	= clean, cleanse
(to) pursue **pursuit** **pursuant** [adj]	*verfolgen* *Streben* *entsprechend*	According to the Declaration of Independence, every individual is allowed to pursue their own happiness.	= seek to accomplish, proceed
(to) put up	*errichten, erbauen*	Industrial development brings many changes: housing estates have to be put up; power stations are installed.	= build, establish, erect

word family	dt. Bedeutung	English sentence	synonyms/opposites
quality	*Eigenschaft*	The humour of the advertising slogan is more important than the quality of the actual product.	= characteristic, nature, feature, trait
(to) quicken **quickness** **quick** [adj]	*beschleunigen* *Schnelligkeit* *schnell*	The already mad pace of working life is quickening.	= speed up; ≠ slow down
(to) quote **quotation**	*zitieren; berechnen* *Kostenvoranschlag; Zitat*	The quotation remains open for acceptance for 30 days.	= offer, estimated costs
(to) radiate **radiation** **radiance** **radiant** [adj]	*ausstrahlen* *Strahlung* *Glanz, Strahlen* *strahlend, leuchtend*	Believers in the paranormal claimed the crop circles radiated mysterious energy forces.	= disperse, spread
(to) raise	*heben, aufheben, hochheben*	Would those in favour of the motion raise their hands?	= lift, put up
(to) rank	*ordnen, einreihen, klassifizieren*	We often rank countries according to their GNP per head of population.	= classify, rate, order
rate of exchange	*Wechselkurs*	The rate of exchange of the US dollar is fixed every day.	= trading rate/position
(to) ravage	*verwüsten*	Algae bloom will ravage swimming areas.	= spoil, devastate
readiness **ready** [adj]	*Bereitschaft* *bereit, willens*	Even managers are ready to accept less well-paid jobs.	= willing, inclined; ≠ reluctant
(to) rebel **rebellion** **rebellious** [adj]	*sich auflehnen* *Auflehnung, Empörung*	A rebellion is a violent, organized action by people who are trying to change their country's political system.	= revolt, revolution

word family	dt. Bedeutung	English sentence	synonyms/opposites
(to) receive **reception** **receptive** [adj]	*erhalten, bekommen* *Aufnahme, Empfang* *empfänglich*	Participants can receive a discount if they register early for the convention.	= get, obtain, be given, be granted
recent [adj]	*jüngst*	A recent UN report describes the stress of technological change on the educational system.	≠ out of date, antiquated, obsolete
recession	*Konjunkturrückgang*	At the height of the recession the companies cut back on job training.	= depression, stagnation, slump; ≠ boom, recovery
(to) reconcile **reconciliation** **reconcilable** [adj]	*versöhnen, unter einen Hut bringen* *Versöhnung* *vereinbar*	For the time being, nobody can see how the opposing parties can be reconciled.	≠ estrange
(to) recycle **recyclable** **recycling**	*wieder aufbereiten, wieder verwerten* *wieder verwertbar* *Wiederverwertung*	The publishers of free newspapers claim they use paper which has been recycled.	= reuse ≠ discard, throw away
redundant [adj]	*überflüssig, unnötig*	The Electors, who are directly elected by the population, are not really needed, they are redundant.	= superfluous, unnecessary
(to) refuse **refusal**	*ablehnen* *Ablehnung*	We can't refuse to cure disease to limit world population. The refusal to ratify the treaty was not received well.	= decline, reject = denial, rejection ≠ acceptance, approval
(to) regret **regrettable** [adj]	*bedauern, beklagen* *bedauerlich*	One day you'll regret talking about the European Parliament with such disrespect.	= feel sorry for, be sorry for ≠ reasonable, acceptable

word family	dt. Bedeutung	English sentence	synonyms/opposites
(to) reject	*ablehnen, abweisen, zurückweisen*	In some areas planning departments reject proposals for buildings reaching above the tree-line.	= refuse, turn down ≠ accept
(to) relate **relation** **relative** [adj]	*sich beziehen auf* *Bezug; Verwandte(r)* *vergleichbar; relevant*	The findings of the survey relate to the performance of girls in A-level examinations.	= apply to
(to) release (1)	*freilassen*	The investigation proved that H. M. Swindon is innocent, so the police will release him immediately.	= set free, let go
(to) release (2)	*freigeben, freisetzen*	Sport enables people to release their aggressions.	= get rid of
(to) relieve **relief**	*erleichtern* *Erleichterung*	Sedative drugs are used to relieve fear, tension and to forget problems.	= ease, get rid of
reluctance **reluctant** [adj]	*Widerwillen* *zögernd, widerwillig*	Amnesty has never been reluctant to criticize governments that otherwise enjoy popular support.	≠ willingness, inclination ≠ eager, zealous, keen
(to) rely on **reliance** **reliable** [adj]	*sich verlassen auf* *Vertrauen, Verlass* *verlässlich*	People in the Third World countries rely on our contribution to improve their situation.	= trust, count on
(to) remain **remainder**	*bleiben* *Rest, Überbleibsel*	The airline regrets the delays and hopes that the remainder of your journey will be pleasant.	= rest
(to) remember **remembrance**	*sich erinnern* *Andenken, Erinnerung*	Congress met for a special ceremony at Federal Hall in New York City in remembrance of September 11.	= reminiscence, reminder
(to) remind **reminder**	*jmdn. erinnern* *Mahnung*	The shooting of a Catholic in Belfast late last week is a reminder that not everyone is ready to talk peace.	= admonition, warning
renowned [adj]	*berühmt*	British soldiers are renowned for their discipline.	= famous, well-known, famed

word family	dt. Bedeutung	English sentence	synonyms/opposites
(to) repeat **repetition** **repetitive** [adj]	*wiederholen* *Wiederholung* *monoton, stumpfsinnig*	Many disadvantages of the old factories are distinctly present in modern production lines: the noise and the boredom induced by repetitive work.	= boring, monotonous,
(to) repent **repentance** **repentant** [adj]	*bereuen* *Reue* *reuig*	The only way to deal with pain and resentment is not to forgive and forget, but to remember and repent.	= regret, deplore
reply	*Antwort, Reaktion*	Henry VIII wrote a book on the Sacraments in reply to Luther.	= answer, response
(to) require **requirement** **requisite** [adj]	*brauchen, erfordern* *Erfordernis, Forderung* *erforderlich*	To make the UN machinery work requires the rebuilding of confidence that was shattered by two world wars.	= demand, ask for, call for
research	*Forschung, Untersuchung*	According to the latest research there is no higher delinquency among children of working mothers.	= study, investigation
(to) resemble **resemblance**	*ähneln* *Ähnlichkeit*	The earliest existing organisms were cells, resembling modern bacteria.	≠ differ, vary
(to) resent **resentment** **resentful** [adj]	*übel nehmen* *Groll* *verbittert*	The Scots particularly resent constant English interference and unjust treatment.	= feel bitter
(to) reside **resident** **residence**	*wohnen* *Bewohner, Anwohner* *Wohnsitz*	Naturally, most of these changes are unwelcome to local residents.	= inhabitant, tenant, dweller, citizen

word family	dt. Bedeutung	English sentence	synonyms/opposites
(to) resist **resistance** **resistant** [adj]	*widerstehen, Widerstand leisten* *Widerstand* *ablehnend gegenüberstehend*	For many people it is extremely difficult to resist the attraction of "the box". M. L. King, who had always fought with means of non-violent resistance, was assassinated in 1968.	= withstand, oppose, dispute, fight, repel; ≠ accept, support, welcome, approve of = opposition
(to) resolve **resolve, resolution** **resolute** [adj]	*beschließen* *Entschluss* *entschlossen*	"These acts shattered steel, but they cannot dent the steel of American resolve," the president exclaimed.	= determination, firmness
resources **resourceful** [adj]	*Mittel* *erfinderisch*	The terrorists who committed the attacks were flexible and resourceful.	= inventive, clever
(to) resort (to)	*Zuflucht nehmen zu*	When victory or defeat can make a difference of thousands of pounds, sportsmen sometimes resort to stimulants.	= use, employ, avail oneself of
respect	*Achtung*	America has held out to the world the promise of respect for the rights of man.	≠ disrespect, disregard
(to) respond **response** **in response to** **responsibility** **responsive** [adj] **responsible** [adj]	*antworten* *Antwort* *aufgrund, infolge* *Verantwortung* *gut reagierend* *verantwortlich*	Most immigrants came in response to employment opportunities.	= reply, answer
(to) restrain **restraint**	*zurückhalten, unterdrücken* *Zurückhaltung, Zwang*	Many people find the laws insufficient to restrain the violence in our society.	= suppress

word family	dt. Bedeutung	English sentence	synonyms/opposites
(to) retain **retention**	*beibehalten, zurückbehalten* *Bewahrung*	Britain managed to retain garrisons in her former colonies for a long time.	= preserve, keep, hold
(to) retreat	*sich zurückziehen*	After losing the first battle, the army had to retreat.	= withdraw
(to) reveal **revelation**	*zeigen, offenbaren* *Enthüllung, Offenbarung*	Only the future will reveal how the new immigrants will build their American Dream.	≠ conceal
(to) reverse **reversal** **reverse** [adj]	*umkehren* *Wende* *umgekehrt*	The Administration's cuts in social spending reversed the gains of Lyndon Johnson's War on Poverty.	≠ maintain, forward
riches **rich** [adj]	*Reichtümer* *wohlhabend, reich*	People have always come to America in search of riches or in flight from poverty and persecution.	= wealth, prosperity = wealthy, well-to-do
right to vote	*Stimmrecht*	Blacks have been denied the right to vote for too long.	= suffrage, franchise
rise **(to) rise**	*Anstieg* *ansteigen*	Social improvements played a major role in the rise of the newspaper industry.	= breakthrough ≠ fall, downfall
root	*Wurzel*	Most problems of the developing countries arise from two roots: too little food and unemployment.	= source, cause
rough [adj] **roughly** [adv]	*hart, anstrengend* *ungefähr, grob*	The immigrants work long hours in rough jobs. The most visible candidates for retraining are the roughly two million so-called displaced workers.	≠ easy, pleasant, nice = approximately, about, just about; ≠ exactly, precisely
rude [adj]	*unverschämt, grob*	At times Higgins can be quite bad-tempered and rude.	= impolite, impertinent
(to) sack	*entlassen*	The talk is forgotten the day after the unlucky ones have been sacked.	≠ employ, hire

word family	dt. Bedeutung	English sentence	synonyms/opposites
(to) sacrifice	*opfern*	The flexibility of the English language allows for the "catchiness" of advertising slogans without sacrificing the literal meaning.	= give up, lose, drop
sample	*Probe, Muster*	We are sorry to tell you that the goods you sent us do not correspond to the sample.	= specimen
(to) sanction	*billigen*	Some go so far as to sanction government control – censorship, in fact – should the media fail to respond this call of voluntary restraint.	≠ reject, turn down, object to
sanity **sane** [adj]	*geistige Gesundheit* *zurechnungsfähig*	The lawyer called twelve witnesses to testify to the defendant's sanity.	≠ insanity ≠ insane
savagery **savage** [adj]	*Wildheit, Rohheit* *wild, roh, grausam*	As soon as you feel that you will be disgraced if you lose in a sports game, the most savage instincts are aroused.	= uncivilized, wild; ≠ civilized
scarcity **scarce** [adj]	*Knappheit, Mangel* *knapp*	The scarcity of petrol forced cars off the roads.	≠ abundance, affluence
schedule	*Plan, Zeitplan, Fahrplan*	Plans to cut sulphur dioxide emitted from power stations are slipping behind schedule.	= time, timetable, programme, plan
scheme	*Plan, Konzept, Projekt, Programm*	The estate was built as part of the town's slum clearance scheme.	= plan, project
scorn	*Verachtung*	Higgins reserves for Eliza a brand of scorn he would not dream of showing to a woman of his own class.	= disrespect, disdain, contempt
seas	*Meere, Gewässer*	We throw millions of tons of garbage into the seas.	= waters, oceans

word family	dt. Bedeutung	English sentence	synonyms/opposites
(to) seek (1)	*suchen*	Most immigrants have come to America seeking a better life for themselves and for their children.	= look for, search for
(to) seek (2)	*trachten nach*	Foreigners seek to escape from poverty and persecution in their homelands.	= try, attempt
segregation	*Rassentrennung*	But black Americans say segregation's legacy persists and that such privileges are not universally available.	≠ integration, desegregation
(to) seize	*ergreifen*	Orange radicals were all too eager to seize a chance to generate a crisis.	= grasp, capture
seizure	*Ergreifung*		
seldom [adv]	*selten*	Mechanisation at work means that workers are seldom physically exhausted when they get home.	= rarely, hardly
(to) select	*auswählen*		
selection	*Auswahl*	Natural selection favours or suppresses a particular gene.	≠ rejection
selective [adj]	*auswählend, selektiv*		
(to) sell	*verkaufen*	The new taxes could affect the production, sale and use of fertilizers and anything else that contributes to pollution.	
sale	*Verkauf, Absatz*		≠ purchase, buy, buying
saleable [adj]	*verkäuflich*		
(to) sense	*wahrnehmen*	Commercials during news programmes leave the viewer with the sensation that the commercials and for example the war are one and the same.	
sense	*Empfindung, Gefühl; Verstand*		
(common) sense	*gesunder Menschenverstand*		
sensation	*Gefühl*	There are a lot of sensible people who are sincerely worried about the way industry and housing are eating up the countryside.	= feeling, emotion
sensitive [adj]	*empfindlich*		
sensible [adj]	*vernünftig*		= reasonable, rational, intelligent

word family	dt. Bedeutung	English sentence	synonyms/opposites
(to) separate separation separate [adj] seperated [adj] separable [adj]	*trennen* *Trennung* *getrennt, einzeln* *getrennt lebend* *trennbar*	The law said that blacks and whites could be forced to go to separate schools.	= segregated ≠ desegregated
severity severe [adj]	*Härte, Strenge* *schwer wiegend, hart*	The dependence caused by marijuana is not so severe as that resulting from heroin.	= grave, serious
sewage	*Abwasser*	Many rivers have been polluted by untreated sewage.	= waste water
share	*Aktie*	Jonathan Winter has just bought his very first share.	= stock certificate
(to) shatter	*zerschmettern, zertrümmern*	Then came the Vietnam War – with the result that the golden image of America was shattered.	= destroy, break to pieces, smash
(to) ship	*versenden*	Manufacturers do not have to worry about tariff barriers when they ship goods to other countries.	= transport, move, take, carry, send
(to) shorten shortness shortage short [adj]	*kürzen* *Kürze* *Knappheit* *kurz*	The debate is clouded by emotion and confused by the shortage of reliable statistics.	≠ abundance, mass
(to) show	*zeigen, beweisen*	The opinion polls show that the president and his wife are seen as "people who like elegance and parties".	= prove, indicate, demonstrate, illustrate
(to) shrink	*abnehmen*	Without immigration, New York would be a declining city with a population shrinking towards 6 million.	≠ increase, grow, rise, swell
(to) side (with)	*Partei ergreifen für*	The Prime Minister has sided with the Europeans.	= cooperate with, support

word family	dt. Bedeutung	English sentence	synonyms/opposites
(to) sign **sign** **signature**	*unterschreiben* *(An-) Zeichen, Hinweis* *Unterschrift*	Is the continuing rise in juvenile delinquency a sign that the children of working mothers are more likely to "turn bad"?	= indication, proof, signal
(to) signify **significance** **significant (of)** [adj]	*bedeuten* *Bedeutung* *bedeutsam (für)*	There is a significant link between the emotional security of the child and both its parents, not merely the mother.	= important, considerable
similarity **similar** [adj]	*Ähnlichkeit* *ähnlich*	The majority of people in Third World countries live in similar circumstances of poverty and hunger.	≠ different
(to) simplify **simplicity** **simplification** **simple** [adj] **simplified** [adj] **simply** [adv]	*vereinfachen* *Einfachheit* *Vereinfachung* *einfach* *vereinfacht* *einfach, bloß*	Steam is simply a carrier of heat.	= just, only, merely
since	*da, weil*	There is a lot of discrimination, since most farm-workers come from racial minorities.	= because, as
sincerity **sincere** [adj]	*Aufrichtigkeit* *ehrlich, aufrichtig*	The Queen expressed her sincere gratitude to the founding fathers of the great republic for having taught Britain a very valuable lesson.	= honest, genuine, frank
skill **skilful** [adj]	*Geschicklichkeit, Fertigkeit* *geschickt*	In games people test their own skill against that of others.	= ability, dexterity, talent
slight [adj]	*gering, unbedeutend*	Some modifications of a "new" product are of very slight benefit to the consumer.	≠ considerable, great

word family	dt. Bedeutung	English sentence	synonyms/opposites
(to) slow down **slowness** **slow** [adj]	*verlangsamen* *Langsamkeit* *langsam*	British ministers have been trying to slow down the march to European integration.	≠ accelerate, speed up, quicken
sobriety **sober** [adj] **sobering** [adj]	*Nüchternheit* *nüchtern* *ernüchternd*	In a sobering annual report the institute warned about the rising number of people who are infected with HIV/AIDS in Africa.	= matter-of-fact, pragmatic
soil	*Boden*	In this area the soil is less suited to arable farming.	= ground, earth, land
solely [adv]	*nur, allein*	The language of an advertising slogan is designed to stick in the mind solely.	= only, merely, simply
(to) solve **solution** **solvency** **soluble** [adj] **solvent** [adj]	*lösen* *Lösung* *Zahlungsfähigkeit* *lösbar, löslich* *zahlungsfähig*	NASA specialist examined the wreckage to solve the mystery of the space shuttle catastrophe.	= find an explanation
sophisticated [adj]	*hoch entwickelt, kompliziert*	Steam power is often used inefficiently, despite highly sophisticated boilers and computer equipment.	≠ simple, primitive
(to) sort out	*in Ordnung bringen*	First we must sort out our attitude to work.	= define, find out about
source	*Quelle*	Some have traced this entrepreneurial drive to religious sources.	= origin, root, motive
spare time	*Freizeit, Mußestunden*	A pure amateur earns his living during the day and trains in his spare time.	= free time, leisure (time)

word family	dt. Bedeutung	English sentence	synonyms/opposites
(to) specify **specification** **specific** [adj]	*einzeln angeben* *Angabe, Beschreibung* *bestimmt, besonders*	Many of the specific effects of increasing automation are far from clear.	≠ general, overall
spectacle **spectacular** [adj]	*Schauspiel, Anblick* *Aufsehen erregend, sensationell*	The introduction of this new procedure has been accompanied by spectacular increases in productivity.	= astonishing, striking
(to) spend	*(Geld) ausgeben*	Nowadays people have more money to spend than ever before.	≠ save
(to) spoil	*ruinieren*	High-rise buildings change the skyline of a town completely and spoil its character.	= damage, destroy
(to) squander	*vergeuden, verschwenden*	Resources are squandered without consideration of their renewal.	≠ conserve, save
(to) squeeze out	*herausdrücken, beseitigen*	Free trade forces both individual firms and entire economies to squeeze out less productive activities.	= force out, eliminate, remove
(to) starve **starvation**	*hungern* *Hunger*	Every day thousands die of starvation.	= famine, hunger
(to) state **statement**	*erklären, angeben* *Aussage, Erklärung, Äußerung*	The biggest question facing the 21st century can be stated in a few words.	= express, say, affirm, articulate, voice
stature	*Format, Kaliber, Größe*	The changing and diminishing stature of Britain in the world has been a most painful experience.	= importance, influence, position, role
steadily [adv]	*ständig, stetig*	Energy consumption is steadily increasing.	= constantly, permanently

word family	dt. Bedeutung	English sentence	synonyms/opposites
(to) stem from	*herrühren, abstammen von*	The US electoral system stems from a period when communications were not fully developed.	= date from, originate from
(to) stick to	*festhalten an*	The Commission sticks to its plans for a radical reform.	= hold on to, insist on
still	*(immer) noch*	"Scientists are still narrowly educated", he maintained.	≠ no longer, not any more
stock exchange **stocks and shares**	*Börse* *Wertpapiere*	A stock exchange is an institution that serves as a market for trading financial instruments such as stocks, bonds and their related derivatives.	= stock market = securities, bonds
(to) stop	*aufhören*	Authorities have stopped considering solar energy a commercial possibility for the production of electricity.	= give up, cease (to)
(to) strengthen **strength** **strong** [adj]	*stärken, kräftigen* *Stärke* *stark*	The members are anxious to strengthen the unity of their economies and to ensure their harmonious development.	≠ weaken
strike **striking** [adj]	*Streik* *auffallend, eindrucksvoll*	If the employers don't pay us more, there will be a strike soon.	= walkout, industrial action = astonishing, remarkable
(to) study **student** **studious** [adj]	*studieren, erforschen* *Schüler, Student* *fleißig, lernbegierig*	In order to succeed in his final exams, he was studious and well-behaved.	= hard-working
(to) submit	*vorlegen, unterbreiten*	Every time a plan for a new road is submitted to the local council, there is a public outcry.	= present, give

word family	dt. Bedeutung	English sentence	synonyms/opposites
(to) succeed (1) **success** **successful** [adj] **(to) succeed** (2) **succession** **successor** **successive** [adj]	*Erfolg haben* *Erfolg* *erfolgreich* *nachfolgen* *Nachfolge* *Nachfolger* *aufeinander folgend*	The move was typical of the manager's success at blending capitalism and environmentalism. Margaret Thatcher's successor, John Major, agreed with the European political union.	≠ failure ≠ predecessor
(to) suffer	*leiden*	The advantages of open trade apply to the economy generally: specific sectors can suffer greatly.	≠ profit, benefit, gain, capitalize
suitable [adj]	*passend, geeignet*	The members of the House of Commons searched for a suitable name for the bell in the clock-tower.	= appropriate, fitting, proper
superficial [adj]	*oberflächlich*	Even a superficial look at history reveals that no social advance rolls in automatically.	≠ thorough
superiority	*Überlegenheit*	Among Northern whites there was a sense of superiority in discussions of race.	≠ inferiority
(to) suppose **supposition**	*annehmen, vermuten* *Annahme, Voraussetzung*	It is a mistake to suppose that we cannot reverse the damaging trend.	= assume, believe, reckon, suspect, think
supremacy **supreme** [adj]	*Vorherrschaft* *höchste(r, s)*	California's agricultural supremacy dates from 1947, when its farms produced more than any other state.	= dominance
sureness **surety** **sure** [adj]	*Sicherheit* *Bürge* *sicher*	The attitude which I feel sure is no longer valid is the arrogance of power.	= certain, convinced ≠ unsure, insecure, uncertain

word family	dt. Bedeutung	English sentence	synonyms/opposites
surplus	*Überschuss*	There may be temporary surpluses of some products.	≠ shortage, lack of
surprising [adj]	*überraschend*	It is hardly surprising that the best universities recruit largely from the best schools.	= astonishing, amazing, astounding
(to) suspect **suspicion** **suspect** [adj] **suspicious** [adj]	*vermuten, mutmaßen* *Verdacht* *verdächtig* *verdächtig*	Some scientists suspect that mobile phone radiation may have a damaging biological effect on human brain cells.	= assume, believe, gather, be inclined to think
(to) sustain **sustenance**	*aushalten; ernähren* *Lebensunterhalt*	Can the Earth sustain the growing population?	= nourish, support
(to) tackle	*fertig werden mit, anpacken*	How will we tackle the problems of the homeless?	= cope with, take on
temporary [adj] **temporarily** [adv]	*zeitweilig, vorübergehend* *zeitweilig, vorübergehend*	The public are warned that there may be temporary shortages of oil and petrol.	= for the time being, fleetingly, momentarily
(to) tempt **temptation** **tempting** [adj]	*verleiten* *Versuchung* *verführerisch*	From time to time, we have been tempted to believe that society has become too complex to be managed by self-rule.	= entice, seduce
(to) tend **tendency**	*zu etw. neigen* *Richtung, Neigung*	Managers tend to promote others with whom they feel at ease.	= be inclined, be disposed

word family	dt. Bedeutung	English sentence	synonyms/opposites
(to) terrify	*jdn. erschrecken, jdm. Angst und Schrecken einjagen*	In the 1960s the militant Black Power movement terrified the American nation.	≠ calm down, appease, pacify
(to) terrorize	*terrorisieren*		
terror	*Terror*		
terrorism	*Terrorismus*		
terrible [adj]	*schrecklich*		
(to) think	*denken, glauben*		
(to) think of	*halten für*	People think of waste as whatever is useless.	= see, regard, consider
thought	*Gedanke*		
thoughtful [adj]	*nachdenklich*		
(to) threaten	*bedrohen*		
threat	*Bedrohung*	Another threat to the seas of the world is beginning to get more attention: algae bloom.	= menace, danger, hazard, peril, risk
threatening [adj]	*bedrohlich*		
throughout	*überall in*	The Royal Family enjoys support throughout the world.	= all over, everywhere in
tide	*Flut, Zustrom; Gezeiten*	In the 19th century a tide of immigration began bringing more than 40,000,000 persons into the USA.	= inflow, influx, stream, rush
(to) tighten	*festziehen, anziehen*		
tightness	*Festigkeit*		
tight [adj]	*streng, dicht, straff*	If immigration does not increase efficiency, tighter controls might be justified.	= strict, tough, close
(to) tolerate	*dulden*	The residents must learn to tolerate strange customs and additional competition.	≠ reject, disapprove of, object to
tolerance	*Toleranz, Nachsicht*		
toleration	*Duldung*		
tolerant [adj]	*duldsam*		

word family	dt. Bedeutung	English sentence	synonyms/opposites
(to) transform	*umwandeln, verwandeln*	We will be able to transform the jangling discords of our nation into a beautiful symphony of brotherhood.	= change, alter, convert
tremendous [adj]	*ungeheuer, gewaltig, enorm*	The hurricane was accompanied by tremendous tidal waves.	= enormous, huge, overwhelming, immense
trend	*Richtung*	We can observe a new trend in advertising today.	= tendency, strategy
trial	*Gerichtsverfahren, Prozess*	The defendant in a trial is the person who has been accused of a crime.	= law-suit
(to) trigger	*etw. auslösen*	The industrial revolution triggered a wave of change.	= cause, prompt, start off
trouble	*Unannehmlichkeit, Schererei, Ärger*	The manager told him he had better stay unless he wanted to get into serious trouble.	= difficulty
turn-over	*Umsatz*	The company's turn-over has increased by 18 %.	= sales, sales volume
(to) tyrannize **tyranny** **tyrant** **tyrannical** [adj] **tyrannous** [adj]	*tyrannisieren* *Tyrannei* *Tyrann* *tyrannisch* *tyrannisch*	A tyrant is a cruel, unjust or oppressive ruler.	= despot, dictator
Ulster	*nordirische Provinz*	Realities inside Ulster, in terms of Protestant-Catholic relations, did not change very much.	= Northern Ireland
ultimately [adv]	*letztlich, schließlich*	Those who are responsible for government in Ireland ultimately depend on Irish initiatives to solve Ireland's problems.	= finally, in the end, eventually, at last

word family	dt. Bedeutung	English sentence	synonyms/opposites
uncommon [adj]	*selten*	In an earlier era, highly toxic forms of waste were uncommon.	= unusual, rare
underfed [adj]	*unterernährt*	We must not forget about the underfed millions in the Third World.	= undernourished
undocumented [adj]	*illegal, ohne (Arbeits-, Einreise-) Papiere*	Undocumented Mexicans hold one-third of Houston's commercial-construction jobs.	= non-registered, illegal
unemployed [adj]	*arbeitslos*	Coloured immigrants were often unemployed.	= jobless, out of work
unhappy [adj]	*unglücklich*	She is unhappy in that neighbourhood and misses her old friends.	= sad, depressed
unjust [adj]	*ungerecht*	He thought it very unjust when authorities wanted to confiscate his property.	= unfair
(to) urge **urgency** **urgent** [adj]	*dringen auf, (jdn.) drängen* *Dringlichkeit* *dringend*	A growing number of voices urge us to accept unemployment.	= impel, drive, press
(to) use **(to) be used to** **use** **usage** **useful** [adj] **usual** [adj] **usually** [adv]	*gebrauchen, benutzen* *gewohnt sein* *Gebrauch, Nutzen* *Verwendung* *nützlich* *gewöhnlich* *gewöhnlich, normalerweise*	One of the principles that we had been used to is no longer valid. British Standards for consumer goods are usually easily discernible by a number or a mark stamped on them.	= accustomed to = generally, as a rule

word family	dt. Bedeutung	English sentence	synonyms/opposites
(to) vacate **vacancy** **vacation** **vacant** [adj]	*räumen, aufgeben* *freie Stelle* *Ferien* *frei*	In his letter the owner told the tenant to vacate the house.	= move out of, leave, quit
valour **valiant** [adj]	*Tapferkeit* *tapfer*	Although they admire Othello's valour on the battlefield, the Venetians do not accept him as equal.	= bravery, courage
(to) value **value** **valuable** [adj]	*schätzen* *Wert* *wertvoll*	Our aims are to contribute to the growth of the company in order to increase its value.	= quality, worth, stature
(to) vandalize	*mutwillig zerstören, verwüsten*	Recreation facilities are often vandalized by those hooligans for whom they are intended.	= destroy, damage, break
(to) vary **variety** **various** [adj]	*sich verändern* *Vielfalt* *verschieden(artig)*	The Prime Minister presented a variety of ideas to his Cabinet to solve the Irish problem.	= collection, lot, assortment
vast [adj] **vastly** [adv]	*riesig* *wesentlich, erheblich*	Every day, television consumes vast quantities of creative work. The reality is vastly different.	= huge, enormous, immense = considerably, greatly, rather; ≠ somewhat, slightly
vessel	*Schiff*	An aircraft carrier is an important vessel for any navy.	= ship, boat
(to) view **view**	*sehen, betrachten* *Meinung, Ansicht*	Women view their return to work after maternity leave not as a right but as a choice. I cannot support the view that man is killing nature.	= see, regard, consider = opinion

word family	dt. Bedeutung	English sentence	synonyms/opposites
violation	*Verletzung, Nichtbeachtung*	Amnesty has always fought against the violation of human rights.	≠ respect for, keeping to
violence **violent** [adj]	*Gewalt* *gewalttätig*	Many spectators draw pleasure from watching violence.	≠ non-violence
virtually [adv] **VR = virtual reality**	*praktisch, eigentlich* *virtuelle Realität*	The police found virtually no traces of the drug in his blood.	= practically, nearly, effectively, almost
vital [adj]	*lebenswichtig*	The friendship between our nations has grown over the years and has played a vital part in world affairs.	= important, essential, crucial
(to) voice	*Ausdruck geben, äußern*	Trade unions voice their members' feelings.	= express, utter, verbalize
(to) volunteer **volunteer** **voluntary** [adj]	*freiwillig dienen* *Freiwilliger* *freiwillig*	Many observers call for voluntary restraint by the media in covering terrorist actions.	≠ compulsory, (en)forced
warehouse	*Lagerhaus, Speicher*	We shall store your goods at our Ealing warehouse.	= storehouse
warrior	*Krieger*	This book is about the noble king, his bravest warrior and the greatest battles.	= fighter, combatant
wealth **wealthy** [adj]	*Reichtum* *wohlhabend, reich*	An old and very wealthy friend of mine told me he had had an extremely unpleasant experience.	≠ poor
(to) welcome	*willkommen heißen*	The firm's mostly young, concerned workers welcomed the bicycles for environmental reasons.	≠ refuse, reject, object to, turn down
well [adv]	*gut*	A recent UN report describes well the stress of technological change on the educational system.	≠ badly, poorly, inadequately, inappropriately

word family	dt. Bedeutung	English sentence	synonyms/opposites
whole [adj]	*ganz, vollständig*	Whole communities developed in which crime was an accepted activity.	= complete, entire
(to) widen **width** **wide** [adj]	*verbreitern* *Breite* *breit*	Will the gulf between the haves and have-nots widen?	≠ decrease, narrow, become smaller, be bridged
willing [adj]	*bereit, gewillt*	Fanatics are willing to kill to impose their views.	= prepared, ready, inclined
wisdom **wise** [adj]	*Weisheit* *weise, klug*	The conventional wisdom is that the Internet, television and the telephone will blend.	= knowledge, insight ≠ unwise, foolish
(to) withdraw **withdrawal**	*sich zurückziehen* *Rückzug, Zurücknahme*	After losing the first battle, the soldiers had to withdraw.	= retreat
(to) wonder	*sich fragen, sich wundern*	Many wondered how a country that brought forth such senseless violence could ever have served as their ideal.	= ask oneself, be surprised to see
(to) work **(to) work together**	*arbeiten, schuften* *zusammenarbeiten*	Blacks were transported from Africa to work on the plantations in the South. With this faith we will be able to work together.	= labour, toil, slave = cooperate
(to) worsen **worse** [adj]	*(sich) verschlimmern, verschlechtern* *schlimmer, schlechter*	In Britain, industrial performance has been steadily worsening. The situation for underprivileged has become worse.	≠ improve, prosper, flourish, do well, thrive, better ≠ better
zeal **zealous** [adj]	*Eifer* *eifrig bedacht*	With almost missionary zeal, he criticised the decline of the inner cities.	= passion, enthusiasm ≠ apathy, indifference